SUR L'ONTOLOGIE GRISE
DE DESCARTES

BIBLIOTHÈQUE D'HISTOIRE DE LA PHILOSOPHIE

SUR L'ONTOLOGIE GRISE DE DESCARTES

SCIENCE CARTÉSIENNE ET SAVOIR ARISTOTÉLICIEN

DANS LES *REGULAE*

par

Jean-Luc MARION

Quatrième édition revue et augmentée

LIBRAIRIE PHILOSOPHIQUE J. VRIN

6, Place de la Sorbonne,

PARIS V e

« ces choses qui peuvent servir d'objets à des pensées véritables »
Descartes à Mersenne
(16.10.1639. AT II, 597, 15-16).

© *Librairie Philosophique J. VRIN*, 2000
Imprimé en France
ISSN 0249-7980
ISBN 978-2-7116-0549-1

www.vrin.fr

A Ferdinand Alquié.
A Jean Beaufret.

AVERTISSEMENT A LA PREMIÈRE ÉDITION

La tentative de commentaire des *Regulae ad Directionem Ingenii*, que l'on présente ici, ne constitue qu'une part d'un travail plus vaste de compréhension de ce texte. Nous espérons voir, dans les meilleurs délais, paraîtra d'une part l'*Index des Regulae* (en collaboration avec J.-R. Armogathe, E.P.H.E., 5ᵉ s.), d'autre part une traduction annotée (d'après le texte critique de G. Crapulli). C'est d'ailleurs cette traduction qui sera utilisée pour les citations, dans le présent travail. Sa principale caractéristique tient à l'exigence de ne rendre un terme, ou une locution latine que par un terme, ou une locution française attestée dans les textes français de Descartes antérieurs à 1637 (*Correspondance, Le Monde, Discours de la Méthode, Essais*).

Indiquons immédiatement que le présent essai ne prétend aucunement offrir un commentaire nouveau, et exhaustif des *Regulae*. Notre propos se limite à un point précis : repérer les thèmes et les lieux aristotéliciens, pour mesurer les écarts que subissent, là même, des concepts en apparence (et en réalité) tirés d'Aristote. Nous postulons donc deux principes : que les *Regulae*, s'isolant de l'ensemble de l'œuvre de Descartes, posent un débat très particulier, et, pour cela même, souvent méconnu ; qu'ensuite Descartes a pensé dans un rapport direct, quoiqu'à demi-conscient, à la méditation d'Aristote. Ces deux postulats, dont nous gardons cependant le risque, nous fussent restés impensables sans les interrogations que suscitèrent Ferdinand Alquié et Jean Beaufret. Manifester ici de la reconnaissance serait bien peu : il ne s'agit pas d'aide épisodique, mais d'un éveil durable à une question — encore à reprendre.

Ce travail n'aurait pu être mené à bien — ou du moins à son terme —, sans le soutien de P. Costabel (Directeur d'Etudes E.H.E.S.), sans l'effort de l'*Equipe Descartes* tout entière (C.N.R.S., E.R. 56) dont le travail (*indices* d'AT, VI, etc., « Bulletin Cartésien ») trouve ici un premier aboutissement, et sans les remarques de P. Aubenque (Professeur à l'Université Paris-Sorbonne), dont l'autorité en matières aristotéliciennes nous a permis de nombreuses reprises et corrections. Enfin, nous tenons à dire notre gratitude à H. Gouhier, sans la bienveillance duquel ce texte n'aurait jamais vu le jour.

J.-L. M.

AVERTISSEMENT A LA SECONDE ÉDITION

La faveur du public et la bienveillance des critiques nous offrent la possibilité de rééditer et corriger notre étude de 1975. Nous tenons à remercier la Librairie Philosophique J. Vrin de bien vouloir rendre effective cette possibilité.

Depuis cette date, l'intention de ce travail est devenue, du moins l'espérons-nous, plus intelligible, puisque, du triptyque que nous avons consacré aux *Regulae*, aujourd'hui sont parus les deux autres panneaux : d'abord l'*Index des Regulae ad Directionem Ingenii de René Descartes* (en collaboration avec J.-R. Armogathe), Ed. dell'Ateneo, Rome, 1976, et ensuite *René Descartes, Règles Utiles et Claires pour la Direction de l'Esprit en la Recherche de la Vérité*. Traduction selon le lexique cartésien et annotation conceptuelle (avec des notes mathématiques de P. Costabel), Martinus Nijhoff, La Haye, 1977. Malgré la chronologie des parutions, la rédaction du commentaire a, bien évidemment, suivi celle de l'*Index* et de la traduction annotée.

D'autre part, l'enquête qui tentait de reconstituer une ontologie cartésienne n'avait son plein sens que dans l'intention de situer Descartes dans une situation authentiquement métaphysique. Ce qui impliquait qu'à l'ontologie vienne s'adjoindre, conformément à la constitution onto-théologique de toute pensée proprement métaphysique, une théologie. En 1976, nous marquions clairement ce dessein en risquant déjà l'expression de « théologie blanche », dans un article consacré à « L'ambivalence de la métaphysique cartésienne », ici repris en annexe. Ce dessein, nous avons récemment tenté de mieux le réaliser par un travail *Sur la théologie blanche de Descartes. Analogie, création des vérités éternelles et fondement*, P.U.F., Paris, 1981.

Nous espérons que ce double ensemble pourra, maintenant qu'il s'organise plus clairement, utilement contribuer à une approche lucide de la *métaphysique* cartésienne.

J.-L. M.

2 mai 1981.

AVERTISSEMENT À LA TROISIÈME ÉDITION

Depuis la seconde édition de ce travail, l'analyse de l'ontologie (en 1975), puis de la théologie (en 1981) de Descartes s'est achevée par une thématisation de la constitution onto-théo-logique de la métaphysique (*Sur le prisme métaphysique de Descartes*, Paris, P.U.F., 1986). Ce dernier travail reprend, développe et complique d'ailleurs l'annexe ici reprise sur « L'ambivalence de la métaphysique cartésienne ». Nous maintenons l'essentiel des thèses avancées en 1975, mais voudrions affiner rétrospectivement le rapport entre méthode et métaphysique, dont la complexité nous apparaît aujourd'hui plus clairement (ainsi dans les *Questions Cartésiennes*, Paris, P.U.F., 1991, c. II-III).

J.-L. M.

Paris, 3 juillet 1992

ABREVIATIONS ET NOTES BIBLIOGRAPHIQUES

Œuvres de Descartes publiées par C. ADAM et P. TANNERY, 12 vol. Paris, 1897-1909 (rééd. Paris, 1964-1974), dont on cite tome, page, ligne : AT, III, 258, 2. Cependant, pour les *Regulae*, au tome X, on n'indique que la page et la ligne ; de même pour le *Discours de la Méthode*, au tome VI, abrégé, pour les notes, en DM.

Regulae ad Directionem Ingenii, texte critique établi par Giovanni CRAPULLI, avec la version hollandaise du XVIIᵉ siècle. La Haye, Nijhoff, 1966. — Cité *Cr*.

Regulae ad Directionem Ingenii, Kritisch revidiert und herausgegeben von Henrich SPRINGMEYER und Hans G. ZEKL, F. MEINER-VERLAG, Hamburg, 1972. — Cité Springmeyer.

GILSON (E.). — *Index scolastico-cartésien*. Paris, Alcan, 1913. — Cité Gilson, *Index*, n° ...

GILSON (E.) — *René Descartes, Discours de la Méthode*. Texte et commentaire, Paris, Vrin, 1925 (4ᵉ éd., 1967). — Cité Gilson, *Commentaire*.

Die Fragmente der Vorsokratiker griechisch und deutsch, von H. DIELS, herausgegeben von W. KRANZ, Zürich-Dublin, 1903 (12ᵉ ed., 1966, 3 tomes). — Cité D.K., tome, page.

Aristotle's Prior and Posterior Analytics, a revised text, with introduction and commentary by W.D. ROSS. Oxford, University Press, 1949 and 1965 (3ᵈ ed.). — Cité Ross, *Analytics*.

Aristotle's Physics, a revised text, with introduction and commentary by W.D. ROSS. Oxford, University Press, 1936 and 1955 (2ᵈ ed.). — Cité Ross, *Physics*.

Aristotle's Metaphysics, a revised text with introduction and commentary by W.D. ROSS. Oxford, University Press, 1924 and 1953 (2ᵈ ed.). — Cité Ross, *Metaphysics*.

Aristotle. — *De Anima*, ed. with introduction and commentary by Sir David Ross. Oxford, Clarendon Press, 1962. Cité Ross, *De Anima*.

Index Aristotelicum. Berlin, H. BONITZ, 1870. — Cité Bonitz...

Les autres textes d'Aristote sont cités d'après les éditions courantes (*Belles Lettres*, Loeb, Teubner, etc.).

Pour la bibliographie secondaire, il nous semble inutile et pesant de constituer un catalogue à prétention d'exhaustivité. Aussi indiquons-nous, dans les notes du texte, les principaux des ouvrages que nous avons effectivement utilisés. Pour une information bibliographique générale sur Descartes, les études sont assez développées pour renvoyer à des enquêtes précises :

1) Gregor SEBBA. — *Bibliographia Cartesiana. A critical guide to the Descartes literature*, La Haye, Nijhoff, 1964. (Période 1800-1960).

2) H. CATON. — *The Origin of Subjectivity*, Yale, 1974. (Période 1960-1970).

3) W. RÖD. — « Richtungen der gegenwärtigen Descartes-Forschung », in *Philosophische Rundschau*, t. XVIII, 1-2, § 78-92, 1972. (Période (1967-1970).

4) G. RODIS-LEWIS. — *L'Œuvre de Descartes*, Paris, Vrin, 1971. (Le tome II, consacré aux notes, offre une bibliographie par questions, jusqu'à 1970 ; ensemble très utile, parce que classé et raisonné.)

5) *Equipe Descartes*, C.N.R.S., « Bulletin Cartésien », I-IX, etc., recensant les années 1970, 1971, 1972, 1973, etc., parus dans les *Archives de Philosophie*, 1972-1980, etc., Paris.

Les citations grecques, bien entendu, sont traduites. Mais certaines expressions ou termes ne le seront pas : il nous a paru dangereux et incohérent de prendre telle ou telle de leurs traductions — quelque traditionnelles ou excellentes qu'elles puissent être — comme allant de soi, alors que tout notre travail conduit à en montrer le caractère problématique. — Les exigences de l'édition nous ont contraint à adopter une transcription de l'alphabet grec au latin. On voudra bien nous en excuser.

INTRODUCTION

§ 1. La question des « Regulae », et la nécessité de les mettre en situation
par rapport a Aristote

Les *Regulae* ne permettent pas une lecture obvie. Mieux, nombre
de leurs caractéristiques tendent finalement à les soustraire à une
entreprise de calme lecture, pour les maintenir dans une étrange indécision, où elles flottent, comme un texte sans texte, sans titre, sans
généalogie ni postérité —, en un mot, sans lieu, utopique.

Texte sans texte. Nul paradoxe à le dire, puisque le manuscrit
original, retrouvé dans les papiers de Descartes, à Stockholm, disparaît
sans laisser de traces, au terme d'une odyssée qui l'avait mené, après
un naufrage, à Paris, au fond de la Seine, entre les mains de Chanut,
Clerselier, J.-Baptiste Legrand et enfin Marmion. Depuis, aucune trace
du manuscrit [1]. Cette perte ne constituerait pas un malheur irrépara-
ble si, du moins, une seule tradition textuelle l'avait reproduit *ne
varietur*. Introuvable lui-même, au contraire il laisse retrouver des versions, fragments et traductions, dont il ne permet pourtant plus
d'authentifier ni d'éprouver la vérité. Curieusement, les difficultés philolo-
giques actuelles proviennent d'un surcroît de témoignages et de traditions, que l'absence de norme rend difficiles à étalonner. On recense
d'abord le manuscrit d'Amsterdam (*A*), édité en 1701, au titre des
Opuscula posthuma, physica et mathematica... (P. et J. Blaeu) à Amsterdam, qui sert de principale autorité à l'édition d'Adam et Tannery (AT, X,
p. 359-469, Paris, 1908). Ensuite, vient le manuscrit, ou plutôt comme le
précédent, la copie de l'original, achetée par Leibniz à Schuller lui aussi
à Amsterdam, pour le compte de la Bibliothèque de Hanovre (*H*) ;
il fut corrigé par Leibniz lui-même (d'où la notation *L*), et témoigne
souvent, comme l'attestent les fautes du copiste et sa scrupuleuse inintelligence, d'une autre tradition ; les éditeurs modernes, Crapulli, principalement, puis Springmeyer (et, par suite, nous-même) lui reconnaissent une primauté sur le *A* [2]. Enfin, on doit à G. Grapulli d'avoir exhumé

---

1. Voir AT X, 351-357, Introduction de Adam aux *Regulae*, et G. Crapulli, *Cr.* XII - XIII.
2. Voir G. Crapulli, *Cr.* XXV - XXVIII, XIX - XXXIII, Springmeyer IX-XIX, et notre
discussion, « Bulletin cartésien I » *in Archives et Philosophie*, 1972, 35/2, p. 302-305.

et réédité une traduction néerlandaise, publiée en 1684, par J.H. Glazemaker, sous le titre *R. Des Cartes Regulen van de bestieringe des verstants*, au tome III de *Alle de Werken van Renatus Des Cartes*, Amsterdam. Ce texte repose, selon Crapulli, sur un manuscrit (*N*) distinct des deux précédents, d'autant que Glazemaker indique souvent, en marge de la traduction néerlandaise, les termes latins qu'elle traduit. Il s'agirait donc d'un troisième témoin du texte disparu [3]. Trois textes qui en dépendent tous directement, ou indirectement (provenant tous d'Amsterdam, sans qu'on puisse assurer que la ou les copies y circulant correspondaient au manuscrit, seul original, de Stockholm), et laissent deviner, par leurs différences, l'écart qui les sépare du texte de Descartes. — Cet écart, nous en trouvons confirmation dans les variantes et les indications que révèlent les citations et allusions qu'en livrent les contemporains de Descartes ; ainsi la traduction des titres des *Regulae*, par Baillet, modifie souvent, de manière conceptuellement très sûre, le texte latin transmis ; ainsi la *Logique de Port-Royal*, ou le *Commentaire..* du R.P. Poisson semblent-ils développer des thèmes des *Regulae*, etc. [4]. — Le texte des *Regulae*, surtout depuis la remarquable édition critique de G. Crapulli, dont il faut répéter qu'elle modifie profondément toute l'approche du texte, en rendant visibles, et aussi bien redoutables, l'enchevêtrement des strates, la multiplicité des divergences et l'irréductibilité des traditions, demeure donc à distance, dissimulé derrière les textes ; ou plutôt l'original ici, n'est plus immédiatement textuel, et doit seulement se reconstituer ou pressentir, en laissant jouer entre eux, l'un prenant alternativement le pas sur l'autre, des textes trop nombreux pour prétendre à l'originalité.

Texte anonyme, ou du moins dont le titre habituellement reçu paraît contestable. En effet, à la suite des éditeurs qui ont privilégié le *ms. A*, on garde seulement *Regulae ad Directionem ingenii* (éd. 1701, Cousin, Garnier, AT, etc.). Or on remarque que :

a) *H* (en fait *L*) donne *Regulae de inquirenda veritate* (catalogue Bodeman), Leibniz mentionnant toujours la vérité comme terme de la direction (*Methodus veritatis inquirendae, ibid. ; Regulae veritatis inquirendae, A Bernouilli*, 2 octobre 1703) ;

b) Baillet complète souvent par... *la recherche de la Vérité* (II, 403 ; 404 ; 406 ; 574.

c) L'éd. *N* ajoute, dans l'*Avis au lecteur*, que les *Règles* visent à « affermir l'entendement dans la découverte de la vérité » ; enfin et surtout,

d) L'inventaire de Stockholm donne, du manuscrit original, le titre développé, *Traité des règles utiles et claires pour la direction de l'Esprit en la recherche de la Vérité* [5]. Il faut garder, avec cette formule, dans

---

3. CRAPULLI, *Cr.* XXVIII-XIX.

4. A. BAILLET, *La Vie de Monsieur Descartes*, I et II, Paris 1691 ; POISSON, *Commentaires...* (voir § 3, n. 17 ; et la *Logique de Port-Royal*, rééd. Clair et Girbal, Paris 1965. — Ces textes sont, pour le point concerné ici, cités en AT X, 470-484 et *Cr.* 98-116.

5. Cité en AT X, 9 et 351. Voir l'apparat critique de *Cr.*, 1, et note 1. — Le titre développé a été récemment repris, à fort juste titre, par G. RODIS-LEWIS, *L'Œuvre de Descartes*, Paris, 1971, t. I, p. 89. On notera aussi que BOREL traduit ce titre même... *de Regulis utilibus et claris ad ingenii directionem in veritatis inquisitione* (*Compendium...* inventaire, cité *in Cr.* XI, n. 3 = AT X, 351).

l'énoncé du titre la mention d'une vérité à rechercher : et d'abord,
parce que toutes les traditions, sauf *A* (privilégiée abusivement), la
comportent ; ensuite, parce qu'ainsi s'insinue une indication décisive :
les *Regulae* dissimulent souvent, avec leur titre probablement original,
une dimension fondamentale, que l'on découvrira dans la suite : la
constitution de la science, par certaines règles et leur fonctionnement
articulé, ne s'achève pas en une épistémologie seulement. Ou plutôt,
l'édification même de telle ou telle épistémologie suppose la possibilité de
varier, comme à loisir, les voies et les visées de la science ou des
sciences ; et donc implique que le savoir se puisse construire, décons-
truire, modifier, amender, corriger, en un mot que le savoir dépende
de l'esprit qui sait, plus que des choses qui le suscitent. Il s'agit donc
autant que d'épistémologie, d'une méditation sur l'essence — moderne —
de la vérité. En relevant cette correction du titre, plus qu'une remarque
philologique, on approche d'une identification de la visée et de la dimension fondamentale du texte — en vue de l'arracher à l'anonymat.

    Texte sans généalogie, ni postérité. — Sans postérité, puisque Des-
cartes ne l'achève pas (ce qui paraît d'ailleurs un cas unique dans toute
sa production, parmi les œuvres conçues comme telles, bien sûr) ; ne
l'édite pas, ni ne le fait traduire en français. Il ne s'agit pas là d'une
négligence d'auteur trop prolixe, qui oublierait quelques papiers dans
ses archives (comme pour les textes de jeunesse) ; ni d'une impossibilité
matérielle (comme pour le traité du *Monde*). Il s'agit bien plutôt d'une
auto-censure, où Descartes tait son propre texte ; on remarque, en effet,
qu'il n'y fait, à notre connaissance, jamais allusion, ni indirectement
(au contraire des renvois multiples entre le *Discours*, les *Essais* et
les *Méditations*), ni directement (aucune citation)[6]. Ce silence trouve
un renfort considérable dans le *Discours de la Méthode* qui, apparemment,
traite du même sujet que les *Regulae*, plus clairement, les illustre des
Essais, les diffuse largement en langue vulgaire, — en un mot se
substitue à elles ; nul doute que cette substitution de fait ne s'impose
parfois comme une suprématie de droit pour l'interprétation (voir *infra*,
et n. 9, 10). Ce texte, que Descartes laisse dans l'ombre, sa vie durant, ne
réapparaît qu'avec la disparition de son auteur ; à la limite, tout se
passerait comme si les *Regulae*, obscurcies par l'œuvre publié, officialisé,
voire officiel de Descartes, ne pouvaient entrer en lumière qu'en enténé-
brant à leur tour le cartésianisme consacré, parce qu'y échappant partiellement. — Mais, pour préciser ce renversement, sans le forcer arbitrairement, on notera aussi que, sans postérité apparente dans l'œuvre
de Descartes, les *Regulae* n'y trouvent non plus aucune généalogie. Les
travaux antérieurs n'offrent aucun appui à leur intelligence ; sans doute,
et nous ne manquerons pas d'en faire usage, plusieurs textes permettent
d'éclairer certains *thèmes* des *Regulae* ; ce terrain, des « premières pen-

---

6. Ce fait a été remarqué par Boyce GIBSON, « The Regulae of Descartes », *in Mind*,
1898, p. 146, qui voit cependant une exception possible dans la *Lettre à Mersenne* du
15 avril 1630, « ... ce qui ne m'empêchera pas d'achever le petit traité que j'ai commencé »
(AT I, 136, 27). Peut-être s'agit-il seulement du commencement de métaphysique, perdu,
de 1629.

sées de Descartes », de ses « années de formation », des chercheurs
l'ont parcouru, jalonné et compris, — souvent excellement[7] ; sur ce
fonds, il est devenu possible de mettre en rapport précis des textes
partiels, des thèmes constants, des thèses provisoires ou non. Mais il
faut plus pour établir la situation généalogique des *Regulae* : les jalons
antérieurs restent pris dans la division scolastique des sciences, qu'il
s'agit précisément de dépasser ; aussi les rapprochements de détails ne
touchent en rien à l'essentiel, qui est d'ensemble. Le dessein central des
Regulae nous semble pourtant échapper (à quelques exceptions que l'on
mentionnera, comme telles) à toute interprétation qui se limiterait aux
textes cartésiens eux-mêmes. Ceux-ci n'offrent pas un quelconque *Ur*-
Descartes, qui précéderait pour les éclairer, les *Regulae*. Au contraire,
ce sont les *Regulae* qui conquièrent la position d'un archétype, par rapport auquel doivent se comprendre aussi bien les textes postérieurs que
les textes antérieurs. Mais l'impossibilité d'une régression en-deçà des
Regulae (encore une fois, architectoniquement, non pas historiquement
ni philologiquement) ne met pas en cause la méthode génétique de lecture des textes : elle la fonde bien plutôt, puisqu'elle désigne les *Regulae*
comme la vraie « naissance » de la genèse cartésienne de Descartes —
selon le discours, et l'histoire de la pensée, du moins. Les *Regulae*
ne trouvent aucune généalogie dans la pensée cartésienne parce que,
nous paraît-il, elles en accomplissent la genèse.

La question des *Regulae* se précise donc mieux : texte à l'écart de
l'original, au titre semi-anonyme, à la postérité cartésienne quasi censurée,
sans généalogie parce que s'engendrant lui-même, où peut-il se situer
pour permettre une interprétation correcte ? Comment dépasser cette
situation utopique ? A partir de quel point d'ancrage peut-on établir les
Regulae en un lieu convenable ? A cette question, trois principales réponses ont été récemment données, une quatrième, seulement entrevue.

Rigoureuse, objective et philologiquement irréprochable semble la
première : lire le texte à partir de lui-même, sans demander à des
sources non-cartésiennes hasardeuses, ni même à des thèses cartésiennes postérieures, des secours finalement douteux. Le travail de J.-P. Weber,
sur *la Constitution du texte des Regulae* (Paris, 1964), reste, de ce point
de vue, exemplaire. Il s'agit de découvrir les couches des *Méditations*
successives qui déterminent, sous l'effet de surface d'un texte homogène
et lisse, l'architecture véritable de la pensée, progressive et mouvante, de
Descartes. Comment repérer ces strates ? En découvrant les articulations
qui, en fait, les juxtaposent sans les unifier ; juxtapositions maladroites
qui témoignent philologiquement d'une « contradiction » supposée des
thèses successives entre elles. Les contradictions révèlent les états de
la pensée et permettent une datation précise, à partir d'une seule première date historiquement établie. D'où une atomisation complète des
Regulae en un ensemble de fragments si précisément datés (ou supposés
tels), et aussi bien disjoints, que l'intelligibilité même du texte dispa-

---

7. A ce sujet, le dernier état de la question se trouve dressé par G. Rodis-Lewis,
L'Œuvre de Descartes, t. I, chap. i, 2-5 ; chap. ii, 1-7, p. 25-98, et notes correspondantes,
p. 434-476.

raît en un tissu de contradictions. Mais justement, sur quoi reposent les contradictions irréductibles qui cautionnent de leur irréductibilité tout le repérage chronologique ? Sur l'impossibilité, bien sûr, de les dépasser. Impossibilité — pour qui ? Pour le lecteur interprète, ou pour Descartes penseur ? Car enfin, la plupart de ces contradictions — de la certitude mathématique et des sciences autres que mathématiques (*Règle II*), de la Méthode générale et de la *Mathesis Universalis* (*Règle IV*), du dénombrement complet et du dénombrement suffisant (*Règle VII*), de la composition de natures simples et de la liaison nécessaire (*Règle XII*), etc. [8] — témoignent seulement de l'extrême difficulté à penser avec Descartes ce qu'il tente d'établir. En un mot, l'apparente objectivité de l'exégète attentif à l'écrit seul lui permet d'imposer les limites de sa compréhension (sous le nom de « contradictions ») au penseur lui-même (contraint alors de disparaître, ou d'« évoluer » historiquement). Sans minimiser l'apport d'une telle analyse, force est donc d'en reconnaître la limite : le texte ne s'interprète correctement qu'au niveau du concept, sinon l'exégèse suit inconsciemment le sens commun de l'exégète.

Où trouver l'appui conceptuel qui manque ici ? Une tentative séduisante a occupé un grand nombre d'interprètes : lire les *Regulae* à partir du *Discours de la Méthode*. Si l'on pose d'emblée que « toute la philosophie de Descartes est contenue en abrégé dans le *Discours de la Méthode* [9] », il ne reste qu'à conclure, logiquement mais anachroniquement, comme Hamelin, que « le second ouvrage (*Discours*) est le texte, le premier (les *Regulae*) est le commentaire de la méthode cartésienne » ; avec Gilson, que « les *Regulae ne contiennent* en définitive *que* les quatre préceptes du *Discours*, et ce qu'elles leur ajoutent ne consiste pas en préceptes supplémentaires, mais en règles pratiques destinées à faciliter leur application », avec Milhaud, que « les *Regulae ad directionem Ingenii* nous en (la méthode) font connaître le détail,... le *Discours* en dégage l'essentiel en quelques règles bien connues », avec N.K. Smith qu'elles « sont utiles, quelque provisoire qu'en soit l'enseignement [10] ». Dans cette manière de penser, outre le mépris de toute lecture chronologique, devient problématique tout le « surplus » propre des *Regulae*

---

8. Sur ce dernier exemple, et l'évolution récente de J.-P. Weber, voir notre discussion, « Bulletin Cartésien III », in *Archives de Philosophie*, 1974, 37/3, p. 487-489. Pour les autres, voir respectivement *infra*, § 5, n. 38 ; § 17, n. 97 ; § 22, n. 53 (et § 24 *passim*).

9. Bouillier (F.), *Histoire de la Philosophie Cartésienne*. Paris, 1868, t. I, p. 61.

10. Respectivement, O. Hamelin, *Le Système de Descartes*, Paris, 1911, p. 49 ; E. Gilson, *Commentaire*, p. 196 ; G. Milhaud, *Descartes savant*, Paris, 1921, p. 65 ; N. K. Smith, *New Studies in the Philosophy of Descartes*, Londres, 1952, p. 49. Voir aussi, L. Brunschvicg, *Ecrits Philosophiques*, Paris, 1951, t. I, p. 11-24 ; et peut-être L. Beck lui-même, *The Method of Descartes*, Oxford, 1952, où l'expression « les premières (les *Regulae*) ne contiennent fondamentalement rien de plus que la doctrine succinctement exprimée dans les quatre règles du *Discours* », nous semble contredire un excellent jugement que nous faisons nôtre : « Les *Regulae*, le texte de méthodologie cartésienne fondamental et original » (p. 8 et p. 9). — Sur ce débat, voir les états de la question, provisoires, donnés par Rivaud, « Quelques réflexions sur la méthode cartésienne », in *Revue de Métaphysique et de Morale* (numéro spécial du tricentenaire du *Discours de la Méthode*), Paris, 1937, p. 36, Beck, *loc. cit.*, p. 8, en note, (reprenant Rivaud), et, à moindre degré, G. Rodis-Lewis, *L'Œuvre*, t. I, (p. 90-91).

sur le *Discours*. Or c'est précisément lui qui fait difficulté, et lui qui, ensuite, disparaît complètement de la pensée cartésienne (ainsi *Mathesis Universalis*, composition des *naturae simplicissimae* comme telles, « mouvement de la pensée », etc.), ou s'évanouit peu à peu comme thème explicite (*intuitus*, « Sagesse humaine », inférence, topique des facultés, etc.). Même si l'on recourt à une telle « auto-critique » de Descartes [11], il reste non seulement à éclairer ces concepts dits provisoires, à en faire la théorie après en avoir montré l'origine et le site historique ; il faut encore justifier leur apparition (et aussi bien expliquer leur disparition), ou montrer leur présence souterraine dans la suite de l'œuvre. Le *Discours* ne rend compte, dans les *Regulae*, que de ce qui lui en parvient, aucunement des *Regulae* comme telles.

D'où l'essai de lire au contraire la *Méthode* à partir des *Regulae*. Si l'on pense, comme V. Cousin, qu'elles « surpassent peut-être en lucidité les *Méditations* et le *Discours de la Méthode*. [Qu'] on y voit encore plus à découvert le but fondamental de Descartes et l'esprit de cette révolution qui a créé la philosophie moderne et placé à jamais dans la pensée le principe de toute certitude [12] », alors il faut demander aux *Regulae* de nous introduire à ce que « méthode » peut bien vouloir dire pour Descartes. C'est en ce sens que s'efforce une suite d'interprètes [13]. — Dans ce cas, demeure l'ancienne interrogation, seulement renversée : pourquoi deux énoncés de la méthode, à quel fondement renvoyer tout ce qui de l'un ne passe point à l'autre, à quelle raison attribuer que le second passe sous silence ce qu'approfondit le premier ? Mais s'y ajoute une autre interrogation ; si les *Regulae* ne doivent pas se lire rétrospectivement, ni comme une monade textuelle, le point de référence, ou du moins d'éclairage, devrait-il se trouver *hors* du *corpus* cartésien ? Une pareille extériorité permettrait au moins d'expliquer que les *Regulae*, texte limitrophe entre la pensée cartésienne organique et les autres courants d'idées, aient dû — et elles seules — affronter, brasser et réinterpréter un matériau conceptuel non cartésien ; ainsi pourraient apparaître des concepts eux-mêmes limitrophes : concepts de dénomination étrangère à la pensée cartésienne subséquente, mais de signification déjà, à force de critique, cartésienne. Certains disparaîtront,

11. Expression empruntée à L. Gäbe, *Descartes' Selbstkritik*, Hambourg, 1972 (voir notre discussion, « Bulletin Cartésien III », *in Archives de Philosophie*, 1974, 37/3, p. 468-472).

12. Cousin (V.), *Œuvres de Descartes*. t. XI, Paris, 1826. Avant-propos, p. I-II. Jugement remarquable qui s'achève, « on les dirait écrit(e)s d'hier, et composé(e)s tout exprès pour les besoins de notre époque ».

13. Voir d'abord l'analyse de Boyce Gibson, « The *Regulae* of Descartes » : « Pour une claire compréhension des principes de la logique naturelle de Descartes, et l'exacte portée des quatre règles données dans le *Discours*, nous devons nous tourner vers les *Regulae* » (*loc. cit.*, p. 150, citant Baillet, *I, IV*, 11, p. 282), « indiscutablement les *Regulae* contiennent la formulation la plus complète et claire des convictions logiques de Descartes » (p. 150). Et aussi la critique de l'opinion d'Hamelin, par Sirven, *Les années d'apprentissage de Descartes*, Albi, 1928, p. 342-343, Beck, *loc. cit.*, p. 8 (cité n. 9), Rivaud (*loc. cit.*, n. 9), W. Röd, qui renvoie les *Regulae*, non à la clarté supposée du *Discours*, mais directement à leur fonctionnement dans l'effectivité des *Essais* (*Descartes' Erste Philosophie*, Bonn, 1971, p. 13 ; voir notre recension, « Bulletin Cartésien II », *in Archives de Philosophie*, 1973, 36/3, p. 463-469).

qui demeuraient trop liés à la polémique originale ; d'autres subsisteront, comme des acquis fondamentaux, et, pour cela même, œuvrant en sous-œuvre, silencieusement. Mais dans ce cas, quelle autre pensée doit venir éclairer ces concepts, pour les révéler d'autant plus ancrés dans la pensée cartésienne qu'ils en sont les marches ?

Aristote. Le recours au *corpus* aristotélicien peut seul donner, nous semble-t-il, un fondement solide à la méditation de ce par quoi les *Regulae* nous sont devenues, selon un avis moins excessif peut-être qu'il n'y paraît, « le plus profond et admirable traité de Logique qui existe, sans excepter l'*Organon* d'Aristote et la *Logique* de Hegel [14] ». Et ceci pour trois raisons.

Premièrement, parce que, *de fait*, le texte des *Regulae* renvoie sans cesse et sans conteste à des thèses, communes, évidemment reconnaissables et pour ainsi dire banales de la philosophie aristotélicienne. De très nombreux commentateurs ont déjà relevé de telles allusions [15], mais par rencontre plus que par recherche continue. Nous estimons, dans le travail qui suit, avoir donné la preuve matérielle d'une connaissance précise et d'une reprise consciemment critique de la pensée aristotélicienne par Descartes : le relevé systématique de ces correspondances livre plus qu'un recueil de citations ; il organise un débat autour de plusieurs thèmes et textes ; les *Règles I-IV* autour de la théorie de la science (*Analytiques Seconds*, principalement, et parallèles), les *Règles V-VII* autour de la doctrine des *Catégories*, la *Règle XII* autour d'abord du *Traité de l'Ame*, ensuite de *Métaphysique Z, H* (l'individuation), etc. Il nous semble très difficile de n'y voir qu'une suite de hasards, de rapprochements forcés ou d'allusions insignifiantes, parce que les correspondances s'ordonnent en des ensembles construits, ensuite parce que les *Regulae* deviennent alors infiniment plus parlantes et intelligibles (nous ne disons pas faciles, ni claires). Encore une fois, ce résultat constitue une confirmation *de fait* de l'hypothèse première ; les difficultés pour en rendre compte, historiquement par exemple, ne peuvent aucunement en permettre la remise en cause. Il reste qu'elles peuvent surgir.

Deuxièmement, on remarquera qu'historiquement la question inévitable — « Descartes a-t-il connu Aristote ? » — trouve au moins un

---

14. Millet, *Histoire de Descartes avant 1637*, Paris, 1867, p. 162.

15. W. Röd relève la critique des catégories par la *Règle VI* (*op. cit.*, p. 58), le rapport de la déduction au syllogisme (p. 53), des *principia* aux *arkhai* (p. 108), de la nécessité scientifique à *An. Post. I*, 2 (p. 34), etc. ; G. Rodis-Lewis situe le point de départ général de Descartes dans les *Seconds Analytiques* (*op. cit.*, p. 92), remarque la situation de l'erreur dans la composition commune à Descartes et à Aristote (p. 96), etc ; J. Brunschwig souligne le rapport de la *Mathesis Universalis* avec *Métaphysique E*, 1 1026 a 26-27, *K*, 4 1061 b 19 (*Règles pour la direction de l'esprit*, traduction et annotations, par Jacques Brunschwig, in F. Alquié, *Descartes. Œuvres Philosophiques*, Paris, 1963, t. I, p. 98, n. 3), de la *Règle VI* aux *Catégories* (p. 101, n. 1), de la *Règle X* à la théorie du syllogisme (p. 129, n. 1), et relève les définitions aristotéliciennes explicites (p. 153, n. 2 ; p. 154, n. 1), voire certaines citations implicites (*Ethique à Nicomaque, VII*, 7, 1149 a sq., p. 163, n. 1) ; L. Gäbe renvoie la *Règle I* à *Ethique à Nicomaque VII*, *passim* (*op. cit.*, p. 93-96), *intuitus* à *nous* (p. 98), etc., L.J. Beck remarque l'origine aristotélicienne de passion-action (*op. cit.*, p. 19), du *sensus communis* (p. 27), l'opposition de la *series* aux catégories de l'Etre (p. 160-161), la théorie de l'*intuitus* « akin to that of *nous* in Aristotle » (p. 204, n. 2) ; etc.

commencement de réponse dans quelques informations qu'admettent, au minimum, tous les critiques. — Au collège de La Flèche, comme dans tous les collèges de la Compagnie de Jésus, — valait, au moins en principe — la règle qu'« en logique, en philosophie naturelle et morale, et en métaphysique, il faut suivre la doctrine d'Aristote, *doctrina Aristotelis sequenda est* [16] ». Nous savons que :

a) L'enseignement de la philosophie, sur trois ans, faisait lire et commenter les *Premiers Analytiques* (début), les *Seconds* (entièrement), l'*Ethique à Nicomaque* et *la Physique* (partiellement), enfin la *Métaphysique* [17] ;

b) Que le cours comportait la lecture (*praelectio*) par le maître du « texte même d'Aristote [18] », commenté et développé ensuite suivant le *Commentaire* des Conimbres, essentiellement [19] ; en sorte que directement ou indirectement l'élève avançait dans la philosophie commune. Sans doute faut-il admettre qu'une liberté de plus en plus grande, laissée aux professeurs, leur permettait de commenter très lâchement, et même de critiquer les thèses aristotéliciennes [20] ; mais, dans ce cas encore, les critiques visent toujours celles-ci, et les soulignent d'autant [21]. Dans l'état actuel de l'érudition sur ce point, on doit, au moins, admettre une connaissance par médiations, mais non par intermédiaires qui l'obscurcissent, d'Aristote ; si l'on y ajoute une lecture, probable, du texte grec lui-même, on conclura qu'Aristote restait pour Descartes, culturellement sinon métaphysiquement « un contemporain » (H. Gouhier) [22]. — De

16. ... *Constitutiones cum declarationibus*, IV, XIV, 3. — Les sources de nos informations sur le collège de la Flèche dépendent toujours de ROCHEMONTEIX, *Un Collège de Jésuites aux XVII*ᵉ *XVIII*ᵉ *siècles. Le Collège Henri IV de la Flèche*. Le Mans, 1889, IV vol., et de l'éd. Patchler des différentes versions de la *Ratio Studiorum et institutiones scholasticae Societatis Jesu per Germaniam olim vigentes collectae*. Berlin, 1887-1894, IV vol.

17 Voir GILSON, *Commentaire, I*, 114-119 ; et SIRVEN, *op. cit.*, p. 33.

18. « *Professores et scolastici ipsum textum Aristotelis ferant in scholam* », *Ratio Studiorum* de 1526 (introduite dans la province de France en 1603), cité par ROCHEMONTEIX, t. IV, p. 8, n. 1, et reproduit par HAMELIN, *Le Système de Descartes*, p. 12. — HAMELIN, dont le premier chapitre nous semble, sur ces questions d'influence, encore très juste. — Confirmé par R.-P. Fr. DE DAINVILLE, *La Naissance de l'Humanisme*, Paris, 1940, p. 97, n. 4.

19. Voir GILSON, *Index*, p. III ; SIRVEN, p. 30 sq. ; le R.-P. Fr. DE DAINVILLE remarque, à propos du *Commentaire*, qu'« adapté ou prescrit dans tous les collèges, l'ouvrage contribua à maintenir vivante, jusque très avant dans le siècle suivant, la tradition néo-aristotélicienne de la Renaissance », p. 94. — Voir DESCARTES, *A Mersenne*, 30 septembre 1640, AT III, 185, 12.

20. Voir R.-P. Fr. DE DAINVILLE, *op. cit.*, p. 107, et *La Géographie des Humanistes*, Paris, 1940, p. 221-223 ; 308-309 ; voir aussi la question des thèses nominalistes enseignées et condamnées à la Flèche, G. RODIS-LEWIS, « Descartes aurait-il eu un professeur nominaliste ? », *in Archives de Philosophie*, 1971, 35/1, p. 37-46, discuté par J.-R. ARMOGATHE, « Bulletin Cartésien II », *in Archives de Philosophie*, 1973, 36/3, p. 485-486 ; et G. RODIS-LEWIS, *L'Œuvre*, t. I, p. 19, et t. II p. 430, n. 19. Il semble pourtant exagéré d'en conclure que « le joug d'Aristote... était une pure fiction », comme le risque P. TANNERY à propos du *De Motu* de GALILÉE, *Mémoires scientifiques*, XI, 430.

21. « Cependant la fidélité à Aristote, et à son interprétation thomiste, constituait le fond du cours de philosophie, même s'il était loisible de s'en écarter sur certains points. » G. RODIS-LEWIS, *L'Œuvre*, t. I p. 19.

22. *Les Premières Pensées de Descartes*, Paris, 1964, p. 143. Voir HAMELIN, *op. cit.*, p. 8, 13, 15, etc. — Cette contemporanéité culturelle a sa contrepartie : si Descartes connaît le *corpus* aristotélicien de la néo-scolastique, il ne connaît aussi d'Aristote que ce que la

cette contemporanéité, Descartes apporte lui-même la meilleure confirmation. Il faut bien remarquer, en effet, que la comparaison terme à terme avec Aristote constitue, programmatiquement du moins, une constante de la philosophie cartésienne : « Et mon dessein est d'écrire par ordre tout un Cours de ma Philosophie en forme de thèses où, sans aucune superfluité de discours, je mettrais seulement toutes mes conclusions avec les vraies raisons d'où je les tire, ce que je crois pouvoir faire en fort peu de mots, et au même livre, de faire imprimer un cours de la Philosophie ordinaire, tel que peut-être celui du Frère Eustache (...) et peut-être *à la fin je ferai une comparaison de ces deux Philosophies* » ; « ... je commence à en (sc. ma philosophie) faire un abrégé, où je mettrai tout le cours par ordre, pour le faire imprimer avec un abrégé de la philosophie de l'Ecole (...) ce que je crois pouvoir faire en telle sorte, qu'on verra facilement *la comparaison de l'une avec l'autre...* » ; « Ecrire un traité dans lequel il veut *faire une ample comparaison* de la philosophie qui s'enseigne dans vos écoles (sc. de la Compagnie) avec celle que j'ai publiée, afin qu'en montrant ce qu'il pense être mauvais en l'une, il fasse d'autant mieux voir ce qu'il juge meilleur en l'autre [23]. »

Cette comparaison, annoncé à plusieurs reprises, mais jamais menée à bien, pourquoi Descartes l'a-t-il eue présente à l'esprit ? Parce que nombreux furent ceux de ces contemporains qui s'y résignèrent (Galilée, Gassendi, S. Basso, etc.) ? Sans doute ; mais alors pourquoi, si soucieux de convaincre son public, et de succéder à l'aristotélisme dans les collèges de la Compagnie, ne rien avoir entrepris ? Peut-être, au contraire, Descartes n'a-t-il jamais repris ce projet que parce qu'il l'avait, en quelque manière, *déjà* mené à l'achèvement — dans les *Regulae*. La véritable confrontation avec Aristote ayant, en fait, déjà suscité un débat complet, une nouvelle comparaison n'eût été que fastidieuse énumération parallèle de thèses contraires, travail d'apologie pour soi-même, ou de publiciste pour tous. Mais, dira-t-on, les *Regulae*, même si elles utilisent des thèmes aristotéliciens, opèrent-elles sciemment la comparaison et le reclassement annoncé des concepts — et d'ailleurs de quelle comparaison s'agit-il ?

La comparaison, troisièmement, se trouve très précisément explicitée dans une incise dont, dans les *Regulae*, l'on ne relève point habituellement l'importance décisive. — Il s'agit de l'emploi par Descartes du terme *intuitus* (*mentis*), *regard de l'esprit*, en un sens qui lui est propre,

---

tradition lui en a pu faire parvenir. Dès lors, l'interprétation thomiste des textes aristotéliciens fera loi dans la plupart des cas. Dès lors aussi, le lecteur moderne doit laisser en suspens les préoccupations introduites par la critique postérieure (authenticité des *Catégories*, datation des phases de la *Métaphysique*, distinction de la théologie et de la science de l'Etre en tant qu'être, etc.), [voir § 11, n. 75]. Historiquement parlant, Descartes ne connaît d'Aristote qu'un *corpus* déjà interprété, et lu d'avance ; en ce sens, et en ce sens seulement, le rapport n'est pas immédiat, quoique textuel.

23. Respectivement, *A Mersenne*, 11 novembre 1640, AT III, 233, 4-15 ; décembre 1640, 259, 21-28 ; *au R.-P. Chasles* (?), décembre 1641, 270, 4-9. D'ailleurs, la comparaison ne se résume pas en une simple critique, mais vise à une mise en situation réciproque : à *Huyghens*, 28 mars 1636, AT I, 602, 23 - 603, 2 : « ... si je m'en souviens bien, à (sc. Sébastien BASSO, *Philosophiae Naturalis adversus Aristotelem Libri XII*, Genève, 1621, ?) n'est vaillant qu'à détruire les opinions d'Aristote, et je tâche seulement d'établir quelque chose, qui soit si simple et si manifeste que toutes les opinions s'y accordent. »

par opposition à la signification du *nous* aristotélicien (§ 7, et n. 43 sq.). Un lecteur averti de la tradition pourrait s'en étonner, et penser à une impropriété, ou une ignorance. Que non pas, précise Descartes, « j'avertis ici de façon générale, que je ne réfléchis aucunement sur la manière dont ces termes ont été employés ces derniers temps dans les écoles, parce qu'il serait extrêmement difficile d'user de ces mêmes noms, et d'avoir à leur propos des sentiments profondément différents ; aussi pour ma part je remarque seulement la signification latine de chaque mot, en sorte que, chaque fois que font défaut les mots appropriés, je transporte jusqu'à la signification qui est la mienne (*transferam ad sensum meum*) ceux qui me semblent y convenir le mieux » (369, 3-10). En fait, Descartes énonce ici « généralement » un principe valable pour l'ensemble des *Regulae* ; nommons le principe de métaphorisation (voir § 29, n. 44), et précisons-le : en rencontrant, à chaque instant du parcours complet de la théorie aristotélicienne de la science, et de ses fondements ontologiques, les concepts inévitables qu'il contredit, Descartes ne se borne justement pas à les contredire ; dans ce cas, en effet, il en resterait tributaire, puisqu'il les inverserait seulement. Au contraire, il en traduit la signification dans son nouvel univers conceptuel : les relations demeurent entre l'*intuitus* et le « toucher de la pensée », les principes, et la déduction ; mais la déduction devient série, les principes, natures simples, le toucher, prise en vue par évidence du clair et distinct. Chaque concept subit donc un multiple déplacement et réaménagement, que mesure son écart avec le concept aristotélicien d'origine. Plus qu'une critique, Descartes institue une métaphore. Ce qui veut dire : l'enjeu des *Regulae* restera masqué aussi longtemps que leurs concepts fondamentaux paraîtront aller de soi, parce que cette fausse simplicité dissimulera l'écart métaphorique. Etablir les écarts, leurs cohérences et leurs rencontres, ou manquer l'instauration cartésienne. D'ailleurs, Descartes avertit que l'essentiel réside moins dans les concepts, ou leurs dénominations, que dans leur nouveau rapport : « De même que nous ne pouvons écrire aucun mot, dans lequel ne se trouvent d'autres lettres que celles de l'alphabet, ni remplir aucune phrase, sinon par des termes qui sont dans le dictionnaire : de même un livre, sinon par des phrases qui se trouvent chez d'autres. Mais si les choses que je dirai ont une telle cohérence entre elles, et se trouvent si étroitement liées (*connexa*), que les unes s'ensuivent des autres, ce sera la preuve que je n'ai pas plus emprunté ces phrases à d'autres, que je n'ai puisé les termes eux-mêmes dans le dictionnaire [24]. » Seule la métaphorisation d'ensemble livre la vérité des écarts conceptuels particuliers, et ceux-ci ne valent qu'en vue de celle-là. Notre seul propos sera de mesurer l'une par les autres, et de méditer les uns à l'intérieur de celui-là. — Mais, objectera-t-on, n'est-ce pas trop faire crédit à une indication de peu de poids, n'est-ce pas dépasser la saine enquête sur les sources de la pensée cartésienne, pour rêver un dialogue conscient et intemporel des penseurs entre eux, par-dessus toutes médiations ; ne faut-il pas reconnaître

---

24. Fragment cité en AT X, 204, 6-13. Voir *Epître à la Sorbonne*, AT VII, 3, 24-25, et PASCAL, *Pensées* (Brunschvicg n° 22).

une bonne fois que « les rapprochements de textes entre lesquels on ne peut établir aucune filiation historique sont des exercices vains et plus dangereux qu'utiles » (Gilson) [25] ? Or il y a, on l'a vu, des filiations historiques, plus nombreuses, à la limite, entre Descartes et Aristote, qu'entre lui et les néo-scolastiques (les *Regulae* ignorent quasi tout des opinions spécifiques aux *recentiores*, et récusent même explicitement les auteurs des « derniers temps », 369, 5). Surtout, il faut peut-être admettre, premièrement, qu'antérieure à la recherche des sources immédiates de certains concepts, demeure l'enquête architectonique qui détermine *quels* concepts doivent être mis en rapport les uns avec les autres — rapport à l'intérieur duquel seulement la question des sources pourra se poser. Il faut, peut-être aussi, deuxièmement, reconnaître aux penseurs décisifs de l'histoire de la métaphysique le droit et le don d'entretenir les uns avec les autres un dialogue plus discret, et plus radical que celui, explicite et commun, de l'histoire des idées. Bien au-delà de leurs intuitions conscientes, et donc de leurs polémiques ouvertes, ils s'écoutent et se parlent en des rencontres qui ne paraissent paradoxales qu'à l'historicisme borné, ou à l'idéologie aveugle [26]. Nul hasard, en fait, à ces rencontres, malgré leur rareté : la permanence de la question de l'Etre (et aussi sa dissimulation constante) mobilise pour la même méditation, ou mieux, pour la méditation du Même, ceux qui savent l'entendre, et y faire face. C'est parce qu'ils sont de ceux-là qu'Aristote et Descartes, avec une sûreté somnambulique, se répondent, ici, longuement.

---

25. GILSON, *Index*, p. III.
26. Nous avouons notre dépendance envers les essais actuels pour renouveler l'histoire de la philosophie. Que ce soit ceux de J. BEAUFRET, *Dialogue avec Heidegger*, Paris, 1973-74 (voir sur les textes concernant Descartes, le « Bulletin Cartésien IV », *in Archives de Philosophie*, 1975, 38/2, p. 276-278), ou de Ferdinand ALQUIÉ, dans *Signification de la Philosophie*, Paris, 1971 (voir notre discussion, *Revue Philosophique de Louvain*, 1971, p. 599-601), soit dans le *Cartésianisme de Malebranche*, Paris, 1974 (voir notre discussion *in Revue Philosophique de Louvain*, 1974 ; p. 772-776).

CHAPITRE PREMIER

L'UNIVERSALITÉ DE LA SCIENCE UNIQUE
(§ 2-11)

§ 2. L'UNITÉ DE LA SCIENCE, ET CRITIQUE DE L' « HABITUS »

La *Règle I* détermine d'emblée le but ultime (*finis* 359, 5) de toutes les suivantes, parce que l'origine détermine toujours ce qui en provient. Cette décision initiale assure une position qui, entendue au sens militaire, commande toutes les transformations, déformations ou innovations qu'aménageront les *Regulae* au cours de leur développement. C'est pourquoi, en quelques lignes, la *Règle I* (c'est l'une des plus brèves), va-t-elle, avec une violence qu'impose sa situation initiatrice et qui explique la concision de son propos, accomplir une tâche considérable : inverser le centre de gravité de la relation du savoir à ce qu'il sait — la chose même. Cette introduction risque pourtant de passer inaperçue, comme simple constatation d'une banalité ; or précisément la supposer triviale revient, en fait, à l'ignorer : nous voulons dire, qu'on n'a point alors pris assez de recul pour la situer en marge de ce qui s'en distingue. Il convient donc de demander : à l'encontre de quoi cette position est-elle prise ? Ce qui incite à un regard, par saint Thomas, jusqu'à Aristote.

L'objectif de la *Règle I* se laisse deviner par sa structure même ; elle distingue une méta-comparaison entre deux comparaisons : la comparaison d'une première comparaison des sciences et des arts (concluant à leur homogénéité) avec une autre comparaison (concluant à l'hétérogénéité) des mêmes termes. Ce qui se développe plus clairement de la manière suivante :

a) Comparaison erronée (« rapportant à tort » 359, 14) des sciences et des arts, et donc transfert de la diversité irréductible de ceux-ci (« un seul homme ne peut apprendre ensemble tous les arts » 359, 14-15) aux sciences (« aussi de même des sciences » 360, 3-4 ; 359, 11 - 360, 6) ;

b) Comparaison de la diversité apparente des sciences à l'unité infrangible de la « sagesse humaine qui demeure toujours une et semblable à soi » (360, 8-9), qui conduit à l'unité de celles-ci au sein d'une unicité supérieure, dont la production opère d'autant plus uniment que ses produits se diversifient (360, 7-15).

La méta-comparaison vise donc à substituer une comparaison (et compréhension) à une autre. Reste à préciser pourquoi Descartes tient à cette substitution, et d'abord, ce qu'elle met en cause. En fait, tout revient à comprendre ce qui, dans la première comparaison, conduit à l'erreur. Ce facteur paraît nécessairement assurer la méta-comparaison ; or ce qu'on reporte (indûment, pour Descartes) des arts aux sciences, et qui pourtant (pour Descartes) ne convient qu'aux premiers, aucunement aux secondes, c'est « certain usage et disposition du corps, *habitus* », (359, 13). L'*habitus*, venu de l'*hexis* des Grecs, doit se restreindre aux arts seulement, sans que jamais, par transfert illégitime, on puisse parler d'*habitus scientiarum* ; or précisément Eustache de Saint-Paul parmi les proches contemporains, saint Thomas, et fondamentalement Aristote attribuent aux sciences l'*habitus*, ou du moins l'*hexis* [1]. Bien plus, Descartes lui-même, en d'autres temps, semble avoir admis la définition des sciences à partir de l'*habitus* : « les troisièmes (sciences), qu'il (sc. Descartes) appelait sciences libérales, sont celles qui, outre la connaissance de la vérité, demandent une facilité d'esprit, ou du moins *une habitude acquise par l'exercice* (= *habitus*), telles que sont la Politique, la Médecine pratique, la Musique, la Rhétorique, la Poétique, et beaucoup d'autres qu'on peut comprendre sous le nom d'*Arts* libéraux, mais qui n'ont en elles de vérité indubitable, que celles qu'elles empruntent des principes des autres sciences [2] » (AT X, 202, 9-16). Quel enjeu suppose l'*habitus* pour que se concentre ainsi sur lui le débat ?

En règle générale, l'*hexis* se définit « une certaine *energeia* de ce qui (con-)tient *et* de ce qui est (con-)tenu, comme une certaine action ou un certain mouvement (tout comme, quand un terme agit, l'autre est agi, l'action est l'intermédiaire ; de même, entre celui qui porte vêtement et le vêtement porté, l'intermédiaire est-il l'*hexis*) [3] ». Ainsi se

---

1. Respectivement, Eustache DE SAINT-PAUL : « Les genres des *habitus* sont divers, les uns sont *habitus* de l'âme, les autres du corps. Ceux qui sont de l'âme sont soit infus en nous par Dieu, soit acquis naturellement. (...) S'ils sont naturellement acquis, ou bien ils sont dans les facultés de connaissance, ou bien dans celles d'appétition. S'ils sont dans les facultés de connaissance, ils sont soit dans les sens internes (...), soit dans l'entendement, ... comme la *science*, la *prudence* et l'*art*. » *Somme Philosophique...*, Paris, 1609, *I*, 121 (cité in GILSON, *Index* § 217). Saint THOMAS : « Les divers moyens termes (des démonstrations) sont les principes actifs selon lesquels sont diversifiés les *habitus* des sciences » (*Somme Théologique, I-II, q.* 54, *a.* 2, 2) ; « les *habitus* des sciences, selon lesquels se diversifient les hommes » (*ibid. q.* 50, *a.* 4, *c.*) ; « *habitus* des sciences » (*ibid. q.* 51, *a.* 2, *c.*, et *passim*).

ARISTOTE classe, au nombre des « états » (*hexeis*), plus durables que les simples « dispositions », (*diatheseis*), « les sciences et les vertus » (*Catégories 8*, 8-b 29 ; *15*, 15-b 18-19).

2. *Studium Bonae Mentis*, d'après BAILLET, II, p. 479, cité AT X, 202. — Sans doute faut-il remarquer que nous ne devons ce classement qu'à l'intermédiaire que fut Baillet, qui a pu filtrer la pensée cartésienne, pour lui donner, involontairement sans doute, une conformité inattendue aux concepts traditionnels. En outre, l'*habitus scientiarum* n'apparaît que pour la troisième classe de sciences, dont, par ailleurs, Descartes restreint la scientificité, jusqu'à la tenir pour empruntée, et les qualifier d'« arts libéraux ». Ce qui laisse supposer une proximité plus grande avec les *Regulae*, et place le *Studium* à mi-chemin de l'opinion commune et de l'innovation proprement cartésienne.

3. *Métaphysique* Δ , 20, 1022 b 4-8. Voir saint THOMAS : « L'*habitus* est médiant entre la pure puissance et l'acte pur » (*Somme Théologique, I, q.* 87, *a.* 2, *c.* = *Somme contre les Gentils, I*, 92, et *De Potentia, q.* I, *a.* 1, *ad.* 4). De même, « l'*habitus* est une certaine disposition de quelque sujet existant en puissance soit à l'égard d'une forme, soit en vue d'une action » (*Somme Théologique, I-II, q.* 50, *a.* 1, *c.*).

trouve-t-elle dépendre aussi bien du terme « contenu » que du terme
« contenant », parce qu'elle énonce l'adaptation de l'un à l'autre. Bien
plus, la relation déterminante de l'*habitus* à l'*actus*, à quoi il dispose
une *potentia* (déjà prédisposée), l'ordonne au terme de l'*actus*, la chose
même : « Les actes diffèrent entre eux suivant la diversité des objets... ;
mais les *habitus* sont certaines dispositions envers les actes ; donc les *habitus* aussi se distinguent suivant leurs divers objets[4] » ; en effet, l'inclusion
de l'*hexis/habitus* dans le procès, qui mène la chose de sa propre potentialité à la rencontre de son achèvement, l'ordonne aussi au terme unique
de ce procès, la chose même ; non certes comme un doublet de la *potentia*,
mais comme disposition précise (et non possibilité simple) de la *potentia* à son achèvement, « ... disposition de la puissance à l'objet ». Renforçant et s'intégrant au procès éidétique de la chose vers elle-même,
l'*habitus* ne peut que s'ordonner lui aussi à la chose, c'est-à-dire se
diversifier et démultiplier selon la distinction des « objets » : « L'*habitus*
se dit, d'une première manière, selon que l'*homme*, ou une quelconque
autre chose (*res*), est dite avoir quelque terme (*habere aliquid*), et d'une
autre manière, selon qu'une chose (*res*) quelconque a elle-même en
elle-même (*habet se in seipsa*), ou bien se rapporte à quelque autre
terme (*habet ad aliquid aliud*) » ; « si l'on ajoute " bien " ou " mal ",
ce qui a trait à la raison de l'*habitus*, il faut s'attacher à l'ordre selon
la nature, qui est la fin » ; « l'*habitus* comporte primordialement et par
soi le rapport (*habitudo*) à la nature de la chose[5] ». L'*hexis/habitus*, parce
que ordonnée à la chose même, se démultiplie autant que les choses se
diversifient — atteignent à leurs unités respectives, en atteignant à elles-
mêmes.

Or, la science elle-même doit s'entendre comme un *habitus*, très
exactement un *habitus intellectualis*[6], qui s'inscrit également dans le
procès éidétique de la potentialité à l'achèvement — de la chose à connaître, puis connue ; et ce, à titre de disposition privilégiant un procès
qui vise l'achèvement d'une connaissance de la chose même ; et donc :
« Les opérations de l'entendement se distinguent d'après des objets » ;
« Les vertus intellectuelles portent sur des matières diverses, et non
ordonnées les unes aux autres, comme il paraît dans les sciences et les
arts, qui sont divers[7]. » La science reconnaissant son centre de gravité

---

4. *Somme Théologique*, I-II, q. 54, a. 2, *sed contra*. Voir aussi *I-II*, q. 50, a. 4, *ad.* 1 :
« L'*habitus* n'est pas une disposition de l'objet à la puissance, mais plutôt une disposition
de la puissance à l'objet. »

5. Respectivement, *Somme Théologique*, I-II, q. 49, a. 1, c. ; a. 2, ad. 1 ; a. 3, c. —
Voir *ibid.*, I, q. 1, a. 3, c. : « L'unité de la puissance et de l'*habitus* doit se considérer
suivant l'objet, non certes pris matériellement, mais suivant la raison formelle de l'objet. »
Voir I, q. 59, a. 4, c. ; I-II, q. 60, a. 1, 2° obj. et c. ; q. 12, a. 4, 2° obj. ; II-II, q. 4,
a. 6, c. etc.

6. *Somme Théologique* I-II, q. 53, a. 3, c. — Voir sous *habitus scientiarum*, les références données en note (1).

7. Respectivement *Somme contre les Gentils*, I, 48, et *Somme Théologique*, I-II, q. 65,
a. 1, ad. 3. Voir l'excellent commentaire de Cassirer, « ... l'entendement se tourne
tantôt vers un objet, et tantôt vers un autre ; et c'est le genre de l'objet qui détermine
combien la lumière de l'esprit en peut recevoir » (« DESCARTES et l'unité de la Science »,
in Revue de Synthèse, XIV, 7, 1937, p. 9).

« auprès des objets », se laisse ordonner à eux, c'est-à-dire se laisse désordonner en soi, pour suivre plus exactement des « matières non ordonnées [entre elles] » d'où une démultiplication des sciences selon la multiplicité de leurs objets (« pro diversitate *objectorum* », 360, 4, et inversement « quantumvis differentis *subjectis* applicata », 360, 9-10). Le nœud du débat revient donc à déterminer comment le savoir se soumet à ce qu'il sait, à ce qui demeure irréductiblement face à lui, aux *antikeimena*, selon une acception assez peu fréquente du terme chez Aristote [8]. Sans doute y a-t-il corrélation entre le connu et le connaissant, mais jamais, pour Aristote (ni pour saint Thomas) cette corrélation ne devient corrélation réciproque ; cette seule relation n'admet pas son inversion, et s'impose un centre de gravité radicalement sis dans la chose à connaître [9]. C'est précisément la primauté de la chose qui impose à l'esprit un *habitus* : la chose en effet, quand elle entre dans la connaissance, se livre sans doute comme objet du savoir, mais développe au moins autant sa propre identification à elle-même ; la manière dont elle se peut connaître dépend finalement de ce qu'elle-même peut livrer à la connaissance — de son essence ; c'est donc l'essence de chaque chose qui commande la science correspondante, et non l'esprit qui produit une science.

Sans doute peut-on concevoir une science sans *habitus* : « l'entendement humain, comme il occupe le dernier rang dans l'ordre des entendements, est en puissance devant tous les intelligibles, tout comme la matière première l'est devant toutes les formes sensibles, et c'est pourquoi il a besoin pour tout ce qui est à comprendre d'un certain *habitus* ; mais l'entendement angélique, lui, ne se comporte pas (*non se habet*) comme s'il était en puissance, etc [10] ». Mais si l'entendement divin n'a nul besoin d'*habitus*, c'est que l'essence de chaque chose lui apparaît immédiatement ; en effet, au lieu de dégager l'universel (genre, substance seconde, etc.), *a posteriori*, au terme d'une lente résorption de la matière (au sens épistémologique) à la netteté éidétique, résorption qui mobilise un *habitus*, l'entendement angélique saisit les universaux *ante rem* ; l'absence du procès de la potentialité à la chose même dégage de tout *habitus* ; mais celui-ci ne peut disparaître que si la « matière » ne fait plus obstacle à l'immédiate appréhension des universaux par l'intellect. La suppression, pour l'homme, des *habitus scientiarum*, dépend de la réponse à cette autre question : l'homme est-il doué d'intellect angélique ? En un sens, Descartes l'affirme [11].

---

8. *De l'Âme*, I, 1, 402 b 14-16 : « Si les actes sont premiers, à nouveau on pourrait se demander, s'il faut d'abord en chercher plutôt ce qui s'objecte à eux (*ta antikeimena*), comme le sensible avant le sensitif, l'intelligible avant l'esprit intelligent » ; II, 4, 415 a 18-23. « En effet, antérieurs aux potentialités sont les "actes" et les actions, selon le *logos* ; et s'il en est ainsi, puisqu'encore auparavant il faut avoir étudié ce qui s'y objecte, c'est de ceux-ci que l'on doit définir d'abord, et pour le même motif. »

9. Voir *Métaphysique* Γ 5, 1010 b 34 sq. ; Δ 15, 1021 a 26 ; *Catégories* 7, 7 b 22 sq., et l'analyse détaillée de cette question plus bas, § 14.

10. Saint THOMAS, *Somme Théologique* I-II, q. 50, a. 6, c.

11. Sur l'entendement angélique voir *ibid.*, I, q. 85, a. 3, ad. 1 et ad. 4 ; q. 55, a. 3, ad. 1 ; q. 16, a. 7, ad. 2 ; etc. — Sur l'« angélisme de Descartes », voir J. MARITAIN, *Trois Réformateurs*, Paris s.d., II, p. 78 sqq., et le *Songe de Descartes*, Paris, 1925, p. 96-97 (refus de l'*habitus*), et p. 22, 54, 275.

Descartes refuse de transposer la multiplicité des *antikeimena/objecta* en une nécessaire multiplicité des sciences, par l'intermédiaire de la multiplicité des *habitus*. Il distingue donc l'unité de l'unicité : au lieu de l'unicité close de chaque science (*unicus* 359, 16 ; 360, 3 ; 361, 14), qui implique leur diversité irréductible (*diversitas* 360, 4 ; 360, 2 ; *distinguere* 360, 5 ; et 10 ; *separare* 361, 14), va intervenir l'unité plus puissante (*unius* 360, 13 ; 14 ; *una et eadem* 360, 9), qui conjoint les sciences entre elles (*con-junctae* 361, 17 ; *-nexae* 13 ; *-sistere* 359, 12). Cette inversion ne se peut, que si le centre de gravité de la relation épistémique ne se fixe plus dans la chose même (laquelle impose la diversité des unicités) ; où peut-il, dès lors, se situer ? Réponse : « les sciences ne sont rien d'autre que la sagesse humaine » (360, 7-8), « les sciences qui consistent tout entières en ce que connaît l'esprit » (359, 11-12) ; et donc le centre de gravité de la science réside moins en ce qui se connaît, qu'en ce qui connaît ; moins en la chose même, qu'en ce qui l'appréhende ; ou encore, plus essentielle que la chose connue apparaît, pour chaque chose, la connaissance de l'esprit qui la constitue comme un objet. En effet, toutes les sciences, pourvu qu'on les regarde sous une certaine lumière, qui y estompe les propriétés irréductibles, témoignent de la seule activité de l'esprit humain. Quelle lumière ? Celle, sans doute, qu'évoque le paradigme du Soleil, dont la lumière aussi différents que puissent paraître les sujets qu'elle éclaire (« quantumvis differentibus subjectis applicata » 360, 9-10), demeure invariablement égale à soi-même ; ou plus exactement, non seulement elle ne reçoit aucune modification de ce qu'elle éclaire, mais le transforme en uniforme dépendance de soi ; l'esprit humain, comme ce soleil impérieux, déréalise ce qu'il éclaire de sa « lumière incolore » (Cassirer), jusqu'à n'y laisser à voir que l'universelle empreinte de la connaissance ; lumière, qui paraît la lumière portée (au sens de l'ombre portée) de l'universelle seigneurie, que l'esprit se reconnaît à lui-même. Sans doute Aristote disait-il qu'« en potentialité l'intellect est en quelque manière tous les intelligibles [12] », c'est-à-dire que l'intellect doit en venir à s'identifier avec l'intelligible, en tirant sa propre intelligibilité de ce que conquiert, par son *eidos*, l'intelligible lui-même. Cartésiennement, au contraire, c'est la multiplicité des intelligibles qui doit en quelque façon finir par se résorber dans l'unique intelligibilité de l'intellect transparent à lui seul. Plus intime à l'intelligible que lui-même devient l'intelligibilité qu'il emprunte à l'intellect, et qui l'identifie, sous le rapport de l'intelligibilité, à l'intellect.

Ce que s'approprie ainsi, en l'ignorant, l'intellect cartésien, ce qu'au contraire l'*habitus* reconnaissait, ce dont témoignait l'irréductible pluralité des sciences — c'est le fondement essentiel de la chose même ; ce

12. *De l'Ame* III, 4, 429 b 30-31. — Voir CASSIRER : « Cette adéquation (sc. *rei et intellectus*) ne semble pas pouvoir être atteinte et garantie plus parfaitement que par l'adaptation de l'intellect à la chose : l'intellect aurait donc à prendre lui-même une forme nouvelle chaque fois qu'il considère une nouvelle classe d'objets. A cette conception s'oppose l'idée qu'a Descartes, (...) l'intellect (...) demeure ce qu'il est ; il conserve sa nature spécifique et immuable ; il imprime sa propre forme à tout ce qui est. La structure du savoir n'a pas son origine à l'extérieur ; elle est déterminée et réglée une fois pour toutes par la nature propre de l'intellect. » (*Loc. cit.*, p. 11-12).

fondement, Aristote l'appelle *genos*, et sur lui assure l'incommunicabilité des sciences. Les sciences se distinguent en effet selon le *genos* : « Pour nous le principe (sc. du raisonnement) n'est pas l'opinion, mais le premier terme du genre sur lequel porte la démonstration », lequel sert de moyen terme du syllogisme correspondant ; car le discours scientifique ne se fonde ni sur l'évidence d'une première connaissance, ni même sur la certitude (subjective) d'un résultat confirmé, mais sur l'essence, telle que la définit génériquement cette substance en second qu'est le genre. Dès lors, puisque chaque science repose sur la définition générique d'un type de chose, la science sera multiple, parce qu'elle sera fondée : « la démonstration arithmétique maintient toujours le genre à propos duquel il y a démonstration, et les autres sciences de même ; en sorte que, si la démonstration doit finir par arriver, il faut nécessairement que le genre soit, absolument ou d'une certaine manière, le même [13] ». La pluralité des sciences garantit leur rigueur, parce que celle-ci repose sur la rigoureuse définition de l'essence irréductible de la science, puisque celle-ci repose sur l'unique producteur de certitude, uniformément à l'œuvre dans tout le champ épistémique — l'intellect même.

De cet antagonisme, un premier résultat se déduit : pour Descartes, la multiplicité infinie des choses distingue moins les sciences correspondantes, que ne les unifie l'unique intellect humain ; comment le centre de gravité peut ainsi s'inverser, toutes les *Regulae* ne sont là que pour le dire et le fonder. Reste, dans cette attente, à préciser quelle unité peut ici prétendre surmonter les distinctions entre les sciences, et annihiler ainsi le quadrillage générique du champ de tout savoir en général.

§ 3. L'UNIVERSELLE VALIDITÉ DE L'HUMAINE SAGESSE

La question consiste donc à définir certain type d'unité, tel que tous les objets possibles de toutes les sciences pensables (360, 15-18 = *Règle V*, 380, 2-16, etc.) ne contrebalancent finalement pas l'universelle validité de l'unique et unifiante « universalis Sapientia » (360, 19-20) ; la réponse occupe toute la section 360, 15 - 361, 12. Une remarque philologique met sur la voie d'une solution : *H* portait « universali me », évidemment fautif, que *L* (*H* corrigé par Leibniz) a rectifié en « universalissima » (voir ed. *Cr.*, p. 2, et ed. Springmeyer, p. 2, corrigeant l'attribution d'AT à *H*) ; on sait que les fautes nombreuses de *H* sont quasi toutes dues à la scrupuleuse inintelligence du copiste [14], qui restitue matériellement un texte qu'il n'entend souvent pas du tout ; aussi ses fautes matérielles constituent-elles des buttes-témoins incontournables ; en l'occurrence, il y a d'assez bonnes chances pour que *L* ait donné la bonne reconstitution. Auquel cas, il faudrait lire : *de hac universalissima Sapientia*, « au sujet de la sagesse, universelle par excellence », de la sagesse où se situe la seule universalité concevable (au sens où DM 57, 9 parle d'« instrument universel ») ; mais encore, où réside pareille sagesse ? On compren-

---

13. Respectivement *An. Post I*, 6, 74 b 24-25 ; et *I*, 7, 75 b 8-10.
14. Voir notre discussion de l'édition de G. CRAPULLI, et des travaux de SPRINGMEYER, « Bulletin Cartésien I », *in Archives de Philosophie*, 1972, 35/2, p. 302-305.

drait que, bibliquement si l'on peut dire, elle tire son universalité d'une divine origine, ou helléniquement de sa proximité au Principe ; or cette même *Sapientia*, quelques lignes plus haut (360, 7) apparaît comme « humana sapientia », tout comme l'« instrument universel » se trouve être la « raison », humaine bien sûr (DM, 57, 8). Il semble d'autant plus difficile de récuser l'identité de 360, 7 avec 360, 19-20, qu'outre le faible écart qui les sépare, cette distinction supposerait deux concepts distincts et autonomes de *sagesse*, contrairement à l'intention d'ensemble de la démonstration. Comment concevoir l'universalité, qui permettra seule de réduire à l'unité — au corps de « la » science — les *membra disjecta* des sciences ? En laissant, peut-être, la sagesse humaine déployer clairement sa définition comme « finis generalis » (360, 25). En effet, la sagesse humaine ne devient science unique et unifiante qu'autant qu'elle se constitue comme une « fin », elle ne vaut comme *generalis* que si elle se construit comme *finis ;* cette finalité ne dénote pas quelqu'usage extrinsèque, mais sa structure intrinsèque comme telle. Car ce n'est qu'en référant toute science particulière, abstraction faite de son genre propre, à l'esprit humain qui la produit, que la sagesse humaine se suscite comme science primordiale ; elle résulte de cette référence même, qu'elle provoque : « toutes les autres choses (ou sciences) ne se doivent pas tant estimer pour elles-mêmes, que pour ce qu'elles lui apportent quelque chose, *ad hanc aliquid conferunt* » (360, 20-22) ; l'unité des sciences en une seule, primordiale et fondatrice de la scientificité de toutes, provient de l'unité de référence (*finis* 359, 5 ; 360, 25 ; *dirigere* 360, 26 ; *directio ad* 359, 5). Unité de référence, où une science devient possible parce que d'autres, et leurs objets, se laissent rapporter à elle : il devient licite de songer ici à l'unité par référence (*pros hen*), qu'invoque Aristote pour dégager une science de l'être en tant qu'être. En effet, l'être n'est pas un genre [15], en raison même de son universalité insurpassable (*koinotaton*) ; mais pour cela aussi, il paraît suffire à constituer une seule science. Comment ? En rapportant tous les termes, qu'aucune synonymie (limitée par le genre) ne rassemble, qu'aucune homonymie ne marque, à un unique « principe », l'e(s)tance/*ousia* elle-même. Celle-ci interprète tout le donné comme un certain mode de l'étant, se référant à elle, à titre de « chemin vers l'*ousia* ou corruptions, ou privations, ou qualités, ou produits fabriqués ou engendrés de l'*ousia*, ou comptant au nombre des termes dits en référence à l'*ousia* [16] ». La science de l'être-étant en tant qu'Etre ne fonde son unité, malgré son universalité, que sur la structure focale d'une référence universelle de l'étant à l'*ousia*.

Reste à mesurer les déplacements que rend possibles cette structure commune. Aristote constitue une telle science par référence à l'*ousia*, Descartes, par référence à l'*humana universalis Sapientia*. Ce qui indique peut-être que désormais, l'*ego* se substitue à l'*ousia* comme terme ultime de référence et de constitution du corps des sciences. Et c'est sans doute pourquoi on pressent dès maintenant que le statut de l'*ego* épistémologique ne peut, dans les *Regulae*, se conquérir qu'au prix de la destruction

---

15. Voir *Analytiques Post.*, *II*, 7, 92 b 14 ; *Métaphysique B*, 3, 998 b 22 sq. ; etc.

16. *Métaphysique* Γ, 2, 1003 b 7-19 ; voir Z, 4, 1030 a 27 sq. ; *Ethique à Nicomaque I*, 4, 1096 b 27.

entière et systématique du primat aristotélicien de l'*ousia*, tant comme fondement de la chose, que comme principe de la science.

Il apparaît aussi que l'antériorité de la (science de la) sagesse humaine l'emporte sur l'antériorité aristotélicienne de l'objet du savoir sur le savoir de l'objet ; et ce, parce qu'une antériorité universelle (sur toutes sciences) devient incommensurable aux antériorités particulières (d'une chose sur la science correspondante). D'où la réduction — provisoire — de tout essai de classification des sciences à une juxtaposition hétérogène de sciences accumulées (360, 26-361, 7 ; et ensuite 360, 15-18) ; en effet toutes sciences particulières, quelque fruit qu'on en puisse attendre, y compris la contemplation du vrai (361, 5), deviennent illusoires, si on ne les réfère à une science universelle ; la dignité d'un objet (particulier) reste en effet sans commune mesure avec la primauté universelle (parce que référentielle) de la sagesse humaine. Primauté universelle qui ne réfère encore à elle que le désordre de sciences particulières, mais dépourvues du *genos* autonome qui les assurait ; à ce moment du parcours de la *Règle I*, la nouvelle classification des sciences n'aboutit qu'à *un* déclassement anarchique, que l'*arkhê* nouvelle ne tempère pas, mais provoque.

Or précisément, un seul pas sépare encore d'une nouvelle classification, pas qu'une dernière section (361, 12-25) franchit. Les sciences, premièrement, entretiennent entre elles un rapport de connexion : « ... les choses que je dis sont entre elles... si étroitement liées (*connexa*), que les unes s'ensuivent des autres » (AT X, 204, 10-11) ; « ... pour celui qui voit la chaîne des sciences, il ne paraîtra pas plus difficile de les retenir par l'esprit, que de retenir la série des nombres » (*Cogitationes Privatae*, 215, 2-4) ; connexion, ou encore conjonction ; « ... elles sont toutes conjointes entre elles (*conjunctae*) et dépendent les unes des autres » (361, 17-18). Ce que corrobore un fragment des *Olympica*, « il jugea que le *Dictionnaire* ne voulait dire autre chose que toutes les Sciences ramassées ensemble ; et que le Recueil de Poésies, intitulé *Corpus Poetarum*, marquait en particulier, et d'une manière plus distincte, la Philosophie et la Sagesse jointes ensemble. » (184, 15-19). Cette connexion n'opère plus seulement un classement encyclopédique, mais produit génétiquement cette encyclopédie, « il est bien plus aisé de les apprendre toutes ensemble, que d'en détacher une des autres » (361, 13-14), confirmé par un fragment dû au R.P. Poisson, « c'est que toutes les sciences sont enchaînées ensemble (*concatenatae*), et on ne peut en posséder parfaitement une, sans que s'ensuivent de soi toutes les autres, et que soit appréhendée ensemble toute l'encyclopédie [17] ». L'heureux et rapide succès (promis en 361, 21-25, comme conclusion) suppose, comme son unique condition, une puissance considérable de la connexion. Que signifie-t-elle ? De fait, la *connexio scientiarum* apparaît comme un thème proprement cartésien, sitôt constatée l'impossibilité aristotélicienne d'un concept semblable : l'irréductibilité de chacune des sciences aux autres découle de sa fondation sur un *genos* particulier ; et par définition, le *genos* reste incommunicable, puisque, s'il se résorbait

17. *Commentaires ou remarques sur la Méthode de René Descartes*, Vendôme, 1670, II, 6ᵉ observation, 73 p., (cité in AT X, 255).

en un autre, il manifesterait immédiatement qu'il n'avait jamais atteint à une stricte définition.

En reprenant cette conclusion, saint Thomas nous permet, en sus, de préciser l'enjeu cartésien du débat. Il ne se trouve aucune connexion entre les sciences, « les vertus intellectuelles ne sont pas connexes : quelqu'un peut en effet avoir une science, sans pour cela en avoir une autre », « les vertus intellectuelles ne portent pas sur des matières diverses ordonnées entre elles, ainsi qu'il paraît dans les sciences qui sont diverses, tout comme les arts, et c'est ainsi qu'on ne trouve pas en elles la connexion, qu'on trouve dans *les vertus morales, qui existent à propos des passions et des opérations* [18] ». En effet, si la connexion n'unit pas les vertus intellectuelles, ni, *a fortiori*, les sciences, entre elles, il n'en va pas de même pour les vertus morales ; pourquoi cette exception ? Parce que la vertu morale, dont l'exercice revient à la *prudentia*, ajoute au « principe » (c'est-à-dire à la définition théorique du bien) la connaissance des circonstances particulières ; et donc la *prudentia* unifie en quelque manière, sinon des genres différents, du moins plusieurs vertus à l'occasion d'actions particulières, en vue d'un unique bien — le bien lui-même : « l'intention de toutes les vertus tend au même point ; et à cause de cela toutes les vertus ont entre elles une connexion, selon le principe droit des actions (*in ratione recta agibilium*), qui est la prudence ». En sorte que la *prudentia* instaure une connexion (morale) là où il n'y en avait pas (intellectuellement) ; l'unité des sciences, et donc leur connexion ne serait concevable qu'en Dieu, sauf à considérer la prudence et son biais. « Les vertus ont une connexion en raison du principe prochain, c'est-à-dire de leur genre propre, qui est la prudence, ou charité ; mais non pas en raison du principe éloigné et commun, qui est Dieu [19] ». Ainsi saint Thomas fait-il écho au rôle « architectonique » de la *phronèsis* chez Aristote qui, outre son emploi politique, exerce, même dans l'usage privé, sa suffisance et son gouvernement sur le nœud de circonstances contingentes qu'elle confirme : « Il pourrait sembler étrange que la prudence, bien qu'inférieure à la sagesse, l'emporte sur cette dernière — puisqu'en effet en produisant, elle gouverne et commande à chaque (événement ? décision ?) particulier. » Quant à la *connexio* prudentielle, elle renvoie évidemment au « syllogisme pratique » [20]. Justifiée par la contingence irréductible (absence d'*arkhê*), la *connexio* des vertus (morales) n'intervient que si quelque science (ici la *prudentia*) peut jouer le rôle de principe prochain. Toute *connexio* morale suppose un dédoublement du principe, par quoi l'homme devient quasi-principe, dans la contingence de

---

18. *Somme Théologique*, I-II, q. 65, a. 1, obj. 3, puis ad. 3.

19. *Ibid.*, q. 73, a. 1, c., puis *Quaestiones Disputatae*, X, *Sur les Vertus cardinales*, question unique, a. 2, ad. 13. — Voir *Somme théologique*, Ia, q. 82, a. 2 ; I-II, q. 66, a. 2 ; II-II, q. 47, a. 5 c.

20. Respectivement *Ethique à Nicomaque*, VI, 8, 1141 b 25 et *VI*, 13, 1143 b 33-38. La *phronèsis* doit assurer un principe d'action, là même où la contingence irréductible du monde sublunaire interdit tout principe de compréhension ; elle doit donc bien se déployer comme architectonique, et s'instituer comme principe d'organisation du monde. Descartes transpose cette connexion éthique, qu'appelle une contingence scientifique, en connexion scientifique, qui impose à la contingence physique l'unité des sciences. — Voir Pierre AUBENQUE, *La prudence chez Aristote*, 2ᵉ partie, Paris, 1963.

l'éthique. Or, ici, il ne s'agit plus d'éthique, mais de la théorie de la science ; ni d'un principe prochain, mais d'un principe dernier.

Ce principe, deuxièmement, Descartes l'a déjà défini, comme *humana sapientia* ; il le reprend comme « lumière naturelle de la raison » (361, 18), pour préciser que le progrès des sciences se résume dans l'augmentation de cette science suprême. Et d'abord parce qu'elle contient le principe prochain, qui peut seul assurer une *connexio scientiarum*, la sagesse humaine elle-même (§ 2) ; ce principe trouve maintenant son véritable et double rôle : unifier les sciences particulières par référence, après avoir éliminé tout autre principe, en sorte qu'elles se conjoignent entre elles, puisqu'elles dépendent toutes de lui. Ou encore, l'universelle référence à la sagesse humaine permet la critique des principes particuliers, l'unification des sciences entres elles (*connexio*), et au principe (référence). On pourrait dire que la *connexio* explicite « horizontalement » ce que la référence à l'*humana sapientia* manifeste « verticalement » : l'instauration d'un principe nouveau pour les sciences — la science elle-même, dans la figure universelle de sa rigueur moderne. Dès lors, on comprend que coïncident les développements de la science principielle et des sciences connexes ; mais il faut bien voir qu'inversement, l'*humana sapientia*, en se constituant comme lieu de l'universalité, impose à la « lumière de la raison » non seulement progrès et augmentation (au sens baconien), mais une progression elle-même universelle dans sa portée et ses moyens ; non seulement une méthode, mais une méthode générale et universelle (377, 12 ; 378, 5). La *Règle I* exige donc des suivantes de déployer *une* science, mais universelle, et qui transmette toutes ses caractéristiques, surtout les plus exceptionnelles, à toutes les sciences maintenant connexes. — Critique de la substance et de la chose même, substitution de la science (humaine) à l'Etre de l'étant comme principe du savoir, constitution des sciences en une encyclopédie universelle par définition : la *Règle I* en a décidé pour toutes les *Regulae*, qui s'emploieront à l'expliciter et l'assurer.

§ 4. LA CERTITUDE DE LA SCIENCE ET MÉCONNAISSANCE DU PROBABLE

L'assurance que les sciences restent, nonobstant toute diversité apparente, unifiées — parce qu'unies dans leur source —, ne justifie elle-même son intelligibilité que si elle se réfléchit, pour ainsi dire, dans le champ du savoir : que si d'assurance antérieure — parce que fondatrice — au savoir, elle entre, par quelque conséquence ou démultiplication d'elle-même, dans le champ proprement opératoire du savoir. D'où la transition de l'unité de la science (*Règle I*) à l'assomption exclusive de la certitude comme unique modalité épistémologique recevable. L'unité de la science transparaît dans l'unification des modalités du savoir en certitudes ; en un mot, l'unité architectonique de la science se prolonge en l'unité des modalités épistémologiques. Ainsi seulement pourra-t-on ne pas aborder l'identification, apparemment proposée par Descartes, entre les sciences et les mathématiques, comme précisément une identification, et allant de soi ; en effet, le rapport des sciences en général aux mathématiques se trouve déjà médiatisé par le critère de certitude, qui seul privilégie les unes comme paradigmes des autres ; faute de quoi, Descartes sacrifierait à un mathématisme banalement impérialiste ; à l'encontre d'une telle simplification, on remarque que les mathématiques ne valent point en elles-mêmes, mais seulement comme ce par quoi nous percevons « une certitude égale à celle des démonstrations de l'arithmétique et de la géométrie » (366, 8-9) [21]. L'enjeu de la *Règle II* réside donc moins dans l'établissement du paradigme mathématique pour tout savoir, que dans la méditation de la certitude comme seule modalité épistémologique recevable, à quelqu'objet qu'elle s'applique. C'est bien pourquoi les critiques ultérieures du savoir mathématique peuvent demeurer encore entièrement à l'intérieur du champ de la certitude : elles ne prennent en vue comme incertaines les mathématiques qu'à partir d'un autre savoir plus certain (science de la substance conçue et non imaginée, savoir dialectique, volonté de puissance, ou premier système logique) ; jamais on ne prendra en vue l'initiative cartésienne comme telle, tant qu'on ne décèlera, en marge du mathématisme, ou plutôt le précédant, l'identification autrement plus décisive et irrémédiable, de tout savoir à une certitude. Mais précisément la science peut-elle, une fois réduite à une unité compréhensive, s'identifier au certain ? La certitude n'assure la science qu'en excluant pourtant une part du savoir hors de la science : le premier effet du critère de certitude, c'est justement de transformer la certitude en un critère — de l'incertain ; et donc, d'exclure de la science une part du savoir. Immédiatement, la question devient : aux dépens de quel savoir cette scission décide-t-elle de la science, comment la certitude fissure-t-elle le savoir en science et non-science, en « science de science certaine » et pseudo-science, probable seulement ? Une question s'insinue, qui demande à la fin, s'il ne se trouve pas, antérieure à cette scission, comme premier produit de la certitude, quelque nescience, qui ne manque à la certitude, que parce qu'elle échappe aussi à l'incertitude.

La *Règle II* (en 362, 5-8) définit fondamentalement la science par la certitude : « Toute science est une connaissance certaine et évidente » (362, 5) ; à dire vrai, cette définition paraît reprendre celle que donne, parmi d'autres, Eustache de Saint-Paul, « ... on appelle souvent science tout savoir certain et évident », et renvoyer ainsi la définition des *Topiques* d'Aristote, donnant la science comme « ce qui ne peut être changé par un raisonnement [22] ». Et de fait, Descartes semble admettre une multiplicité dégradée dans les modalités du savoir : savoir certain, doute (équiva-

---

21. Littéralement « ... certitudinem Arithmeticis et Geometricis demonstrationibus aequalem » doit se traduire : « Egale aux démonstrations » et non « égale à celle (savoir la certitude) des démonstrations ». Cependant la seconde traduction, que supporte la philologie, peut s'autoriser de deux arguments : (a) les textes parallèles, dont *Lettre à Beeckman*, 17 octobre 1630, AT I, 158, 13-17 ; *Lettre à Villebressieu*, été 1631, AT I, 212, « ... une connaissance et une certitude égales *à celles* que peuvent produire les règles de l'Arithmétique » ; (b) les déclarations d'intention explicite, où Descartes ne cherche dans les mathématiques qu'« à savoir en quoi consiste cette certitude » (*DM* 33, 16 ; voir 36, 13, 21, 17-18), afin de pouvoir ensuite non « mathématiser », ni formaliser les autres sciences, en les réduisant à un savoir de type mathématique, mais « introduire la certitude et l'évidence des démonstrations mathématiques dans des matières de Philosophie » (*A Huygens*, 1er novembre 1635, AT I, 331, 24-332, 1). Voir aussi *A Plempius*, 3 octobre 1637, AT I, 421, 2-3 ; *Règle XIV*, 446, 1-3.

22. Respectivement, Eustache DE SAINT-PAUL, *Somme Philosophique*, I, 231 (cité *in* GILSON, *Index* § 408) et ARISTOTE, *Topiques*, V, 2, 130 b 16-17 (voir 133 b 28-33 ; 134 b 17-19, etc.).

lent au non-savoir), savoir faux, où le doute paraît le point de nullité entre
deux autres valeurs de vérité ; et précisément, on doit immédiatement
remarquer que certain s'oppose ici non au douteux seulement, mais au
faux, exactement comme si le certain tenait aussi lieu du vrai [23], face à
deux autres valeurs de (non-) vérité possibles. Surtout la section suivante
(362, 9-13) corrige l'apparente équivalence des modalités du savoir : si
dans l'étude d'objets difficiles, il devient, par suite de notre ignorance,
impossible de distinguer le douteux du certain, mieux vaut s'abstenir de les
étudier. Ce qui appelle deux remarques. D'abord, que l'incertitude disqualifie plus un savoir que ne peut le qualifier la nouveauté ou la difficulté
de l'objet ; la moindre insuffisance de modalité épistémique surpasse toute
suffisance conférée à cette connaissance par l'objet, comme si le coefficient
qu'adjoint à la connaissance la modalité (certitude, incertitude) restait
infiniment supérieur à celui qu'y adjoint l'objet, quelqu'important qu'on
voudra (adeo... 362, 10). Ce qui résulte immédiatement de la *Règle I* : le
centre de gravité de la science réside dans la science même, et aucunement
en l'objet de celle-ci. En conséquence, la moindre défaillance de la certitude (la moindre : non la fausseté, mais le risque de celle-ci, le douteux)
ruine le fondement même de la science, sans qu'un objet ne puisse y
apporter la moindre correction, puisqu'aucun n'atteint à ce fondement — la
science elle-même. — Ensuite, la certitude ne s'impose comme nomination
du vrai qu'en imposant aussi bien une mise en doute : *certus* suppose
accomplie l'opération de *cernere*, au prix d'un discernement (362, 10 : « distinguer le vrai du faux ») qui disjoint certain et incertain, parce que le certain ne se comprend lui-même qu'à partir de *cernere*, qui en donne ainsi une
définition opératoire ; ce que la *mens humana* discerne comme ne lui
échappant pas est nommé certain ; sinon, douteux. Ainsi le certain n'est-il
pas une qualification, parmi d'autres possibles (trompeur, contingent, etc.),
des phénomènes, mais la modalité unique où la science, fondée sur elle
seule, s'éprouve adéquate à elle-même, et se reconnaît comme science ; et
donc, il devient, non seulement impossible d'admettre une autre modalité
du discours scientifique que la certitude, mais surtout contraignant d'exclure d'un tel discours tous objets dont la connaissance récuserait la certitude. — En d'autres termes, la certitude n'introduit pas aux « sciences
d'évidence » [24] comme s'il y en avait d'autres, mais exclut de la science ce
qu'elle discerne comme incertain ; la certitude, processus d'exclusion
autant que de possession, par quoi la science moderne, prise en sa plus
large acception, pourra toujours ignorer ce qu'elle ignore, c'est-à-dire
tenir pour inexistant (comme chose) ce qu'elle ne peut connaître (comme
objet certain) ; ce qui ne se peut connaître sous la modalité de la certitude n'est certainement pas à connaître, puisque connaissance et certitude
se confondent.

   L'homogénéité de l'objet de la science et de sa modalité (homogénéité
que présuppose le déséquilibre même de leur rapport) implique la réduc-

---

   23. *Falsitas = incertitudo*, 364, 24 ; *certitudo = veritas*, 366, 6-8 ; *Règle VII*, 387, 15 ;
388, 23 ; 389, 10 ; *Règle VIII*, 396, 8 ; *Règle XII*, 424, 20 ; 425, 11 ; *douteux* opposé à
vrai (et non à *certain*) 367, 6, voir *DM*, 33, 13, etc.
   24. ARISTOTE, *An. Post.*, I, 32, 88 b 17.

tion de la vérité à l'expérience psychologique de la certitude ; pareillement la disqualification du probable et de la probabilité va-t-elle présupposer la réduction de la contingence à la probabilité psychologiquement éprouvée dans l'opinion incertaine (« ... matières où l'on conjecture des opinions probables » 363, 14-15). Et premièrement, le probable est disqualifié comme tissé de « raisons (qui) *ne* sont *que* probables » (DM, 12, 26-27), de « connaissances *seulement* probables » (362, 14-15), de « raisons fort probables » (364, 17-18), de « conjectures *seulement* probables » (*Règle III*, 368, 2) ; s'il est aisé de fonder le privilège des mathématiques sur la disqualification du probable, il reste encore à fonder celle-ci ; avant que de s'appuyer sur l'exclusion de l'incertain, faudrait-il encore justifier l'identification du probable et de l'incertain.

Du probable, Descartes donne une interprétation strictement psychologique : tant pour définir le rapport des autorités entre elles (363, 5-20 ; = DM, 12, 25 sq.), la stérilité de rechercher des « choses ardues » (364, 16), que l'illusion de la profondeur ou du sublime flous (365, 22 - 366, 3). Jamais Descartes ne soupçonne, même à propos des « machineries des syllogismes probables » (363, 23-24), que la probabilité puisse s'entendre, au-delà de la connaissance psychologiquement éprouvée comme incertaine, comme détermination objective de l'être des choses — de certaines du moins —, non comme une valeur logique de (non-) vérité, mais comme manière pour certains phénomènes de faire paraître leur essence. L'élimination de toute probabilité, en un décret épistémologique décisif parce qu'arbitraire, repose sur l'interprétation qui en méconnaît la dignité constituante d'une certaine expérience, pour la réduire à un fait de conscience : alors seulement, la conscience peut en décider l'exclusion. La *Règle II* ne devient intelligible que si, au lieu de demander si Descartes « a raison » d'exclure la probabilité du champ du savoir, on s'interroge sur l'interprétation même de la probabilité qui rend possible cette exclusion. Par là aussi le lien de la certitude (pure de probabilité) avec les mathématiques paraîtra-t-il plus intime, que la banale et fausse évidence de leur synonymie cartésienne ne le laisse comprendre.

§ 5. Contingence physique et abstraction mathématique

Et donc, les « machineries des syllogismes probables » relèvent-elles seulement et premièrement, de l'incertitude d'un savoir subjectivement mal assuré ? Leur probabilité logique renvoie à la contingence de leurs prémisses (et non à un manque de rigueur formelle) : le syllogisme *ek tôn endekhomenôn protaseôn* [25] se caractérise par le statut incertain non du savoir, mais de l'objet même de ce savoir ; contingence désignée comme telle et assignée à son lieu propre comme *to hôs épi to polu/ to aoriston* — comme « se produire ainsi la plupart du temps » en demeurant néanmoins dans l'indécis pour chaque apparition singulière. Cette contingence ne s'imposerait pas si elle demeurait une simple résurgence de la *doxa* ; en fait, elle reflète épistémiquement la contingence constitutive du monde sublu-

---

25. *An. Pr.*, I, 13, 32 b 24-25 ; voir *An. Pr.* I, 27, 43 b 32-38, où l'*hôs epi to polu* devient support d'un raisonnement logique.

naire, où les événements se déroulent non point *aei*, « à chaque fois de
même », selon la régularité du divin, mais soit « la plupart du temps en
même manière », soit encore « parce que cela vient comme ça » (par accident, *kata symbebekos*)[26]. Première conséquence, si la science se conforme
à l'étant qui la suscite, puisque celui-ci se caractérise intrinsèquement
comme contingent, et se détermine comme indéterminé, de l'*hôs epi to polu*
la science ne pourra jamais devenir rigoureuse, et ce définitivement ; si la
science se définit, au sens plein (*aplôs*), comme la connaissance « de la
cause par laquelle la chose est », là où on postule la science, la contingence
doit disparaître ; mais aussi bien, là où l'*aei* ne s'offre pas avec permanence
à la science, il ne peut simplement pas y avoir de science : « Des choses
périssables, il n'y a donc ni démonstration, ni science au sens plein[27]. » La
rigueur du savoir scientifique implique donc, pour Aristote, l'impossibilité
d'y réduire (ou élever ?) certains districts de l'univers ; en ce sens, vouloir
uniformément posséder en une certitude étale tous les objets, en ignorant
comme inconnaissables les autres, trahi une *moindre* rigueur, à moins d'en
révéler une autre. Pour Descartes, la science étant pensée à partir du sujet,
la certitude, comme détermination psychologique, définit toute forme de
savoir, jusqu'à exclure ce qui ne s'y livre pas sous les apparen-
ces de la science. Pour Aristote, la science étant fondée à la mesure de la
chose même, la détermination permanente (*aei*), dépendant des seuls phénomènes immuables, définit une forme du savoir (science *aplê*), et impose
par là même de reconnaître comme savoirs (certes dévalués) ceux qu'imposent des phénomènes moins rigoureusement fidèles à eux-mêmes. D'où
une hiérarchie des sciences, selon les types de savoir requis par les divers
phénomènes — par opposition à la classification cartésienne des sciences,
selon l'unique science et l'uniforme certitude. D'où les rôles opposés dévo-
lus aux mathématiques.

Pour retrouver intimement cette opposition, il faut d'abord préciser
la raison irrémédiable qui institue — ou plutôt destitue — la contingence
sublunaire. « La *hylè*, qui comporte de se comporter autrement que ce qui
se produit la plupart du temps, sera cause de l'accident[28] » ; il faut immédiatement avertir qu'ici la « matière » ne « cause » l'accident qu'en ce qu'elle
lui interdit très exactement toute détermination (et donc ce que nous
entendons, modernes, par « cause »), et toute régularité en résultant ; en
un mot, la *hylè*, loin de produire le moindre effet, laisse seulement comme
un jeu s'introduire entre les choses, au sens où le menuisier craint que
l'ouvrage ne « travaille » et finalement ne « prenne du jeu » en ses join-
tures les mieux ajustées ; la « matière » abandonne la chose à elle-même,
au sens encore où abandonner un homme à son sort, souvent, signifie le
laisser se perdre ; très exactement, l'office unique de la *hylè* pourrait bien

26. Voir *Métaphysique* Δ, 30 *passim* ; *E* 2, 1026 b 3-4, b 21 ; 1027 a 13-15, etc. *De la
Génération et de la Corruption* : « Tout ce qui naît de par la nature naît soit toujours, soit
la plupart du temps de la même manière ; quant à ce qui naît en plus de ceux-ci,
il naît par hasard ou par chance. » *II*, 6, 333 b 5-7. *De l'Ame*, *III*, 4, 429 b 13-14 et 18-20.
27. *An. Post.*, *I*, 8, 75 b 24-25 et *passim*. Voir aussi *An. Post. I*, 2, 71 b 9-16 ; *I*, 4,
73 a 21-34 ; *Métaphysique M*, 4, 1078 b 17.
28. *Métaphysique E*, 2, 1027 a 13-15.

être d'abandonner les choses non à, mais bien hors d'elles-mêmes [29]. Cause négative et négatrice, la *hylè* soustrait à la fois la chose à elle-même et à la science, puisqu'elle laisse, entre l'unique *eidos* et la chose même, s'immiscer le jeu qui, les séparant plus ou moins, rend la chose étrangère à la fois à son essence (hors l'*eidos* comme *ousia*) [30] et à son apparition dans la clarté de la science (hors l'*eidos* comme science) [31]. Or il est que le monde de l'expérience humaine comporte la matière, et donc joue avec lui-même hors de lui-même ; du fait, contrairement à la régularité supralunaire, où même les mouvements locaux ne dissipent point les essences hors d'elles-mêmes, le monde, dans le secteur qui est le nôtre, admet un certain jeu en et hors de soi, la « matière », qui le compose, où plutôt décompose irrémédiablement ; « parmi les essences (*ti esti*) et les termes définis, certains sont comme le camus, d'autres comme le concave ; lesquels diffèrent en ce que le camus se prend toujours conjoint à la matière (car le camus, c'est le nez concave), la concavité, elle, sans la matière. Si donc tous les termes naturels se disent semblablement au camus, comme nez, œil, visage, chair, os, et globalement l'animal, la feuille, la racine, l'écorce, et globalement le végétal (d'aucun d'eux le principe n'exclut le mouvement, bien plus il comporte toujours la matière), on voit clairement comment il faut chercher et définir l'essence dans les termes naturels, et pourquoi il revient au physicien de faire théorie sur cette âme précise, qui n'est pas sans matière [32] ».

Nature composée et décomposée par la matière, notre monde ne peut que composer avec elle ; connaître notre monde comme tel impose d'y reconnaître l'écart inévitable de l'*eidos* et de l'individu — jeu hylique ; mesurer l'écart, condition première de ce lent acheminement du composé vers l'*eidos*, qu'Aristote nomme *entelekheia* (possession de soi par soi, plus qu'action effective vers un effet quelconque) — implique la reconnaissance rigoureuse de la non-rigueur hylique. En conséquence, le statut rigoureux de la matière et de la contingence, qu'elle provoque (*allos ekhein* contredisant toute *entelekheia*), atteste le rigoureux statut de l'incertitude épistémique ; laquelle, comme opinion, redouble, dans le savoir incertain, l'objective incertitude du monde sublunaire : moins savoir incertain d'ailleurs, qu'un certain savoir (rigoureux) de l'objective incertitude des choses : « L'opinion est incertaine, mais telle est aussi la nature des choses [33] » ; pareillement le syllogisme fondé sur des prémisses prises dans

29. Ce qui signifie *ekstasis*, en rapport avec le mouvement, et donc la *hylè* : *Physique*, IV, 12, 221 b 3 ; *IV*, 13, 222 b 20 ; *VI*, 10, 241 b 2 ; *VII*, 2, 246 a 17, b 2 ; 247 a 2 ; etc.

30. « Nous connaissons toutes choses suivant l'*eidos*. » *Métaphysique*, Γ, 5, 1010 a 25.

31. *Métaphysique* Δ 4, 1015 a 10. *Métaphysique* Z, 7, 1032 b 1-2 : « J'appelle *eidos* ce que pour chaque chose cela a été d'être (quiddité), et la première *ousia* » ; et Z, 10, 1035 b 32 ; l'*atomon eidos*, Z, 8 1034 a 2-8 ; *I*, 8, 1058 a 16-21 ; *De l'Ame II*, 3, 414 b 27, etc.

32. *Métaphysique* E, 1, 1025 b 30 - 1026 a 7. Voir « L'homme, le cheval et autres semblables parmi les individus (mais pris universellement), ne sont point *ousia*, mais un certain composé à partir de tel principe et de telle matière (prise comme universelle), etc. », *Métaphysique* Z, 10, 1035 b 27-30. « Car la nature comporte peut-être toute entière de la matière. » *Métaphysique* α, 3, 995 a 17 ; etc.

33. *An. Post.*, I, 33, 89 a 5-6 ; l'ensemble de ce texte fonde l'opinion sur l'irréductible constatation de « certains termes vrais et réellement étant, qui comportent pourtant de se comporter autrement qu'ils ne sont » (88 . b 32-33) ; la science, l'esprit intuitif

ce qui la plupart du temps se produit, doit-il s'entendre comme syllogisme *du* vraisemblable, et non syllogisme vraisemblable [34]. Ainsi l'incertitude, loin de révéler la faillite du savoir, témoigne-t-elle d'une pénétration de la science rigoureusement déterminée jusque dans le contingent — au prix d'un assouplissement non de la rigueur déductible, mais des exigences imposées aux phénomènes considérés. L'infinie variété des choses, « matérielles » ou non, contingentes ou immuables, provoque le savoir à déborder la science ; l'abandon, ou plutôt la modulation affinée, du concept de certitude par Aristote ne vise ainsi qu'à *étendre* le champ de la connaissance, loin de l'ignorer par débilité épistémologique ou paresse indécise.

Telle modulation de la certitude sur la contingence et l'immuabilité des choses impose, évidemment, de parler de certitudes, plurielles et équivoques. La même certitude ne peut se rechercher en tous domaines : « La précision mathématique n'est pas exigible en tous les domaines, mais en ceux seulement qui ne comportent pas de matière [35]. » L'étude de la nature, la « physique » si l'on veut, ne saurait donc, même sous prétexte d'exactitude et de certitude, abstraire la *physis* de sa « matière », sauf à lui substituer en fait, ainsi, un autre objet d'étude, à passer d'une science à l'autre : de la « physique » à la mathématique. En effet, la précision (et donc la certitude) mathématique trouve une contrepartie dans sa condition même de possibilité : l'abstraction de la matière, l'élimination du « jeu » par mise de côté de la *hylè* ; cette voie courte pour la disparition de la *hylè*, au lieu de la résorber dans l'*eidos* par le lent cheminement d'*energeia*, l'abandonne en s'en abstrayant. Mais aussitôt, loin d'élever le « physique » à une plus grande certitude, l'abstraction y substitue, inévitablement, un *autre* domaine d'étude, mathématique. Le prix de la précision certaine, c'est la déréalisation ontologique : « La géométrie considère bien la ligne "physique", mais non point en tant que "physique" ; réciproquement, l'optique considère bien la ligne mathématique, mais en tant que "physique", non point en tant que mathématique [36]. » En gagnant la pré-

---

n'y peuvent parvenir ; l'opinion reste la seule voie possible pour connaître un jeu, un flou, en un mot une contingence déjà établie. L'opinion : savoir rigoureux d'un objet qui ne l'est pas, mais aucunement savoir incertain d'un objet rigoureux. — Voir J. LUKASIE-WICZ, *La syllogistique d'Aristote*, chap. V et VI ; trad. fr. Paris, 1972 ; J. BRUNSCHWIG, éd. *Topiques*, XXXV-XXXVI, Paris, 1967 ; P. AUBENQUE, *Le Problème de l'Etre*, Paris, 1962, p. 288-302.

34. Voir *An. Pr. I*, 27, 43 b 32-36.

35. *Métaphysique* α 3, 995 a 14-16. Voir aussi : « Il est d'un bon esprit de ne rechercher la précision en chaque genre, qu'autant que le supporte la nature de la chose même ; car il paraît aussi stupide de demander au mathématicien de convaincre, qu'au rhéteur de démontrer. » *Ethique à Nicomaque*, I, 1, 1094 b 23-27. On notera d'ailleurs, que Descartes, plus tard, critiquera très précisément cet exemple : « Mon dessein n'a pas été d'expliquer les Passions en orateur, ni même en philosophe moral, mais seulement en physicien. » (*Les Passions de l'Ame*, lettre-préface du 14 août 1649, AT XI, 326, 13-15.)

36. *Physique I*, 2, 194 a 9-12. — Voir *An. Post.*, I, 18, 81 b 15 ; *De l'Ame* I, 1 : « ... le « physicien » considère tout ce qui relève de tel corps, les affections et les œuvres de sa matière (...) ; à propos des choses non séparées, mais en tant qu'elles ne seraient pas des affections de tel corps, mais prises par abstraction, c'est le mathématicien, en tant que séparés, c'est le philosophe de philosophie première » 403 b 10-16 ; ce texte souligne encore qu'abstraire une affection de la matière ne signifie absolument pas, comme le couple dévalué matière-forme l'implique, qu'on atteigne immédiatement et comme par soustrac-

cision de la ligne, du *quantum*, de la minute, etc., le mathématicien perd non seulement la « matière », mais surtout la limite qui tend à cerner cet illimité, la figure qui seule peut mettre en forme l'informel. D'où l'impuissance inéluctable du mathématicien devant la « physique » ; d'où la frange d'inévitable incertitude du « physicien » aux prises avec le contingent. La rigueur métaphysique contraint la « physique » à l'incertitude, et limite la certitude à l'abstraction mathématique ; la rigueur limite l'extension de la certitude, parce qu'elle reconnaît le champ de la contingence, comme telle.

Dès lors, loin de nous être éloignés de Descartes, pouvons-nous pénétrer plus avant en sa méditation du probable. Le probable ne se trouve interprété — contre Aristote — psychologiquement que pour échapper au dilemme dégagé plus haut ; si le probable se résume en l'incertitude du savoir non encore scientifique, il perd son assise dans la contingence réelle ; une fois dissocié le couple probabilité/contingence, il devient possible de ne plus considérer le probable que comme l'insuffisance de la certitude (du savoir). Dès lors l'étrangeté du discours mathématique s'estompe, puisque disparaît l'instance de la chose même, ici comme partout dans les *Règles*. En sorte que, sous certaines conditions encore à préciser, la certitude exacte des mathématiques pourrait, non seulement s'investir d'une nouvelle dignité, mais s'étendre à toute forme du savoir. — Ainsi, une seconde difficulté trouve sa solution : le rapport de la probabilité aux mathématiques ne s'énonce en termes de certitude (rapport épistémologique) que parce que, plus intimement, il formule l'opposition de deux modes de réalité (rapport ontologique) ; ce qui implique que, si Descartes étend la certitude mathématique à des matières de « philosophie », l'innovation, plus encore qu'épistémologique, est ontologique, puisqu'elle présuppose l'abstraction de la « matière » elle-même universellement valide et opératoire ; et donc que disparaît le « physique » comme tel, son jeu et son débat. Comprendre la probabilité comme psychologique seulement, en occultant radicalement la contingence hylique qui la justifie et la requiert, c'était déjà, ontologiquement, assurer l'uniforme certitude par l'uniformisation des domaines et des termes du savoir. Mais parce que la certitude ne s'oppose pas tant à l'incertitude, qu'à la contingence, stigmatiser dans les sciences le manque de cette certitude rencontrée en mathématiques, c'est méconnaître la spécificité irréductible des différents domaines de la *physis*. L'extension épistémologique de la certitude exige de combler la faillite ontologique des mathématiques.

La lettre même de la *Règle II* s'éclaire maintenant. Le privilège des sciences mathématiques — « seules demeurent » (363, 17 = 364, 23), voir « les seuls Mathématiciens » (DM, 19, 22), etc. — se trouve précisé par la

---

tion à l'*eidos* : en effet seule la philosophie y parvient, parce qu'au lieu de se dégager de la matière, elle l'absorbe en l'*eidos*, qui, ainsi, loin de se dissiper dans l'indéfini, se *sépare* (séparer = être en *entelekheia*, selon *Métaphysique Z*, 13, 1039 a 7) ; au contraire de la matière inséparable et indiscernable (*Physique IV*, 9, 217 a 24 ; *IV*, 4, 212 a 1 ; *De la Gén. et Corr.*, II, 1, 329 a 30 ; etc.), seul l'*eidos*, et donc l'*ousia*, se sépare (*Catégories*, 5, 3 b 10 = *Métaphysique* Δ, 8, 1017 b 25 ; *Z*, 3, 1029 a 27 ; *Physique I*, 2, 185 a 31 ; etc.) Parce qu'elle esquive la matière, l'abstraction mathématique manque aussi bien la « forme », qui ne se sépare qu'autant qu'elle affronte la matière, pour la mettre en forme. Séparer et abstraire s'opposent ici strictement contrairement à l'usage et à la transcription latine postérieure.

distinction de la déduction et de l'*experientia* (364, 25 - 365, 13). La première, dans la simplicité des inductions fondamentales (*illatio pura*, 365, 3, 11) n'offre aucune prise à l'erreur ; d'où la superfluité de toute élaboration trop fine des opérations logiques ; d'où, surtout, la parfaite égalité, sous ce rapport, de toutes les sciences et donc l'impossibilité d'y justifier le privilège reconnu aux mathématiques. D'où enfin l'introduction du second paramètre, l'« expérience » (365, 1, 11-12, 18, annonçant *Règle VIII*, 394, 13 et *Règle XII*, 422, 24 sq.). Alors que toutes les autres sciences n'opèrent que par des expériences qui peuvent se révéler trompeuses, les mathématiques, seules, y échappent ; en ce sens elles ne consistent qu'en déduction (365, 18-19 = DM, 19, 6-8), non qu'elles se dispensent de l'*experientia*, mais, au contraire, parce qu'elles ne risquent pas de rencontrer l'erreur en elle ; la difficulté mathématique, ne résidant jamais en une saisie incorrecte de l'objet, ne peut donc naître que de la déduction (365, 14-19). Mais encore, pourquoi l'*experientia* mathématique se constitue-t-elle comme indubitable (365, 19 - 366, 3) ? Parce que son objet demeure « purum et simplex » (365, 16 = *Règle IV*, 373, 20-21) comme ces « objets les plus simples et les plus aisés à connaître » que DM analysera (18, 28) ; or cette *pureté* renvoie strictement à l'abstraction de la *hyle* par la mathématique, selon Aristote, comme l'indique explicitement Descartes : « ... un objet si pur et si simple, qu'elles ne supposent *rien*.. » (365, 16-17), « ... concevoir plus nettement et distinctement ses objets (sc. la Méthode)..., ne l'ayant point assujettie à aucune matière particulière, ... » (DM, 21, 23-25, et 36, 5, 10-12, etc.), c'est-à-dire l'objet, auquel songe Aristote, pensant que « les choses mathématiques ne reçoivent en elles rien d'accidentel (...), mais seulement des définitions [37] » ; il s'agit de l'*objectum* pris au sens du futur *objectum purae Matheseos* [38] des *Méditations*, non point de l'« objet difficile » (362, 10) pris au sens courant (360, 5, 18, etc.) ; pourquoi cet objet se trouve-t-il réquisitionné (« objectum quale *requirimus* », 365, 19-20) ? Bien évidemment parce que, abstrait de toute « matière », il n'offre aucun obstacle à la connaissance (même s'il ne lui offre non plus presqu'aucune prise), et élimine, par défaut, les occasions d'erreur. Plus, il se laisse aussi bien construire, selon les exigences de la science opératoire. L'abstraction reste ainsi la condition de l'*experientia* rigoureuse, et donc de la certitude. — Descartes suit ici strictement la problématique aristotélicienne, dont les concepts principaux gouvernent, en filigrane, toute la *Règle II*.

Jusqu'à présent du moins. Car la conclusion (366, 4-9) franchit un pas décisif, quoique souvent mal compris. L'apparente contradiction (*non solas*, 366, 5) du privilège préalablement reconnu aux seules mathématiques, plus qu'une incohérence, traduit le coup de force et l'intention profonde des *Regulae* : mettre au jour, à l'encontre de la constante aristotélicienne, où certitude et « physique » restent inversement proportionnelles, des objets non-mathématiques (et donc « physiques ») propres à fournir le même degré (voire un plus grand) de certitude, que n'en fournit l'objet des mathématiques ; considérer comme certain un objet non-mathématique : telle est la tâche que se fixent les *Regulae*, au terme de la seconde.

---

37. *An. Post.*, *I*, 12, 78 a 10-13.
38. *Objectum purae matheseos*, AT VII, 71, 8, 15 ; 74, 2 ; 80, 10 ; etc.

La remarque que les sciences certaines ne sont que « fort peu nombreuses » (362, 17), loin de formuler un jugement cartésien, naît de l'objection spontanément aristotélicienne — « ... encore que les doctes se persuadent... » (362, 17-18) ; au contraire, l'instauration cartésienne, outrepassant les seules « sciences déjà découvertes » (363, 19), vise à établir que la certitude déborde les seules sciences mathématiques et non « physiques » — « J'avertis cependant qu'elles sont beaucoup plus nombreuses qu'ils ne croient » (362, 20-21 = 366, 4-9). Seulement, la détermination de ces autres sciences laisse encore à dégager, hors des strictes mathématiques, l'*objectum* permettant une *experientia* également certaine ; du moins les normes du savoir sont-elles déjà fixées, parce que rectifiées [39].

La *Règle II* reprend donc strictement la thématique aristotélicienne de la certitude et des mathématiques ; mais elle lui impose, par là même, des révolutions décisives. Et premièrement, la probabilité perd tout fondement ontique, pour se résumer, une fois méconnue la contingence, en banale incertitude du savoir. Deuxièmement, cela même qui disqualifie, pour Aristote, les mathématiques (abstraction, certitude uniforme parce qu'inopérante « physiquement »), les qualifie pour Descartes, comme paradigmes de la certitude scientifique (abstraction faite de la diversité des sciences et des objets : *Règle I*). Troisièmement, la certitude doit donc s'étendre, au prix imprécis d'une abstraction à calculer, hors du champ de l'*experientia* mathématique ; ce qui impose d'esquisser une théorie de l'*experientia* elle-même, puis une théorie de l'abstraction universalisable. Conclusions que seul le décryptage aristotélicien de la *Règle II* rend formulables.

D'où deux étapes en vue de ce but ; d'abord déterminer les conditions de l'*experientia* en général (*Règle III*) ; ensuite, élaborer des objets communs en l'« objet tel que nous le demandons », c'est-à-dire en un domaine où germe de soi la certitude, au risque, bien sûr, de renforcer l'abstraction (*Règle IV*).

§ 6. Les conditions de l'« experientia » certaine

Définir les conditions de l'*experientia* en général, afin d'y privilégier celles de l'*experientia* certaine ; recension, élimination. Trois types primordiaux d'*experientia* se dégagent immédiatement (dès l'intitulé de la *Règle III*, 366, 11-14), et que retrouvera la *Règle XII* (422, 25 - 423, 1) : l'*experientia* indirecte (histoire, autorité, 366, 15 - 367, 23), l'*experientia* directe mais conjecturale (367, 24 - 368, 7), l'*experientia* directe et évidente (comprise dans une première construction du système des opérations de l'esprit, 367, 8 - 26 = DM, 18, 16-23), qui commande à son tour la théorie

---

39. Certains commentateurs décèlent une contradiction dans la *Règle II*, parce qu'ils en manquent l'intuition radicale. (Voir WEBER, La *Constitution*, p. 23-24, 25, etc.). Au contraire, BECK, *The Method of Descartes*. A study of the *Regulae*, Oxford, 1952 : « The mathematical sciences must be considered, at least provisionally, as the only complete and perfect examples of « sciences » or genuine knowledge (...). We are not asked to restrict our studies to arithmetic and geometry, but in our search for a method which will ensure certain knowledge, we must direct our attention only to those matters where we can be sure to obtain a certainty equal at least to the certainty obtained in mathematical studies » (p. 44 ; voir aussi p. 45 ; etc.).

esquissée de la déduction (369, 11 - 370, 15). Cette revue générale permettra de concentrer l'esprit sur le, ou les types privilégiés d'*experientia* et, peut-être, de satisfaire aux exigences de la *Règle III*.

Et donc, premièrement, « le sentiment de quelques autres » (366, 11) que nous l'ayons lu chez les Anciens (*libri*, 366, 15 ; *legere*, 367, 21 ; voir *scriptores*, 376, 24), ou entendu dire (*audire*, 394, 9 ; 422, 26) par des Philosophes. Dans tous ces cas, la tromperie involontaire (366, 19-21) ou volontaire (367, 1-4 = 376, 24 - 377, 2), découle immanquablement de l'écart entre la chose même et le lecteur, écart où fait écran l'auteur ; celui-ci, manière d'archéologue qui, à chaque niveau de sa fouille, détruit le niveau supérieur, et soustrait ainsi tous les éléments qui infirmeraient ou confirmeraient sa thèse, élimine ou étouffe les données élémentaires et ingénues qui, seules, assurent certainement la possession d'un objet. L'*experientia* disparaît quand apparaît l'écart historique. Celui-ci introduit une nouvelle contingence, celle des opinions, que Descartes substitue à celle du monde, éliminée de droit (*Règle II*) ; pour la tradition scolastique, les *Auctores* (367, 12) soutiennent diverses opinions, parce que la contingence irrémédiable du monde sublunaire impose, parfois, de n'atteindre jamais qu'à des opinions ; pour Descartes, la contingence disqualifiée ne justifie ni ne réclame aucune opinion ; et donc les *Auctores* ne garantissent plus rien, mais défendent seulement leurs écrits, comme de simples et douteux auteurs ; la pluralité des opinions au lieu de refléter la présente et objective contingence des choses, démasque la contradiction présente (367, 8-9) d'opinions également insuffisantes (367, 11), mais accumulées par l'écart temporel. Les opinions ne sont qu'histoire des erreurs, puisqu'elles n'ont plus de contingence à garantir. Les Anciens ne nous sont connus que comme des « histoires » : or la vérité n'a pas, ni n'admet d'histoire ; même si les pensées de Platon ou celles d'Aristote livraient la vérité, le simple fait de les répéter ne nous avancerait pas plus en la vérité, que la répétition mécanique d'une démonstration mathématique n'introduit l'intelligence des mathématiques (367, 14-23). La mise à l'écart des Anciens ne constitue pas l'essentiel, mais une banalité ; plus décisif paraît le motif unique, qui exclut aussi toute histoire (au deux significations du terme) du déploiement de la vérité : l'immédiateté de la vérité provoque seule la certitude, parce que précisément la certitude impose une prise de possession du vrai, et qu'aucune possession ne se prend par personne interposée. Tout écart se doit franchir, d'un auteur comme de l'histoire, puisque, à la fin, les auteurs « racontent des histoires », et l'histoire ne collectionne que des auteurs : le mépris cartésien de l'histoire de la philosophie appartient à la pensée fondamentale des *Regulae*. Le vrai ne s'ouvre donc qu'à une *experientia* sans histoire, présence du principe sans recours à un commencement passé, savoir qui s'engendre lui-même de lui-même : science sans généalogie, où le savant se produit sans père. Il conviendrait de pénétrer plus avant dans cette auto-génération du savoir, qui n'admet aucune demi-lumière ni demi-mesure, tant qu'elle ne s'approprie immédiatement le vrai ; la volonté de savoir n'admettant d'autres formes de savoir que la possession, s'astreint-elle autant au souci modeste de requêtes sur le réel, qu'elle anticipe sur la volonté de vérité — et donc, peut-être, de puissance ?

L'immédiateté de l'*experientia* peut être acquise, sans que pour autant soit atteinte la certitude. Il ne suffit pas, en effet, que le sujet connaissant entre en immédiat rapport avec la chose même sans l'écran de conjectures ; encore faut-il qu'il ne corrode pas cette immédiateté par ses propres conjectures : à mêler (*permiscere*, 368, 5 ; *admiscere*, 367, 25) à l'« évident et certain » (367, 28), aux « choses évidentes et vraies » (368, 4), ses propres conjectures et opinions probables, l'esprit intériorise seulement l'erreur précédente ; « nos propres conjectures » (366, 12) — restent néanmoins un simple soupçon de science (même si *ipsi* remplacent *alii*). — En dénonçant pareille conjonction, dans un même raisonnement, d'une certitude évidente et d'une conjecture probable, Descartes vise certes tout raisonnement dialectique en général, et même toute démarche inconséquente de pensée ; mais, plus précisément, il dénonce, et renonce à, ce qu'Aristote nomme *apagogé* : syllogisme où « il est évident que le premier terme appartient au moyen, et où il n'est pas évident (*adelon*) que le moyen appartienne au second terme, mais où cela est aussi croyable — ou même plus — que ne l'est la conclusion ; ou encore, où les termes intermédiaires (pour démontrer) l'extrême et le moyen sont peu nombreux : de toutes façons, on en vient ainsi à se rapprocher de la science [40] ». De fait, il y a bien combinaison dans un même raisonnement de trois degrés de certitude : absolue pour la majeure (par exemple : « Toute science se peut enseigner »), probable pour la mineure (par exemple : « Toute justice est science »), mais parfaitement douteuse pour la conclusion (par exemple : « Toute justice se peut enseigner ») ; au cas où mineure et conclusion montrent la même incertitude, deux degrés seulement. Ce raisonnement, pour Aristote, quoique non scientifique « se rapproche » [41] de la science, selon la rigueur des degrés de certitude combinés en lui ; pour Descartes, il ne s'agit que d'une confusion entre termes épistémologiquement hétérogènes et sans aucune continuité (*admiscere, permiscere*) : du certain à l'incertain, aucun passage n'est concevable. Et ceci parce qu'aucune approche de la scientificité n'est non plus concevable : ou bien la certitude par *experientia* évidente, ou bien l'incertitude. Cette discontinuité s'inscrit sans doute dans la condamnation d'ensemble de toute probabilité ; elle précise surtout que l'*experientia* recherchée ne peut consister qu'en une instauration parfaitement autonome, sans mélange, et absolue de toute probabilité.

Reste donc un dernier recours à « toutes les actions de notre entendement, par lesquelles nous pouvons parvenir à la connaissance des choses sans la moindre crainte d'être déçus » (368, 9-11) ; ce qui développe le troisième thème de la *Règle III*, ou son intitulé : « ... mais ce que nous pouvons en regarder (*intueri*) clairement et distinctement, ou en déduire certainement » (366, 12-13) ; et donne la clé d'une interprétation correcte de la prétendue banalité inaugurale de la méthode : « ... de ne recevoir jamais aucune chose pour vraie, que je ne la connusse évidemment être telle : c'est-à-dire, d'éviter soigneusement la précipitation et la prévention ; et de ne comprendre rien de plus en mes jugements, que ce qui se présen-

---

40. *An. Pr.*, *II*, 25, 69 a 20-24. — Voir *Topiques*, 159 b 23, 160 a 11-14.
41. *An. Pr.*, *II*, 25 : « On arrive à se rapprocher de la science », 69, a 23-24 ; « on est très près de connaître », 69 a 28 ; « car ainsi on est très proche de connaître », 69 a 30 ; « on serait prêt de connaître », 69 a 33-34.

terait si clairement et distinctement à mon esprit, que je n'eusse aucune occasion de le mettre en doute » (*DM*, 18, 16-23). Si l'on doit de toute évidence rapprocher la prévention de l'*experientia* indirecte externe (Anciens, tradition écrite ou orale, voir 366, 23-26), et la précipitation de l'indirecte interne (« ... *primum*... *postea*... » 367, 29 - 368, 3), on peut aussi rapporter 368, 9-11 à l'*experientia*, puisqu'un texte exactement parallèle (« elles [mathématiques] s'occupent d'un objet si pur et simple, qu'elles n'admettent absolument rien que l'expérience puisse réputer incertain », *Règle II*, 365, 16-18) en identifie la question avec celle de la certitude. Si donc 368, 9-11 s'inscrit dans la suite de sens possibles (ou impossibles) de l'*experientia* recherchée depuis la *Règle II*, si, enfin, la première définition positive de l'*intuitus* — « la conception d'un esprit pur et attentif si aisée et distincte qu'il ne reste aucun doute sur ce, que nous entendons » (368, 15-16) — décalque encore plus littéralement la question générale de l'*experientia*, quoi d'étonnant à ce qu'*intuitus* (368, 12 : « intuitus scilicet, et inductio ») se substitue ici à l'*experientia* elle-même (365, 1 : « per experientiam scilicet, vel deductionem ») ? L'*intuitus* constitue à la fois un des noms possibles de l'*experientia*, et son plus haut achèvement, éliminant les précédentes ébauches, parce qu'il les achève. Nulle contradiction, ni correction, mais décisive progression [42] : la question de l'*experientia* se concentre en celle de l'*intuitus*.

Le recours à l'*intuitus* n'avancerait en rien la recherche d'*experientia* indubitable, si le concept même ne s'en trouvait réinterprété — et donc critiqué — à partir de la certitude même (369, 1-10) ; l'*intuitus* n'apparaît aucunement comme concept préexistant au recours qui le suscite ; c'est plutôt la certitude en quête d'*experientia*, qui le convoque ; et qui ne le convoque devant elle que pour lui assigner de telles exigences (d'immédiateté, d'homogénéité), qu'une profonde variation de la sémantique d'*intuitus* en résultera nécessairement.

L'*intuitus* ne doit donc pas s'entendre comme « témoignage changeant des sens » (368, 13 ; voir 422, 26 ; 423, 18), contrairement à ce qu'Ockham et Duns Scot établissaient, en comprenant à leur manière la coïncidence aristotélicienne de l'expérience sensible avec le *nous* : « le *nous* porte, des deux côtés, sur les termes extrêmes : car des premières définitions comme des termes (individuels) extrêmes, il y a *nous*, et non discours ordonnateur (...) ; des termes extrêmes il faut bien qu'il y ait sensation, mais celle-ci est elle-même *nous* [43] ». Pourquoi ce refus ? Parce que le sens ne permet aucune *experientia* immédiate, puisqu'en termes cartésiens la sensation peut tromper (*Règle XII*, 423, 1-27), introduisant un flottement entre l'esprit et la chose ; pourquoi, encore, cette fluctuation ? Parce que le sens n'admet

---

42. Entre *intuitus* et *experientia*, aucune contradiction (comme, par exemple, entre une « intuition intellectuelle » et une « connaissance empirique »), mais un rapport de compréhension du premier par la seconde (*Règle XII*, dont 422, 25 ; 423, 22 ; 427, 20, etc.), qui autorise en lui un rapport d'identification, où la plus certaine *experientia* s'égale à, et se concentre dans l'*intuitus* (*Règle VIII*, 394, 13 ; 399, 11 ; *Règle XII*, 422, 25 ; 423, 2 ; 425, 18 sq) ; d'ailleurs, la séquence 422, 25 sq. articule ensemble explicitement les deux rapports.

43. *Ethique à Nicomaque*, VI, 12, 1143 a 35-37 et b 5. Voir VI, 9, 1142 a 25-27. Sur *intuitus* comme *sensus*, voir OCKHAM, *Ordinatio, Prologue*, q. 1, n. 1 sq. ; et DUNS SCOT, *Opus Oxoniense*, IV, d. 45, q. 3, n. 17, etc. (références et étude *in* E. GILSON, *Jean Duns Scot, Introduction à ses positions fondamentales*, Paris, 1952, p. 543 sq.).

qu'un contenu subjectif, sans jamais atteindre à l'*eidos* de la chose : pure et simple expérience subjective, il s'interpose entre le sujet et l'*experientia* d'un objet simple et pur [44]. — L'*intuitus* ne peut s'entendre non plus comme « jugement trompeur de l'imagination qui compose mal » (368, 14-15) ; qu'il s'agisse ici de la *phantasia kataleptikè*, ou de la *phantasia* aristotélicienne, peu importe, puisqu'on comprend immédiatement que la composition même, comme la saisie organisatrice du sensible, introduit le même jeu que la fluctuante sensation, entre l'esprit et l'*experientia*. En effet, l'imagination reste une faculté adjacente à l'entendement, et qui le redouble, donc le sépare de la chose même : « Nous expérimentons... généralement toutes les choses qui parviennent à notre entendement, soit *d'ailleurs*, soit à partir de la contemplation réfléchie sur soi-même » (*Règle XII*, 422, 25 - 423, 1) ; d'ailleurs, puisque l'imagination reste « vraie partie du corps » (414, 20), aussi étroitement qu'elle assiste l'entendement (*auxilia*, 410, 19 ; *juvare*, 411, 8 = 398, 28, etc.) ; l'imagination se disqualifie d'elle-même, non parce qu'elle tromperait plus qu'une autre faculté, mais parce qu'elle demeure une faculté, en marge et en sus, de l'entendement ; elle ne saurait accomplir l'office d'un *intuitus*, puisque son rôle médiateur contredit, en cela même, l'immédiateté d'une *experientia* certaine [45]. Ce qui exclut *sensus* et *imaginatio* du rôle de foncteurs d'*intuitus*, ce sont moins les défaillances de leur fonctionnement, que le statut adjacent de leurs fonctions.

Cette double élimination des faux-sens d'*intuitus* à la suite de la critique des deux formes insuffisantes de l'*experientia*, conduit au seuil de l'*intuitus* véritable, et donc, concentrée en lui, de l'*experientia* certaine.

§ 7. L'« INTUITUS », OPÉRATEUR DE LA CERTITUDE

L'*intuitus* apparaît à la fin, parce qu'il satisfait seul aux exigences imposées par une *experientia* certaine : de toutes les opérations de l'esprit, fondamentalement l'*intuitus mentis* offre la possibilité d'une conception infaillible. Bien plus, la double mais équivalente (368, 17 : « quod idem est... ») définition ne devient intelligible que si la certitude en organise les fragments ; soit, en rassemblant systématiquement les deux définitions (368, 15-21) :

1. La conception si aisée et distincte...	d'un esprit pur et attentif...	qu'il ne reste plus aucun doute sur ce, que nous entendons.
2. La conception indubitable...	d'un esprit pur et attentif...	est plus certaine que la déduction elle-même, parce que plus simple.

44. L'analyse ici des opérations de l'esprit renvoie par anticipation à celle des facultés de l'esprit, telle que la première partie de la *Règle XII* l'élabore (et particulièrement 412, 14 413, 20) ; on renvoie à ce texte et à son commentaire, § 19-21.

45. Voir *Règle XII*, 423, 4, 19, ainsi que le développement de 414, 16 - 415, 12.

Les deux séquences ne mobilisent une faculté (*mens*), et un certain type de représentation (*conceptus distinctus*) qu'en vue d'un unique résultat : l'*experientia* absolument certaine. Plus encore, l'*intuitus*, après ses multiples approches négatives, ne trouve ici qu'une définition strictement opératoire, où lui-même disparaît dans son propre effet, la certitude ; mais celle-ci, parce qu'elle renvoie à la question de l'*experientia*, identifie en elle l'*intuitus* qui la produit avec l'*experientia* qui la contient (confirmant l'équivalence littérale, déjà relevée, entre 368, 15-20 et 365, 16-18). Définition opératoire de l'*intuitus* non sans rapport avec celle qu'Aristote donne du *nous*, provisoirement du moins, « par *nous*, j'entends ce par quoi l'âme raisonne et appréhende [46] ». Ce furtif accord exige plutôt qu'on dégage, en contournant la désarmante ellipse de la définition, le fond de l'*intuitus*, et les distances qu'il prend, ou non, avec le *nous* aristotélicien ; peut-être d'ailleurs la seconde démarche permet-elle seule de mener à bien la première.

L'*intuitus mentis* reprend du *nous tes psyches* [47] trois traits extrêmement précis, quoiqu'apparemment dissimulés ; mais en les faisant siens, il les déplace, donc se situe lui-même d'autant plus précisément. — Premièrement *intuitus*, dans un texte parallèle de la *Règle XII* (420, 20-21), équivaut à atteindre, *attingere* (« ce que nous regardons ou ce que nous touchons par réflexion »), équivalence attestée sans exception dans toute l'œuvre de Descartes [48] ; or il se trouve qu'Aristote, outre les emplois obvies, use, dans des textes décisifs, de *thigein / toucher*, pour qualifier le *nous* : « il devient intelligible en touchant et en entendant, car le *nous* et l'intelligible sont le même [49] ». — Rapprochement que confirme un autre caractère commun des deux concepts : tous deux permettent une connaissance antéprédicative ; soit que l'*intuitus* n'énonce pas de jugement, mais une saisie du donné intelligible (*Règle XII*, 420, 16-23 ; soit que le *nous* saisisse, antérieurement à une attribution vraie ou fausse (*ti kata tinos*), l'essence même, et donc non individuelle ni prédicable, de tel étant [50]. — Troisièmement, appuyant ces deux rapprochements, on remarque que, dans la même *Règle III*, Descartes attribue comme objet à l'*intuitus* les « premiers principes » (370, 13 ; 369, 24 = *Règle VIII*, 387, 16) : citation textuelle de « *nous tôn arkhôn*, du *nous* relèvent les principes [51] ». L'ensemble de ces

46. *De l'Ame*, III, 4, 429 a 23.

47. *A Mersenne*, 16 octobre 1639, AT II, 599, 4-12 ; *De l'Ame*, III, 4, 429 a 22.

48. *Attingere* : par anticipation, *Règle XII*, 420, 20-21 ; *Règle VIII*, 368, 2 ; 399, 6 : « res ... prout ab intellectu attinguntur » ; *Méditations*, AT VII, 7, 17 ; 46, 21 ; 52, 5 ; 165, 21. — Correspondance : *A Mersenne*, 27 mai 1630 : « ... toucher de la pensée », AT I, 152, 19 ; *A Silhon* (?) mars-avril 1648 : « ... nous touchons de l'esprit », AT V, 137, 29. — Chez les commentateurs d'Aristote, *thigein-thigganein* se trouve effectivement traduit par *attingere*.

49. *Métaphysique* Λ, 7, 1072 b 21 ; voir Θ, 10, 1051 b 24-25 : « ... toucher et proférer, c'est le vrai (...) ; ignorer, c'est ne pas toucher » ; et à un moindre titre, α, 1, 993 a 31 (mais ici le texte n'est pas sûr : Ross donne bien *thigein*, mais Jaeger semble mieux fondé à suivre la majorité des éditeurs en maintenant *tukhein*. Voir Ross, *Metaphysics*, 1, *ad. loc*). Sens obvies *in De l'Ame*, I, 3, 407 a 16, 18 ; II, 11, 423 a 1.

50. Voir *De l'Ame*, III, 6, 430 a 26-29 ; b 28-29 ; mais aussi *Métaphysique*, Θ 10, 1051 b 17-30, etc.

51. *Ethique à Nicomaque*, VI, 6, 1141 a 19 = VI, 12, 1043 a 35 ; *An. Post.*, II, 19, 100 b 15, etc.

indices convergents inciterait à tenir l'*intuitus* pour une manière d'analogue du *nous*. Mais ici particulièrement, il convient d'éviter une confusion : la correspondance topique de deux concepts n'exclut pas leur discordance sémantique ; ou plutôt, la première rend seule la seconde possible. Car peut-être *nous* et *intuitus* ne doivent-ils se comparer, que pour mieux découvrir l'écart qui les sépare.

Sur quels objets porte le *nous*? Sur les premiers principes (*Analytiques*, *Métaphysique*), comme termes absolus et indissociables ; et sur les *eidê* parvenus, au terme d'une progression au travers de toutes les facultés, au seuil de l'achèvement intelligible, que le *nous*, seul, peut susciter (*De l'Ame*) ; dans ce dernier cas, le *nous* n'est compris à la fois comme actif et passif, qu'en ce qu'il s'insère dans le jeu, compréhensif de la *physis* entière, de l'*eidos* et de la « matière ». « Puisque dans toute la *physis* il y a, d'une part, une matière pour chaque genre (ce qui est tout cela en puissance), d'autre part, la cause requise et ouvrière, par quoi tout se peut œuvrer, — ceci à la manière de l'art sur son matériau (*hylè*), il paraît donc bien nécessaire qu'en l'âme aussi se trouvent pareilles distinctions » ; en conséquence, s'il faut bien dire que « le *nous* est lui-même toutes choses », il faut comprendre, soit qu'il ne l'est qu'en puissance (d'une identité à venir), soit qu'il ne se les identifie qu'au prix de leur passage à l'*energeia*, que lui-même habite « toujours » : le *nous* ne s'identifie pas tant aux choses, qu'il ne les identifie à lui en en suscitant l'achèvement propre [52]. — Le *nous*, défini sans cesse comme séparé, ne connaît que ce qu'il amène, dans la *physis*, à se séparer en l'individualité signifiante de l'essence ; ainsi les deux types d'« objets » du *nous* coïncident-ils : essences et indivisibles se confondent (essences sans résidu de matière, indivisibles comme essences atomiques : *eidos atomon* en quelque manière.) Dès lors le *nous* ne porte point sur tout « objet » concevable, précisément parce que tous ne sont pas également concevables ; ainsi, « vrai et faux ne se comportent *pas de la même façon* » avec la prédication et avec les indivisibles, puisque ceux-ci seuls « sont tous en *energeia*, non en puissance » ; et en un sens, « le *nous* porte sur les plus éclatantes des choses de la *physis* [53] », et sur elles seulement. Le *nous* n'atteint point tout le savoir, mais ce qui, dans le savoir, s'apprête déjà à lui.

Immédiatement, et avant même la recension des exemples donnés par Descartes (368, 21-24), l'opposition radicale de l'*intuitus* au *nous* éclate. Loin d'intervenir comme connaissance au second degré, distante parce que capitale [54], l'*intuitus* monte en première ligne, et y encourt (ou provoque ?) le corps à corps avec des objets singuliers et indénombrés : « ... et choses semblables, qui sont bien plus nombreuses que ne le remarquent communément les hommes » (368, 24-25). La multiplicité indéfinie se fonde sur une appréhension directe, sans préalable ni pré-

---

52. *De l'Ame*, *III*, 5, 430 a 10-14 ; et toute la section *III*, 4-5.
53. Respectivement *Métaphysique* Θ, 10, 1051 b 21-22 ; b 28 ; et α, 1, 993 b 11, que nous utilisons de manière, il est vrai, tendancieuse.
54. « Principe de la science », *An Post.*, *II*, 19, 100 b 15 ; *eidos eidon*, *De l'Ame*, *III*, 8, 432 a 2 ; *Ethique à Nicomaque*, *VI*, 7, 1141 a 19.

paration : « parce qu'ils ne daignent point tourner leur esprit à des choses si faciles » (368, 25-26).

En d'autres termes, la multitude des objets de l'*intuitus* résulte de leur *facilité* (368, 25 = 15 ; 362, 19 ; 364, 15 ; 365, 20 ; 366, 2, et surtout 382, 1 ; 401, 9, etc.), unique condition de leur saisie immédiate : « ... commencer ... par les plus simples et les plus faciles » (*DM* 19, 19-20 = *Règle VI*, 381, 26 - 382, 1), « ... cherchant premièrement les choses faciles » (*DM*, 72, 4-5 ; voir 72, 14 et 20, 27). Or la facilité non seulement ne recouvre pas les conditions aristotéliciennes de l'exercice du *nous*, mais les critique radicalement.

Les objets d'*intuitus* qu'énumère (ou n'énumère pas) Descartes, le confirment parfaitement. — Et d'abord, *se existere, se cogitare* (368, 21-22 = *Règle XII*, 421, 19-23 ; voir *Règle XIII*, 432, 24-25 : doute jusqu'à son dépassement), qui ne constituent pas des objets, à proprement parler ; ou plutôt ces objets n'étant pas des « choses », ils ne doivent leur rôle d'objets premiers du savoir qu'à la décision de l'esprit qui les instaure comme tels — instauration que ne peut justifier, ici comme ailleurs, que la facilité ; comment donc ? Parce que le doute, de cela même qu'il n'assure ni ne s'assure sur aucune « chose », en appelle à lui-même pour se fonder ; il prend donc comme objet lui-même (*se...*) pensant, mis au fondement comme condition formelle d'un doute, sans « chose » qui lui serve d'objet ; le recours au doublet (*se...*) devient d'autant plus facile que le doute reste, par définition, représentation sans objet ; l'absence de « chose » qui assure un objet, impose le recours à l'objet « facile » par excellence — la condition formelle de la représentation. La question, ici, avant même toute interprétation du *se...* comme anticipation (ou non) du *cogito, sum*, ou du sujet transcendental, demeure celle de la certitude : l'absence de « chose » comme objet facilite d'autant la certitude, même si celle-ci reste purement formelle ; car une certitude vide (objet = forme de l'expérience) vaut mieux que l'*experientia* incertaine d'un contenu réel (objet = chose). Or ce même problème, — si les conditions formelles de l'*experientia* peuvent en devenir l'objet —, Aristote l'a expressément abordé, et longuement résolu. En règle générale, « il apparaît bien que la science, comme aussi la sensation, l'opinion et le raisonnement, porte toujours sur un autre terme ; si elle porte sur elle-même, ce n'est qu'à titre d'à-côté hors de la question (*parergon*) » ; en effet, toute « représentation » appartient aux relatifs, mais selon une relation non réversible, que commande la chose même : « Car la sensation n'est point sensation d'elle-même, mais il y a quelqu'autre chose à côté d'elle, qui précède nécessairement la sensation ; en effet ce qui meut précède par nature ce qu'il meut : quand même ils sont corrélatifs (sans antériorité ?), il n'en est pas moins ainsi [55] » ; en d'autres termes, une substitution des conditions de la « représentation » à la chose même serait bien sûr, pour Aristote, possible ; seulement, elle n'offrirait aucun

---

55. Respectivement, *Métaphysique* Λ, 9, 1074 b 35-36, et Γ 5, 1010 b 35 - 1011 a 2 ; voir Δ 15, 1021 a 29 sq. ; *Catégories*, 7, 7 b 22 - 8 a 12 ; *12*, 14 b 18-23, etc. — Voir § 14, l'analyse d'ensemble de la théorie de la relation chez Aristote, et son annulation cartésienne ; mais celle-ci se trouve déjà à l'œuvre ici.

intérêt : là n'est pas la question (*en parergô*), puisque la question du savoir ne trouve de réponse qu'à rencontrer la chose même («Unique est l'*energeia* de ce qui sent et de ce qui est senti, même si leurs essences diffèrent [56]»). Le savoir des conditions du savoir certes peut se concevoir — mais ce n'est plus un savoir ; car seul l'*eidos* suscite, autorise et comble un savoir. — Une exception pourtant, quand Aristote demande : «A moins que, pour certains termes, la science n'en soit précisément la chose (*to pragma*) ; pour les termes fabriqués, l'*ousia* prise sans la " matière ", c'est-à-dire la quiddité ; pour les théorétiques, le logos essentiel en est la chose (*to pragma*), ainsi la pensée ? [57] » ; pourquoi cette exception ? Parce qu'il n'y en a, en fait, aucune ; en effet, le savoir coïncide avec la chose même, à condition que toute «matière» se résorbe à la fin dans l'unique *energeia*, au sens où l'entendent *De l'Ame III* et *Métaphysique Z* ; rencontre du connu et du connaissable, sans obscurité, non pas connaissance du connaissant par lui-même ; ou plutôt, cette auto-connaissance ne suppose pas une connaissance des conditions de la connaissance, mais découle de ce que, par ailleurs, parallèlement, pour sa part le connaissant (*noesis*), toujours en *energeia*, se trouve déjà un intelligible ; c'est bien pourquoi il s'agit toujours de connaître une «chose» (*to pragma*), où les termes intelligibles peuvent rejoindre, par désir, l'intelligible. Loin d'abolir l'antériorité de la «chose» sur le connaissant, la pensée de la pensée la consacre, en élaborant comme objet, non les conditions formelles de la pensée, mais une «chose» — elle-même. L'opposition apparaît clairement : tandis que par Aristote, il y a *nous* de soi-même, parce que, en certains cas, les choses mêmes s'assimilent à la pure pensée, et parmi elles, comme un cas particulier, l'esprit ; pour Descartes, comme l'*intuitus* ne réclame, pour devenir possible, que la facilité d'un objet, le cas où l'objet provient de la condition de possibilité du savoir, non d'une chose, répondra à la seule exigence, excellemment, puisqu'à moindre frais. Mais aussi, Aristote n'admet habituellement aucune réflexion du pouvoir épistémique, parce qu'il manque à la chose de fournir un objet immédiatement et intégralement intelligible, donc homogène à ce pouvoir d'intellection ; pour obtenir cette homogénéité, il faut *adjoindre* à la chose la parfaite intelligibilité ; à Descartes, il suffit, puisque la chose connue ne vaut que par les conditions de possibilité qu'elle révèle, de *soustraire* de l'acte épistémique la chose même, pour qu'apparaisse le seul objet de la connaissance : elle-même, mise au fondement, *se*. On devine ainsi que, si l'*experientia* certaine s'obtient ici par soustraction, elle pourra indéfiniment se multiplier : qu'importe la diversité des choses, puisque l'objet certain s'obtient en les soustrayant de l'*experientia* (ce qui fonde, par avance, les disputes sur *se ambulare*, voir AT VII, 352, 10-18) ; au contraire, Aristote, procédant par adjonction au *nous* d'une chose devenue à lui homogène à force d'*energeia*, précise aussitôt, tant cette montée à l'intelligibilité ne

---

56. *De l'Ame, III*, 2, 426 a 15-16 ; voir 425 b 26-27 ; *III*, 4, 430 a 30 sq. ; *III*, 5, 430 a 19-20 (à maintenir, avec toutes les autorités textuelles, malgré l'avis de Ross) ; *III*, 7, 431 a 31 ; b 17, etc.

57. *Métaphysique* Λ, 9, 1074 b 38-1075 a 2.

se peut que pour quelques termes seulement, qu'elle ne veut qu'« à propos de certains [57] »). L'indifférence à la chose même deviendrait-elle la rançon même de l'universelle validité opératoire de l'*intuitus* — rançon, et, indissolublement, butin ?

Second type d'objets convenables pour l'*intuitus* : « le triangle est limité par trois lignes seulement, la sphère, par une seule surface » (368, 22-24), mais peut-être aussi l'aire du cercle et son périmètre (*Règle VII*, 390, 19-21), toute addition (*Règle XII*, 421, 13-15), et les proportions continues (*Règle VI*, 384, 9-385, 4 ; *Règle XI*, 409, 10-410, 2, etc.). Demandons à nouveau : pourquoi offrent-ils un terrain favorable à l'*intuitus* certifiant ? La réponse a déjà été donnée, et par la *Règle II* tout entière (voir *supra* § 5) : les êtres mathématiques tiennent leur certitude de l'abstraction (*aphairesis*), qui, les détachant de la « matière », les soustrait aussi bien à l'*eidos*. Ici donc, l'indifférence à l'essence « physique » du monde autorise seule la certitude ; de cette première conséquence — l'absence nécessaire de tout référent *in rerum natura* — s'en déduit une seconde : comme le *nous* porte sur les objets où la « matière » finalement se résorbe dans la figure éidétique, jamais les abstractions mathématiques n'y peuvent atteindre ; l'opposition de l'*intuitus* au *nous* devient diamétrale, comme le sont aussi les sites de l'*entelekheia* éidétique et des abstractions mathématiques, séparées radicalement par la « matière », gage donné au monde « physique » : le nôtre. Au sens strict, il s'agit de deux mondes. Le second ne fournit d'objets à l'*intuitus* pour une *experientia* certaine qu'en abstrayant ces objets des choses mêmes, en tant que physiques. L'indifférence à la chose même, sous une autre forme, assure donc seule le déploiement de l'*intuitus*.

Une objection pourtant naît d'une précédente analyse : parmi les trois points communs au *nous* et à l'*intuitus*, l'un suggérait la communauté d'un type d'objets, les premiers principes (« prima principia », 370, 13). Mais il reste à préciser en quel sens Descartes les entend ; or, remarquablement il développe leur synonymie avec les premiers termes connus, quels qu'ils soient : « quelques choses *connues* très facilement et les premières » (*Règle VI*, 387, 5-6), « les premiers principes *connus* par soi » (*Règle VII*, 387, 16), « ... d'après ceux que je *connais* déjà... ; déduire de principes lointains » (*Règles VII*, 388, 1, 12), « ... natures très simples et *connues* par soi » (*Règle VIII*, 399, 17), « déduire de celles que je *connais* déjà » (*Règle XI*, 409, 3), etc. Tout se passe comme si les *arkhai* ne recouvraient qu'un district de la région, plus vaste, des termes premiers pour l'ordre de la connaissance, et l'enchaînement de la déduction ; aussi bien se trouvent-elles souvent, elles aussi, définies par leur seule intelligibilité (pour nous), mais non pas comme principes ontologiques au sens où les entendait Aristote. Et donc leur évidence ne dépend pas d'un statut intrinsèque, mais de leur situation épistémique variable : indifférence à la chose même.

Les trois types d'objets, où peut s'exercer l'*intuitus* supposent tous, comme leur fondement, le même principe : la certitude ne s'obtient que par l'abstraction, qui ne laisse subsister de la chose que ce que l'*intuitus* peut en assumer pour son objet.

Cette convergence des trois analyses permet de revenir, pour l'assurer, sur un précédent acquis. — Au lieu qu'Aristote précise le nombre limité de choses que se reconnaît le *nous* (« pour certains... [57]), et surtout énumère les rares rencontres qui les suscitent ; Descartes laisse indéfinie leur liste (« et similia », 368, 24 = *Règle XII*, 419, 15, 22) ; plus, il ne vise qu'à démontrer que se découvrent à l'*intuitus* des objets « qui sont bien plus nombreux que ne le remarquent communément les hommes » (368, 24-25), achevant ainsi l'avertissement donné dès la *Règle II*, que les connaissances de cette espèce sont « beaucoup plus nombreuses qu'ils (les doctes) ne le croient » (362, 20-24).

Ce qui met à jour l'intention qui, profonde, commande les déplacements conceptuels du *nous* à l'*intuitus* : établir l'*experientia* certaine suppose à la fois l'immédiat contact antéprédicatif du *nous*, mais aussi son application, la plus compréhensive qu'il se pourra ; il faut donc à la fois garder les caractéristiques de l'opération noétique, tout en la soustrayant aux limites que lui imposent les imperfections des choses. Pour que les caractéristiques de la chose même n'interdisent jamais à l'*intuitus* d'y trouver son objet, il suffira de ne jamais proposer de chose « physique » comme objet à l'*intuitus* : soit que les trois types retenus se conjoignent par l'égale abstraction de la « matière », de l'*eidos*, et donc de la nature de *ce* monde ; soit que, très précisément, disparaisse de l'exposé cartésien le seul « objet » du *nous*, l'*energeia* éidétique (*De l'Ame III*, 4-5) ; mais précisément Aristote y comprenait indissolublement (quoique secondairement) la *hyle*, et donc le poids de la *physis*. En tous les cas, l'*intuitus* n'étend le champ de sa validité, qu'aussi loin que l'abstraction élimine en chaque chose tout ce qu'il ne s'y pourrait comprendre comme son objet ; l'universalité de l'*intuitus* ne vaut que dans et sur l'autre monde que lui assure l'abstraction. A ce prix seulement, se déploie l'*experientia* certaine — mais de quoi ?

§ 8. La déduction : extension et délimitation du champ de la certitude

Reste que Descartes invoque, malgré l'extension de l'*intuitus*, encore la déduction. Suivant son intitulé — « ... ou en déduire certainement » (366, 13) — la *Règle III* lui consacre une importante section (369, 11 - 370, 15). On remarque immédiatement que, si la déduction apparaît bien comme opératrice de certitude, son rapport à l'*experientia* se modifie considérablement ; la *Règle II* (365, 2-6 ; 9-13) considérait la déduction comme infaillible, ne serait-ce que comparée à l'*experientia*, prise au sens large (non nécessairement certaine, comme la mathématique) ; ainsi, puisque l'*intuitus* s'inscrit comme un sous-ensemble de l'*experientia*, l'incertitude de celle-ci l'affligerait aussi ; en sorte que selon la *Règle II*, la certitude de la déduction surpasserait celle de l'*intuitus*, pris au sens large. Or la *Règle III* vient précisément de donner une stricte définition d'*intuitus*, comme opérateur privilégié de la certitude ; dès lors, le rapport s'inverse ; l'*intuitus* non seulement certain, mais qui permet la production de certitude jusqu'à investir et récapituler l'*experientia* entière, devient le paradigme d'une certitude, que la déduction ne produit, et ne possède plus qu'en second : « plus certain que la déduction même, parce que plus simple » ; pour bien signifier l'inversion d'un tel rapport, Descartes souligne sans crainte, avec une explicite référence à la *Règle II*, un curieux paradoxe : « ... laquelle nous avons pourtant noté plus haut ne pouvoir être mal faite par l'homme » (368, 19-21) ; à supposer qu'*intuitus* et déduction épuisent les voies de la connaissance (368, 11-12 = 372, 16 ; 365, 1 ; 425, 10-12), si, d'un coup, la déduction ne peut jamais tromper ni se tromper (*Règle II*), mais que néanmoins l'*intuitus* reste « plus certain » (*Règle III*), comment l'erreur peut-elle encore se concevoir ? Les expressions ultérieures des *Regulae* tempèreront l'hyperbole de la certitude, en situant l'erreur dans la déduction, ratifiant l'inversion, tout en atténuant le paradoxe : « il ne peut se trouver aucune fausseté, sinon dans les dernières [natures] que *compose* l'entendement » (*Règle VIII*, 399, 14-16, voir *Règle XII*, 420, 14-15) ; en fait, seule la doctrine de la simplification et de la composition des natures simples permettra une rigoureuse formulation de la situation réciproque des deux opérations de l'esprit. Mais ici Descartes retrouve, avec les déports qu'on a dit entre *intuitus* et déduction, le rapport aristotélicien, où « le *nous* est principe de la science [58] », l'immédiat du discursif.

L'office de la déduction la soumet entièrement à la certitude, qu'elle prolonge. Elle ne mérite la qualification de « déduction certaine » (370, 5), qu'en permettant l'opération suivante : soient quelques termes « connus avec certitude » (369, 21), en déduire d'autres sans quitter le domaine de la certitude : « ... un grand nombre de choses sont connues avec certitude, sans être elles-mêmes évidentes » (369, 23), « l'évidence présente n'y est point nécessaire, comme au regard, mais elle emprunte plutôt d'une certaine façon sa certitude à la mémoire » (370, 7-9).

Le moment n'est pas encore venu d'étudier le fonctionnement et les implications d'une telle opération (voir § 27), car la *Règle III* ne vise qu'à mettre en place une topique de la certitude. La déduction étend donc la certitude au-delà des bornes, pourtant fort reculées, de l'*intuitus* (donc de l'*experientia*), malgré le défaut d'évidence. Et donc, à la demande de la *Règle II*, non pas une, mais deux réponses deviennent possibles : l'extension hors des Mathématiques de « tout ce qui donne (leur) de la certitude » (*DM* 21, 16-17) trouve les moyens de son entreprise ; d'autres sciences peuvent se réorganiser selon le jeu des deux opérations certifiantes.

Reste un curieux paragraphe de conclusion de la *Règle III* (370, 16-25) ; sitôt référé à la certitude, il organise, au contraire, comme l'esquisse d'une théorie des limites de la certitude. Soit la conclusion de la démarche entière — que déduction et *intuitus* concentrent superlativement en eux toute la certitude (« viae certissimae », 370, 16) —, il devient possible, et même obligatoire, de fixer les bornes, sinon de la certitude, du moins de l'irréductible incertitude (renvoyant ainsi à l'analyse de la *Règle VIII*, qui découle de celle-ci et l'achève ; voir § 25). Deux extrêmes se trouvent définis ; premièrement, le champ du probable, des connaissances que

---

58. *An. Post.*, I, 33, 88 b 36 ; voir *II*, 19, 100 b 5-15. On ne peut qu'approuver ici la réflexion de J. Beaufret : « ... pour Descartes, l'*intuitus* comme il dit, plus encore que la *deductio*, est le moment essentiel de la méthode elle-même, *ipsamet deductione certior, quia simplicior* » (*Dialogue avec Heidegger, Philosophie Moderne*, t. 2, Paris 1973, p. 158).

nulle opération ne peut élever à la certitude (370, 17-19, « toutes les autres ») ; l'exclusion de certaines sciences résulte, très rigoureusement, des opérations que peut déployer l'esprit humain ; lesquelles, au nombre exclusif de deux, ne peuvent s'étendre ; le bénéfice du doute, ici, est impensable, parce que le douteux reste toujours défectueux ; donc, l'esprit humain faisant norme (selon la *Règle I*), pour sa part (370, 17, « ... ex parte ingenii »), toutes les autres sciences se doivent récuser en doute. Incertitude par défaut. Reste (370, 19-25) l'incertitude par excès. Les vérités de la foi sont « mises à part » (*DM*, 28, 16) de la certitude, parce que leur assurance n'a point à s'éprouver en une *experientia* humaine ; les « divinitus revelata » (370, 20) ne font pas nombre avec la certitude, « ne tombent pas sous l'art » (*Règle XII*, 424, 6 et 9-10). En distinguant ainsi les domaines, loin, comme ont voulu le croire quelques critiques, d'user d'un grossier et voltairien subterfuge, Descartes, sans même mentionner la théologie de la nature pure qui le soutient ici, transcrit Aristote : « la prière est bien un discours, mais ni vrai ni faux [59] » ; le lieu où devient inopérante la logique peut s'inscrire dans le langage même ; la logique moderne l'a montré, même si ce ne fut que négativement. — Il faut assigner à la certitude des limites, et précisément parce qu'on lui en a fait surpasser d'autres : la certitude des limites reste une certitude, et non la moindre, puisqu'elle assure l'horizon, et donc le lieu de toutes certitudes.

La *Règle III*, en construisant l'*experientia* certaine, et en analysant les opérations qui y conduisent, satisfait à la première partie des exigences posées par la *Règle II*. Et pourtant une autre question reste encore sans réponse : quelles choses peuvent, et à quelles conditions, devenir, pour les deux opérations de la certitude, les *similia*, objets sans cesse recommencés, reproduits parce que, peut-être, produits ?

§ 9. Esquisse d'une reconstitution de la règle IV : le double texte, l'unique question

Souvent remarquée, la division de la *Règle IV* en deux sections (IV-A, 371, 4 - 374, 15 ; IV-B, 374, 16 - 379, 13) indépendantes [60], n'a peut-être pas trouvé l'interprétation rigoureuse qui lui évite l'annihilation miniamiste (contradiction, évolution, ou double tentative). Et donc, avant de retrouver la question qui suscite, et que suscite, notre lecture — à quelle condition des choses peuvent-elles offrir des objets à l'*intuitus* en vue d'une *experientia* certaine ? —, il importe de préciser la composition même du texte.

---

59. *De l'Interprétation*, 4, 17 a 4.

60. Voir J.-P. Weber, *La Constitution* p. 3-17, qui, tout en dégageant remarquablement le parallélisme des deux sections de IV-A et IV-B, admet, sans jamais le discuter, le postulat (car il ne s'agit pas d'une conclusion) qu'« il est clair que deux structures analogues, additionnées, formeront difficilement un tout organique » (p. 14) ; mais leur confrontation ne doit pas nécessairement se réduire à une addition. — L'éd. Springmeyer rejette IV-B en appendice, suivant Weber (*op. cit.*, p. XVIII et p. 85 sq.), contrairement à *AT* et *Cr.*

Les deux sections n'entretiennent sûrement pas un rapport d'opposition, puisque chacun de leurs thèmes respectifs correspond (sans confusion, mais sans méprise non plus) à l'un des thèmes de l'autre série. Successivement :

a) IV-A, 371, 4-25 : le manque de certitude conduit à poser la question de la méthode = IV-B, 374, 16 - 375, 22 : dans les sciences mathématiques elles-mêmes, l'expérience certaine manque pourtant d'*ars* (375, 17).

b) IV-A, 371, 25 - 373, 2 : définition formelle de la méthode comme production de certitude = IV-B, 375, 22 - 376, 8 : pressentiment, encore vague, d'une *Mathesis* antérieure aux mathématiques communes.

c) IV-A, 373, 3-24 : deux sciences mathématiques privilégiées renvoient à la méthode = IV-B, 376, 8 - 377, 9 : deux sciences mathématiques privilégiées renvoient à la *Mathesis* ; « je ne sais quoi de divin, en quoi les premières semences des réflexions utiles ont été jetées » (IV-A, 373, 8-9) = « certaines semences de vérités que la nature a mise en l'esprit des hommes » (IV-B, 376, 12-13) ;

d) IV-A, 373, 25 - 374, 9 : connaissance « de (*ex*) n'importe quel sujet » (374, 9), donc universelle = IV-B, 377, 9 - 378, 11 : *Mathesis universalis*, qui connaît « dans... n'importe quel sujet qu'on voudra » (378, 3) ;

e) IV-A, 374, 9-15 : la méthode est antérieure aux autres sciences = IV-B, 378, 11 - 379, 13 : *Mathesis* a valeur propédeutique pour accéder aux autres sciences.

Il n'est dès lors licite de gloser sur la scission de la *Règle IV* qu'en soulignant, tout autant, cette seconde constatation, indissoluble de la première : que le parallélisme thématique organise rigoureusement l'ensemble des cinq correspondances binaires. La véritable difficulté ne consiste plus finalement à rendre compte du dédoublement de la *Règle IV*, mais de la coexistence de ce rigoureux divorce avec l'harmonie infailliblement orchestrée des thèmes ; ici, le recours à une évolution, une autocorrection, etc., n'apporte que la moitié d'une réponse, et ignore l'enjeu, comme les termes de la question. Question qui se formule : pourquoi Descartes maintient-il la même thématique en deux sections distinctes ; ou inversement, pourquoi utilise-t-il deux mouvements pour développer une semblable thématique ? On pressent que cette rencontre ne résulte, ni d'un inachèvement, ni d'une reprise anecdotique de la rédaction, mais peut-être d'un dessein et d'une tâche inéluctables, que seule pareille architecture pouvait achever. — Notons, avant de poursuivre, que le troisième thème ne sera pas, ici, commenté : le développement des mathématiques des derniers mathématiciens grecs à Clavius, ne relève point de notre entreprise : nous tentons seulement, en effet, de reconduire les thèmes cartésiens à leur situation nécessairement aristotélicienne ; laquelle n'est pas ici concernée.

En IV-A, la pensée interroge sur la certitude et, en même temps, questionne les sciences sur la méthode. — Jamais, en effet, les sciences communes ne s'inquiètent de la méthode, pressées qu'elles sont d'atteindre leur objet, même sans connaître les chemins qui y mèneraient : hâte même qui les retarde (371, 4-25). La défaillance incertaine des sciences ne se répare qu'en recourant à la méthode ; là où manque la certitude doit intervenir, productrice de certitude, la méthode ; car précisément celle-ci ne s'introduit qu'avec une définition opératoire, qui définit l'opération certifiante seule : « par méthode j'entends des règles certaines et aisées, grâce auxquelles tous ceux qui les auront exactement observées, n'admettront jamais rien de faux pour vrai » (371, 25-372, 2), « si la méthode explique correctement comment on doit employer le regard (*intuitus*) de l'esprit... et comment on doit inventer des déductions » (372, 11-14) ; si certaines règles sont appliquées, alors sera produite la certitude ; avant même de préciser quelles sont ces règles, il faut remarquer le lieu d'introduction de la méthode, et son office : en renvoyant à *intuitus* et déduction, elle s'appuie explicitement sur l'*experientia*, mais ne s'y substitue aucunement (372, 22) ; par là aussi, si elle s'inscrit sans discontinuité parmi les officiants de la certitude, réciproquement la théorie de la certitude vient coïncider avec la méthode ; d'ailleurs, « ... jamais rien de faux pour vrai » (372, 1-2) reprend les buts de la *Règle II* (362, 10-12 ; 365, 17-18). La méthode est toujours certaine, parce que productrice de certitude. — Mais aussi, la méthode précède les choses autant que les sciences ; la méthode apparaîtra, de fait, plus nécessaire à la recherche des choses que ces choses elles-mêmes (371, 2-3), sitôt comprise l'impossibilité, voire la contradiction d'une connaissance sans méthode ; si méthode et certitude se confondent comme producteur et produit, connaître sans méthode, quelque profit apparent qu'on en tire, suppose manquée la méta-science, la certitude comme savoir du savoir : quelle que soit la certitude hasardeuse de telle connaissance, du moins paraît-il « absolument certain, *certissimum* » (371, 16-17) qu'y manque la condition de toute vérité, l'*experientia* certaine ; sitôt la certitude identifiée à la vérité (*Règle II*), une vérité atomisée à la mesure de l'*atomon eidos* ne saurait plus atteindre à la vérité comme certitude superlative, parce que constitutive ; et donc elle devient non-vérité, sans s'inscrire dans la certitude. La méthode, en vertu de son antériorité, confirme et achève l'unité de la science (*Règle I*, 360, 7-19 ; 361, 18-19 ; voir § 2). — La méthode se définit donc un foncteur de certitude, et la condition préalable aux objets de toute *experientia* certaine.

Or il est que ces deux caractéristiques, loin d'aller banalement de soi, nous renvoient de la *methodus* cartésienne à la *methodos* aristotélicienne, puisqu'une scrupuleuse contradiction les unit étrangement — étrangèrement plutôt. Et d'abord, la *methodos* ne précède aucunement ce qu'elle connaît ; il ne s'agit pas de « suivre la méthode » (*DM* 4, 7-8) ; voir 27, 11), qui mène certainement à connaître (ou ignorer) tel objet, mais de la découvrir en même temps, et autant que la chose même : « la *methodos* porte ici, pour nous, sur la nature », « ... sur la science de la cité », c'est-à-dire qu'elle ne se comprend respectivement que comme « *methodos* physique » ou « politique [61] » ; c'est qu'en effet, loin que l'*ego* épistémologique puisse lui assurer la moindre antériorité — « *j'ai* formé une méthode... » (*DM* 3, 6-7 ; voir 29, 20-21 ; 22, 14-15) —, c'est « ... la chose même [qui] leur fit un chemin (*hodopoiesen*) et les contrai-

---

61. Respectivement, *Physique III*, 1, 200 b 13 ; *Politique IV*, 8, 1293 b 29-30 ; *Du Mouvement des Animaux II*, 704 b 13 ; *Ethique à Nicomaque I*, 1, 1094 b 11.

gnit à la recherche[62] » ; le fondement dernier de la recherche reste
cela même qu'il faut trouver, et non l'exigence préalable d'une certitude antérieure à toute visée, et donc à tout terme visé. Ce qui éclaire
l'équivalence, radicalement non cartésienne, entre la *methodos* et l'enquête, ou la quête, qui avance pas à pas, au risque de l'aporie, autant que
la certitude : Aristote comprend toujours *methodos* à partir du simple
chemin, qui naît sous les pas, et ne révèle jamais que le sol immédiatement foulé[63]. C'est que le chemin naît de la chose même, il ne la
précède pas, ni ne l'enserre d'une prolepse de certitude.

L'entreprise de Descartes ne consiste donc pas tant à promouvoir
la méthode, qu'à interpréter la méthode selon la certitude, et donc
comme productrice de certitude dès avant la chose même. Immédiatement donc devient visible le lien qui unit IV-A, 371, 4-25 à IV-B, 374,
16-375, 22. Cette section entreprend de remonter des sciences mathématiques communes à la mathématicité qui les définit comme sciences
rigoureuses. En fait, Descartes procède, en son analyse des mathématiques communes, en deux temps. Premièrement, il y reconnaît l'*experientia
certaine* (375, 4-5), conformément aux termes des *Règles* précédentes ;
mais c'est pour, deuxièmement, constater leur futilité (375, 13-22 = *DM*
7, 24-30). Remarquons immédiatement que cette futilité se peut comprendre de deux manières, opposées ; ou bien en termes aristotéliciens,
les mathématiques procédant par abstraction, leur simplicité (= 374, 9)
suppose précisément la perte de la chose « physique » comme telle, en
sorte qu'à la fois même un enfant sans expérience y réussit, mais
qu'aucune sagesse ni connaissance « physique » n'y apparaîtra jamais[64] ;
la futilité découle ici de la certitude abstraite, et donc d'une défaillance
de l'objet. Ou bien et ce sont les raisons cartésiennes, la futilité des
mathématiques communes vient d'une défaillance du processus d'abstraction lui-même : sans doute, l'abstraction mathématique permet-elle une
experientia ponctuelle, mais reste en deçà de l'enjeu véritable — déterminer les moyens et les motifs d'une telle *experientia* ; en un mot, la
faillite tient moins à l'étude de termes abstraits (« s'occuper de nombres
nus et figures imaginaires », 375, 14-15), qu'à l'incapacité de distinguer
les raisons de la certitude (« ... plus souvent par la fortune que par
l'art », 375, 17) ; moins au divorce d'avec la *physis*, qu'à l'incapacité
d'en rendre compte. D'où la transposition cartésienne de l'exigence d'une
initiation mathématique (*ageometretos* = 375, 24-25) : il ne s'agit pas
tant d'introduire aux mathématiques, que de s'introduire dans le monde
de la certitude ; en effet, la même facilité (376, 1 = 372, 19 simplicité)

62. *Métaphysique A*, 3, 984 a 18-19.

63. Voir l'équivalence de *methodos* (184 a 2) et de « naît pour nous le chemin »
(184 a 16), en *Physique I*, 1 ; celle de *methodos* et de recherche en *Métaphysique A*, 2,
983 a 22-23, *Ethique à Nicomaque I*, 1, 1094 a 1-3, etc. Heidegger, « *methodos*, la poursuite
pas à pas, et non notre récente méthode qui est un genre et mode de la *methodos* »
Wegmarken, Frankfurt a/M, 1967, S. 341, trad. fr. *in Questions II*, Paris, 1968, p. 225). Sur
méthode, en *DM*, voir J.-L. MARION, « A propos d'une sémantique de la méthode », *in Revue
Internationale de philosophie*, 1973, 103/1, p. 40-42, 46-47.

64. Voir *Ethique à Nicomaque VI*, 9, 1142 a 11 sq. et PLATON, *Lois VII*, 819 b. Les
mathématiques ne sont que gamineries, puisqu'elles font abstraction de la *physis* ; aussi
les enfants y réussissent-ils bien.

qui préside à cette nouvelle *Mathesis*, délivre la mathémacité des mathématiques, en dévoilant les voies (*viae*, 375, 1) de celles-ci, et donc aussi « comment on les trouve » (375, 8 ≠ 375, 17). Ce redoublement des mathématiques communes par une *Mathesis* « fort différente » (376, 4) permet le dédoublement de l'*experientia* certaine en quelques connaissances (en nombre jusqu'ici limité) et en chemins qui conduisent nécessairement à la certitude (en mathématiques, mais peut-être ailleurs aussi bien).

La réunion des deux sections trouve donc un lien indissoluble ; les mathématiques (en IV-B) ne restent homogènes à leur *experientia* certaine que si elles y décèlent les raisons de la certitude ; par là, elles deviennent non seulement les lieux de, mais des chemins vers la certitude. Ainsi retrouve-t-on la question qui occupe IV-A : déterminer les moyens d'une production de certitude antérieure, et donc indépendante, des matériaux pris comme objets. A trop opposer la recherche de la méthode et celle de la mathématicité des mathématiques, on risque de manquer leur réunion, dans l'unique production de certitude : « Car enfin la méthode (...) contient tout ce qui donne de la certitude aux règles d'arithmétique » (*DM* 21, 13-17), « .. et permet d'introduire la certitude et l'évidence des démonstrations mathématiques dans des matières de philosophie [65] ». Au lieu que l'*experientia* prise en elle-même restait strictement mathématique, sitôt qu'elle se lit à partir du dédoublement de la méthode et de l'objet, elle laisse les *viae* de la certitude mathématique se distinguer des connaissances strictement mathématiques : mathématicité et mathématiques entretenant le même rapport que méthode et objet, la méthode ne pourrait-elle pas coïncider avec la mathématicité elle-même, et ainsi, la certitude d'*experientia* ne pourrait-elle pas déborder le domaine où la consignent certains résultats mathématiques ? Il ne s'agit point de mathématisme, puisque les mathématiques elles-mêmes se comprennent selon le dédoublement méthodique ; reste que la méthode entière vise à extirper les moyens de la certitude hors du champ habituellement mathématique de l'*experientia* certaine. La méthode ne s'appuie sur la certitude mathématique, et ne l'étend à d'autres champs du savoir, qu'après avoir compris, réinterprété et modifié le mathématique comme tel à partir et au profit de la production de certitude. Reste à préciser quels traits méta-mathématiques la méthode retiendra pour assurer, en d'autres objets que les mathématiques, la production de certitude : ce sera désormais le seul propos de la *Règle IV*.

Remarquons encore que l'étonnant, ici, consiste moins en la dissociation de IV-A et IV-B, qu'au contraire en leur conjonction étroite ; la diversité des problématiques originales souligne d'autant la rigoureuse innovation qu'instaure leur réunion. La question textuelle de l'unité de la *Règle IV* ne se peut aborder — encore moins résoudre — qu'en conséquence de cette question théorique : comment la production de certitude peut et doit-elle confondre *experientia* (méta-)mathématique et méthode (préexistante) ?

---

65. *A Mersenne*, 1er novembre 1635, AT I, 331, 21 - 332, 1. — Ce qui reprend, non plus comme un énoncé programmatique, mais comme un résultat acquis, la conclusion de la *Règle II*, 366, 4-9.

§ 10. SUBORDINATION ET INSUBORDINATION DES SCIENCES

La recherche de la méthode certifiante achève bien l'enquête sur une *experientia* certaine qu'avait inaugurée la *Règle II* ; mais elle rencontre également, pour lui donner toute sa portée, la conclusion de la *Règle I*, que la science ne s'entend qu'unique et unifiée : en effet, à doubler et précéder tout savoir et tout objet, à force d'établir les conditions de la certitude, de toute certitude, la méthode suppose déjà l'unité, en elle, de toutes les sciences. Il reste à montrer comment *a parte rei* (ce que la *Règle I* passe sous silence) toute chose peut, à certaines conditions, devenir objet de l'unique méthode.

Avant même d'entrer dans le texte cartésien (373, 25 - 374, 9 = 377, 9 - 378, 11), il convient de s'interroger aristotéliciennement sur la possibilité même d'une éventuelle subordination des sciences les unes aux autres. En règle générale, la définition de chaque science par un genre interdit pareille subordination (*Règle I* ; § 2) ; pourtant, Aristote admet une exception à cette discrétion irréductible : dans le cas des sciences mathématiques. Sans doute, « ne peut-on pas appliquer la démonstration arithmétique aux accidents des grandeurs », ni réunir entre elles géométrie et arithmétique ; mais chacune d'elles, prise séparément, commande à plusieurs autres sciences ; ainsi à la géométrie se subordonnent l'optique et la mécanique, comme à l'arithmétique, l'harmonique [66] ; cette subordination découle d'un dédoublement particulier de certains objets, dont la constatation (*to oti*, « le fait que... ») relève des sensations, mais dont la connaissance par les causes (*to dioti*, le « pourquoi ») renvoie aux mathématiques ; ainsi les phénomènes lumineux et les mouvements mécaniques doivent leur intelligibilité aux figures et raisonnements du géomètre ; de même les cycles astronomiques et certaines affections médicales ; dans tous les cas, la subordination suppose l'abstraction de l'*hypokeimenon* : selon qu'il reste objet du savoir, ou non, la science concernée diffère ; le « pourquoi » ne relève d'une « science plus haute » que si, précisément, l'abstraction libère l'objet du genre qu'inclut et impose le « fait », l'*hypokeimenon*, et finalement la « matière [67] ». Précisément, la subordination de sciences, qui tiennent leur fondement d'une autre, unique et supérieure, reste coextensive au jeu qui définit le mathématique et le « physique » : des sciences sont subordonnées à une seule autre, mathématique, d'autant plus étroitement qu'elles s'éloignent de la *physis* ; mais inversement, certaines peuvent se dire « les plus physiques des mathématiques », parce qu'au contraire de la science du « pourquoi » abstrait, elles en retiennent quelque « matière » (ainsi l'astronomie

---

66. Respectivement *An. Post. I*, 7, 75 b 2-5 (et références en 75 b 15-17) ; *I*, 9, 76 a 10 et 22-25 ; *I*, 13, 78 b 37-79 a 2 ; etc.

67. Voir *An. Post. I*, 9, 76 a 10-15 ; *I*, 13, 78 b 34-35, et 79 a 2-10 ; *I*, 27, 87 a 31-35. « Une science est plus exacte qu'une autre, et a primauté sur elle, qui connaît à la fois le fait et le pourquoi, et non le fait séparé d'avec le pourquoi, et celle qui ne tient pas compte du substrat (est plus exacte) que celle qui en tient compte — ainsi l'arithmétique, plus que l'harmonique,... » traduction douteuse, suivant la correction implicitement admise par J. TRICOT, *Les Seconds Analytiques*, Paris, 1966, p. 142, n. 2 ; *Métaphysique B*, 2, 997 b 20 sq.

retient la « matière topique », etc.) [68]. — Il paraît donc à l'évidence que
l'insubordination des sciences ne souffre d'exception que dans le domaine,
déjà marginal, des mathématiques : en effet, l'abstraction de la « matière »
permet seule de subordonner des sciences comportant une « matière »
à telle autre science qui n'en diffère que par cette abstraction même.
Subordination et abstraction définissent les sciences mathématiques, et
s'y limitent strictement.

L'exception aristotélicienne offre un point d'appui à la règle cartésienne : si la certitude ne subordonne les sciences mathématiques à une
science unique et unifiée qu'au moyen de l'abstraction, la certitude ne
s'étendra donc à toutes les sciences qu'autant qu'une abstraction pourra
s'étendre à leurs objets respectifs. Ou encore : les mathématiques doivent leur *experientia* certaine à l'abstraction de la « matière » (*hylè*,
hypokeimenon, to oti), qui permet à la fois un raisonnement purement
« formel » (*to dioti*, et donc absence de tout *eidos* ; voir § 5), et une
subordination des sciences ; or, là même où Aristote reconnaît une
architectonique, qui s'ensuit de la définition des seules mathématiques,
Descartes reconnaît, au-delà de l'abstraction de la « matière » (mathématiques communes), le principe même de la mathématicité — l'abstraction en général. La question devient donc : peut-on déterminer un
mode d'abstraction valable pour d'autres choses, et produisant d'autres
objets que les objets mathématiques ? En recherchant la spécificité des
mathématiques comme telles, Descartes tente une régression en deçà
de l'abstraction de la « matière » (définissant les mathématiques selon
Aristote), jusqu'à une abstraction plus radicale, et donc universelle.
Dégageant la mathématicité des mathématiques, loin de prétendre « mathématiser » tout le savoir, Descartes entreprend de mettre au jour le
secret commun de la certitude et de l'organisation des sciences — secret
qui, parce qu'antérieur aux mathématiques, peut s'étendre au-delà de
leur région. Secret de l'*experientia* certaine et de la subordination unificatrice, qui se dévoile dans l'abstraction, ou du moins comme une
certaine abstraction.

La double section qui met au jour le secret de la mathématicité
des mathématiques, secret lui-même non mathématique (IV-A, 373, 25 - 374,
9 = IV-B, 377, 9 - 378, 11), vise une abstraction radicale de l'*hypokeimenon*
de *toute* science : pour se satisfaire « en n'importe laquelle des sciences »
Règle VIII, 393, 12), il faut rien moins qu'abstraire de « n'importe quel
sujet » (374, 9), « n'importe quel objet » (378, 3 = 15-16) [69] tout ce qui
en marquerait la particularité : non seulement de la « matière » proprement « physique » (astres, sons, 378, 3), mais surtout des figures (374, 1 =
378, 3 ; *Règle XIV*, 452, 14-17 ; *Règle XVI*, 455, 29 ; *DM* 17, 30-18, 1) et des

68. *Physique, II*, 1, 197 a 7-12. Voir *Métaphysique* Λ, 8, 1073 b 3-8.

69. Voir *Règle XIV* : « ... quaecumque in aliis subjectis existunt » (447, 16-17) ; 452,
17 : « ... ab alia quavis materia » (452, 17 = « de materia qualibet », DESCARTES à *Beeckman*,
29 avril 1619, AT X, 164, 18) ; *Règle XIV*, « vel a quavis alia re » (456, 1) ; et peut-être
aussi *Règle XII*, 428, 25. — Abstraction de toute matière (« nulli speciali materiae addictam »,
378, 6-7) qui permet l'extension universelle d' « une méthode par laquelle je pourrais expliquer aussi bien toute autre matière » (*A l'abbé de Cerizy* ? Vers le 17 mai 1637 ?, AT I,
370, 21-23).

nombres (374, 1 = 378, 2; *Règle XVI*, 455, 25-28; *DM* 18, 2-5); ceux-ci constituent encore une « matière » propre aux mathématiques (et à l'imagination), qui demeurent ainsi des « sciences particulières » (*DM* 19, 30 = 378, 15-16; 374, 3-5); aussi une science de la certitude universelle doit-elle pousser l'abstraction au-delà même de ce que croient devoir retenir les sciences dites mathématiques. La dissolution du donné particulier, amorcée par les mathématiques communes, exige aussi bien qu'on les outrepasse, jusqu'au noyau fondamental et fondateur qui, seul, définira des « choses » pouvant servir d'objets à des pensées véritables[70]. Il faut souligner encore que l'abstraction proprement mathématique, conduisant jusqu'aux nombres et figures, reste en chemin : la production méthodique de certitude pousse plus avant l'abstraction, dont la mathématique n'offrait que l'image dissimulatrice (*integumentum* 374, 6-7; 12); et donc, en récapitulant l'abstraction mathématique, l'abstraction méthodique l'outrepasse, et ne la fonde en vérité qu'en l'abolissant. En l'abolissant dans l'*ordo et mensura* (378, 1,6 = *Règle XVI*, 451, 8; *Règle XVI*, 457, 7-19; *DM* 20, 3-4 : « ... n'y considérant autre chose que les divers rapports ou proportions qui s'y trouvent »). Avant de s'interroger une première fois, sur la certitude que permet la réduction des choses à des objets d'ordre et mesure, il convient, avec Descartes, de préciser l'autre caractère de la science universelle : l'unification qu'elle opère par subordination, des autres sciences; le statut de cette primauté architectonique assurera seulement la possibilité de définir correctement, en situation et dignité, l'ordre et la mesure.

L'unique science, productrice d'universelle certitude, équipollente en d'infinis objets indifférents, Descartes la nomme soit *Mathesis universalis* (à partir de la mathématicité non mathématique des mathématiques, IV-B, 378, 8), soit *méthode générale* (à partir de la production de la certitude)[71]; or, il est que la présentation qu'en donne la *Règle IV* garde une surprenante analogie avec certains textes d'Aristote. Les *Analytiques* présentent en effet un type de démonstration qui s'abstrait de certaines « matières » : « Que la proportion puisse aussi se convertir, soit en tant que nombres, que lignes, que solides ou que temps, comme on l'a montré séparément plus haut, cela n'empêche pas qu'on le montre par une seule démonstration valable pour tous »; la théorie des proportions (exemple privilégié de la méthode, dans les *Regulae*, voir § 15) peut se déployer en parfaite indépendance des sujets particuliers de son universelle validité; car précisément, elle admet et réclame l'universalité : « ... à présent, on le montre universellement (*katholou*), car ce n'est pas en tant que lignes, ni nombres, mais en tant qu'elles ont ceci (*hê todi*), qu'elles sont supposées universellement avoir (en elles) ». Mais, étonnamment, Aristote ne conclut pas que la science des proportions se puisse, pour autant, qualifier d'universelle; au contraire, il la laisse dans un

---

70. *A Mersenne*, 16 octobre 1639, AT II, 597. — Texte étonnant de justesse, qui exprime parfaitement la transformation (ou plutôt la disparition de la forme, l'a-formation) de la chose donnée et individuelle qui, par abstraction, se réduit à ce que la pensée peut admettre en elle pour son objet.

71. *A l'abbé de Cerizy ?* Vers le 17 mai 1967, AT I 370, 10. — En effet, IV-A ignore *Méthode générale*, et n'invoque que *methodus*.

strict anonymat — « ... mais, parce qu'on ne peut nommer, d'un seul
nom, toutes ces choses comme une seule, à savoir les nombres, longueurs,
temps et solides, et parce qu'ils diffèrent entre eux selon l'*eidos*, on les
a prises séparément [72] » —, et s'en autorise pour ne pas lui donner un
statut théorique. Il paraîtrait pourtant aller de soi que la théorie des
proportions, ici, ouvre la voie à une manière de science universelle, et
certains, dès avant Descartes, l'avaient bien ainsi compris [73] ; pourquoi
ce silence ? Parce que Aristote se fonde sur l'impossibilité d'une dénomination pour justifier la lacune théorique, tandis qu'il nous paraît évident
que la théorie peut et doit seule justifier les dénominations ; à moins
qu'ici l'impossibilité d'un nom ne découle déjà de l'absence à la fois
de *logos* définitionnel (au sens de *Métaphysique Z*, 4) et d'unité (au
sens où, pour *Métaphysique* Δ, 6, l'unité supérieure dépend de l'*eidos*) :
double défaillance due à la différence spécifique des termes, que le
raisonnement proportionnel n'estompe qu'en renforçant l'abstraction
mathématique ; si science il y a, ce n'est qu'au prix d'une disparition
accrue de ce dont il aurait dû y avoir science — ou plutôt sciences. Ce
refus de la science universelle ne suppose aucunement qu'Aristote en
ait ignoré la possibilité ; il implique au contraire cette possibilité, pour
la disqualifier ensuite de droit. En effet, Aristote utilise assez fréquem-
ment la distinction des mathématiques et de *la* mathématique : « ... chacune des sciences mathématiques se définit en un genre unique, tandis
que l'universelle (sc. mathématique) est commune pour tous (sc. les
genres)», et y établit par exemple « un principe commun à toutes les
quantités » (principe d'égalité), et encore « quelques (caractères) universels pour toutes les sciences mathématiques [74] » ; en ce sens, il admet
parfaitement que les principes d'opération sur les quantités relèvent
d'une mathématique non particulière, mais bien universelle, *katholou*
— strictement. Faut-il tenir la *Mathesis universalis* (378, 4 et 8-9) pour
l'exacte réplique d'un concept aristotélicien ? Absolument pas, mais pour
une raison inverse de celle habituellement invoquée. Descartes reste
gouverné par la pensée aristotélicienne, ou du moins son vocabulaire ; en
parlant de (*Mathesis*) *universalis*, il reprend l'idée d'une science des
principes propres aux sciences mathématiques (ou le coup de force)
se situe plutôt dans la substitution, capitale quoique souvent méconnue,
de *Mathesis* à mathématique : non plus une mathématique universelle,
c'est-à-dire fournissant leurs principes aux mathématiques particulières,
et donc limitée à la seule quantité (discrète ou continue, qu'importe),
— mais une « science universelle » qui ne gouverne pas tant la quantité,
— dont elle pourra faire abstraction, que l'ordre et la mesure. Substitution
décisive : alors que la mathématique universelle (chez Aristote, comme

---

72. *Analytiques Post.*, I, 5 ; respectivement 74 a 17-20 ; 74 a 23-25 ; *katholou* définissant
la démonstration, en 74 a 13, 24, 23, etc. ; 74 a 20-23.

73. Ainsi Piccolomini, dans son *Commentarium de certitudine mathematicarum* (1547 ; cité
in Crapulli, *Mathesis Universalis, genesi di una idea nel XVI secolo*, Rome, 1969, p. 30, 31, 33-
44, 47, 53), commente en ce sens *An. Post.*, I, 5, y reconnaissant l'exercice d'une *scientia
communis*.

74. Respectivement *Métaphysique K*, 7, 1064 b 8-9 ; *K*, 4, 1061 b 20-21 ; *M*, 2, 1077 a 9. —
Voir aussi *Physique I*, 2, 185 a 1-3.

aussi chez Proclus et Jamblique) ratifie la césure du « physique » et du mathématique en se définissant dans la quantité abstraite, la *Mathesis universalis* n'atteint la mathématicité non-mathématique des mathématiques, que pour gommer immédiatement la césure de l'abstraction ; en effet, passant au second degré de l'abstraction (ordre et mesure), elle abolit aussitôt les distinctions qu'imposait le premier (quantité, hors la « matière »). La mathématique universelle n'était universelle qu'en restant mathématique ; la *Mathesis universalis* n'est universelle qu'en ce qu'elle n'est plus seulement mathématique. Il ne s'agit donc pas de savoir pourquoi Aristote n'a pas connu de mathématique universelle, puisqu'il l'a de fait, thématisée, mais bien pourquoi il n'y a point reconnu une *mathesis* universelle, une méta-mathématique non-mathématique, et donc absolument première. Mais, précisément, à une autre science revenait la primauté et l'universalité absolues. Faudrait-il alors se risquer à dire que l'instauration de la *Mathesis universalis* consiste toute en l'identification de la mathématique universelle (au prix d'un redoublement d'abstraction) à l'onto-théologie universelle (absolument) parce que première ? Peut-être.

§ 11. « MATHESIS », PREMIÈRE PARCE QU'UNIVERSELLE

La *Mathesis Universalis* semble faire écho à deux concepts aristotéliciens, la science de l'être en tant qu'Etre d'une part, la philosophie première (théologie) de l'autre. Il faut immédiatement remarquer que Descartes, suivant la tradition des interprètes médiévaux, ne distingue pas la métaphysique (*metaphysica generalis*, ontologie) de la philosophie première (*metaphysica specialis*), mais en confond les attributions et propriétés[75]. Tout le

---

75. Avant de poursuivre, il convient de remarquer que Descartes, comme d'ailleurs ses contemporains, à la suite de la lecture thomiste des textes aristotéliciens, ne distingue pas — ainsi que les recherches modernes nous ont appris à le faire, ne serait-ce que comme hypothèse de travail, ou par prudence scientifique — entre la philosophie première, science du divin (*Métaphysique E 1*, 1026 a 16, etc.), et la science de l'être en tant qu'Etre (*Métaphysique Γ 2*, 1004 b 15, etc.). Aussi l'équivalence énigmatique, « universelle parce que première », se trouve-t-elle utilisée à plein pour permettre l'assimilation de l'une à l'autre ; et donc les caractéristiques de l'une comme de l'autre doivent s'inscrire ici dans le même ensemble de propriétés de ce qui apparaît clairement comme onto-théologie. (Voir les mises au point de P. Aubenque, « Aristote et le Lycée », in *Histoire de la Philosophie, I*, Encyclopédie de la Pléiade, Paris, 1969, p. 647-650). — Pour Descartes, plus précisément, la nomenclature substitue *métaphysique* à *ontologie*. Ainsi encore il tient pour équivalentes la philosophie première, et la métaphysique (comme générale), et en confond les objets formels : « ... la vraie Philosophie, dont la première partie est la Métaphysique, qui contient les principes de la connaissance, entre lesquels est l'explication des principaux attributs de Dieu, de l'immatérialité de nos âmes, et de toutes les notions claires et simples qui sont en nous » (*Principes, Préface*, AT IX-2, 14, 7-12), « ... j'ai divisé mon livre en quatre parties, dont la première contient les Principes de la connaissance, qui est ce qu'on peut nommer la première Philosophie, ou bien la Métaphysique » (*Ibid.*, 16, 12-16) ; l'équivalence de l'Epître dédicatoire des *Principia* (AT VIII-1, 4, 4 = 6) le confirme. Bien plus, l'assimilation devient parfois si complète, que les caractéristiques des deux termes se trouvent inversées : « Je n'y ai point mis de titre, mais il me semble que le plus propre sera de mettre *Renati Descartes Meditationes de prima Philosophiae* ; car je ne traite point en particulier de Dieu et de l'âme, mais en général de toutes les premières choses qu'on peut connaître en philosophant » (*A Mersenne*, 11 novembre 1640, AT III, 235, 13-18) ; en sorte que Descartes désigne par philosophie première, ce que précisément la critique moderne d'Aristote entend sous le nom d'ontologie. Cette indécision, ou plutôt cette unité jamais suspectée de l'ontologie et de la philosophie première, vient. en fait.

développement ultérieur de sa méditation le confirmera, qui inclura la fondation du monde dans la démonstration de l'existence de Dieu, et réciproquement. Pareille structure onto-théologique joue-t-elle dans les *Regulae* ? Peut-être ; mais à condition de procéder en deux temps. *a*) Examiner d'abord comment la *Mathesis Universalis*, comme science qui ne considère que l'ordre et la mesure dans les choses, imite la science de l'être en tant qu'Etre. *b*) Examiner comment la primauté que lui assure son universalité épistémologique peut imiter la primauté, génératrice d'universalité, propre à la philosophie première. Et ceci d'autant plus que Descartes, encore une fois, confond les deux dimensions de la science de l'Etre.

La *Mathesis universalis* ne retient de la chose, pour en faire son objet, que l'ordre et la mesure, c'est-à-dire « les rapports ou proportions » (DM, 20, 3-4) ; mais ici la quantité elle-même, à quoi se bornent les « calculateurs » (373, 28 = 455, 26, etc.), retient encore trop de la chose même ; il suffit à la production de certitude d'une organisation, d'un réseau, d'une mise en ordre strictement abstraits de tout « contenu » (matière, ou quantité). Par là, Descartes franchit un pas décisif : lui-même comprenait encore, en 1619, la *scientia penitus nova* comme un moyen « par lequel se peuvent en général résoudre toutes les questions, qui peuvent être proposées en n'importe quel genre de la quantité qu'on voudra, tant continue que discrète ». Quantité par quoi il restait dans le champ d'une mathématique commune, au sens où Aristote lui attribue de formuler que « deux quantités qui sont égales à une troisième sont égales entre elles », etc. ; au sens aussi où ses prédécesseurs sur la voie d'une *Mathesis Universalis* n'envisagent jamais qu'une science de la quantité en général[76]. Dans la *Règle IV*, au

à Descartes de la lecture traditionnelle, ou plutôt thomiste, des textes d'Aristote ; ainsi admet-on que « le philosophe détermine, en métaphysique, simultanément (*simul*) à propos de l'être commun et aussi bien de l'être premier, qui est séparé de la matière » (Saint Thomas, *Commentaire du " De la Génération et la Corruption "*, Pr. 2. Voir également *Commentaire de la " Métaphysique "*, Pr., etc.). Il nous paraît donc équitable de ne pas prétendre faire jouer, dans les rapports de Descartes à Aristote (surtout si les *Regulae* n'entreprennent pas de construire un concept nouveau de « métaphysique », spéciale ou générale, que les textes expressément métaphysiques de Descartes n'entreprendront pas plus), une interrogation qui lui restait étrangère ; et donc nous admettons que, dans ce qui parvient d'Aristote à Descartes, par la voie traditionnelle, ontologie et philosophie première se convertissent l'une en l'autre. Sur la distinction, voire la contradiction, entre l'ontologie et la philosophie première (théologie), depuis Jaeger et Bonitz, on se reportera à P. AUBENQUE, *Le problème de l'Etre chez Aristote*, p. 369, note 2, et à la discussion p. 368-411 ; au collectif *Metaphysik und Theologie des Aristoteles*, édité par F.P. Hager, Darmstadt, 1969 ; et, pour défendre l'unité des deux sciences, G. REALE, *Il concetto di Filosofia Prima, e l'unità della metafisica di Aristotele*, Milan, 1961, particulièrement p. 306-318.

76. Voir AT X, 156, 8-159, 3. — Et aussi voir les conclusions de l'enquête de Crapulli (*op. laud.*, p. 150-151) : tous les prédécesseurs de Descartes :

a) parlent d'une *mathématique* universelle, commune, générale (sauf Van Roomen), mais surtout :

b) lui assignent tous la quantité comme seul objet ; soit « il soggetto, talora identificato dirrettamente con la quantità : " *quantum* phantasiatum... subjectum esse dicitur cujusdam facultatis communis " (Piccolomini) ; " prima mathesis est quae versatur circa *quantitatem absolute sumptam* " (Van Roomen) ; " mathematica generalis est scientia tractans de quantitate communiter " (Alsted) ; ». Soit « il contenuto, genericamente indicato in principi e proprietà communi : " ... debet speculari affectiones communes *magnitudini* et numeros " (Pereira) ; " tractat principia et affectiones multipli et *magnitudini communes* " (Alsted (...) ;

contraire, au-delà de l'abstraction qui ne maintient des choses que le nombre et la figure, et donc, outre la quantité sans matière, intervient une seconde abstraction : ne rien considérer, même dans le nombre et de la figure, que l'ordre et la mesure ; sans doute cette abstraction au second degré constitue-t-elle une manière d'axiomatisation de la quantité (et non une abolition) ; mais, fondamentalement, elle déborde le champ limité du quantitatif, pour étendre le réseau des relations, mesurées et mesurantes, à un domaine infiniment plus vaste — puisqu'il finira par englober la métaphysique elle-même. L'abstraction, parce qu'elle ne retient qu'un paramètre, au lieu de se tenir à un étant, peut comprendre plusieurs étants, à condition de n'en retenir que des valeurs de ce paramètre ; plus le paramètre croît en abstraction, plus s'étend sa validité ; surpassant la quantité par l'ordre et mesure, Descartes outrepasse le champ mathématique de la première abstraction, pour ouvrir par la seconde l'univers à la *Mathesis.*

Le parallélisme, et la modification qu'il souligne, entre la *Mathesis universalis* et la science de l'Etre contraint à une nouvelle interrogation : ne faut-il pas analyser la *Mathesis universalis* (et par elle, la généralisation de la méthode) selon les termes mêmes qui définissent la science de l'Etre ? Et principalement, ne faut-il pas confronter les deux « objets formels » qu'elles se reconnaissent réciproquement ? Quand donc la *Mathesis* fonde sa revendication d'universalité sur l'universelle abstraction de l'« ordre et la mesure », elle entretient un double rapport à « l'être étant en tant qu'Etre ». Premièrement, il faut peut-être admettre que Descartes aussi demande de chaque chose l'étant en tant qu'Etre, en requérant de chaque chose, l'ordre et la mesure ; et donc, en un sens, la question de l'Etre de chacun des étants se transpose (et se conserve) en celle de leur ordre et mesure ; ce qui, bien sûr, indiquerait que la thèse de Descartes sur l'Etre s'énonce en ces deux opérations : mettre en ordre, prendre en mesure, ou mieux, mettre de l'ordre (remettre en ordre) et prendre la mesure (se mesurer à) de la chose à constituer en objet du savoir ; l'essence de la chose se délivre à la connaissance, si la chose se livre à l'ordre et la mesure ; lesquels mettent seuls en évidence ce qui permet à la chose d'avoir été ce qu'elle continue d'être. Mais surtout, l'ordre et la mesure contiennent la possibilité universelle pour les étants de naître et mourir, pour la connaissance,

---

" ... ad quam spectant affectiones communes omnibus *quantitatibus...* ; propositiones *omni* convenientes *quantitati* complectitur " (Van Roomen) ».

c) Tous semblent donc, jusqu'à plus ample informé, concevoir la science générale en strict rapport à la quantité (= la grandeur, ou multiplicité) ; si au contraire Descartes parle bien de *mensura,* c'est après et à l'intérieur de l'*ordo* (378, 1) ; s'il récapitule « multitudines et magnitudines » (450, 17), c'est après la théorie de l'ordre (*Règles V-VII*). Surtout il évite le concept même de quantité (« ... abstinentesque de industria de vocabulo quantitatis » *Règle XIV*, 447, 6-7). Si la science nouvelle porte sur l'ordre, avant de récapituler ensuite la quantité et la grandeur, le lieu de son instauration, plus que des mathématiques, relèvera de l'ontologie.

d) Si Van Roomen parle, et lui seul, d'une *Mathesis Universalis,* il n'en limite pas moins la portée à la quantité seule ; et donc, loin d'anticiper sur les *Regulae,* il retrouve le *consensus* qui suppose à une mathématique commune, la quantité en général. — Pour cette double raison, la solution de continuité paraît très nette entre Descartes, et ses « sources » supposées.

mais aussi dans leur substance même — parce que précisément celle-ci se définit par l'ordre et la mesure. Avec Descartes, ce qu'Aristote nomme l'étant/être en tant qu'être (*hê*) devient telle chose en tant (*quatenus*) qu'ordonnée et mesurée, « les sciences... ne laissent pas de s'accorder toutes, *en ce qu'*elles *n'y* (sc. dans leurs objets) *considèrent autre chose que* les divers rapports ou proportions qui s'y trouvent » (*DM*, 20, 2-4 = 377, 22 - 378, 1) ; la même scission de la chose, comme étant, en ce par quoi elle est, intervient ; mais, au lieu que l'étant se disjoigne et s'ouvre pour dévoiler l'Etre, il s'organise selon l'ordre et la mesure ; lesquels jouent comme le rôle de l'Etre dans la disjonction de l'étant donné. Reste à comprendre les divergences : pourquoi ordre et mesure substitués à l'Etre (comme tel) ; l'universalité précède-t-elle la primauté, sans en résulter ; pourquoi surtout ces deux modifications transmuent-elles immédiatement tous les rapprochements antérieurs en des antagonismes d'autant plus serrés ?

Ces questions trouvent un rebond, plus qu'une réponse, dans la manière dont la *Mathesis Universalis* reprend à son compte les caractéristiques les plus importantes de la philosophie première (théologie)[77]. Et dans ce cas aussi, la reprise ne va pas sans apories. Apories, dont la transposition de ces sciences ontologiques en « théorie de la connaissance » constitue l'indice, et non le fondement. En effet, quand Aristote déduit l'universalité de la philosophie *théologique* de sa primauté, il déduit la primauté, tout aussi bien, de l'excellence de la chose divine : « la philosophie première porte, elle, sur des termes séparés et immobiles (...) ; il n'est pas bien difficile à voir que, si le divin demeure quelque part, c'est dans cette nature-ci (*physis*) qu'il demeure, et que la (science ? nature ?) plus excellente doit porter sur le genre le plus excellent » ; l'indécision de la dernière proposition, dont le sujet pourrait s'entendre presque aussi bien comme la science (première) que la « certaine nature » (première parce que divine), traduit textuellement la dépendance absolue de la science envers la « nature » qui la suscite, et en justifie les prétentions ; loin qu'une abstraction (simple, ou redoublée) permette ici la constitution d'une science première, c'est la coïncidence stricte à la *physis tis* où se manifeste le divin, qui rend possible et pensable une science du divin, et donc première. La chose même commande à la primauté de cette science. Mais elle en assure aussi bien, l'universalité : « S'il est une certaine substance immobile, c'est elle qui est antérieure et (la) philosophie (qui la concerne est alors ?)

---

77. Cette identification remonte au XVIᵉ siècle. — Voir CRAPULLI, *Mathesis Universalis*, respectivement p. 93 (p. 96 Pereira), p. 204 (*Appendice II*, citant quelques fragments de la *Protheoria Mathematica*, 1593 de C. Dasypodius), p. 213 (= Van Roomen, *Apologia pro Archimede*, 1597, chap. VII). Ce dernier texte développe le parallèle : « Inscribemus autem scientiam hanc nomine *primae mathematicae, seu primae matheseos*, ad similitudinem primae philosophiae. Nam sicut ea dicitur prima quia subjecta omnium reliquarum sub se comprehendit scientiarum, quinimo et reliquarum demonstrat principia si demonstratione egeant. Ita et haec prima mathematica versatur circa subjecta omnium scientiarum mathematicarum, et purarum et mixtarum. Probat quoque principia reliquarum scientiarum. Nam conclusiones hujus scientiae omnes in reliquis scientiis pro principii assumi possunt. » (*Loc. cit.*, 213 - 214). — La première mathématique tend à jouer, pour les principes des sciences, effectivement (et non par comparaison seulement) le rôle de philosophie première. — On remarque l'équivalence explicite de (*prima*) *mathematica* avec (*prima*) *mathesis*, à l'inverse de Descartes. (Voir note 76.)

première, et universelle parce que première [78] » ; la même ambiguïté syntaxique que précédemment (est-ce la philosophie théologique qui est première, ou la substance première qui elle-même est philosophie première, ou les deux se confondent-elles ?) confirme le même rapport entre la science et la « nature » qui la fonde : la primauté de la science reflète celle de la « nature », et, comme cette « nature » commande universellement, de par son immobilité, aux mouvements de la « Nature », la science, que sa primauté institue première parmi les sciences, les gouvernera aussi universellement. L'universelle validité de la science théologique dépend en effet de l'universelle portée de l'unique achèvement du divin ; lequel, parce qu'en permanence et par essence même, il demeure achevé en lui-même (*energeia ousia on*), achève en sa perfection ce qui fait défaut aux substances « physiques » : la résorption parfaite de la « matière » (comme puissance) dans l'être (comme *eidos/energeia*) ; en sorte que le divin énonce et institue en pleine visibilité ce qui gouverne en fait universellement le jeu sublunaire de la *physis*, malgré les débordements de la « matière » qui en dissimulent la justesse décisive. La coïncidence parfaite du divin avec lui-même manifeste, par son exceptionnelle visibilité, le but qui, obscurément, régit ailleurs toutes oppositions et disparitions. Et donc la primauté entraîne aussi bien l'universalité : principe qui vaut d'abord de la « certaine nature unique » du divin, avant de s'étendre à la science entière de l'être. L'universalité même de la science primordiale découle de sa soumission, ou plutôt de sa stricte adhérence, à la chose même. C'est pourquoi, en abordant tout étant, imparfaitement rassemblé en son essence, y suscitera-t-elle encore — ou déjà — la saisie de l'étant en tant qu'être, indissolublement l'Etre et cet étant qui en manifeste l'achèvement. La scission de chaque étant par l'interrogation de l'Etre en tant qu'être, n'en abstrait rien, mais, au contraire, le rassemble tant et si bien en lui-même, qu'elle lui restitue éidétiquement le débordement « matériel », en un mot le concrétise (au sens strict, d'une concrétion synthétique) ; en sorte que par et par cette scission, l'étant, se rassemblant dans et comme Etre, se découvre seulement à lui-même : la question qui demande l'étant en tant qu'Etre, délivre toujours (mais par excellence dans le divin) l'Etre en tant que tel étant.

La *Mathesis universalis* inverse entièrement le rapport aristotélicien des termes. Elle déduit la primauté de l'universalité, parce qu'elle comprend l'universalité comme abstraite de la chose même, et donc aussi de la plus divine d'entre les choses. La *generalis scientia* abstrait, comme son objet uniforme et indéfiniment dupliqué, de toutes choses, non seulement la « matière », mais aussi nombre, figure, et donc quantité : elle interprète la chose en tant que mesure et ordre. Par là, elle se dispense de la chose concrète et irréductiblement singulière, mais aussi de l'achèvement normatif que telle chose pourrait atteindre (le divin). Et donc, la double dispense, que s'octroie l'abstraction redoublée, interdit que la vérité méthodiquement conquise des objets abstraitement construits se cristallise jamais en une chose (ou un étant). La question sur l'étant en tant qu'Etre ne trouve aucune réponse par réciprocation des termes : l'Etre en tant qu'étant ne trouve aucun lieu cartésien ; l'étant, pris dans son être, s'énonce comme

78. *Métaphysique E*, 1, respectivement, 1026 a 15, 19-22 ; a 25 ; a 29-31.

ordre et mesure ; mais ordre et mesure résident « dans le seul entendement » (*Règle VIII*, 396, 4), comme la vérité et la fausseté qu'ils produisent ; en un mot, l'être de l'étant ne retourne jamais de l'abstraction à un
étant par excellence — précisément parce qu'il fut pensé comme, et par
abstraction.

Et donc, si la pensée des *Regulae* se conforme à la structure onto-théologique de la métaphysique, c'est en un sens radicalement nouveau. En
effet Aristote concentre la visibilité de l'Etre dans l'étant divin ; et celui-ci,
pensé et pensant comme *nous*, fait coïncider en son *energeia* aussi bien
celle de l'être, que celle de la connaissance (voir § 21), en sorte que le
processus épistémique se résorbe de soi dans le procès des choses vers leur
achèvement en général ; en un mot, le divin, comme principe d'intelligibilité, autant que comme étant suprême, réintroduit, pour ainsi dire, la
relation épistémique à l'intérieur du jeu des étants avec leur être, et, à la
fin, en connaissant, le *nous* humain ne fait que naître à lui-même, en se
risquant dans le jeu ontologique. — Sans doute Descartes maintient-il un
étant privilégié, celui qui exerce la *Mathesis universalis*, l'homme ; mais
la primauté ainsi obtenue reste, on l'a vu, purement épistémologique (c'est
bien pourquoi les *Regulae* la peuvent postuler, sans lui donner le fondement proprement ontique d'une *res cogitans*) ; aussi, parce qu'elle consiste
en une abstraction universelle et redoublée, cette science, que ne situe et
ne soutient aucun étant singulier, ne saurait, au contraire de la science du
divin selon Aristote, revenir se mêler au jeu ontologique qu'elle préside ;
et précisément parce qu'elle ne le préside plus, ni ne s'y risque, mais l'ar-
bitre, le mesure et l'ordonne. La fonction de la *Mathesis universalis*, orphe-
line de tout *étant* paradigmatique, restera donc strictement épistémologique ; son rapport aux choses devenues ses objets s'accomplira dans la
seule représentation, et jamais dans la présence réciproque.

Plus décisif peut-être que la substitution d'un site humain au site
divin qu'Aristote assignait à la science universelle parce que première —
substitution peut-être encore dissimulée dans les *Regulae* —, paraît ici
l'avènement d'une relation unilatérale de représentation entre la *Mathesis
universalis* et ses objets : désormais ceux-ci, ne connaîtront plus le retour,
à côté d'eux, à titre d'étant parmi les étants, de cet étant qui seul double
son jeu avec l'Etre d'une ouverture à lui (*Dasein* ?). Dès lors, le centre des
étants, le *nous* (humain ou divin, qu'importe ici) s'exile de leur monde,
pour mieux se les représenter, face à face, comme objets.

CHAPITRE II

LA CONSTITUTION DE L'ORDRE, COMME DESTITUTION DES CATÉGORIES DE L'ÊTRE

(§ 12-17)

§ 12. LA FICTION DE L'ORDRE

La théorie de la science, que les quatre premières *Règles* se sont acquise, ne peut cependant se fonder, ou du moins se rendre intelligible d'elle-même. En effet, les opérations épistémiques qui s'y pratiquent de fait (exclusion du contingent, abstraction au second degré, etc.) ne progressent que sur un terrain prêt à s'effondrer : la condition de leur possibilité épistémologique impose la destruction de certains concepts ontologiques, destruction non justifiée ni, peut-être, opérée, mais seulement esquissée par simple mise à l'écart. Il reste donc à risquer une confrontation avec la doctrine de l'Etre de l'étant, thématisée par Aristote autour de, et comme *ousia* : la déconstruction de celle-ci, présupposée à maintes reprises auparavant, ne se trouve entreprise que dans la seconde section des *Regulae*, section que forment les *Règles V, VI* et *VII*, — « les trois plus importantes règles » (Mahnke) [1]. Ces textes, souvent dangereusement sous-estimés et méconnus, exigent, en effet, une rigoureuse lecture comparative, où le rapport constant à la thématique aristotélicienne procure seul quelque sûreté dans le décryptage de la pensée cartésienne.

Les *Regulae* admettent, ou mieux indiquent explicitement comme leur centre, et leur sommet, la question de l'ordre. Et ceci, quel que puisse paraître aux historiens l'intérêt évident du texte — la méthode, les natures très simples, la certitude et l'évidence, les linéaments de la *Géométrie*, ou même la *Mathesis Universalis* — ; car rien ne peut contrebalancer ici la référence par laquelle le texte désigne — se désigne à lui-même — son centre de gravité, et son point d'équilibre. Avertissement explicite, qui concentre l'attention de la *Règle V* : « Toute la méthode ne consiste qu'à disposer en ordre les choses vers lesquelles doit se tourner la vue de l'esprit » (379, 15-16), que reprend en débutant le corps du développement, « ceci seulement renferme toute l'industrie

---

1. D. MAHNKE, *Der Aufbau des philosophischen Wissens nach Descartes*, München, 1967, p. 47.

humaine » (379, 22). L'ordre, dont rien ne se découvre encore ici, se donne comme indissolublement unique pour tout, l'unique de tout, en un mot, l'unité valant pour tout le Traité, puisqu'elle unifie — depuis la *Règle I* — la totalité même du savoir. Pour tout le Traité, aussi bien, au sens où « aucune autre (sc. règle) n'est plus utile dans tout ce traité » (381, 9) ; on note que toutes les règles suivantes ne s'attacheront qu'à l'expliciter (392, 5-8). Que soulignent, avec une étrange insistance, ces indications ? Elles encadrent comme un écrin le « principal secret de l'art » (381, 8) ou le « secret de l'art tout entier » (382, 17), comme Descartes n'hésite pas à le nommer, malgré sa coutumière répugnance pour ces expressions de charlatan — « Sitôt que je vois seulement le mot d'*arcanum* en quelque proposition, je commence à en avoir mauvaise opinion[2]. » Pour outrepasser ainsi les règles de sa déontologie conceptuelle, Descartes devait atteindre, ici précisément, à un moment unique et décisif dans l'enchaînement des raisons. Il ne suffit pas d'avoir reconnu l'insistance, il la faut maintenant justifier.

Extérieurement et en pleine lumière de l'explicite, la justification succède immédiatement à l'annonce totalisante : « Toute la méthode ne consiste qu'à disposer en ordre les choses vers lesquelles doit se tourner la vue de l'esprit. » L'ordre et la disposition ne livrent pourtant, ainsi énoncés, rien des arcanes méthodiques ; non seulement l'ordre n'apparaît que problématiquement et dans la *Règle V* (380, 4 : « *inordinate*, avec désordre », 380, 18 : « l'ordre qui est ici désiré », *desideratur* : désiré, parce que manquant), sans aucun développement théorique conforme à la primauté introductive ; mais, au même instant, tout le savoir semble dépendre de lui, en une inflation insignifiante par son arbitraire même ; en effet, le développement attribue à la méconnaissance de l'ordre toutes les faillites du savoir — « tous les Astrologues... ; la plupart de ceux qui étudient les Mécaniques à part la Physique... Ainsi font aussi ces Philosophes qui négligent... » (380, 9, 12-14) — ; fil d'Ariane (380, 1-2), l'ordre n'en devient que plus mystérieux, au labyrinthe d'une double absence : en comparaison de ce qui dépend de lui, en considération surtout de ce qu'il dérobe de son essence.

L'excellence de l'ordre s'abîme-t-elle dans son absence, et son *secretum* dans la dissimulation ?

Sans doute, si nous persistons à prendre comme allant de soi, ce qui, pourtant, ne s'avance qu'en se cachant, comme *secretum*. Nul secret qui ne nous doive aborder, en laissant au moins une chance, pour ce qu'il ne secrète qu'en le sequestrant, de lentement s'éployer. Peut-être la platitude d'*ordo* et *dispositio* découle-t-elle, loin de la justifier, de l'aplatissement où les lamine un regard sans profondeur. Un peu d'attention éveille pourtant immédiatement quelques échos. — « ... in ordine et dispositione », quoi donc oblige à comprendre seulement « ... en l'ordre *et* la disposition » ? En effet, la juxtaposition n'évite, ici, une résonance bien peu cartésienne qu'en ce que, comme *hendiadys* bien évidemment, elle doit se comprendre : « si nous les disposons toutes sui-

---

2. *A Mersenne*, 20 novembre 1629, AT I, 78, 8-10 ; la même lettre parle pourtant, elle aussi, d'un « grand secret » (81, 14), parce qu'il s'agit de l'ordre, précisément.

vant le meilleur ordre » (*Règle VII*, 391, 4-5), ou encore : « je m'efforce-rai de rassembler et disposer en ordre, tout ce que... » (*Règle IV*, 379, 9), « la méthode tout entière consiste dans cette disposition de l'ordre » (*Règle VII*, 391, 17-18), « la multiplicité des unités peut par après se dis-poser suivant un tel ordre... » (*Règle XIV*, 452, 2), et enfin les deux der-niers mots des *Regulae*, qui ne les achèvent qu'en les abandonnant à une mise en ordre sans fin, « ... disposer ces termes en ordre, *ordine disponendi* » (*Règle XXI*, 469, 9). En sorte que la seule traduction exacte rejoint celle de Baillet (II, 405), lisant l'*hendiadys* correctement, « que cette méthode consiste à *donner de l'ordre* aux choses qu'on veut exa-miner » (cité *in* AT, X, 478)[3]. Si donc la méthode consiste d'abord à dis-poser selon un certain ordre, plus qu'à reconnaître passivement l'ordre et la disposition, elle n'« enseigne à suivre le vrai ordre » (*DM*, 21, 14), qu'en « établissant un ordre[4] », par là et pour cela même dans un désor-dre antérieur, et peut-être un *autre* ordre. Car l'ordre méthodiquement institué — méthodique parce qu'institué —, loin d'ordonner inaugura-lement un chaos, juxtapose seulement un certain ordre, disposé par, et mis à la disposition de l'instauration méthodique, à un autre ordre. Pressentiment que confirme absolument le texte parallèle à la *Règle V*, en *DM*, qui s'énonce : « de conduire *par ordre* mes pensées, en commen-çant par les plus simples à connaître, pour monter peu à peu, comme par degrés, jusques à la connaissance des plus composés ; *et supposant même de l'ordre* entre ceux qui ne se précèdent point *naturellement* les uns les autres » (*DM*, 18, 27 - 19, 2). Il ne s'agit pas, ici, d'abord des natures simples (que n'abordent comme telles, que les *Règles VIII* et *XII*) ; ou plutôt si les « propositions plus simples » (*sim-pliciores*, 379, 18) et « plus simples de toutes » (*simplicissimae*, 379, 19) font écho aux « objets les plus simples », ce n'est qu'en conséquence de l'es-sentiel du précepte et de la règle . simplicité et composition dépendent de l'ordre, dont le parcours dispose réciproquement, en hiérarchisant, les complexités respectives. Le point décisif de la conduite des pensées dépend donc de l'ordre qui assume seul commencement et montée (*ascendere*, 379, 20). Si nul ne commence à monter, qui ne soit déjà soumis à l'ordre, nul ne poursuit non plus son avancée que par l'ordre ; celui-ci, parce que d'emblée son ordonnance fut mise en ordre, continue sa marche là même où nulle composition harmonieuse ne se donne à

---

3. Voir la même duplication de l'ordre dans « ordre bien institué » (*Règle VII*, 391, 9), « nous en (sc. ordre) forgerons un... pour disposer (sc. les jugements) » (*Règle X*, 404, 27 - 405, 1). — Il est remarquable que la *Logique de Port-Royal*, dont toute la quatrième partie se donne comme inspirée de Descartes, mette précisément en équivalence la méthode et la duplication de l'ordre ; ainsi : « ... parce que ces raisons sont d'ordinaire composées de plusieurs parties, il est nécessaire, pour les rendre claires et concluantes, de *les disposer en un certain ordre*, et une certaine méthode » (IV, 1, ed. Clair et Girbal, Paris, 1965, p. 299) : « On peut généralement appeler méthode, l'art de *bien disposer* une suite de plusieurs pensées » (IV, 2, *ibid.*) ; et surtout, dans la division introductive des parties : « On appelle ici *ordonner* l'action de l'esprit, par laquelle ayant sur un même sujet, comme sur le corps humain, diverses idées, divers jugements, et divers raisonnements, il les *dispose* en la manière la plus propre pour faire connaître ce sujet. C'est ce qu'on appelle encore *méthode*. » (p. 38.)

4. *A Mersenne*, 20 novembre 1629, AT I, 81, 12.

reconnaître (au sens où le stratège va reconnaître le terrain où mener son combat), en sorte qu'il institue imperturbablement une ordination, là même où se dissimule l'harmonie « naturellement » établie. D'emblée indépendant de tout *kosmos*, l'ordre ne s'arrête jamais à une simple défaillance de l'ordre « naturel » ; son organisation y supplée par l'ordination, qui met bon ordre à tout manquement de la nature à l'ordre requis pour conduire par ordre les pensées ; la nature reçoit ses ordres de l'ordre méthodique, parce que celui-ci, comme disposition de l'ordre, peut toujours donner des ordres à la nature. Sans savoir encore ce qu'ici « nature » veut dire, nous entrevoyons ce qu'*ordo et dispositio* ont de particulier, et que leur institution risque bien de n'avoir rien de banal. Particularité que le traducteur latin du *DM* rend parfaitement, traduisant « ... et supposant même de l'ordre entre ceux qui ne se précèdent point naturellement les uns les autres », en soulignant l'étrangeté de l'ordre ainsi disposé, « in *aliquem* etiam *ordinem* illas *mente disponendo*, quae se mutuo ex natura sua non praecedunt »[5] ; la traduction ne mentionne l'ordre qui outrepasse le *kosmos*, qu'en précisant les moyens de cet empire (*mente disponendo ordinem*), et son statut fort étrange : ordre institué de pensée (*mente*) ; en sorte que loin de s'y réduire peureusement comme un *ens rationis*, elle contredise la *nature*, en instaurant son ordre comme différent, quoiqu'indéfini encore (*aliquis*), du sien. Or c'est précisément l'adjonction de cet *aliquis* qui renvoie aux *Regulae*, où l'ordre qui permet la *Mathesis Universalis* se définit exactement « *aliquis* ordo, un certain ordre » (378, 1)[6]. L'essentiel de la méthode cartésienne reste dissimulé dans l'évidence aussi longtemps que, par le relevé de tels repères, ne se laisse entrevoir l'écart qui sépare le *kosmos*[7] — où toute chose se compose en une suite naturelle, parce que la *physis* les dépose premièrement chacune en soi — de ce certain ordre, qui ne rend certaine la méthode qu'en régressant de la certitude qu'il y fonde. La lecture leibnizienne de la méthode en offre la plus éminente confirmation ; concentré sur la question de l'évidence et de ses critères, Leibniz n'aborde, par là même, le troisième précepte que comme un commentaire, insuffisant bien sûr, du premier ; et de ne citer de celui-ci tout — « troisièmement, que nous progressions par ordre des termes simples aux composés[8] » —, sauf l'essentiel : la transformation de l'ordre ; aussi la condamnation d'une évidence où se noie l'esprit, « cui non dictus Hylas ? ». se retourne-t-elle contre celui qui

---

5. *Specimina Philosophiae, Dissertatio de Methodo*, p. 17 = AT VI, 550, 22-23, trad. de P. de Courcelles.

6. Nous citons ici le texte corrigé d'après *H*, par l'éd. *Cr.* : « Quod attentius consideranti tandem innotuit, illa omnia tantum, in quibus *aliquis* ordo vel mensura examinatur ad Mathesim referri » (377, 22 - 378, 2). Ce que confirme la *Règle X*, 404, 27.

7. Au sens où le *kosmos* entretient un rapport privilégié à l'Etre, c'est-à-dire privilégie le rapport qu'entretiennent entre elles, selon l'Etre, les choses : « Vois-les, même étant loin d'ici, pour la pensée solidement présents. Car elle ne coupera pas l'être, pas plus dans la dispersion totale de l'absence — elle appartient à l'harmonie de l'être (*kata kosmon*) — que dans le rassemblement de la présence ». Parménide, *Fragment 4* (trad. Beaufret, in *Dialogue avec Heidegger, Philosophie grecque*, t. 1, Paris, 1973, p. 62 = *DK*, I, 232, 7-10).

8. LEIBNIZ, *Die philosophischen Schriften, 4* (ed. Gerhardt, Berlin, 1880, Darmstadt, 1965), p. 330-331.

s'obstine à prendre pour une évidence l'ordre méthodique — « procède (comme tu le dois) » —, au point de n'en mentionner que les tenants et les aboutissants : reste l'entre-deux périlleux, que seul l'ordre parcourt ; si procéder du simple au complexe, d'Aristote à Wittgenstein, n'a rien de décisif, la détermination de l'entre-deux qui s'entremet à les unir et les construire — l'ordre — offre tous les périls. Et Descartes, en parfaite conscience ici [9], institue une disposition telle de l'ordre, que la défaillance de l'ordre naturel (par exemple dans le monde de la contingence sub-lunaire et de l'indétermination matérielle) n'en interdira jamais la progression indéfinie ; et si la *physis* n'impose aucune borne à la disparition de l'ordre, c'est que déjà elle ne demeure plus au fondement de l'*aliquis ordo*.

Il convient maintenant de confirmer ce qu'une pure analyse des textes laisse prévoir, sans suffire à l'établir : la dualité des ordres, et la progression solitaire de l'un dans le chaos de l'autre. — Premièrement, la *Lettre à Mersenne* du 20 novembre 1629 soumet la possibilité de construire une langue universelle à l'usage du « moyen de l'ordre, c'est-à-dire en *établissant un ordre* entre toutes les pensées qui peuvent entrer dans l'esprit humain, de même qu'il y en a un naturellement établi entre les nombres [10] ». Mais l'ordre des nombres, ou mieux des entiers naturels, nous est déjà donné, tandis que celui des pensées reste à établir ; établir ou disposer l'ordre excède ce que peut la recherche d'un lexique, voire d'une langue, pour renvoyer à la « vraie Philosophie » ; plus, « mettre par ordre » constitue le « plus grand secret qu'on puisse avoir pour acquérir la bonne science [11] », en écho à l'*artis secretum*. Le savoir vise donc à trouver un ordre génétique, où chaque connaissance engendre la suivante, comme « naturellement » les entiers naturels le permettent. Mais, au-delà de la numération, l'ordre reste à instaurer (« établir », « mettre par ordre »), parce que les premières pensées, aussi bien que les modes de leurs oppositions, restent à inventer. D'où le renvoi de cette langue universelle à l'utopie des romans, ou (et ?) à de « grands changements dans l'ordre des choses ». La trans-

---

9. Il permit de demander si la définition explicite de l'*ordo* comme l'un des modes « sub quibus (res) consideramus » (*Principia*, I, § 55 ; AT VIII-I, 26, 17-18), ne dissimule point la disposition comme transposition ; il faudrait du moins bien lire en insistant sur la considération (*consideramus*), à laquelle il est encore fait appel pour définir l'ordre. — On notera avec intérêt que la *Logique de Port-Royal* saisit parfaitement l'opposition de « l'ordre naturel » (*loc. cit.*, p. 333), de « l'ordre de la nature » (p. 328, 330, etc.), à la « méthode des Géomètres » (p. 325) : ceux-ci « se sont imaginés qu'il n'y avait presque aucun ordre à garder, sinon que les premières propositions puissent servir à démontrer les suivantes » (p. 330) ; en sorte que se produit un « renversement de l'ordre naturel » (p. 328). D'où la recommandation de « traiter les choses, autant qu'il se peut, dans leur ordre naturel, en commençant par les plus générales et les plus simples, et expliquant tout ce qui appartient à la nature du genre, avant que de passer aux espèces particulières » (p. 344). Cette recommandation ne reprend les énoncés des *Règles V* et *VI* qu'en les composant (difficilement d'ailleurs) par l'exigence de retrouver, même dans l'ordre disposé selon le savoir, les *espèces* et *genres* (donc la détermination d'un « genre d'être »). C'est pourquoi il ne faut surtout pas identifier les deux positions (contrairement aux notes 415 et 416 de Clair et Girbal).

10. AT I, p. 80, 24-27.

11. AT I, 81, 14.

position d'un désordre en ordre demeure ici impossible transgression. Il nous importe seulement que l'écart en soit souligné. — Deuxièmement, la *Lettre à Mersenne* du 10 mai 1632, qu'habite le même souci de « la plus haute et la plus parfaite science », reprend semblable question, à propos de l'astronomie ; ce qui correspond très exactement à l'un des exemples retenus par la *Règle V* : « ... tous les Astronomes... » (380, 9) ; ou plutôt, à l'un des contre-exemples ; nous pouvons donc reprendre les deux textes, dans un parallèle de l'ordre établi et du désordre établi. Les astronomes procèdent « sans même avoir parfaitement observé les mouvements » (380, 10-13), puisque « chacun (sc. des auteurs particuliers) n'a écrit *que d'une* comète *ou deux* seulement » ; au contraire, Descartes « ne trouve rien qui... pût tant aider pour parvenir à la connaissance de cet ordre, que *l'observation de plusieurs* comètes ». Ainsi, dans le domaine astronomique manquent les données les plus simples, « ... sans connaître la nature des cieux » (380, 9-10), tandis que le travail d'observation et de théorie fondamentale (les *Météores*) permet seul de passer outre, « après (avoir) satisfait touchant la *nature* (du ciel) et celle des Astres que nous voyons, et plusieurs autres choses... ». Le premier manquement des *Astrologi* consiste donc à n'avoir pas suivi l'ordre de la connaissance (*inordinate*, 380, 4), en spéculant, cul par-dessus tête, sur ce qu'ils n'avaient pas encore vu dans les miroirs de leurs lunettes. Mais un second manquement à l'ordre va s'ajouter, autrement plus grave, au premier. En conséquence, Descartes souligne l'ineptie de vouloir « en désigner les effets » (380, 11) sans avoir même acquis les résultats précédents ; car il s'agit ici de passer d'un ordre entre les opérations, à un ordre, que l'esprit requiert pour son objet, même s'il paraît d'abord « si obscur et embrouillé que tous ne peuvent reconnaître quel il est » (380, 18-20) ; ce qui, dans le cas de l'astronomie, revient à poser que, « encore qu'elles (sc. chaque Etoile fixe) paraissent *fort irrégulièrement* éparses çà et là dans le ciel, je ne doute point qu'il n'y ait un *ordre naturel* entre elles, lequel est régulier et déterminé ». Il s'agit donc bien ici d'une deuxième acception de l'ordre ; non plus seulement l'ordre qui manque aux demi-savants, mais d'un ordre à établir là même où « naturellement » la disposition des termes les compose trop irrégulièrement pour qu'en devienne lisible l'énigme [12]. Or le savoir méthodique conclut, par définition, de son ordonnance propre (ordre 1 : 380, 4) à l'ordination de la question (ordre 2 : 380, 18-20) ; distinction qui, loin de disjoindre, vise, pour la rendre plus visible, à distendre une imbrication, qui constitue le projet méthodique lui-même. Il ne s'agit plus de rétablir, autant que faire se peut, un ordre dans l'éclatement abandonné à l'*apeiron*, et dans la dispersion dé-finitive de la *hylé* [13], au risque d'un inachèvement d'emblée admis comme inséparable du champ considéré ; mais bien de postuler l'ordre, par le

---

12. Le thème de l'énigme constitue le meilleur exemple d'un ordre à trouver, dont jamais il n'est certain que la connaissance atteigne le sens intentionnel supposé ; l'ordre acquis plus que découvert, reste soumis à une certitude morale seulement. Voir *Règle X*, 404, 25 sq. ; *Principia, IV*, § 205, AT VIII-1, 327, 28 sq.

13. ARISTOTE, *Métaphysique Z, 3*, 1029 a 20 ; *10*, 1036 a 9 sq. ; etc.

moyen duquel « on pourrait connaître a priori toutes les diverses formes des essences des corps terrestres, au lieu que sans [lui], il nous
faut contenter de les deviner a posteriori, et par leurs effets [14] ». La
connaissance par les effets (« effectus designare » 380, 11-12), devient
l'antithèse de la connaissance par ordre (ordre 1), et donc de l'ordre
(ordre 2), où la rigoureuse pratique du premier présuppose asymptotiquement l'établissement théorique du second. Quiconque manque au premier, manque ce qui lui permettrait de postuler le second, pour disposer à la fin de son intelligibilité. Au labyrinthe des choses, l'un et l'autre
se trouvent, ou se perdent indissolublement, puisque l'ordre qui fait la
« plus parfaite science » correspond strictement à l'ordo qui réfère toute
chose à la Mathesis Universalis (378, 1). Ordre unique, que sa disposition
sépare de tout autre.

Il faut donc reconnaître deux voies de l'ordre. Si l'on peut, en
effet, dégager un ordo aliquis (Regula IV, DM), au prix d'une disposition (Regula V) qui outrepasse le désordre « naturel » (DM, Correspondance), c'est que l'ordre méthodique tend à conformer toute « chose
à connaître » à sa propre intelligibilité, quelque béant que l'écart puisse
devenir, qui disjoint l'ordre « naturel » (et le désordre qui s'y mêle
essentiellement, au regard de la méthode), de l'ordre méthodique (et du
désordre, que la dispositio et l'aliquis ordo reconnaissent secrètement).
Sans doute, en certains cas privilégiés, peuvent-ils coïncider ; mais, si
la chose même ne présente aucun ordre conforme au mouvement de
la pensée s'engendrant elle-même, l'ordre ici manquant — « hîc desideratur » (380, 18) — ne pouvant se lire comme déjà inscrit, sera donc
construit selon la disposition. D'où l'alternative, où les Regulae laissent
sans doute affleurer la pensée ultime qui les suscite : « ... examiner ces
questions avec la méthode, qui dans celles de moindre conséquence,
n'est habituellement rien d'autre, que l'observation constante de l'ordre,
soit qu'il existe dans la chose même, soit qu'on l'ait subtilement forgé
à force de pensée, tout de même que si nous voulions lire une écriture dissimulée par l'emploi de caractères inconnus, aucun ordre n'y
apparaît, mais nous en forgerons un pourtant (sed tamen aliquem
fingemus) » (404, 22-27) ; l'ordre ici doit apparaître, quand bien même
la chose existante ne suffirait à le présenter ; auquel cas, l'observation
se porte à maîtriser un ordre seul, obtenu à force de cogitatio, par une
fiction de la pensée ; fiction fabricatrice d'un ordre, là où nul n'appa-
raissait, mais qui ne se comprend jamais comme falsifiante. Quand,
ailleurs, « l'ordre des choses à dénombrer » se trouve explicitement soumis à la disposition qui vient « du libre choix de chacun » (391, 13-14),
il faut immédiatement songer à l'ambivalence de la notion de dimension,
selon la Règle XIV : « ...celles-ci n'ajoutent rien en sus aux choses mesurées, mais on les entend en même façon, si elles ont un fondement réel
dans les sujets eux-mêmes, que si le choix (arbitrium) de notre esprit
les a forgées à force de pensée » (448, 12-13) [15] : il reste toujours
possible de mesurer toutes choses, en sorte d'établir entre elles l'ordre

14. A Mersenne, 10 mai 1632, AT I, 250, 28 - 251, 2.
15. Voir aussi Règle XIV, 449, 9-13 ; et Cogitationes Privatae, AT X, 230, 24-25.

qu'elles ignorent, et sans lequel nous les ignorons — à moins qu'il ne nous les fasse ignorer, en un sens plus essentiel. L'écart des ordres paraît clairement, qui dégage et trahit ce qui se dissimulait dans l'évidence de l'*ordo et dispositio*, et dont, seul, certain *aliquis* troublait assez la transparence pour qu'Hylas ne s'y noyât point, comme en son miroir.

Une double interrogation reste donc en suspens. — Comment expliquer, alors que la *Règle V* concentre en soi toute la somme industrieuse de la méthode, qu'elle renvoie d'elle-même, et avec insistance, à la *Règle VI* (380, 21 repris par le début de *VI*, 381, 7-8) ? Leibniz demandait, pour reconnaître la validité au troisième précepte, les « artifices que Descartes n'a pas expliqués[16] » ; serait-il possible d'en trouver l'exacte satisfaction avec l'*artis secretum* de la *Règle VI* ? Celle-ci se donne d'ailleurs comme pratique opératoire de la *Règle V*, dont le dessein de disposer l'ordre renvoyait déjà à la déduction et la distinction qui (en 381, 3 sq.) ne sont reprises elles-mêmes que pour s'en remettre, à nouveau, à l'instance dernière de la *series*. — Mais, si le rapport des deux *Règles* peut se comprendre comme passage à une pratique scientifique, il reste aussi à répondre à une autre question. Comment comprendre l'opposition de deux ordres ? L'écart, que notre enquête doit, presque malgré elle, reconnaître, dénonce une faille entre deux ordres, sans que l'un ne puisse encore réduire l'autre au statut de désordre ; il serait certes satisfaisant de tenir cette imprécision pour « provisoire » seulement[17]. Pourtant, il reste plus essentiellement à demander : l'innovation radicale et irréversible ne tient-elle pas, plus qu'en la suprémation non décidée d'un ordre sur l'autre, en la schizocosmie même, qui préside au dédoublement de l'ordre ? Au lieu de demander si l'ordre de la pensée (« ordre des raisons ») se réconcilie finalement, ou non, avec l'ordre du monde (« ordre des matières ») — une question la plus instante ne demanderait-elle point d'abord : comment cette disjonction a-t-elle pu devenir possible ? En un mot, quel enjeu se joue à ce jeu de l'ordre avec son *alter ego* ?

§ 13. LA SUBVERSION DE L'ORDRE : INVERSION DE CATÉGORIES

La situation de la schizocosmie ne se précise que si la *Règle VI* se trouve lue et décryptée comme un dialogue étrangement constant et

---

16. LEIBNIZ, *loc. cit.*, p. 330.

17. Position soutenue par W. RÖD, *Descartes' Erste Philosophie, Kantstudien*, Bonn, 1971. Constatant avec pertinence que l'ordre s'oppose aux « catégories au sens d'Aristote » (p. 58), l'auteur dégage bien que « le parallélisme de l'ordre ontologique et de l'ordre logique » n'est « pas fondé dans les *Regulae*, même s'il est présupposé » (p. 16) : d'où l'affirmation que cette assomption sans preuve reste « provisoire » (p. 140), que la distinction des ordres n'est pas une opposition (p. 58), que la question de leurs rapports est seulement « mise entre parenthèses » (p. 59) etc. — Toute la question serait, avant de débattre du réalisme ou de l'idéalisme de Descartes, de demander à quelles conditions le problème d'un écart entre deux ordres peut ici se poser. Si les *Regulae* ne résolvent la difficulté de la duplication des ordres, c'est peut-être parce que leur unique affaire est d'instituer l'écart, dans lequel seul con-/dif-formité des ordres deviendront possibles. En un mot, le couple d'ordres des raisons et des matières n'explique rien des *Regulae*, puisqu'il en provient. Voir notre discussion, « Bulletin cartésien II », *in Archives de Philosophie*, 1973, 36/3, p. 463-468.

précis avec Aristote. — Le premier paragraphe (381, 9-16) de la *Règle VI*,
met en place l'opposition, qui gouverne et rend intelligible toutes les
autres : l'ordre met toutes choses à la disposition (381, 10) d'une *series*,
à condition de les ordonner « non certes en tant qu'elles sont rapportées à un certain genre d'être, ainsi que les Philosophes les ont divisées
suivant leurs catégories » (381, 10-12). La mention des « Philosophes » (et
en 383, 5), qui fait écho à la *Règle V* (380, 14), confirme, s'il le fallait,
l'opposition à la prédication catégoriale comme telle ; « in categorias
suas » ne renvoie point ici aux *gene ton kathegorion*, mais soit à la
prédication selon les catégories de l'Etre — au sens où *to aplôs to
prôton semainei kath' ekasten katègoria tou ontos*[18] —, soit plus
vraisemblablement aux choses même, en tant qu'elles coïncident avec leur
prédication — au sens où l'*ousia* constitue la prédication par excellence.
Référence aux genres, par la prédication catégoriale, qui ne vise, puisqu'il
s'agit des *kathegoriai tou ontos*, qu'au *genus entis*, saisi comme tel ;
en sorte que le principe nominaliste d'économie ne joue dans les
Regulae que comme conséquence de l'exclusion première de tout *genus
entis* en général ; il élimine tout « nouveau genre d'être » (438, 15 ; 447,
12 ; etc.), parce que premièrement « en général nous ne reconnaissons
point les êtres philosophiques de cette sorte » (442, 27). Mais le refus
de la détermination catégoriale signifie-t-il le refus de toute considération de l'Etre des choses, et n'est-ce pas aller vite en besogne, que
de passer du *genus entis* exclu à l'exclusion de la question de l'être
des choses ? — Non seulement ce serait aller vite en besogne, mais
surtout, cela dissimulerait la question : il ne s'agit pas tant de trouver
ici ou là un discours plus ou moins prolixe sur l'Etre, que de mesurer
certain écart, qui trahit lui-même l'ampleur de la déviation qu'instaure
l'ordre sériel ; et, pour ce faire, Descartes propose comme butte-témoin
l'ordre catégorial, parce que lui-même s'y est appuyé.

L'opération qui provoque cet écart peut maintenant (381, 17-21) être
abordée. La *series* vise donc à la connaissance ; comment ? En ce qu'elle
dispose toutes « choses » les unes selon les autres suivant une comparaison (381, 20) ; et ceci, au sens où, au début de la *Dioptrique*, Descartes
déclare de la lumière, qu'« il n'est pas besoin que j'entreprenne de
dire au vrai quelle est sa *nature*, et je crois qu'il suffira que je me
serve de deux ou trois *comparaisons*, qui *aident à la concevoir* en la
façon qui me semble la plus commode[19] » ; c'est-à-dire au sens où les
modèles mécaniques (balle, bâton et cuve) permettent de concevoir
parfaitement les mouvements, réfractions et déviations de la lumière,
sans jamais envisager la question même de la lumière ; l'*epokhè* de la
nature de la chose comme telle — « natures solitaires » (381, 19) —, contredit non pas la solitude de la nature seulement, mais la *natura* elle-même ;
car la nature comme telle se donne indissolublement comme essence et
comme solitaire, *to khoriston kai to tode ti hyparkhein dokei malista
te ousia*[20] ; considérer la *natura* autrement que comme solitaire, revient

---

18. *De la Génération et de la Corruption*, I 317 b 6-7.
19. *Dioptrique*, 83, 14-19. *Comparaison*, 84, 14 ; 86, 20 ; 87, 6 ; 89, 5 ; 93, 8 ; 104, 23 ; 114, 21.
20. *Métaphysique* Z, 3, 1029 a 27-28 ; voir Δ, 8, 1027 b 18 ; et *Catégories* 5, 3 b 10 sq.

à substituer à la nature prise éminemment (puisque la séparation va croissante jusqu'au *nous khoritos/ousia aïdios*) une comparaison. Comparaison entre les natures elles-mêmes, pour autant que les unes se peuvent connaître à partir d'autres. D'où la considération de ces relations, à l'intérieur desquelles les unes paraissent relatives, d'autres absolues. On remarque immédiatement que le couple *absoluta - respectiva* reproduit le couple aristotélicien des termes dits absolument aux termes dits relativement. Ainsi le rapport du propre absolu et du propre relatif, de la démonstration absolue et de la relative, de l'hypothèse absolue, et de la relative, etc. [21]. Ce rapprochement, s'il n'était médité, masquerait pourtant l'essentiel, en cautionnant d'une source traditionnelle un double coup de force cartésien. — Premièrement, la comparaison, qui s'empare des natures solitaires, ne le peut qu'en renvoyant d'abord à ce qui abolit toute solitude des natures : au dessein (*propositum* 381, 18) qui ne les pose devant le regard méthodique qu'en les rapportant à l'utilité de ce dernier ; sous le rapport de l'utilité, et donc de la connaissance même conçue comme utilité, les choses subissent l'interprétation qui ne les veut voir qu'« en tant que » (381, 11-13), qu'« au sens où » (381, 18) l'esprit y retrouve son unique propos. Ce qui revient à dire : les natures ne cessent de se définir solitaires, qu'en ce que, plus essentielle à leur essence propre, devient la relation par laquelle la prend en vue (*spectare*, 381, 19) la connaissance même ; avant que de se diviser en absolues et relatives, toutes choses doivent se rapporter à l'ordre du savoir lui-même : si la référence à l'essence (« ...rapportées à un certain genre, ad aliquod genus entis *referuntur*», 381, 11) se trouve écartée, c'est qu'intervient d'abord une autre référence, toute aussi fondamentale, à l'ordre lui-même (« toutes les façons [de se comporter] qui peuvent se trouver entre êtres d'un même genre, doivent se rapporter [*referre*] à deux chapitres, savoir l'ordre et la mesure », 451, 6-8) ; mais l'ordre à son tour permet la référence à la *Mathesis Universalis* (« les choses, où se peut examiner un certain ordre ou mesure, se rapportent [*referri*] à la *Mathesis*», 378, 1-2). Si donc cette universelle référence au point de vue de la science se dit selon notre manière de *spectare*, et si le relatif se dit bien *respectivus*, il faut en conclure que les natures (*ousiai*) solitaires (*khoristai*) deviennent relatives, de par leur relation au savoir même.

Cette primordiale relation gouverne toutes les autres, y compris celle du relatif et de l'absolu. Si ces deux termes eux-mêmes sont relatifs l'un à l'autre, c'est, d'abord, parce qu'ils ne se constituent que selon une relation à nous [22]. Le second coup de force devient maintenant

21. Respectivement, *Topiques, I,* 5, 102 a 25 : « Si l'on veut, après tout, appeler propre tel ou tel attribut de ce genre, il faudra en tout cas l'appeler, non point propre *aplôs*, mais propre momentané ou relatif, *pros ti* » ; *Métaphysique K,* 5, 1062 a 2 ; *An. Post., I,* 10, 76 b 29-30.

22. Sur ce point, accord des critiques, dont W. RÖD, « *Absolu* et *respectif* sont dès lors des déterminations relatives, c'est-à-dire qu'elles ne deviennent pas des propositions isolées, mais adviennent comme des propositions en relation (*respectus*) à d'autres, plus précisément à l'ordre présupposé dans le contexte de la question » (*loc. cit.,* p. 15) ; L. BECK, « Il faut ajouter qu'*absolu* et *relatif* sont eux-mêmes des termes relatifs. Un terme peut être absolu d'un certain point de vue, et relatif d'un autre — le point de vue est toujours

visible : Aristote, en opposant les *apla* aux *pros ti legomena* ne pouvait,
à proprement parler, pas les concevoir comme corrélatifs ; premièrement,
parce que le modèle même de l'*aplos legomenon* se trouve en l'*ousia*,
« première est l'*ousia*, et d'elle (est première) l'*ousia* absolue (*aple*)
et en acte » ; elle s'oppose donc aux termes « dits les uns par rapport
aux autres [23] » ; ce qui lui interdit d'entretenir une relation avec le
relatif, puisque cette relation même l'inclurait immédiatement au nombre
des *pros ti* ; une relation avec la relation disqualifierait immédiatement
l'*ousia* en relation ; d'où le double congé, que l'*ousia* donne au *pros ti* —
« la relation est, de toutes les catégories, celle qui est la moins *physis* et
ousia, et d'ailleurs elle est en deçà même de la qualité et quantité » —,
et que reconnaît le *pros ti* — « la relation n'est *ousia* ni en potentialité
ni en acte [24] ». Donc, si Descartes établit *absoluta* et *respectiva* au sein
d'une relation entre termes à connaître, quand même il reprend la terminologie d'Aristote, il l'inverse, en y lisant une nouvelle relation —
celle même par quoi « nous les comparons entre elles » (381, 20) —, au
lieu d'une opposition. L'essence (comme *ousia*) perd donc le rang
du terme essentiel, dans le mouvement même, où la relation à la
Mathesis comprend l'absolu comme relatif à elle, donc respectif. —
Secondement, Descartes élimine la primauté indépassable de la première
catégorie, comme la convergence des allusions (*natura, natura solitaria,
absolutum*) le souligne assez ; ce qui ne surprendrait aucunement, une
fois révoquée la prédication selon les catégories de l'Etre. Mais quelque
surprise attend le lecteur, pourvu qu'il remarque que l'*ousia* ne se
trouve disqualifiée qu'en ce que la relation la relativise, jusqu'à l'inscrire
du nombre des termes relatifs ; mais cette déconstruction de l'*ousia*,
il revient encore à une catégorie de l'opérer, puisque, quoique l'une des
moindres, le *pros ti* compte au nombre des catégories ; plus, ce dépassement de la première catégorie par la moindre présuppose l'amplification
de celle-ci, dont la polysémie ferait confusion, si elle ne faisait question.

Relation 1	378, 2 « se rapportent à la *Mathesis* ». 381, 18-19 « prises au sens où elles peuvent servir à notre propos ». 418, 9 = 419, 6 « au respect de notre entendement ». 418, 2 « ordonnées à notre connaissance ».	381, 13 « connaître les unes à partir des autres ». 381, 20 « nous les comparons entre elles ».
		Relation 2 entre :
		Absolu (*absolutum*) — Relatif (*respectivum*) = relation 3.

celui de la connaissance » (*op. cit.*, p. 164) ; D. MAHNKE, « On peut conclure que *absolu* et
respectif, ainsi que les exemples cités s'appartiennent l'un et l'autre comme deux moments
d'une relation ou d'une autre » (*op. cit.*, p. 59).

23. *Métaphysique Z*, 17, 1041 a 33 ; b 9 ; Λ, 7, 1072 a 32-34.
24. *Métaphysique N*, 1, 1088 a 22-24 ; b 2.

La relation 3, au sens du *pros ti*, sans porte ni fenêtre sur l'*absolutum* (*ousia*), se trouve elle-même comprise dans la relation 2, qui conjugue absolu et relatif en passant de l'un à l'autre ; mais l'impossibilité catégoriale (relation 3) ne se trouve dépassée que par une dévaluation de la relation 2, non plus ontologiquement prédicative, mais épistémiquement opératoire. Cette modification elle-même tient sa possibilité d'un point de référence précisément inversé : référence à la *Mathesis* (relation 1) par l'ordre (relation 2), sans déférer à une référence aux catégories de l'Etre, puisque celles-ci limitent la relation au *pros ti* (relation 3). Reste à strictement respecter cette polysémie pour en rendre, peut-être, raison.

Les termes *absolutum* et *respectivum* reproduisent la terminologie aristotélicienne ; mais Descartes, définissant l'*absolutum* « tout ce qui contient en soi la nature pure et simple dont il est question » (381, 22-23), reprend, avec quelques écarts à mesurer ensuite, la définition de l'*aplôs legomenon*, comme « ce qu'on dira, sans rien ajouter, être beau ou le contraire [25] ». Remarquons que l'absolu cartésien contient une *natura*, alors que l'*aplôs* se dit sans rien ajouter ; ce qui renvoie celui-ci à la suffisance d'un *tode ti*, et celui-là à une nature qui, déjà, peut parfaitement en déborder la solitude, jusqu'à l'établir en relation avec tout ce qui en relève semblablement. Or, précisément, la définition cartésienne du *respectivum* diffère de l'aristotélicienne — « Sont appelées relatives, les choses dont ce qu'elles sont, est dit être d'autres choses, ou (y être) relatif de quelque manière [26] » —, en ce que la *natura* s'y substitue à l'*einai* : « ce qui participe d'une même nature, ou du moins de quelque chose pris d'elle » (382, 3-4) ; l'exact parallélisme des deux propositions ne doit pas dissimuler la substitution ; plus exactement, celle de « la même nature » ; la même ? La même, bien sûr, que celle contenue dans l'*absolutum* (381, 22-23), comme la suite le confirme parfaitement, « ... par où on peut le rapporter à l'absolu » (382, 4-5). Mais alors, faut-il comprendre qu'une même *natura* se départit selon quelque « participation » aussi bien (« eamdem quidem ») dans le relatif que l'absolu ? et donc que l'absolu émerge aussi bien à la relation, que le relatif lui-même ? Seconde rencontre du même paradoxe qui conduit à cette troisième : les exemples proposés d'*absoluta* correspondent, en une corrélation que leur primauté souligne d'autant, aux exemples donnés de *respectiva* ; mais ces couples (relation 2) ne reproduisent en fait que les exemples du *seul pros ti*. Ainsi, la différence, massivement visible, entre les deux tables paraît immédiatement : la liste aristotélicienne comprend parmi les *pros ti* cela même que Descartes considère comme des *absoluta*. C'est-à-dire, qu'une seconde transgression achève la première. Non seulement les *apla*, comme *ousiai*, ne comptent plus parmi les *absoluta*, mais les termes relatifs prennent possession des *apla* en général, déléguant certains *respectiva* aux lieu et place des *apla*, pour constituer ainsi relativement des *absoluta*. Ou plutôt, l'investissement par les *respectiva* des *absoluta*, en sorte de confisquer ceux-ci au profit de l'omnipuissante relation, présupposait d'abord l'exclusion de l'*ousia*

25. *Topiques, II*, 11, 115 b 29-30.
26. *Catégories* 7, 6 a 36-37.

Absolutum	Respectivum	Métaphysique Δ-15, Catégories 7
Independens 381, 24	Dependens 382, 8	to poietikon pros to pathetikon } 1020 b 30, 1021 a 14 sq.
Causa —	Effectus —	
Simplex —	Compositum —	to pollaplasion pros pollostemorion 1020 b 28.
Universale 381, 25	Particulare —	
Unum —	Multa 382, 9	to pollaplasion pros to hen 1021 a 3 / huperekhon pros huperekhomenon 1020 b 28.
Aequale —	Inequale —	ison, anison 6 b 24 / 1021 a 9 / 1021 b 7 /
Simile —	Dissimile —	to omoion tini omoion legetai 6 b 24 / 1021 a 9-II.
Rectum —	Obliquum —	
et alia hujusmodi, 26	etc.	ta pros ti panta kath' arithmon legetai kai arithmon pathe 1021 a 8.
Numerum —	Duplum 384, 22	diplasion 8 b 5 / os diplasion pros hemisu kai triplasion 1020 b 26.
	etc.	

hors des *absoluta*; plus exactement, exigeait que l'ousia (comme non relativisable et première catégorie, prédicable de la seule *hylè*), ou bien soit simplement exclue, ou bien soit elle-même incluse au nombre des termes corrélatifs. Ces deux mouvements se confondent : disqualifier comme tel l'*aplôs legomenon* au profit de l'universelle relation 2, revient à inclure l'*ousia* dans les termes relatifs, puisqu'en effet l'*ousia* primordialement se dit comme *aplê*, puisqu'en un seul mot seule l'*ousia* garantit l'absoluité, en outrepassant toute relativité. En sorte que l'inclusion de l'*absolutum* dans sa relation 2 à la relation 3 (*respectivum*) appelle la confrontation avec l'*ousia* comme telle.

Auparavant, une autre question s'impose : si les *absoluta* se comprennent et se construisent à partir des *respectiva*, en une inversion de l'*organon* aristotélicien, il faut supposer que les *respectiva* instaurent eux-mêmes une nouvelle manière de relation ; la numérotation (relation 2) ne la distingue du *pros ti* (relation 3) qu'en la désignant encore à penser. *Respectivum* — où bien sûr il faut entendre *spectare* ; sans doute parce qu'un terme respectif respecte et, pour ainsi dire, aspecte tel autre terme, « au respect [27] » duquel il se dit, parce qu'il lui porte, en nous rapportant à lui, un grand respect. Et aussi bien, parce que notre manière d'inspecter (« spectamus », 381, 19-20, « aliter spectata », 382, 20 ; « respiciamus », 382, 26 ; « naturam spectare », 383, 3) et de prendre en considération (« consideratur », 381, 24 ; « sub una quidem consideratione », 382, 19), y reconnaît un plus ou moins grand nombre de relations (*respectus* : « il [sc. le relatif] enveloppe là-dessus quelques autres termes dans son concept, que j'appelle des *respectus* », 382, 6-7). Il faut bien remarquer que :

a) Ces *respectus* ne se trouvent pas d'emblée distincts dans le terme considéré (*respectivum*).

b) Ils viennent s'ajouter (*insuper*) à la *natura* prise en vue, au sens étroit et classique, d'emblée [28].

c) Ces ajouts successifs, qui étayent le réseau de relation selon plus ou moins de *respectus*, soumettent parfaitement et jusque lexicalement, le *respectivum* au *spectare*. La relation 3 se fonde en la relation 2, parce qu'il appartient au regard (relation 1) de comparer les termes en un réseau où relation et absolu (se) composent ensemble, selon le nombre variable des *respectus* qui en composent les rapports. La soumission à l'inspection de l'esprit (*inspectio mentis*) rend, par le nombre des *respectus* ainsi inspectés, variables, suivant le plus et le moins, *absoluta* et *respectiva* (382, 10-11) : ceux-ci acceptent une quantification (382, 20, 21, 23, 25, 26 ; 383, 16, 21 ; 386, 2 ; etc., *magis, minus, maxime*) parce que plus essentiellement ils ne reçoivent leurs situations respectives que de l'ordre, là où « règne le plus l'ordre » (404, 10). Certes dans les *Catégories* aussi « le semblable se dit selon le plus et le moins, et l'inégal se dit selon le plus et le moins, l'un et l'autre étant au nombre des *pros ti* » (6 *b* 20-22) ; mais ici, la quantification laisse parfois certaines

---

27. *Dioptrique*, 187, 31, etc. ; *Météores*, 269, 29, 30 ; 341, 14, 17 ; etc.
28. Voir, pour ce sens de *natura*, saint Thomas, *Somme théologique*, I, q. 28, a 1, c.

relations à l'écart — « le double ne se dit pas plus ou moins double, ni aucun des termes de ce genre » (6 *b* 25-27). Cartésiennement, au contraire, puisque *respectivus* et *respectus* dépendent du regard qui les multiplie, la quantification de la relation devient constitutive, et non constituée régionalement, parce que dérivée. La relation dépend d'une quantité variable de *respectus*, suscitée par le spectacle que le regard se construit lui-même. — La relation 2 atteint donc une double détermination :

a) La transition du relatif (relation 3) à l'absolu dépend du plus ou moins grand nombre de *respectus* — la relation 2 énonce donc un coefficient de relativité non plus discrète, mais continue et homogène, qui reverse l'absolu en relation 3, et inversement.

b) La *relativité* / *relation* 2 dépend de l'omnipuissance de l'*inspectio mentis* rapportant tous les termes au propos épistémique. Le regard ne relève donc que de lui-même pour décider du relatif et de l'absolu.

Tout, dès lors, est acquis, pour permettre de confronter la relation à l'*ousia*, et, à la fin, d'en finir avec l'ordre et son écart hors de l'ordre.

§ 14. LA SUBVERSION DE L'ORDRE : L' « OUSIA » RELATIVISÉE

La quantification de l'absolu et du relatif, parce qu'elle suppose déjà leur comparaison (quantitative), les engage irrémédiablement en une relation 2. Plus, parce qu'elle ignore tout absolu parcouru exhaustivement, parce que aussi bien son infini la consigne dans l'indéfini sans *orismos*, la quantité ignore tout de l'absolu auquel pourtant elle préside. Ces remarques permettent de lire le texte (382, 17-21), qui expose et opère l'inversion de l'ordre. Premièrement, « parmi tous les termes » (382, 18), en tous ceux que la relation 2 compose ensemble, l'absolu se trouve quantifié comme « le plus absolu » (382, 18). Deuxièmement, sa désignation ne dépend d'aucun autre terme pris comme tel, mais de la seule prise en vue (*spectare*) qui, « sous une certaine considération » (382, 19), attribue à tel la primauté, ou inversement ; la prise en vue désigne donc l'absolu, aussi bien comme relatif 3, par quantification ambivalente, ainsi que le souligne à l'envi le jeu des mots : « mais s'ils sont pris en vue différemment (*aliter spectata*), ils sont plus relatifs (*magis respectiva*) » (382, 20-21). L'absolu dépend de la considération dont il est l'objet ; le relatif, du respect qui l'inspecte ; tous deux, du seul regard (*intuitus*). Pourquoi l'*artis secretum* ne se trouve-t-il atteint qu'ici ? Parce que ici seulement se déclare comme telle l'exclusion de la *physis*. Il paraît judicieux de rapprocher le couple *absolutum* (selon notre considération) / *absolutum* (selon une autre considération) de cet autre, aristotélicien, du « plus connu selon la nature / plus connu pour nous » ; rapprochement d'autant mieux justifié qu'on soulignera plus la différence des couples ; car si, en termes aristotéliciens aussi, « les choses les plus connues pour nous ne sont pas les mêmes que les choses les plus connues absolument, *aplos* [29] », l'absolu physique ne s'offrant jamais au point de départ, la connaissance pourtant se met en route (*hodos*, *ibid.*, 184 *a* 16) pour

---

29. *Physique I*, 1, 184 a 18. Voir *An. Post.*, *I*, 2, 71 b 33 - 72 a 2.

(s'af-)franchir (de) cet écart ; en sorte que l'identité terminale des deux évidences, abolit l'irréductibilité de la première ; toute l'affaire du savoir sera donc, « à partir de ce qui est le plus connu, (de rendre) les termes les plus connus selon la *physis* plus connus aussi pour soi [30] ». Quand même son abord paraît, ou reste d'emblée impossible, l'*aplos* demeure le terme, qui justifie toute démarche, parce qu'il la dirige, en couvrant même de son autorité le début « pour nous ». En langage cartésien, au contraire, loin qu'il préside à son absence provisoire, l'*absolutum* se comprend définitivement comme relatif (relation 2) au *respectivum*. Avant la moindre inversion explicite des primautés, tout est déjà joué, puisque l'*absolutum*, comme il n'a rien à voir à, ni ne voit rien de la *physis*, se situe dans l'orbe du « plus évident pour nous, *émin saphesteron* ». Au lieu que, dans un cas, le savoir relatif à nous (relation 1) marche toujours déjà vers un savoir absolument conformé à la *physis*, dans l'autre, l'*absolutum*, toujours déjà en relation 2 au relatif (relation 3), se rapporte, étranger à l'*ousia*, uniquement à l'évidence pour nous (relation 1). — Faut-il conclure que l'*artis secretum* vise à subvertir la *physis* ? Pour éviter de ravaler cette rencontre à quelque triviale opposition, de l'art et de la nature par exemple, attendons confirmation du texte même.

L'inversion d'*absolutum* et *respectivum* se trouve explicitée en deux exemples, qui livrent, en fait, beaucoup plus, puisqu'ils énoncent, négativement (382, 21-28), puis positivement (382, 28 - 383, 1), deux des fondements de l'épistémologie cartésienne. — Négativement, en ce que rien ne peut esquiver l'inversion de l'ordre ; de même que l'*ousia* première s'est trouvée précédemment (§ 13) incluse dans la relation 2, de même les *ousiai* secondes. Considérant les rapports de l'universel au particulier, Descartes n'entend pas restituer sa primauté à la *natura solitaria* (381, 19), mais réduire le *katholou* à la relation ; il affronte ainsi la thèse qu'« aucune *ousia* n'est au nombre des termes relatifs [31] ». Comment Aristote l'établissait-il ? La difficulté découle toute de la définition de l'*ousia* seconde, qui « se dit selon un (sc. autre) sujet (sc. qu'elle même) [32] » comme homme ne se dit jamais que selon *un* homme, tel et unique ; au contraire, l'*ousia* première se dit selon elle-même, et n'a recours qu'à soi pour se dire. D'où la difficulté : comme d'ailleurs la relation se définit « être dit être d'autres choses [33] », il paraîtrait que l'*ousia* seconde relève des termes relatifs ; et ceci, au sens où « la tête est dite tête de quelqu'un, la main, main de quelqu'un, et chacun des termes de cette sorte [34] ». Mais, même dans ces cas très particuliers, l'aporie ne provient que d'une insuffisante définition de la relation, pensée seulement comme « être *dit* d'autres choses » (8 *a* 35) ; car il s'agit de voir plus profondément

---

30. *Métaphysique Z*, 3, 1029 b 7-8. Voir *metabeinein* b 1, 12 ; *epelthein*, *De l'Ame*, II, 2, 413 a 13 ; *proienai*, *Physique*, I, 1, 184 a 24.

31. *Catégories*, 7, 8 a 13 ; b 21.

32. *Catégories*, 5, 3 a 10.

33. *Catégories*, 7, 6 a 36-37 : « Sont dites relatives ces choses, dont ce qu'elles sont est dit être d'autres choses, ou se rapporter de quelque façon à autres choses ».

34. *Ibid.*, 8 a 27-28. Il faut noter que le problème ne se pose même pas pour la plupart des *ousiai* secondes ; *homme* ne se dit pas de tel homme, etc. ; l'aporie n'intervient que s'il s'agit d'un rapport de tout à partie, cas limite.

la relation à partir de l'être, pour définir les termes relatifs « ceux pour
lesquels tout l'être revient à se comporter d'une certaine manière relativement à autre chose[35] ». Dès lors, s'il s'agit de l'être, et non de la
prédication, les *ousiai* secondes échappent aux relatifs : si elles se
disent bien selon d'autres termes, elles gardent encore le caractère fondamental, parce que fondateur, de toute *ousia* : n'être en aucun autre
sujet que soi-même ; en sorte que, si bien sûr « *homme* se *dit* selon
un sujet, comme tel homme, il n'*est* cependant point en un tel sujet, —
car *homme* ne se trouve pas *être* dans tel homme particulier ; et pareillement le *vivant* se *dit* selon un sujet (sc. autre que lui), sans qu'il se
trouve *être* dans tel homme particulier[36] » ; le sujet d'inhérence de
toute *ousia* seconde demeure elle-même, au sens du moins où nul sujet
particulier ne la contient comme telle ; en sorte qu'elle n'entretient aucune
relation constitutive avec quelque terme que ce soit. La résolution de
l'aporie dépend donc uniquement de la distinction entre « se *dire*
selon / se *dire* de » d'une part, et « *être* dans un sujet » d'autre part. —
Que devient cette distinction dans le texte cartésien ? Elle se trouve
littéralement reprise, puisqu'en un sens il faut reconnaître l'universel
comme terme absolu « parce qu'il a une nature simple » (382, 22), ce
qui renvoie, pour faire simple, à la détermination selon l'être[37] ; la
natura repose en elle-même ; néanmoins, en un autre sens, « on peut le
dire aussi plus relatif » (382, 23-24), ce qui renvoie à la définition insuffisante et première (par *legesthai*) des termes relatifs. Si les deux définitions aristotéliciennes trouvent ici un écho exact, c'est aussi pour abolir,
par leur équivalence même, la distinction qui justifiait leur dédoublement ; cette mise en équivalence suppose donc que, dans les *ousiai*
secondes, l'auto-inhérence (*en eautô*) disparaisse, pour s'aligner sur la
prédication (*kath'*) nécessairement relative (*kata tinos*) : toute *ousia*
seconde se réduit donc à une relation prédicative, et seulement ; l'*einai*
n'en sera donc plus qu'un *être de raison*. Si pourtant on veut lui reconnaître l'être sous quelque autre acception, il n'est que de le renvoyer
à l'existence univoque et insignifiante — « il dépend des individus pour
exister » (382, 24) ; et cette relation à l'existence ne relativise l'*absolutum*
que, parce que, d'abord, la mise en équivalence des deux définitions du
relatif déniait aussitôt à l'*ousia* seconde toute auto-inhérence[38] ; donc
parce que l'*ousia* se trouvait déjà réinterprétée dans la relation 2, conformément à la relation 1. — Ainsi l'*ousia*, dans toutes ses significations,
se dissout-elle dans le réseau relatif.

Positivement, ce qui ne se donne que comme second exemple (382,
28 - 383, 1) rétablit, au lieu de l'*ousia* qui ne peut que s'exclure du jeu

35. *Catégories*, 8 a 32.
36. *Catégories*, 5, 3 a 10-15.
37. Mais la substitution de *natura* à *physis* permet déjà toute l'ambiguïté (voir § 14).
38. En soulignant la réversibilité de la relation entre genre (*universale*) et *species*
(dernières), 382, 25-28 cite implicitement *Catégories* 5, 3 a 37-39 : « ... des *ousiai secondes*,
l'espèce est prédiquée de l'individu dernier, et le genre l'est de l'espèce comme de l'individu
dernier » ; mais le texte aristotélicien ne parle d'aucune réversibilité, parce qu'il présuppose ce que toute la *Règle VI* récuse : qu'« à partir de l'*ousia* première, il n'y a aucune
prédication possible » (3 a 36-37).

relatif, quelques concepts exactement appropriés à lui ; ou mieux, annonce leur élaboration, rendue explicite ensuite seulement (*Règle XIV*) ; les grandeurs mesurables peuvent admettre comme terme absolu l'étendue, et parmi les grandeurs étendues la longueur peut se prendre comme terme absolu. C'est-à-dire, toute question « doit être transportée dans l'étendue réelle », « si elles ont un fondement réel dans les sujets eux-mêmes, [ou] si le choix de notre esprit les a forgées à force de pensée » (438, 9), parce que l'étendue devient terme absolu, auquel une comparaison [39] réfère les données mesurables — établissement d'une relation 2 ; d'où l'insistance sur un tel transfert : « si nous transportons ce que nous entendons pouvoir être dit des grandeurs en général, à cette espèce de grandeur, qui sera la plus facilement et la plus distinctement de toutes dépeinte dans notre imagination » (441, 5-8), « transporter dans l'étendue réelle » (438, 9), « ... être transporté à l'extension et aux figures » (441, 26-27) ; le transfert, qui met seul en relation 2, va jusqu'à se donner comme *analogie* (441, 20) [40]. Mais un tel déplacement des mesurables ne se peut concevoir que si, au transfert, se prêtent des concepts déjà consentants, c'est-à-dire dépourvus de toute prétention à l'auto-suffisance (inhérence) de l'*ousia* ; car le transfert, et la comparaison qu'il rend seul possible, exclut bien sûr la reconnaissance « de quelque nouveau genre d'être » (438, 14-15), pour établir seulement la relation 2 : « ... jusqu'à ce que nous apercevions que ·la chose recherchée participe en une façon ou une autre à la nature de celles qui sont données dans la proposition » (438, 16-18).

Les grandeurs doivent se comprendre sans aucune autre « nature », que la *natura* qu'elles partagent avec d'autres, et qui les ramène toutes à l'étendue, laquelle se transfère aussi bien en « longueur ». Toutes réductions, qui supposent que rien, des termes à réduire, n'y peut opposer d'*ousia* irréductible. C'est précisément ce que pose la théorie des *dimensiones* ; celles-ci, dont la « longueur » (382, 29 = 447, 26), prennent en considération l'objet selon qu'il se peut mesurer, et en cela seulement ; sera « dimension » tout paramètre possible, qu'il soit, *ou non*, effectivement étendu (ainsi la gravité, la vitesse aussi bien que la longueur, largeur, profondeur) ; inversement, cette « dimension » restera toujours un paramètre parfaitement abstrait, ou peut-être modèle, construit dans l'étendue imaginée, de variables en soi inétendues, et d'ailleurs aussi bien inconnues que connues (§ 15). En sorte que les *dimensiones* ne se conforment à la relation 2 qui les définit comme relatifs 3, qu'en ce qu'elles restent indifférentes à tout « fundamentum reale » (448, 14, 22 ; voir 449, 11, 13) ; c'est-à-dire que l'imbrication relative des « dimensions » ne considère pas « ... si elles ont un fondement réel dans les choses, ou si le choix de notre esprit les a forgées à force de pensée » (448, 14-15), parce qu'elle établit au fondement l'équivalence de ce que la chose assure d'elle-même et de ce que la *cogitatio* en peut tirer pour son propre compte. — Dès lors, les deux exemples donnés d'une inversion des relations 2 se succèdent bien plus rigoureusement qu'en une simple

39. *Comparatio*, 439, 17, 20, 22 ; 440, 4, 10 ; etc.
40. *Ibid.*, 439, 16.

énumération : le premier prouve définitivement que l'*ousia*, selon aucune acception, ne se soustrait à la relation 2, qui pourra donc toujours la considérer comme relative 3, ou, ce qui revient au même pour la relation 2, comme un *absolutum*. — Deuxièmement, cette déconstruction de l'*ousia* rend possible, ou plutôt nécessaire, la construction de termes parfaitement conformés à la relation 2 ; qui donc ne comportent nulle autre « nature » (au sens où *physis* équivaut à *ousia*)[41], que la *natura* relativement participée ; d'où les « dimensions » qui ne gardent de la chose et de l'étendue que ce qui les réduit et se réduit exhaustivement à la relation 2 (équivalence de *esse* et *dici*, du *fundamentum reale* et de l'*excogitatum*). Déconstruction, construction : la méditation cartésienne du dés-ordre appuie la relation 3 sur la mise en relation 2 toujours possible, laquelle prouve inversement son omnipotence en reprenant comme relative 3 toute *ousia*, rien ne limite, maintenant subvertie et relativisée l'*ousia*, l'extension de la relation 2.

Et pourtant, le « secret de l'art » se dissimule encore. S'il se résume en l'inversion toujours possible de la relation 3 par recours à la relation 2, comment comprendre que Descartes en reprenne avec obstination la méditation — « pour faire mieux comprendre » (383, 1) ? Parce qu'une question naît de l'acquis même, et du premier succès : si ne se trouve nul terme, que la relation 2 ne puisse réduire à la relation 3, quel terme sera donc jamais un *absolutum*, si ce concept vaut encore ? La relativisation par « dimensions » des *ousiai* semble tangentiellement disqualifier l'intelligibilité même d'un *absolutum* irréductible. La suite (382, 1-10) livre une manière de réponse en deux thèses. — Et d'abord la réversibilité de la relation 2 ne joue pas toujours au bénéfice de la relation 3 ; elle peut instituer, au contraire, des *absoluta* là même où les « Philosophes » (383, 5) ne voient que des corrélats réciproquement relatifs ; avant même de demander si des *absoluta*, qui dépendent toujours de la relation 2, méritent encore leur dénomination, on notera que Descartes en cite deux, la cause, l'égalité de l'égal. — Premièrement, la cause qui relevait explicitement, pour Aristote, des *pros ti*[42], puisque l'actif ne se dit que pour et par le passif, et réciproquement ; pourquoi donc privilégier la cause ? Parce que la cause, loin de s'inscrire dans le complexe réquisit des « causes » multiples qui président, sans l'obliger, à l'advenue de la chose, se donne déjà comme « premier et principal moyen, pour ne pas dire unique, que nous ayons pour prouver l'existence de Dieu » ; parce que plus radicalement, « aucune chose n'existe, dont on ne puisse demander, quelle est la cause pour laquelle elle existe[43] ». La primauté de la cause va de pair avec l'institution comme principe de la raison suffisante, qu'il faut rendre, et à laquelle toute chose doit bien se rendre, à la fin[44] ; le principe de raison suffisante exhausse ici la

41. *Métaphysique* Δ, 4, 1014 b 36.

42. *Métaphysique* Δ, 15, 1021 a 14-25. *Prius* en 383, 7 = 1021 a 21 *édé.*

43. Respectivement, *Quartae Responsiones*, AT VII, 238, 11-13, et *Secundae Responsiones*, 164, 28-29.

44. Au sens où « quaecumque deinde affers pro causa finali, ad efficientem referenda sunt », *Quintae Objectiones*, AT VII, 374, 20-21.

cause au-dessus de sa corrélation avec l'effet pour l'instaurer en absolu méthodique, point aveugle qui échappe à toute reprise corrélative, parce qu'il rend possible toute relation 2. Mais ce nouvel *absolutum* ne se fonde sur aucune *ousia*, et ne consiste qu'en un moment méthodique du savoir — « il convient de connaître d'abord la cause » (337, 7) —, en vue du seul savoir — « si nous cherchons quel est l'effet » (383, 6-7) ; que signifie un absolu purement épistémique ? — Deuxièmement, par définition, « des termes égaux se correspondent mutuellement » (383, 8) ; mais cette relation 3 d'égal à égal détermine aussi une autre relation 3, par écarts mesurés, d'inégalité, pourvu qu'une relation 2 les mette « par comparaison » (383, 9-10) réciproquement en rapport. Il s'agit rien moins que de la théorie de l'équation, comme mise en relation 2 de termes connus ou inconnus (donc inégaux) en supposant d'abord leur égalité, à partir de laquelle ils pourront définir leurs valeurs respectives (§ 15). Au lieu qu'Aristote remarque que tous les termes respectifs énumérés plus haut (381, 21 - 382, 9), sauf la relation causale, « se disent selon le nombre et les affections du nombre, comme aussi l'égal, le semblable, le même, quoique d'une autre manière [45] ». Descartes retient seulement que l'équation permet de connaître l'inégalité par réduction à l'égalité. Ici encore, donc, l'absolu retenu ne se fonde sur aucune *ousia*, mais, infondé, fonde à son tour une connaissance — « nous ne connaissons que... » (383, 9) ; plus, cet *absolutum* reste un relatif 3, que la relation 2 dégage pour y réduire toutes les inégalités, elles-mêmes relations 3. — Ainsi, alors qu'auparavant la relation 2 ne jouait de l'équivalence entre l'*absolutum* et le relatif 3 que pour disqualifier l'*ousia*, et y substituer des termes parfaitement relatifs (dimensions), ici, inversement, la relation 2 entreprend d'absolutiser de simples relations entre termes corrélatifs (relation 3), comme sont la cause et l'égalité. Il ne s'agit aucunement d'une restauration, mais d'une substitution ; car les termes relativisés renvoyaient à l'*ousia*, tandis que les relatifs ne sont absolutisés que parce qu'ils émergent à la méthode, et ignorent l'*ousia*. La méthode ne rétablit des *absoluta*, qu'en les fondant sur elle-même. Mais alors, quel principe préside au choix des *absoluta* ?

D'où la seconde thèse du même texte. Deux conditions fondent « le secret de l'art ». — Premièrement que toute relation 2 se peut inverser « à discrétion » [46] selon l'industrie artificieuse. — Deuxièmement, que toute relation 2 ne renverse les relatifs 3, que par une certaine décision qui choisit d'autres *absoluta*. D'où il vient que les deux préalables se confondent en un seul : la relation 2 ne relativise l'*ousia* que pour lui substituer, comme *absoluta*, les conditions de possibilité de la connaissance même (cause, égalité) ; le seul *absolutum* admissible serait donc l'institution de la pensée, constituant tout objet du savoir selon les conditions de la connaissance ; si plus absolue que le contenu devient la connaissance même, nous retrouvons ici la relation 1, rencontrée sans commentaire plus haut (§ 13). — Cette seconde, mais primordiale, thèse rencontre encore de front la pensée aristotélicienne. En effet, la corrélation des relatifs (*correlativa*, 383, 6 = *ta pros ti antistrephonta*, *Catégories*, 6 *b* 28) n'implique pas tou-

---

45. *Métaphysique* Δ, 15, 1021 a 8-9.
46. *Géométrie II*, 394, 2, etc.

jours leur simultanéité (*ama te physei*, 7 *b* 15); celle-ci suppose qu'un terme donné, l'autre le soit aussi, et inversement; dans certains cas, elle se trouve satisfaite : là où la relation porte bien sur l'*einai* des termes considérés, et non sur leur énoncé seulement; mais, dans d'autres, la réversion de la relation apparaît illégitime, parce que l'un des relatifs n'engage, si l'on peut dire, pas toute son *ousia* dans la relation 3, laquelle ne se peut donc énoncer inversement. Or, comme déjà Descartes assimile les deux définitions du relatif, toute utilisation aristotélicienne se trouve disqualifiée, dans une reprise cartésienne ignorant l'écart des deux formulations. Seul l'écart entre les deux sens du relatif permet de comprendre qu'entre le connu et la connaissance la relation reste irréversible, au sens où « dans la plupart des cas nous acquérons les connaissances des choses qui sont déjà là ; car trouver une connaissance qui arrive en même temps que son objet, voilà ce qu'on ne peut que pour un tout petit nombre, voire aucune (sc. d'entre elles). D'ailleurs ôté le connaissable, la connaissance est ôtée avec, mais la connaissance n'ôte pas avec elle le connaissable ; sans rien à connaître, qui soit, la connaissance n'est pas, — car elle ne sera connaissance de rien du tout —, mais la connaissance n'étant pas, rien n'empêche le connaissable d'être [47]. » Comme il s'agit de penser la science selon l'être, celle-ci, relative, selon l'*einai*, à ce qu'elle connaît, ne précède point ce qui, tout en se disant comme relatif, demeure, selon l'*ousia*, irréversible, quelque chose *tode ti*. Au contraire, l'identification cartésienne des sens du *pros ti* permet de dire : si la science et l'objet se *disent* en relation, cette *même* relation, comme elle épuise leur être, se peut donc inverser absolument ; à discrétion, la relation connaissant/connu, pourra se lire à partir de l'un ou l'autre terme, donc à partir du connaissant : là où le connu précédait le connaissant — *proteron* (7 *b* 24, 36 ; 8 *a* 11) —, Descartes inverse le *premièrement / prius* (383, 7 ; 360, 24). Il ne s'agit plus ici d'une nouvelle inversion (relation 2) de relatifs 3 ; car définir le connu lui-même, non plus par le spectacle de « la nature de chacune d'elles » (383, 2-3), mais selon les *prius* et privautés que se permet la connaissance méthodique, signifie au fond : plus essentielle aux choses que leur propre vérité paraît la méthode qui les nécessite à se donner à connaître [48] ; ou encore, la première connaissance d'une chose la rapporte au connaissant ; c'est-à-dire que, comme rien ne précède la relation 1 à l'*ego* connaissant, rien ne se trouve, en fait de *tode ti / ousia*, qui ne soit déjà compris à l'intérieur de la méthode, et donc à l'extérieur de son propre jeu intime. Ce qui, faute de mieux, avait été numéroté relation 1, trouve ici une meilleure détermination : le « secret de tout l'art » n'inverserait aucune relation 3, s'il ne tissait un réseau compréhensif de relations 2 entre tous les termes possibles ; mais ce réseau lui-même ne se tisse mécaniquement (404, 10-13) que parce que l'universelle référence (relation 1) à la *Mathesis Universalis*, donc à l'*ego*, constitue le monde [49] ; en sorte que

47. *Catégories*, 7, 7 b 24-31.
48. Le titre de la *Règle IV* ne trouve, en un sens, son lieu qu'ici même, et le commentaire qu'en donne M. Heidegger (*Nietzsche, II*, Pfullingen, 1961, S. 170-171 = trad. fr. Paris, 1971, t. II, p. 132).
49. Ce qui valide, en grande partie, la lecture des *Regulae* à la lumière rétrospective de la pensée kantienne. Voir, malgré quelque tendance à une reprise trop dogmatiquement conforme aux *thèses* kantiennes, l'étude de W. Röd, *Descartes' Erste Philosophie...* passim.

« ce n'est pas une tâche immense, de vouloir embrasser par la réflexion toutes les choses contenues dans notre univers, afin de reconnaître en quelle façon chacune d'elles est sujette à l'examen qu'en fait notre esprit » (398, 14-17). Telle sujétion de l'univers à la *cogitatio* met tout étant en primordiale relation 1 à l'*ego* qui peut donc les organiser ensuite « par un biais mis à dessein » (*de industria*, 383, 3) en *absoluta* ou/et *respectiva* (relation 3), par usage de relations 2. — Seul échappe à la relation multiple qu'il instaure, l'*ego* ; aussi, ce qui se dit « le plus seigneurialement, premièrement et le plus », ce qui est recherché « jadis, maintenant et toujours [50] » ne sera-t-il plus l'*ousia*, mais l'*ego*. Et l'*ego* ne deviendra l'incontestable de la métaphysique qu'en restant d'abord l'unique référence fondatrice de l'épistémologie de la relation (voir § 3) [51].

Ce déplacement du point aveugle, ou de référence, permet d'aborder, à la fin, la question de l'ontologie cartésienne. Quel discours sur l'Etre de l'étant tient le discours qui récuse l'*on* comme fondement ? A défaut d'une réponse, une indication nous vient de l'étrange ambivalence du terme *natura* : il désigne parfois la *physis* de la chose, prise en vue comme telle (383, 3 ; 381, 19 ; 385, 10 ?), auquel cas une négation l'affecte, qui en suggère l'impossibilité, l'inutilité ou le danger, disqualifiant l'essence solitaire de la chose. Inversement — et ce sens va l'emporter dans la suite des *Regulae* — la *natura* désigne aussi ce qui, de la chose, se donne parfaitement à connaître, soit comme la constituant immédiatement (383, 11), soit indirectement au prix d'une participation (381, 22 ; 382, 3, 22, etc.) [52] ; les « natures simples » ne relèvent donc aucunement de la « nature », au sens des « étants naturels, *physei onta* », puisqu'elles se définissent par leur opposition à la « nature de chacune » des choses, et donc au *genus entis* : leur seule assise reste l'évidence qu'elles présentent au regard. *Nature* doit

---

50. Respectivement *Catégories*, 5, 2 a 11-12, et *Métaphysique Z*, 1, 1028 b 2.

51. L'habitude, depuis *Le Nouvel Esprit Scientifique* (Paris, 1934, 11ᵉ éd., 1971) de G. BACHE-LARD, de parler d'« épistémologie non-cartésienne », se justifie peut-être, pour sa commodité, dans les questions d'épistémologie contemporaine ; il ne nous appartient pas d'en décider. Remarquons seulement que, quant à Descartes, elle constitue un parfait contresens qui, négativement, définit remarquablement certaines thèses de l'épistémologie des *Regulae*. Dire que, ainsi, « de même que l'idée claire et distincte est (chez Descartes) totalement dégagée du doute, de même la nature de l'objet simple est totalement séparée des relations avec d'autres objets » (p. 146), se trouve contredit mot à mot par 381, 17-21 et toute la *Règle VI*. Et encore, ce que l'auteur pense y opposer définit-il exactement la pensée de Descartes : « Les notions de base doivent être saisies dans leurs relations, exactement de la même manière que les objets mathématiques doivent recevoir leur définition réelle dans leur liaison par un postulat » (p. 142-143). En un mot, la déclaration que « loin que ce soit l'être qui illumine la relation, c'est la relation qui illumine l'être » (p. 148), non seulement ne critique en rien les *Regulae*, voire en formule la visée ultime, mais n'aurait même jamais pu se penser si Descartes n'avait médité la relation (en ses trois sens) face à l'*ousia*. Ce que, bien sûr, l'auteur considérait comme question de philosophe, c'est-à-dire de mots — comme si les mots, ici, ne laissaient pas affleurer l'essentiel. — Ce qu'on entend habituellement par « épistémologie non-cartésienne » provient peut-être fondamentalement du débat que les *Regulae* mènent avec la pensée d'Aristote.

52. Ce sens de *participare* (+ complément direct) se retrouve en 438, 17 ; 440, 12 ; 449, 27 ; etc., pour introduire toujours *natura* (m). Il faut soigneusement le distinguer de l'autre acception (+ complément indirect), comme en 419, 17, qui renvoie à *DM*, 35, 1 et 38, 28. L'emploi premier appartient à la constellation des concepts épistémologiques, le second, des concepts théologiques, — ce qui n'est pas sans rapport avec la polysémie de *capax/capable*. Voir J.-L. MARION, « De la divinisation à la domination. Sur la sémantique de *capable/capax* chez Descartes », in *Revue philosophique de Louvain*, 1975, n° 2, p. 263-293.

donc se comprendre non plus à partir de la *physis*, mais de l'évidence, qu'elle qualifie souvent : « un ordre naturel entre elles, lequel est régulier et déterminé », « établissant un ordre entre toutes les pensées qui peuvent entrer dans l'esprit humain, de même qu'il y en a un naturellement établi entre les nombres » [53] ; la *nature* se définit par la possibilité d'une pensée aisée : « leur nature est bien plus aisée à concevoir... », « je ne concevais pas d'autre nature que... », etc. [54]. Quant à la *Nature*, il n'est possible de l'invoquer, qu'à condition d'en ôter ce qui se dérobe à l'évidence, et donc toute « puissance imaginaire » [55]. La contradiction des natures révèle parfaitement comment l'ordre et la disposition rompent (avec) le *kosmos* et la *taxis* [56].

Si ontologie cartésienne il y a, avant l'éclat des *Méditations*, elle se laisse pressentir en ce déportement vers l'*ego* des choses extasiées hors de l'*ousia*, réciproquement relatives parce qu'universellement rapportées à ce même *ego* ; lequel ne reconnaît d'être aux choses, que l'existence qu'il impartit aux objets construits du savoir (voir § 31). La subversion de l'*ousia* ne constitue pas moins l'instauration d'un nouvel horizon pour l'Etre des étants, que la catastrophe terminale, où s'abolirait le souci de l'Etre. En effet, l'Etre admet — suscite — une histoire, en ce que les détours et détournements, qui paraissent en étouffer la question et la quête, s'inscrivent d'autant plus, pour en définir les dimensions insondées, en lui. Ainsi Descartes n'atteint à sa situation la plus décisive dans la question de l'Etre, et à la rigueur la plus exacte de son dialogue avec Aristote, qu'au moment précis où il critique celui-ci, et met celle-là entre parenthèses. Dans cette rencontre à demi-impensée, Descartes devient — et là seulement —, philosophe.

§ 15. L'ÉQUATION COMME PRATIQUE DE L'ABSOLU SÉRIEL

Reste, en rendant compte des second et troisième développements du texte, à montrer comment se met, de fait, en œuvre le savoir, dont vient de s'esquisser la théorie. Ce qu'opèrent deux concepts : la *series* et l'équation.

Le développement qui introduit explicitement la *series* (« Notandum 2... », 383, 11 - 384, 8) ne la suscite qu'en récapitulant d'abord l'acquis, ne l'introduisant donc qu'en troisième rang. Ceci après, premièrement, les « natures pures et simples » (383, 11-17) que seul l'*intuitus* peut directement appréhender, soit dans l'expérience sensible, soit dans la lumière connaturelle à l'esprit ; en ce sens, l'*intuitus* assume ici l'office que déjà lui impartissait la *Règle III*, savoir, l'appréhension des termes pris pour principes de tous les autres : ainsi, les *principia* (370, 14). Deuxièmement (383, 17-23), interviennent les termes déduits, au sens où la *Règle III* les entendait (369, 23-26) ; avec cette différence considérable que maintenant la déduction se mesure, pour ainsi dire, au nombre des relations qui

---

53. *A Mersenne*, 10 mai 1632, et 20 novembre 1629, respectivement AT I, 250, 23-25 et 80, 24-27.
54. Respectivement *DM*, 45, 20, et 46, 9.
55. *Le Monde*, *VII*, AT XI, 37, 2.
56. *Métaphysique A*, 3, 984 b 16.

constituent les termes relatifs comme tels : « pour reconnaître si elles (sc. les conclusions) sont éloignées par plus ou moins de degrés de la première et plus simple proposition » (383, 21-23) ; ou encore, « ces termes s'éloignent d'autant plus des absolus, qu'ils contiennent plus de relations subordonnées les unes aux autres entre elles » (382, 9-12). Les termes relatifs 3 de la *Règle VI* correspondent, en les précisant, aux termes déduits, selon la *Règle III* ; en ce sens, la déduction n'est assurée que par le report des termes déduits, comme relatifs 3, à leur(s) absolu(s). Dès lors, pour poursuivre le parallélisme, il faut supposer un correspondant, dans la *Règle VI*, à cette sorte de déduction qui, dans la *Règle III*, s'opère « selon la manière différente de les considérer, ... tantôt par regard, tantôt par déduction » (370, 11-13)[57] ; quels termes peuvent-ils donc se dire, dans le registre de l'absolu / relatif 3, tantôt comme déduits, tantôt comme immédiats, selon seulement la différence de considération ? Nuls autres, bien sûr, que ceux que la *consideratio* (382, 19) prend en vue tantôt comme relatifs 3, tantôt comme absolus ; considération qui, par la référence à une relation 2, ne voit les termes qu'en tant que « les uns peuvent être connus à partir des autres » (381, 13 = 369, 20-22), en sorte que le mouvement du regard ne se laisse jamais déborder par la longueur de la déduction. La possibilité de maintenir la déduction des relatifs 3 dans la constante reprise des absolus définit exactement la *series* (383, 23 - 384, 8) ; laquelle permet la déduction, qui la déploie hors d'elle-même (« ... dans chaque série de choses, où nous avons directement déduit les unes des autres quelques vérités » (381, 3-4)[58], parce qu'elle donne d'abord à voir évidemment le fondement de cette déduction : la liaison (*nexus*, 382, 13), ou enchaînement des termes (*contextus*, 383, 24), lui-même tissé des relations 3 aux absolus, c'est-à-dire tissé sur la trame de relations ; en sorte que les « séries des choses à connaître », 383, 2 ; voir 383, 24-25) se comprennent d'abord comme disposition en l'ordre (381, 10 = *naturalis ordo* en 382, 13-14), qui rend possible la *series* en la précédant : ainsi, l'ordre ne peut réduire à tout instant aux absolus la déduction des relatifs 3 qu'en opérant d'abord leur réduction aux absolus, « ... ces séries de choses à rechercher, auxquelles il faut réduire toute question, pour pouvoir l'examiner avec la certitude de la méthode » (383, 24-26). La réduction permet le retour fondateur à l'intelligibilité, et donc aux natures simples qui, comme absolues, commencent et commandent à l'évidence. La *series* apparaît donc comme la relation 2 mise en œuvre, qui déduit les relatifs 3 en les réduisant aux absolus. D'où une double conclusion : que l'extension de la *series* au fur et à mesure des relations 3 mobilise, exactement comme la déduction un peu longue, la mémoire (384, 2 = 370, 4, 8), mais aussi la perspicacité de l'esprit (384, 2-3 = 369, 26 ; 370, 2). Et surtout, que la *series*, comme présence de la dé/réduction à elle-même constitue, face à toute nature déjà disqualifiée comme absolue (383, 3), l'absolu lui-même ; en effet, les absolus qu'elle comprend lui restent encore relatifs (relations 3), et ne tiennent leur absoluité qu'à condition d'une disposition de l'ordre institué ; plus, l'intelligibilité de

57. Et plus généralement, 369, 22 - 370, 9 ; cet intermédiaire entre saisie immédiate du regard et parcours déductif occupe toute la *Règle XI*.
58. De même, « per quamdam series ab absoluto deduci » (382, 5-6).

ces absolus parfaitement relatifs leur vient encore de la *series* qui, seule, assure donc le rôle d'un absolu, en tant que réduction de référence. Ce qui se substitue à l'*ousia*, paraît être aussi moins la relation 3 (à laquelle l'*ousia* se réduit), que la *series* même (qui opère cette réduction).

La *series*, au sens où toute rationalité revient à « comprendre la série et la liaison (*seriem et nexum*) entre les raisons » (AT, VII, 2, 29), se définit encore par la situation qu'elle aurait tenue dans le champ qu'elle quitte : elle fait écho en effet à la *sustoikhia* aristotélicienne, dont elle retient trois caractéristiques :

a) La *sustoikhia* apparaît parfaitement intelligible, « l'autre *sustoikhia* est par soi intelligible [59] », comme la « série de choses à connaître » ; ou du moins, si la *sustoikhia* ne se donne pas toujours en pleine intelligibilité, il n'est pas impossible qu'elle le fasse.

b) Elle peut comprendre dans le tissu de ses relations des termes contraires, du moins non génériquement, mais selon l'espèce ou la catégorie [60] ; ou même réunir des termes semblables seulement par analogie, au sens où « c'est à la *sustoikhia* du Beau qu'appartiennent l'impair, le rectiligne, l'égal et les puissances de certains nombres [61] » ; et c'est cette possibilité d'une séquence fort lâche selon les déterminations ontologiques, qui devient dans la *series* principe de vérité, parce qu'appliquant le « secret de tout l'art ».

c) Enfin, comme intelligibilité sans stricte assise dans l'essence des choses, la *sustoikhia* risque de se développer aussi bien au service qu'aux dépens du *ti esti* ; ainsi peut-elle atteindre aussi bien au syllogistique [62], que le manquer si, par oubli, erreur ou souci de seule commodité, elle intervertit [63] l'ordre des termes, de AB, BC, AC, en AB, AC, BC (?) : auquel cas il n'y a plus syllogisme fondé sur l'essence, mais seulement *sustoikhia*. Seule différence entre *series* et *sustoikhia* : ce qui définit aristotélicienne-ment les écarts de la seconde comme un retrait hors du discours onto-logiquement fondé, et donc hors du savoir, — cela même définit carté-siennement l'écart de la première hors des « genres d'être » (*natura rei*, catégorie) comme l'unique possibilité, enfin comprise, d'un universel dis-cours scientifique. L'insuffisance ontologique de la *sustoikhia* (qui ne se déploie pas toujours positivement comme exceptionnellement en *Méta-physique* Λ, 7) [59] s'accentue jusqu'au rejet de l'*ousia* et de sa primauté ; et plus cette insuffisance se reconnaît une suffisance, plus elle peut se poser, *en tant même que series* (donc relation 2) comme absolue. La *series* achève la disposition de l'ordre en posant l'ordre lui-même comme absolu, en sorte de disposer les *res* en tant que connues — relatives à l'ordre.

59. *Métaphysique* Λ, 7, 1072 a 31.

60. *Ibid.*, I, 8, 1058 a 13-15, et I, 3, 1054 b 35 - 1055 a 1. *De la Sensation et des Sensibles*, 448 a 13 sq.

61. *Métaphysique*, N, 6, 1093 b 12-13, où le terme semble renvoyer à la série des contraires (A, 6, 986 a 23), selon la classification pythagoricienne ; on remarquera que celle-ci semble, par ses couples d'opposés sans absolu qui ne soit déjà relatif, plus « cartésienne » qu'« aristotélicienne » ; ce qui voudrait dire, que l'emploi aristotélicien suppose peut-être, déjà, une reprise critique.

62. *An. Post.*, I, 17, 80 b 27 ; 81 a 21.

63. *An. Pr.*, II, 21, 66 b 27 ; b 35.

Series rerum cognoscendarum, pléonasme ; *per seriem (ordine) disponere*, pléonasme encore.

La mise en ordre sérielle se trouve finalement illustrée (« Notandum denique 3° est », 384, 9 - 387, 1) par l'exemple (384, 21 = 387, 2) de la recherche des moyennes proportionnelles. Recherche qui reconnaît plusieurs natures possibles de la difficulté (385, 10). Successivement :

a) Recherche de termes en proportion continue, celle-ci étant donnée, à partir d'un nombre donné : ainsi 6, 12, 24, 48, etc. (384, 21 - 385, 12).

b) Recherche d'*une* moyenne proportionnelle, les deux extrêmes étant donnés : ainsi, entre 3 et 12, 6 (385, 13-24).

c) Enfin recherche de *plusieurs* moyennes proportionnelles entre des extrêmes donnés : ainsi entre 3 et 24, 6 et 12, ou entre 3 et 48, 6, 12 et 24 (385, 24 - 386, 14) ; ce troisième genre de difficulté se peut réduire au second, en sorte que la recherche se fasse directement, ou indirectement selon la première ou la seconde manière (386, 15 - 387, 1). Cet exemple convient-il à l'étude de la *series* ? Remarquablement, le développement numérique de la relation 2 correspond ici topiquement au développement numérique du *pros ti* par Aristote ; en effet, les termes relatifs se peuvent dire aussi *kath' arithmon*, entretenant tous les rapports que combinent entre elles (in-)détermination, unicité ou multiplicité (*he aplôs he orismenôs pros autous he pros hen*) : soit, respectivement, les relations 2 de multiplicité indéterminée (multiple à sous-multiple), d'unicité indéterminée (multiple à l'unité), de multiplicité déterminée (rapport déterminé entre quantités déterminés et multiples), et d'unicité déterminée (relation déterminée d'un nombre à l'unité) [64]. Ce qui, nonobstant toutes différences, se trouve repris dans la théorie, ici esquissée, des proportions : à la correspondance des thèmes s'ajoute celle des exemples. — Cette justification topologique, et donc extrinsèque, de la pertinence de l'exemple cartésien, quoiqu'insuffisante, charge de sens la seconde, intrinsèque. En effet la recherche des moyennes proportionnelles mobilise rien moins que la théorie générale des équations : « tirer les racines cubiques de quelques quantités donnés, c'est-à-dire... trouver deux moyennes proportionnelles entre ces quantités et l'unité », « trouver une, ou deux, ou plusieurs moyennes proportionnelles entre l'unité et quelqu'autre ligne, ce qui est le même que de tirer la racine carrée, ou cubique, etc. [65] ». Comme d'ailleurs le problème de la trisection de l'angle, la recherche des moyennes proportionnelles se réduit à l'établissement d'une équation, « ... si on veut trouver quatre moyennes proportionnelles entre les lignes a et b, ayant posé x pour la première, l'équation est : $x^5 - a b = 0$, ou bien $x^5 - a bx = 0$, etc. ». La question devient : en quoi ce qui vaut « en général de la nature des équations » [66], peut-il offrir un exemple privilégié de la *series* ? Réponse : en ce que l'équation met en œuvre la méthode comme disposition en, et

---

64. *Métaphysique* Δ, 15, 1020 b 26-28 ; 1020 b 32 - 1021 a 8. Voir Ross, *Metaphysics*, t. I, p. 328 sq.

65. *Géométrie*, respectivement AT VI, 472, 13-16 et 483, 21-25. La *Règle XVIII* (463, 15 - 464, 8) établit déjà explicitement l'équivalence des deux problèmes. — Voir J. VUILLEMIN, *Mathématiques et Métaphysique chez Descartes* (Paris, 1960), p. 132 sq., et note 1, p. 134.

66. *Géométrie*, *III*, 444, 13-14.

de l'ordre, donc comme *series* (et ceci aussi bien pour les moyennes proportionnelles, que pour la définition des courbes). — En effet, l'équation commence avec l'inversion de l'ordre de recherche, qui « suppose la chose comme déjà faite [67] », et se situe d'emblée dans la solution ; ainsi devient-il possible de procéder « sans considérer aucune différence entre ces lignes connues et inconnues », c'est-à-dire de dénommer « aussi bien celles qui sont inconnues que les autres [68] » ; la dénomination indifférente permet donc une mise en relation entre des termes supposés semblables, mise en relation qu'opère précisément l'équation ; aucun ordre déterminé (selon la détermination, ou l'indétermination des termes), ne suffit à exclure comme inconnaissables les inconnues : les inconnues se déterminent par leur relation (égalité) à des polynomes, eux-mêmes connus ; mais l'équation ne met en relation d'égalité un polynome (connu) et une inconnue, qu'en présupposant que puisse se mettre sur pied d'égalité tous les termes, connus ou inconnus. Ce qui répète strictement l'abolition de la toute distinction entre absolu et relatif 3, au sein de la relation 2 compréhensive : comme relation 2, l'équation suppose d'emblée que l'inconnue (relatif 3) est aussi connaissable que le connu (absolu) ; c'est-à-dire que le connu n'est, à la fin, pas plus connaissable que l'inconnu, exactement au sens où l'*ousia* n'est pas plus essentielle, ni moins relative que la relation qui définit le relatif 3. — Deuxièmement, l'équivalence permet de suivre l'ordre inversé à partir d'un quelconque des termes, choisi arbitrairement comme absolu ; « *je considère* l'une des données et l'une de celles qu'il faut trouver... *comme principales* et auxquelles je tâche de *rapporter* ainsi toutes les autres.[69] » ; l'équation pose un rapport entre certains termes connus *et* inconnus, et comprend ce rapport comme un absolu pris « à discrétion » suivant la considération ; en suite de quoi, le rapport devient l'unique terme de référence pour l'intelligibilité des autres : « ... se servir par ordre de chacune des équations qui restent aussi, soit en la considérant toute seule, soit en la comparant avec les autres [70] » ; au cas où la résolution de l'équation n'est pas possible, il faut rapporter le rapport à d'autres, en sorte que « l'invention de supposer deux équations de même forme, pour comparer séparément les termes de l'une à ceux de l'autre... n'est pas une des moindres de la méthode dont je me sers [71] » ; le « secret de l'art » trouve un écho dans le rapport des rapports, c'est-à-dire la considération d'une relation 2 entre d'autres relations 2, comme unique terme absolu. Comme, en effet, il ne s'agit que de constituer une *series*, qui permette de « parcourir la difficulté *selon l'ordre* qui montre, le plus naturellement de tous, en quelle sorte *elles* (sc. les lignes) *dépendent*

---

67. *Ibid.*, *I*, 382, 18. Voir : « ... voulant résoudre quelque problème, on doit d'abord le considérer comme déjà fait », 372, 10-11 ; de même, pour l'équation d'une courbe, 413, 29 ; 418, 7.

68. *Ibid.*, *I*, 372, 13-15. Voir : « ... plusieurs termes, partie connus et partie inconnus », 444, 15. Quant à l'équation des courbes, de même 394, 5-10. — *Cognita* et *incognita* deviennent homogènes, en sorte aussi que les premiers puissent aussi être traités comme les seconds (*Règle XVII*, 461, 5-6).

69. *Ibid.*, *I*, 383, 1-4.

70. *Ibid.* *I*, 373, 3-6.

71. *Ibid.*, *II*, 423, 4-10. Voir *comparer*, en 373, 5 ; 419, 12.

mutuellement les unes des autres [72] », et que *nature*(llement) équivaut ici
à *simplicité*, le terme choisi pour absolu pourra parfaitement n'être ni
ousia ni même connu, mais simple relation 2 (système d'équations) ;
parce qu'aucun terme n'est de soi absolu, sur le fond d'une universelle
relativité, l'arbitraire peut en choisir un quelconque. Même au cas où,
comme dans la définition d'une courbe par rapport à *une* droite, l'absolu
reste singulier — « Je choisis *une* ligne droite comme AB, pour *rapporter*
à ses divers points tous ceux de la ligne courbe EC, et en cette ligne AB,
je choisis *un* point, comme A, pour commencer par lui le calcul » —, il ne
tient son absoluité que d'un choix, qui aurait pu aussi bien, en cas de
convenance autre, privilégier un terme relatif : « Je dis que *je choisis*
l'un ou l'autre, à cause qu'*il est libre de les prendre tels qu'on veut* [73]. »
Ainsi se constitue une *series*, dont arbitrairement (*ex arbitrio*, 391, 13) les
relations 3 peuvent devenir égales aux absolus, dans les relations 2, et
inversement, parce que le seul fondement de l'absolu devient l'intelligibilité, à laquelle le jeu des relations 2 reste ordonné. — D'où, troisièmement,
toute connaissance s'énonce en, et se réduit à une relation 2 ; soit qu'une
même quantité se puisse exprimer en deux façons, c'est-à-dire en deux polynomes égaux entre eux, ou dont la somme soit égale à 0 [74] ; soit que « tous
les points de celles (sc. lignes) qu'on peut nommer Géométriques (...)
ont nécessairement quelque *rapport* à tous les points d'une ligne droite,
qui peut être exprimée par quelque *équation* [75] ». En sorte que toutes courbes, quantités, etc., qui n'auraient pu se dire en termes absolus qu'à condition de rester inconnues, deviennent pour nous connues, ou du moins
connaissables, à condition de se déporter hors d'elles-mêmes, jusqu'à s'éga-
ler, en tant que connues du moins, à la relation 2 (équation). Plus généralement, la connaissance-pour-nous fonde son universelle possibilité sur la
disparition de la connaissance selon la *physis* ; ou mieux, sur la disparition de ce qui rend celle-ci pensable — la connaissance par l'*ousia*. Dès
lors, rien n'est inconnaissable en soi, parce que rien ne requiert un *en soi*,
une fois tous les termes in/connus repris dans l'universel réseau que
tissent les relations 2, au sein de l'unique absolu, ne renvoyant qu'à soi,
la *series*. — Ainsi, la théorie de l'équation, à laquelle fait allusion la
Règle VI, en manifestant qu'en toute difficulté « rien n'est plus *intelligible*
ni plus facile que de les *exprimer par le rapport* qu'elles (sc. racines) ont
à d'autres termes » [76], met en œuvre la *series*, et la propose comme ultime
formulation de l'*artis secretum*.

   L'exemple proposé dégage, en fait, la pratique du « secret de l'art » :
paradigme en ce sens, il n'épuise pourtant pas la portée de la méthode,

72. *Ibid.*, *I*, 372, 15-18, ce qui traduit exactement la *Règle VI*, 382, 10 sq.
   73. *Ibid.*, *II*, 393, 23-28. Voir 383, 1-4. Ce qui confirme le sens radical reconnu plus
haut (§ 1) à la séquence « Hic autem ordo... ex uniuscujusque arbitrio dependet », *Règle VII*,
391, 12-14. D'où l'importance de l'expression *à discrétion* qui parsème la *Géométrie*.
   74. Voir *Ibid.*, 372, 19-22 ; 376, 9 ; 444, 14-18 ; etc.
   75. *Ibid.*, *II*, 392, 20-25. Voir aussi 396, 29-31 ; 412, 25-27 ; etc. — On remarque que le
concept de *dimension*, analysé plus haut, trouve ici son emploi, à désigner le degré de
l'inconnue (444, 20 ; 445, 21 ; 454, 10, 26 ; 456, 9, 12 ; 457, 8, 21 ; etc.). Le degré de l'équation
n'est pas ici pensé comme cube, carré, mais inversement, ceux-ci comme degrés possibles
d'une équation. D'où l'abstraction de la *dimension*.
   76. *Ibid.*, *III*, 474, 4-5.

qui se peut bien déployer « en d'autres sciences encore » (387, 6). La conclusion de la *Règle VI* entreprend (en 387, 1-8) la généralisation du résultat acquis : aucun terme, absolu ou relatif 3, ne se soustrait à la mise en relation (relation 2), qui, à partir d'un terme quelconque (relatif 3, absolu, voire relation 2) déduit l'intelligibilité de plusieurs autres (*series*). L'entreprise vise à ne connaître que par relations et que des relations, sans jamais devoir reconnaître un absolu irréductible (*novum ens, genus entis, ousia, tode ti*) à la relation 2. Celle-ci ne se justifie à son tour que par la relation 1 qui transfère le centre de gravité (pour ainsi dire) de l'*ousia* — irréductible jusqu'à l'inconnaissance, fondée de droit parfois —, à la connaissance assurée — jusqu'à oublier la chose connue. Ce que révèle l'étrange synonymie de *découvrir* (*invenire*) et de *déduire* (*deducere*), ou plutôt la rend rigoureuse : la disparition de l'*ousia* comme absolu, permet de déduire non plus des étants d'eux-mêmes et de leur ordonnance, mais seulement des pensées les unes des autres ; seul importe l'ordre que les pensées se reconnaissent, et donc, toute liberté leur revient de se trouver les termes qu'elles voudront : la déduction devient invention[77]. — Ce qui, encore, suppose une décision originelle que taisent les *Regulae*, tout en la laissant constamment affleurer (par exemple, comme relation 1) : la connaissance se fonde sur l'*ego* connaissant et non sur la chose ; ce qui laisserait supposer que l'*ousia* se transpose dans la *series*, parce que, plus radicalement, l'*ego* l'institue où il lui plaît, c'est-à-dire y préside et s'y substitue.

§ 16. INDUCTION ET SYLLOGISME

Les analyses des deux *Règles* précédentes ont permis de penser la méthode comme mise en ordre, et par là même, mise en évidence. Reste qu'aussitôt surgit une difficulté, que suscite ce succès : l'instrument de la mise en ordre se donne comme *series*, mais vise à la clarté de l'*intuitus*. Comment concevoir l'étirement sériel comme ordonné encore à, et résorbé finalement dans l'*intuitus* unique, ponctuel et discret. L'« achèvement de la science » (*scientiae complementum*, 387, 10) peut-il compléter seulement la première science d'*intuitus*, ou doit-il s'en détacher comme une science complémentaire ?

En effet, la *Règle VII* s'ouvre par la reprise de la question qui clôturaît, mais sur une interrogation plus qu'une réponse, la *Règle III* (387, 14 - 388, 2 = 369, 11 - 370, 15) : à partir, dans les deux cas, de l'*intuitus* des principes (en une citation implicite, puisqu'évidente, d'Aristote) [387, 16 = 370, 13], il s'agit d'établir dans l'orbe de l'évidence les vérités médiates ; ainsi « cette conséquence : 2 et 2 font la même chose que 3 et 1 » (369, 13), qui rassemble deux regards en une conjonction médiate, se retrouve dans la façon (*habitudo*) que soutiennent entre eux A et B, B et C, C et D, enfin D et E, en sorte de conclure à celle qui unit A et E. Et cependant un net progrès distingue les deux textes ; le premier énonce la médiation de et dans l'évidence, selon le modèle de la chaîne (« aliquis longa catena » 369, 27), des « longues chaînes de raison » (*DM*, 19, 6) ; simultané-

---

77. Ainsi, dans la seule *Règle VI*, *deducere* : 384, 14 ; 387, 2, 4 ; *invenire* : 384, 16, 20 ; 385, 5, 12, 14, 16, 19, 24 ; 386, 1, 4, 7, 18, 21, 22, 24 ; 387, 8.

ment, il parle de déduction (369, 20 ; 24 ; 370, 5, 13) ; au contraire, le second ne parle de déduction, qu'en citant le premier (387, 17 et 388, 12, citant 370, 13), et surdétermine « l'enchaînement des conclusions intermédiaires » (« catenatio intermediarum conclusionum », 388, 13) par la *series* — ou du moins le *contextus* (387, 18), qui la désignait dans la *Règle VI* (*nexus*, 382, 13 ; *contextus consequentiarum*, 383, 24) et dont elle naissait (« ex quo nascuntur illae... series », 383, 24-25). Quelle importance ? Considérable, sitôt remarqué qu'ici l'immédiate évidence d'*intuitus* rencontre, pour s'y formuler ou s'y perdre, non seulement la discursivité du raisonnement en général, mais cette manière proprement cartésienne de la discursivité — la *series*. Pour le dire en un mot : n'y a-t-il pas contradiction entre l'*intuitus* (*Règle III*) et la *series* (*Règle VI*), c'est-à-dire entre les deux premières sections des *Regulae* ? Il ne sert de rien de mettre en avant le *motus cogitationis* (388, 3 = 369, 25) [78] : celui-ci ne peut s'exercer psychologiquement (de même que la mémoire : 370, 8 = 387, 20 ; 388, 6) qu'une fois résolue la question épistémologique de l'étirement de l'*intuitus* hors de la singularité évidente, jusque dans la non-évidence plurielle ; c'est bien pourquoi l'usage des instruments psychologiques du savoir (sagacité, perspicacité, mémoire, *motus cogitationis*, etc.) relève d'un moment ultérieur (*Règles IX, X, XI*) de l'instauration méthodique : les facultés ne deviennent opératoires épistémologiquement qu'une fois leur domaine défini comme le champ d'une science en général [79]. Pour cette difficulté — démultiplier l'évidence atomique —, une réponse se propose : le syllogisme comme déduction ; et déduction par excellence, puisqu'il constitue « un discours dans lequel certains termes étant posés, *un terme autre que ceux* (déjà) *établis* s'ensuit nécessairement, de cela même que sont posés ceux-ci [80] » ; la déduction invoquée dans la *Règle III* y ferait peut-être songer si, ici même, elle ne le cédait, étrangement, au dénombrement précisé en induction (« enumeratio sive inductio » 388, 25 ; 389, 8-9, etc.) ; en fait, l'induction pointait déjà dans la *Règle III* sous la déduction, en une apparente faute du texte, qui indiquait, par un judicieux lapsus, la dimension véritable de la question (368, 12) [81]. Pourquoi la substitution d'induction à déduction ? Parce que peut-être la déduction ne se fonde rigoureusement que dans la syllogistique et que, depuis la *Règle VI*, la syllogistique même disparaît, dépouillée de son centre, le *katholou*, comme genre et comme moyen. Mais alors, comment

---

78. *Cogitationis motus*, correction de Crapulli (malgré les leçons de *A* et *H*) sur la foi de *N*, « beweeging van denking » ; en effet, on remarque que *N*, pour traduire *imaginatio*, emploie sans exception *inbeelding* (voir éd. Cr. p. 22, p. 22*, et n. 21, p. 86). — *Cogitationis motus* : voir *Règle VII*, 387, 12, 21 ; et *Règle XI*, 407, 4 (20) ; 408, 25 ; 409, 4.

79. Ainsi la séquence de la *Règle VII*, 387, 14 - 388, 2 correspond à celle de la *Règle III*, 369, 11-17 et renvoie à la *Règle XI* ; de même, dans la *Règle VII*, 388, 2-17 et 389, 17-25 s'achèvent et s'expliquent en 408, 18 - 409, 7. Il ne s'agit pas, bien sûr, de découvrir des stratifications et sections démultipliées à l'excès, mais de souligner que l'exercice psychologique des facultés (et donc de la mémoire) ne devient décisif qu'une fois mise en place l'épistémologie générale où celles-ci jouent.

80. *An. Pr.*, I, 1, 24 b 18-20. Voir *An. Post.* II, 7, 92 a 35-37.

81. Voir *Règle III*, 368, 12. Il n'y a aucune raison contraignante de corriger *inductio* par *deductio* en *Règle III*, 368, 12 : Cr. note (avant de les corriger néanmoins) que *H* et *A* donnent tous deux *inductio*, seul *N* suggérant, avec *afleiding*, *deductio*. — Voir G. RODIS-LEWIS, *L'Œuvre de Descartes*, t. II, p. 502, qui maintient, avec AT, *inductio*.

concevoir que « la méthode de Descartes ne soit pas, quoique déductive, syllogistique [82] », ou, plutôt, que la déduction, défaite du syllogisme, y opère comme induction ? Mais peut-être l'induction ne devient-elle l'inévitable substitut de la déduction, qu'en raison de l'élimination du syllogisme. Ce qui revient à concevoir rigoureusement la séquence : « chaque fois qu'on ne peut y (sc. l'*intuitus*) réduire une connaissance, comme on a rejeté toutes les liaisons des syllogismes, il ne nous reste que ce seul chemin » (389, 11-14), savoir l'induction ; ou encore à demander : pourquoi la déduction syllogistique doit-elle le céder à l'induction, comme la seule extension discursive du regard ?

La formulation correcte non seulement d'une éventuelle solution, mais déjà de la simple question de l'induction et du syllogisme, impose un détour aristotélicien. L'*epagoge* ne se contraint à l'impossible exhaustivité du dénombrement — l'induction, comme « passage des termes particuliers à l'universel [83] » —, qu'en ce qu'elle s'inscrit dans le syllogisme, ou du moins un type de syllogisme ; son rapport au syllogisme ne devenant d'opposition qu'en ce que, d'abord, il est d'inclusion. Ainsi se construit le « syllogisme inductif [84] », qui conclut par l'intermédiaire d'un des extrêmes que le moyen appartient à l'autre, à l'encontre du syllogisme scientifique, qui conclut par le moyen qu'un extrême appartient à l'autre. Ou bien le moyen opératoire du syllogisme correspond au *meson* ontologique, et alors se produit un syllogisme scientifique ; ou bien le moyen opératoire se disjoint du *meson*, traité comme prédicat, non comme fondement de la prédication : syllogisme inductif. Ou encore : soit rigoureusement B prédiqué de A, C prédiqué de B, et donc A prédiqué de C absolument par le moyen terme B ; soit, au contraire, A prédiqué de C, C de B, et donc A de B par l'extrême C, tenant le rôle de moyen terme ; l'exemple consacré donne : « L'homme, le cheval et le mulet (C) vivent longtemps (A) / (Tous) les animaux sans fiel (B) (ne) sont (que) l'homme, le cheval et le mulet (C) / (Tous) les animaux sans fiel (B) vivent longtemps (A).

On remarque donc :

1) Que la conclusion prédiquée de B retrouve la majeure du syllogisme scientifique, c'est-à-dire la liaison d'un extrême et d'un moyen ; mais, selon la prééminence scientifique du syllogisme de la première figure, et affirmative, une conclusion universelle affirmative sera toujours à viser ; et donc elle présupposera un syllogisme universellement universel (b A r b A r A), la conclusion n'ayant jamais que la force de la plus faible prémisse.

2) Il faut donc supposer les moments du syllogisme tous universels affirmatifs ; la majeure, de fait, l'est (comme le constate Aristote, « A appartient à C entier ») ; reste la mineure : certes B est bien prédiqué de C (« B, ne pas avoir de bile, appartient à C pris entièrement [85] ») ; mais le terme qui joue le rôle du moyen ne devient logiquement opératoire que si,

82. Norman Kemp Smith, *New Studies in the Philosophy of Descartes, loc. cit. supra*, p. 67.

83. *Topiques I*, 12, 105 a 13-14.

84. *An. Pr. II*, 23, 68 b 15-16.

85. *Ibid.*, 68 b 21 « *tô de olô* Γ », et b 22.

il peut, en un sens, disparaître, pour laisser se conjoindre les autres termes entre eux, par cela seul qu'il se réciproque (ici en A) avec chacun des deux ; il faut donc, pour que la conclusion se confirme, que C et B se confondent ; ce qui advient si, et seulement si « C se réciproque avec B et si le moyen ne l'outrepasse pas [86] ». *Moyen*, ici, ne désigne *pas* le moyen opératoire (homme, cheval, mulet), mais bien le *meson* ontologiquement fondé (ne pas avoir de fiel, ici pourtant utilisé et considéré comme un extrême), selon une inversion qui caractérise précisément le syllogisme inductif [87] ; le non-débordement du *meson* sur le moyen (opératoire), qui permettrait ici la réciprocation, supposerait que « tous les animaux sans fiel sont, et ne sont que, l'homme, l'animal, le mulet » ; à cette condition seulement la prédication serait complète (*kath'olou*), et donc le moyen opératoire correspondrait au *meson* (*katholou/ti estin*) [88].

3) D'où la nécessité de recourir au dénombrement de ce qui manque au moyen opératoire pour devenir *meson* : épuiser par dénombrement empirique les individus, ou les espèces dernières, qui correspondent au *meson* (absence de fiel). Mais le dénombrement demeurera toujours incomplet ; non seulement parce que le biologiste aristotélicien sait la poursuivre [89], mais surtout parce que rien ne la guide dans une nomenclature hasardeuse ; pure *historia,* il collectionne sans but. En mot, l'incomplétude du dénombrement découle elle-même de l'impuissance du syllogisme inductif à atteindre au *meson* défini : l'insuffisance de l'induction réside, plus qu'en l'incomplétude du dénombrement, dans le recours même au dénombrement.

C'est pourquoi le syllogisme inductif demeure purement dialectique, parce que, à la fin, « d'une certaine manière c'est l'induction même qui s'oppose au syllogisme » ; en effet, substituant au savoir la collection de nos connaissances incomplètes mais immédiatement évidentes, elle manque parfaitement la justesse de l'universel : « le syllogisme par le *meson* est, selon la *physis*, premier et plus connu ; mais pour nous, est plus évident celui par induction [90] ». La situation cartésienne devient plus claire, au vu de la thèse aristotélicienne. Descartes inverse les termes, pour privilégier l'évidence pour nous, tenant pour nulle et non avenue l'ordonnance de la *physis* ; exclusion qui se continue par celle des catégories et donc de ce que celles-ci énoncent seules, les « genres d'être » ; le *meson* relève du genre, pris au sens le plus strict ; depuis que tout « genre d'être » a été récusé, il ne peut plus advenir dans l'épistémologie cartésienne. Descartes n'exclut pas d'abord et arbitrairement le syllogisme, au profit de l'induction ; mais, parce que l'exclusion des catégories implique celle du *meson*,

---

86. *Ibid.*, 68 b 23-24.

87. *Ibid.*, 68 b 15-18. Maier remarque qu'ici, évidemment, *meson* est nominatif (MAIER, *Die Syllogistik des Aristoteles* Tübingen, 1900, t. II, S. 371, n. 1) ; ce que confirment les occurrences de *hyperteinô* en 33 a 38-39, et 70 b 34.

88. Equivalence fondée, et fondamentale, en *An. Post. I*, 4, 73 b 26-27.

89. Dans *Histoire des Animaux, II*, 506 a 20 sqq., Aristote complète la recension par le cerf, l'âne, le chevreuil, le phoque et même quelques-uns des porcs.

90. Respectivement 68 b 33 et b 35-37. — MAIER définit en ce sens l'induction « eine dialektische Begründungsform », « ... als dialektisch-disputatorische Begründungsform » (*loc. cit.,* S. 384 et 435).

parce que le syllogisme scientifique disparaît *ipso facto*, il ne reste plus que l'induction : « il ne nous reste que ce seul chemin » (389, 13-14)[91]. Si donc il en vient directement et fort abruptement à l'induction, c'est qu'en rigoureux lecteur d'Aristote, une fois renversés les fondements (*Règle VI*) du syllogisme — seule déduction véritable —, Descartes ne reconnaît plus, comme voie à emprunter, que l'induction. Comme telle, l'*inductio*, loin de constituer un concept proprement cartésien, reflète l'*epagoge*, que suggère inévitablement la ruine des catégories. Il reste donc à suivre la réinterprétation proprement cartésienne de ce concept rencontré et importé.

§ 17. INDUCTION ET DÉNOMBREMENT

En posant l'équivalence « induction ou dénombrement », Descartes ne peut même plus s'appuyer sur le syllogisme inductif : la défaillance du genre d'être, et donc du *meson*, sépare infiniment plus le syllogisme inductif du scientifique, qu'elle n'identifie à la fin l'induction opérant dans la forme syllogistique à l'induction libre et indéfiniment dénombrante. Il ne quitte pourtant pas encore, par cette précision de l'induction comme dénombrement (seul équivalent français, attesté en *DM*, 19, 3, voir 21, 14, d'*enumeratio*), la terminologie aristotélicienne : en un second sens, distinct sinon étranger à l'usage dialectique dans le syllogisme, l'*epagogè* opère, au terme de leur collection, le « passage des termes particuliers à l'universel »[83]. Mais, si, une fois encore, la position des problèmes paraît semblable, Descartes, à s'appuyer sur l'*enumeratio* pour s'assurer que « nous n'avons rien omis par mégarde » (388, 28-29), ne se heurte-t-il pas à l'aporie aristotélicienne signalée précédemment : l'induction n'atteint jamais à l'exhaustivité, donc à la certitude ? — Mais, premièrement, comment Aristote parvient-il à transgresser l'écart entre le dénombrement indéfini et le genre (*meson*, universel) essentiellement autre que la collection quantifiante ? En ne pensant précisément jamais l'induction comme dénombrement, ni collection, mais comme passage à l'universel (au sens d'un passage à la limite), « par la production (*epagogè*) des termes particuliers vers les semblables, nous sommes autorisés à produire (*epagein*) l'universel[92] » ; l'induction ne marche pas d'un terme singulier à un autre, et ainsi sans fin, mais elle passe à universel, parce qu'elle voit « en même temps »[93] *ce* triangle-ci et *le* triangle dont les propriétés sont connues théoriquement ; ou mieux, l'induction, comme elle a partie liée à la sensation — « impossible d'induire pour qui ne possède pas la sensation » —, voit pour ainsi dire l'universel dans le particulier ; ou plutôt ne voit le particulier comme tel que parce qu'elle le voit comme informé de et par l'universel : apparition sensible de l'universel[94]. Certes, cette transparence et transgression de l'écart n'abolit pas les limites internes de l'induction, qui « ne démontre peut-être pas, mais montre évidemment

91. Même conclusion chez Bacon, *Novum Organon*, I, 14 (voir *II*, 10) éd. Fowler, Londres, 1889, p. 198.

92. *Topiques*, I, 18, 108 b 10-12, et *ephodos* en 105 a 14.

93. *An. Pr. II*, 21, 67 a 23 *hama* ; voir *An. Post. I*, 1, 71 a 21 ; *II*, 2, 90 a 27 ; et *II*, 7, 93 a 17.

94. *An. Post.*, *I*, 18, 81 b 5. Voir *I*, 13, 78 a 34 ; *I*, 18, 81 b 1 sq. ; *II*, 2, 90 a 27 sq.

quelque chose [95] » ; mais ce qu'elle montre évidemment, c'est le *katholou*, dont elle paraît comme le « principe », et qui, se suffisant à soi-même, apparaît aussitôt comme « principe » à son tour [96], principe de science rigoureuse et non plus dialectique. Ainsi l'induction aristotélicienne échappe au parcours sans fin du dénombrement, et accède à la scientificité qu'elle suscite, parce qu'elle vise à voir l'*eidos*, discerner le *genos*, montrer l'*ousia* : elle n'échappe à l'insuffisance en extension des collections qu'en apprenant à repérer la compréhension de l'universel, déjà et toujours présente en chaque particularité [97]. — En ce deuxième sens, l'*epagogè* n'atteint à la scientificité qu'en se résorbant elle-même dans l'universel ontologiquement fondé, qu'elle travaille à déceler.

La même question peut et doit être posée à Descartes : comment l'induction, réduite nécessairement à la seule *enumeratio* non syllogistique, peut-elle atteindre à la scientificité ? Une première réponse, celle d'Aristote, se trouve définitivement exclue ; la résorption de l'induction dans l'universel présuppose ce que la *Règle VI* vient d'éliminer : le fondement ontologique de la connaissance sur les catégories. Et pourtant, Descartes semble passer sous silence la difficulté, en parlant de « dénombrement entier », « enumeratio sufficiens » (389, 8, 26 ; 390, 8 = sufficere 390, 16, 22 ; 391, 6, 22), comme si justement la suffisance n'était pas une prétention impossible à satisfaire. En fait, Descartes introduit une problématique exactement contraire, comme le prouvent les indices suivants :

a) La suffisance de dénombrement vise à éviter une énumération « défectueuse » (389, 27), et ne prétend pas s'opposer à une recension incomplète ; reste à savoir de quel « défaut » il s'agit ici.

b) L'incomplétude paraît d'autant moins le point visé, que l'hypothèse qu'on omettrait « la moindre partie » (390, 1), intervient dans une autre phrase (transition forte, par *interdum*, 389, 28), et s'oppose non à la complétude exhaustive, mais à l'enchaînement sériel de sa certitude.

c) Surtout, les lignes suivantes (390, 6-9), distinguent parfaitement la suffisance (« on a seulement dit qu'il [sc. le dénombrement] devait être entier » 390, 8) [98] de la complétude : celle-ci peut parfois être requise, mais parfois non (« ni l'une ni l'autre n'est utile », 390, 7). Cette dis-

---

95. *Ibid.*, *II*, 5, 91 b 34-35. Sur l'écart que la recension ne suffirait point à abolir, voir J.-M. Le Blond, *Logique et Méthode chez Aristote*, Paris, Vrin, 1939, I, III, § 2, particulièrement p. 128, n. 2.

96. *Ethique à Nicomaque*, VI, 3, 1139 b 27-29 : « L'induction est principe même du *katholou*, tandis que le syllogisme découle des termes universels » ; *I*, 7, 1098 b 3-4, « Des principes, la vision reviendrait pour les uns à l'induction, pour les autres à la sensation. »

97. Ainsi le remarquent HAMELIN, « le vrai problème de l'induction consiste, pour Aristote, à apercevoir le nécessaire derrière le contingent, et il ne s'agit plus de passer de quelques-uns à tous » (*Le Système d'Aristote*, Paris, 1920, p. 258) ; MAIER, (*op. cit.*, S. 373-374) ; L. ROBIN, « Sans doute l'induction est-elle le procédé qui, par les collections qu'il opère, *nous achemine à l'essence*, mais n'est pas celui qui nous la découvre. » (*Aristote*, Paris, 1944, p. 58), qui semble pourtant oublier que si l'induction ne démontre pas l'essence indémontrable, elle « montre quelque chose » *An. Post.* II, 5, (91 b 35).

98. On ne traduit pas *sufficiens* par *suffisant* (malgré le rapprochement avec *sufficit*, dans la suite du texte), parce que DM use uniquement de l'expression de *dénombrement entier* (19, 4), sans jamais appliquer « suffisant » (qu'il emploie pourtant ailleurs 9, 3 ; 25, 29 ; 26, 26 ; 38, 14 ; 60, 24) au dénombrement.

tinction absolument décisive, commande l'intelligibilité d'ensemble de
la *Règle VII*. En effet, la suffisance du dénombrement peut se suffire de
plus ou moins grandes exigences ; et, selon les cas, elle assurera un
résultat différent. Soient deux critères : l'exhaustivité (389, 28 - 390, 2)
ou du moins la non-incomplétude, et la distinction (390, 2-5) ; ils se
combinent en trois types de suffisances (scandés, comme les deux critères, par *interdum*) ; respectivement *a*) Complétude du dénombrement
(390, 7). *b*) Distinction (390, 7). *c*) Ni l'une ni l'autre, mais suffisance
seulement (390, 7-9) [99]. — A quoi correspondent rigoureusement trois
exemples.

a) Dénombrer le nombre de genres d'être (*genera entium*) exige,
puisqu'il s'agit d'une recension (*quot*, 390, 9 ; *tot et non plura*, 390, 11),
d'en avoir fait exhaustivement le compte, et donc de les avoir distingués
entre eux : exhaustivité et distinction ; — dans ce cas, il paraît clair
que le résultat ne se peut atteindre ; et, comme par hasard, ici apparaît,
pour la seule fois, le genre aristotélicien (390, 10 = 381, 11).

b) La démonstration de l'âme rationnelle, qui ne relève pas, comme
l'âme motrice ou sensitive, du corps, n'exige pas de recension complète
(390, 15 : « Il ne sera pas nécessaire que le dénombrement soit complet »)
mais seulement quelques *collectiones* des corps en général, auxquelles ne
puisse évidemment pas se rapporter l'âme : non l'exhaustivité, mais la
distinction (collections, référence).

c) La démonstration que la surface du cercle est plus grande que
celle de toute autre figure de même périmètre, n'exige ni de le vérifier
par l'impossible recension (*recensere*, 390, 22) de toutes les figures de
périmètre égal, ni même une distincte classification de ces figures en
quelques types : ni exhaustivité, ni distinction, mais suffisance. — Que
signifie un pareil « dégradé » des exigences de l'induction dénombrante ?

On remarque aussitôt que ces décrochements de l'exhaustivité à la
suffisance correspondent, dans les exemples donnés, à des domaines précis
de l'exercice du savoir par induction. Le premier exemple, le seul proprement « physique », rencontre la question, aristotélicienne par excellence, et même plus généralement grecque, de la saisie des corps, et du
monde sensible, non comme rhapsodie chaotique, mais comme *kosmos*
de formes, qui donnent l'essence à percevoir (*eidos/genos*) [100] ; comme

---

99. Pour ne pas distinguer suffisance de complétude (« Point de doute : suffisant
signifie dans VII - C complet »), J.-P. WEBER ne se fonde que sur la traduction non
critiquée de *defectiva* (389, 27) par *incomplète* (*La Constitution...* p. 55) ; d'où une
méconnaissance parfaite des degrés de la suffisance ; ce qui permet ensuite d'opposer
aisément la suffisance non exhaustive des deux derniers exemples (390, 9-24) à la suffisance,
supposée à tort synonyme d'exhaustive complétude. L'opposition des paragraphes, et leur
étalement chronologique perdent leur étroite assise, sitôt remarqué que la suffisance
ne se réciproque pas avec ce cas particulier qu'elle entreprend de réduire, la complétude :
sufficiens (390, 8 ; 389, 26) se comprend et s'explicite dans les emplois de *sufficit* (390,
16, 22 ; 391, 6, 22), au lieu de se réciproquer avec l'impossible complétude. — Voir G. RODIS-
LEWIS, (*L'Œuvre de Descartes*, I, p. 178) : « Pas plus que l'analyse ne s'arrête à des
éléments réellement indivisibles, si ce n'est nécessaire, l'énumération n'est exhaustive. »

100. Que le corps soit d'ailleurs une manière de *kosmos*, et aussi que les corps s'y
composent en ordre, Platon le laisse supposer, en qualifiant inversement le *kosmos* de
corps (*to tou kosmou soma*, *Timée*, 32 c 1). D'où l'ampleur cosmique du concept de corps,
définissant la régularité divine des mouvements célestes — et du circulaire particulière-

Descartes vient d'exclure l'essence formelle et les « genres d'être », aucune
induction ne peut transgresser la multiplicité dans l'universel ; et donc
elle se condamne à l'indéfinie recension. Au contraire, selon le troisième
exemple, en mathématique, la simplicité et la régularité des objets
considérés dispense même de les distinguer en genres : *le* cercle se
voit immédiatement en *un* cercle, puisque celui-ci ne présente jamais que
la construction de celui-là ; et donc la comparaison avec les autres figures
s'appuie sur quelques cas particuliers ; l'induction (390, 23, seul emploi
dans cette séquence d'exemples) devient ici non moyen pour dénombrement, mais une immédiate transgression du particulier à l'universel, et
ceci, parce que le « genre » (au sens de la *Géométrie*)[101] transparaît
dans la figure particulière, jusqu'à s'y confondre. Dans le dernier cas,
l'*inductio* n'a quasi besoin d'aucune recension pour transgresser (en
compréhension) du particulier dans l'universel, à partir duquel (en extension) la conclusion vaut « pour toutes les autres aussi » (390, 24), comme
par surcroît. Les mathématiques permettent à l'induction cartésienne
de mimer la transgression immédiate (sans recension du particulier) dans
l'universel, que l'exclusion du « genre d'être » lui interdit dans le champ
« physique ». Cette inversion donne à penser : Descartes ne connaît le
rôle propre de l'*epagoge* comme saisie instantanée du *katholou*, que dans
le domaine précis où, pour Aristote, la détermination de l'essence est
absente : les mathématiques, qui considèrent leurs objets « non en
tant qu'étants, mais en tant que continu[102] » ; le *katholou* ne gouverne
d'induction, que dans le domaine où il n'apparaît jamais ; et, inversement,
jamais le *katholou* ne gouverne l'induction, là où, par excellence, il le
peut, dans le champ « physique » ; autant l'exclusion des « genres d'être »
mobilise « le secret de l'art », autant gouverne-t-elle, en secret, le déploiement de l'art méthodique.

Du moins, une première réponse à la question de l'induction dénombrante peut se formuler : les « genres d'être » condamnent à la recension indéfinie, au lieu que le discours mathématique assure la transpa-

ment : ARISTOTE, *Du Ciel* (*passim*, dont *I*, 2, 269 a 31 ; *I*, 3, 270 b 11, où *soma* vaut
pour *ousia*). — Quant à dénombrer et cerner en l'unité la multitude des corps, seul
l'*eidos*, donc la beauté, le permet (PLATON, *Banquet*, 210 a 4 sqq.).

101. *Genres*, au sens de la *Géométrie*, II, 392, 19 : « comprendre toutes (les courbes)
qui sont en la nature, et les distinguer par ordre en certains *genres* » ; 396, 20 : « Après
avoir ainsi réduit toutes les lignes courbes à certains *genres*... » ; 428, 15-20 : « ... encore
que toutes ces ovales semblent être quasi de même nature, elles sont néanmoins de
4 divers *genres*, chacun desquels contient sous soi une infinité d'autres *genres*, qui
derechef contiennent chacun autant de diverses espèces que fait le genre des Ellipses, ou
celui des Hyperboles » ; *III*, 444, 8-10 : « ... construire quelque problème par un *genre*
de ligne plus simple que sa nature ne permet ». — On ne saurait mieux transférer dans
le domaine mathématique la structure ontologique de la « physique », qui, dans ce
transfert même, se perd en contradiction, ou s'épuise en insignifiance. Voir *ibid.*, 392,
29 ; 393, 7 ; 394, 1, 27 ; 395-396, *passim* ; 429, 1, 4, 8 ; 438-439, *passim* ; 442, 16 ; 444,
passim ; 484, 27 ; 485, 9.

102. *Métaphysique, K, 4*, 1061 b 24. — Conformément à la note présente, on ne s'étonnera
pas que 390, 22-24, transcrive presque mot à mot *An. Pr. II*, 67 a 23-26 : « ... en même
temps que l'induction, nous acquérons la science des particuliers, comme par simple souvenir. Car nous savons immédiatement certaines choses, comme l'égalité [des angles]
à deux droits, si nous savons que c'est un triangle, et de même dans les autres cas. »

rence du particulier au « genre ». Reste, avec le second exemple, à définir le statut de l'induction dans un domaine ni mathématique (âme, corps, etc.), ni investi des « genres d'être », et qui, cependant, garde la réalité « physique » du premier, sans perdre la suffisance (exhaustivité non requise) du second. Ce domaine se définit successivement par l'établissement de certaines collections (390, 17), et par la possibilité (ou non) d'y rapporter (referre, 390, 18) les corps (ou l'âme); comme ces collections, au contraire des termes qui s'y rapportent, ne donnent pas dans l'indéfini, l'induction ne parcourant qu'elles seules, conclut ; à condition toutefois que ces collections non exhaustives constituent cependant une méthode d'exhaustion. Quelle portée accorder ici à la collection ?

La suite immédiate (390, 25 - 391, 11) le précise : « le dénombrement doit se faire selon l'ordre » (390, 25); ce qui signifie moins qu'on doit dénombrer par ordre plutôt que par désordre, ce qu'on concèderait bien volontiers, que plutôt et surtout : l'ordre en question n'est autre que la mise en ordre (Règle V); il dispose en un ordre ce qui auparavant se trouvait ordonné conformément à un autre ordre ; l'instauration de l'ordre affleure à la surface du texte de la Règle VII, pour en permettre l'interprétation correcte. Et d'abord, il s'agit bien ici de la disposition de l'ordre, comme le montrent les verbes qui introduisent ordo (disponere 391, 4 et 18 ; instituere 391, 9 ; proponere 391, 22-23) ; dans tous les cas, l'ordre qui préside au dénombrement correspond à la mise en ordre de la Règle V, à laquelle d'ailleurs il est fait explicitement référence (391, 14-16). Or l'ordre disposé par la Règle V substitue, dans la Règle VI, à l'ordre ontologique des « Philosophes », un ordre épistémique ; comme la Règle VII ne mentionne les « genres d'être » (genera entium 390, 10) que pour les disqualifier, au profit des collections à définir, il devient possible de conclure : l'opposition de series aux « genres d'être » (Règle VI) se prolonge (Règle VII) en celle de collections / classes aux « genres d'être » ; en effet, les classes (391, 5, 25) se disposent en sorte qu'on y puisse réduire (reducere, 391, 5) et distribuer (distributus, 391, 25) les termes à dénombrer, exactement comme les collections permettent une référence (390, 17-18). Cette opposition permet encore de conclure : les classes, ultime production de la mise en ordre, constituent le substitut des catégories ; la mise en œuvre du savoir, par l'ordre, n'avait d'abord besoin que de la series pour les critiquer et remplacer ; mais « achever la science » (387, 10 ; 388, 19) impose de compléter la series par les classes. Celles-ci, loin de remettre en cause la destruction des catégories, l'achèvent, en se substituant à elles. Les classes, ombres des catégories [103], ôtent donc la raison fondamentale de la mise à l'écart, comme non scientifique, du syllogisme inductif : la disparition non seulement des catégories, remplacées par des classes, mais surtout de l'écart entre le « plus connu par soi » et le « mieux connu pour nous » — et de l'inquiétude d'un pareil écart — annihile le débat entre le meson et le moyen ; donc le syllogisme scientifique n'a plus lieu d'être, n'ayant plus de lieu dans l'être. Le syllogisme disparaît, moins à cause de l'inutilité épistémologique et logique, que d'abord parce qu'il est interprété comme procédé logique, alors que seule la considération ontologique du *meson* comme genre, pourrait le fonder. Aussitôt le syllogisme disparu, l'induction syllogistique n'a rien de provisoire : toute classe, pourvu qu'elle opère un classement, se justifie ; cas particulier de l'ordre, comme la *series*, le dénombrement dépend de l'arbitraire de cet ordre (391, 13), dont l'effectivité commande seule le choix. Au lieu de saisir le donné à partir de son ordonnance catégorielle et ontologique, pour y appuyer ensuite le raisonnement déductif, l'instauration de l'ordre construit conformément à l'évidence l'enchaînement an-ontologique de la *series*, puis en assure la suffisance par le réseau des *classes* : enchaînement et réseau que commande l'arbitraire de l'évidence. Arbitraire qui ne dit pas qu'un ordre quelconque vaut n'importe quel autre, mais que l'ordre ne dépend, pour instituer la *series* et les classes, de rien que lui seul : ni des catégories, ni du genre comme *meson* ; cette solitude d'un discours s'engendrant lui-même en produisant l'évidence, en absence de toute *ousia*, livre la raison dernière de la substitution de l'induction à toute déduction : la déduction suppose l'appui initial d'un savoir irréductible, et, en un sens, non produit par le discours ; ainsi (outre les principes premiers) le syllogisme repose sur le *ti estin*, dont il ne peut y avoir démonstration, et qui requiert comme « une cause autre [104] ». Si, au contraire, le savoir se constitue lui-même, dans l'enchaînement des évidences, comme lui seul les produit, lui seul les commande : il en prolonge la *series* inductivement à partir de soi, sans jamais déduire rien à partir d'un terme autonome. Tel est donc l'enjeu, et le fondement aussi bien, de la subversion par l'induction sérielle de la déduction catégorielle.

Une fois montré que l'élimination des catégories commande strictement l'instauration de l'induction, il reste à demander : que peut-elle atteindre et comment échappe-t-elle à la recension indéfinie ? — La recension, comme le montre la suite du texte (391, 12-18), mais aussi 388, 18 - 389, 7, sombre dans l'indéfini si, outre aux choses mêmes, elle s'applique à ce qui s'y rapporte (391, 1 ; 388, 26-27) ; c'est pourquoi il faut recenser moins l'immense pluralité des choses, tenues pour des substances parce que séparées (*separatim*, 391, 1 = *naturas solitarias*, 381, 19), que ces mêmes choses considérées comme relatives à d'autres termes, absolus épistémologiques par convenance, les classes (ou collections) ; la réduction, sans recension, des choses aux classes ne constitue qu'un cas particulier de la réversion des absolus ontologiques (*ousiai*) aux relations 2 [105]. Il ne faudrait pas en voir la réfutation, dans la

---

104. *An. Post. II*, 8, 93 b 21. Voir *II*, 7, 8 et 9 *in extenso*.

105. Comme les similitudes suivantes l'insinuent : *reducere ad seriem*, 383, 25 = *ad classes reducere*, 391, 5 ; *referre ad absolutum*, 382, 5 = *referre ad collectionem*, 390, 18 ; *spectare ad* 381, 19 (382, 20) etc. = *ad rem propositum spectare*, 391, 1 ; etc. — Quant à opposer la *series* « longitudinale » aux *classes* « transversales » (LAPORTE, *Le rationalisme de Descartes*, Paris, 1945, p. 6-7 et 20 ; L. BECK, *The Method*, p. 119, etc. ; WEBER, *La Constitution* p. 48, n. 1 et 2, etc.), ce n'est possible, qu'une fois méconnue leur origine commune — l'élimination de l'essence même de la chose ; à quoi se substitue la *series*, qui parcourt des classes, aussi an-ontologiques qu'elle ; l'*inductio* n'étend l'*intuitus* en *series* qu'en construisant des classes, afin de fournir un matériau parfaitement ordonnable selon la facilité de la mise en évidence.

réserve du texte : « point n'est besoin de passer des termes les plus faciles aux plus difficiles, ni de distinguer les termes absolus des relatifs » (391, 20-21) ; en effet le cas qui appelle cette remarque compte au nombre des « artifices de peu de poids » (391, 16) où le dénombrement prend un tour particulièrement simple, puisque la constitution de l'ordre d'exhaustion se réduit en une transposition (391, 20-23) systématique des lettres. Cet exemple, loin de nous arrêter, permet au contraire de préciser la méthode : le dénombrement peut éviter la recension indéfinie et la répétition hasardeuse (391, 24-25 = 1-4 et 8) ; il va donc utiliser des classes qui ne vont classer ni les lettres, ni mêmes les transpositions possibles des unes dans les autres, mais l'ordre (« un tel ordre pour examiner les transpositions des lettres », 391, 23) et le nombre (« ... que leur nombre soit par exemple ainsi distribué en des certaines classes, que... » 391, 25). En sorte que le dénombrement n'échappe à l'indéfini des choses qu'en ne recensant pas les choses, mais l'ordre et le nombre des combinaisons possibles entre elles, pour autant que *nous* pouvons les opérer. Ainsi dans l'anagramme : ni la complication des sens possibles, ni même la recension exhaustive des produits d'une combinatoire des transpositions, mais la détermination des variables et des constantes, permettant de construire une combinatoire, qui ne laisserait aucun type de transposition de côté : il ne resterait qu'à choisir ensuite en quel domaine, et selon quel type de transpositions poursuivre. La recension indéfinie des choses se résout dans et par la recension des rapports possibles, *a priori*, des choses au sujet connaissant (relation 1) ; ainsi pour « examiner toutes les vérités à la connaissance desquelles suffit la raison humaine » (395, 19), le dénombrement renvoie d'abord à l'entendement lui-même (395, 23), puis aux facultés conjointes (395, 28 sq., sensation et imagination) ; en sorte qu'il s'agisse non plus de dénombrer « toutes les vérités », mais « les instruments dont nous disposons en sus de l'entendement pour connaître » (395, 27), et, ensuite, en reprenant la première question, de « dénombrer exactement toutes les voies, qui s'ouvrent aux hommes vers la vérité, afin d'en suivre une assurée » (396, 7-8), ce qui se définit aisément à partir de l'entendement. De la même manière, on conclut qu'embrasser par la pensée « toutes les choses contenues dans notre univers » (398, 15) ne présente pas de difficulté, puisque qu'elles peuvent toujours « se disposer en un petit nombre de chapitres » (398, 20), ou se rapporter (*referri*, 398, 23) à nous connaissant, puis, et à partir de là, aux res [106]. Cet exemple de la *Règle VIII*,

---

106. *Capita*, voir *Règle XIV*, 451, 7 ; *Règle XVIII*, 461, 22 ; etc. — D'autres exemples confirment cette analyse : *Dioptrique VII*, qui, pour trouver « les moyens de perfectionner la vision », commence par « réduire toutes les choses auxquelles il faut avoir ici égard, à trois principales qui sont : les objets, les organes intérieurs qui reçoivent les actions de ces objets, et les extérieurs qui disposent ces actions à être reçues comme elles doivent » (147, 23 - 148, 4 sq.) ; *Météores VIII*, qui calcule l'angle de vision produisant l'arc-en-ciel en considérant tous les facteurs qui y contribuent ; la mise en doute de *toutes* les opinions par un principe (*aliquam dubitandi rationem*), éprouvant les opinions à partir de leur origine (sensible, intellectuelle, etc.) dans la *Méditation I* ; la méthode d'exhaustion des phénomènes physiques au terme des *Principia* (*IV* - § 199), pris comme sensibles quant à l'origine, comme réductibles à la grandeur, la figure et le mouvement, etc. ; le dénombrement des passions « à raison des diverses façons que (les objets) nous peuvent nuire et profiter » (*Passions de l'Ame, II*, § 52, AT XI, 372, 15-16), etc.

déportant explicitement le dénombrement des choses (*res*, 396, 27 ;
398, 14) au dénombrement des choses en tant que connaissables (398,
24 ; 399, 5-6), donc à l'*ego* : en sorte qu'à partir de lui, se construisent
toutes les *viae* (396, 7) possibles. Ce qui souligne et confirme l'absence,
dans les textes de la *Règle VII*, de tout dénombrement des *res*, au profit
de celui des *viae* (389, 2-4) qui mènent de l'entendement aux choses, ou
plutôt qui produisent les choses dans les classes et les *series* que se
donne l'entendement. Il ne s'agit point de recenser les choses singulières,
ni de transgresser leur particularité dans un *katholou* contemporain,
mais, au second degré, de « dénombrer exactement *toutes les circonstances*
de ce qu'on cherche » (*DM*, 21, 14-16) [107]. Le dénombrement ne porte pas
sur les choses, ni ne vise leur essence, mais construit le réseau *a priori*
des connaissances possibles, à partir de l'*ego* présupposé. Aussi le
dénombrement, pour se suffire à lui-même, n'a-t-il aucunement besoin
d'une recension exhaustive des choses : la construction des voies de
la connaissance l'en dispense, et même l'en détourne. Si, comme Aristote,
Descartes distingue l'induction de la recension indéfinie, les motifs en
sont radicalement opposés : non une transgression de la chose jusque
dans ce qui la fonde (*katholou*), mais une régression hors du singulier
même, refluant jusque dans ce qui, maintenant, lui devient unique fondement, l'*ego*. Car si la *Règle VIII* introduit l'*ego* épistémique (395, 23 =
398, 14-25), c'est en développant effectivement la théorie du dénombrement : sans doute cette rencontre ne relève-t-elle pas d'un hasard.

On conclut donc, multiplement que :

a) L'induction cartésienne, comme l'ensemble des *Règles V* et *VI*,
dépend de la destruction des catégories et des déterminations ontologiques (*genus*, moyen) qui, rendant inopérant le syllogisme scientifique,
vide de tout fondement son opposition au syllogisme inductif.

b) L'induction perd son caractère provisoire, pour cette première
raison, mais pour une autre encore : parce que jamais elle ne peut
se résorber dans universel, inexistant ; aussi bien comme dialectique
(syllogistique) que comme scientifique, l'induction devient une opération
permanente, non provisoire de la science ; la spécificité de la déduction,
pour la même raison, disparaît, en sorte de produire leur synonymie
étrange [108].

---

107. De Courcelles, dans la traduction latine supprime le complément, « Methodus autem illa
quae verum ordinem sequi et *enumerationes* (manque l'objet) accuratas facere docet... »
(AT VI, 551-552), et confirme *a fortiori* l'absence de chose. De même, *Géométrie III* :
« Mais si on prend garde comment, par la méthode dont je me sers, tout ce qui tombe
sous la considération des Géomètres *se réduit à un même genre de problèmes*, (...) on
jugera bien qu'il n'est pas malaisé de faire *un dénombrement de toutes les voies* par
lesquelles on les peut trouver, qui soit suffisant pour démontrer qu'on a choisi la
plus générale et la plus simple » (475, 13-21).

108. Outre la *Règle III*, 368, 12 que confirment, dans les développements sur la
deductio, les occurrences de *illatio* (365, 11 ; 389, 15 ; 365, 3 surtout ; 406, 1 ; etc.), on
se rappellera le sens proprement cartésien de *déduire* : expliquer, comprendre à
partir de ; ainsi : « vous m'avez fait le plaisir de me déduire tout au long vos difficultés... »
(*A Ferrier*, 3 octobre 1629, AT I, 53, 2). Voir : *A Mersenne*, mars 1637, AT I, 350, 21 et
Dioptrique IX, 210, 25. — Voir aussi E. DENISSOF, *Descartes, premier théoricien de la physique
mathématique*, Louvain/Paris, 1970, p. 70, n. 103. La déduction se réduit au statut épistémologique de l'induction.

c) Enfin, entre l'*intuitus* et l'*inductio* ne se trouve plus, comme entre le *nous* et l'*épagogè/aisthesis*, le syllogisme [109] ; la discursivité du savoir, déjà réduite à la disposition de la *series*, dépend immédiatement de l'*intuitus*, sans aucune solution de continuité. Aussi devient-il seulement maintenant compréhensible que l'*intuitus* entreprenne, psychologiquement, d'étendre son « évidence présente », hors de l'immédiateté dans l'induction dénombrante ; préciser comment cette opération psychologiquement s'opère, maintenant seulement, peut devenir une tâche rigoureusement située (d'où la *Règle XI*, § 27).

Les dernières lignes (392, 1-8) de la *Règle VII* concluent plus encore que celle-ci, l'ensemble qu'elle achève, celui des *Règles V, VI,* et *VII.* Cet ensemble, que Descartes déclare réversible (392, 4), parce qu'indissociable, s'organise donc suivant une rigoureuse succession : *Règle V,* substitution à un ordre (ontologique) d'un autre (épistémique) ; *Règle VI,* élimination des catégories, et principalement de la considération de l'*ousia,* obstacle à la constitution « arbitraire » de la *series ; Règle VII,* dissolution du syllogisme (supposant toutes les catégories et l'*ousia* seconde), au profit d'une classification (méthode d'exhaustion) par classes strictement opératoires. D'où : *Règle VIII,* exemples développant l'acquis de cette section ; puis (*Règles IX-X-XI*) la difficulté proprement psychologique d'étendre l'*intuitus* dans une discursivité — non déductive, parce que non syllogistique, mais inductive seulement, parce que sérielle. Il importe surtout de remarquer que les principes de lecture (inversion du savoir de l'*ousia* à l'*ego*), et de comparaison suivie (aux *Catégories*) suffisent à rendre compte d'une cohérence assez remarquable, dans la séquence des *Règles V, VI* et *VII,* pour que Descartes la souligne explicitement. Dès lors, si « nous n'avons presque rien d'autre à faire dans le reste du Traité » (392, 6), il faut admettre que l'ensemble des *Regulae* vise cette confrontation aristotélicienne.

---

109. *Ethique à Nicomaque VI,* 12, 1143 a 35-36 : « aux deux côtés, le *nous* porte sur les extrêmes », dans le deuxième par la sensation.

CHAPITRE III

LA DÉCONSTRUCTION DE L'EIDOS
ET LA CONSTRUCTION DE L'OBJET
(§ 18-24)

§ 18. Assomption de la supposition

La *Règle XII* se donne comme une conclusion de tout ce qui précède
(410, 24 - 411, 2) ; et sans doute convient-il de suivre à la lettre l'indication ainsi donnée. Cette conclusion, qui doit s'entendre, d'ailleurs, plutôt
comme une récapitulation (« ... enseigne en général... »), reprend l'acquis
à un double titre. D'abord parce que matériellement réapparaissent
certains des thèmes antérieurs ; mais surtout parce que le discours
purement épistémologique des *Règles* précédentes s'y trouve investi, ou
doublé, comme on voudra, d'un énoncé dogmatique des éléments constitutifs de la relation épistémique elle-même. D'où la division de la
Règle XII selon les deux termes extrêmes de cette relation : « nous qui
connaissons et les choses mêmes à connaître » (411, 4), en écho à la
dichotomie, si sommairement indiquée par le final de la *Règle VIII*,
« ... nous qui sommes capables de connaissance, les choses mêmes qui se
peuvent connaître » (398, 23-24). Les « choses » peuvent, et doivent maintenant recevoir un statut comme telles : les opérations supposent au
minimum des facultés, les objets construits, des éléments antérieurs à
cette construction.

Mais, avant de mener ces deux enquêtes, qui occupent presque toute
la *Règle XII* (411, 17 - 417, 15 ; 417, 16 - 428, 20), on remarque que ces deux
sections débutent chacune par la même mise en garde : l'énoncé nécessairement dogmatique des facultés ou des éléments doit pourtant s'entendre comme hypothétique (411, 17 - 412, 13 = 417, 16-27). Comment
comprendre ? — Les considérations consacrées à « nous » devraient bien
définir les facultés (411, 20) de l'âme et du corps, l'âme et le corps
eux-mêmes, leur rapport, etc. ; pour plusieurs raisons (difficulté intrinsèque, controverses, etc.), ces définitions paraissent inaccessibles. Reste
à savoir s'il faut même les rechercher ; ne suffirait-il pas d'affirmer
seulement le plus commode des énoncés, sans demander le plus vrai
(412, 4-6 : « la manière de concevoir... la plus utile à mon dessein ») ?
La distinction doit précéder tout le discours subséquent, entre ce qu'il
en est des choses mêmes (ici, les facultés), et ce qu'on peut en com-

prendre aisément (412, 6-10) ; une telle vérité, évidente mais quasi flottante entre les choses, Descartes la nomme une *supposition* (412, 8), et,
ici, précisément, au sens où, plus tard, on procèdera « ayant *supposé*
que Dieu créa une âme raisonnable » (*DM* 46, 24). Par *supposition*, il
faut entendre le type de discours qui procède « de n'importe quelle
chose » (417, 26), c'est-à-dire dont la validité ne considère aucunement si
« la chose est ainsi » (412, 7), parce qu'elle ne dépend ni ne vise la
nature de la chose (412, 13). Ainsi la nature de la lumière n'a pas à
être connue — « il n'y a pas besoin que j'entreprenne de dire au vrai
quelle est sa nature » —, puisqu'il suffit de supposer un modèle mécanique seulement opératoire — « imitant en ceci les Astronomes, qui, bien
que leurs suppositions soient presque toutes fausses ou incertaines,
etc. » — [1] ; de même pour la nature des couleurs, qu'une supposition gra-
phique rend inutile (413, 9). Le mouvement de la Terre se doit également
concevoir à l'aide « de quelques suppositions (...) si simples et si faciles
que vous ne serez pas en peine de les croire [2] » (Voir *Règle XII*, 412, 8).
La théorie de la supposition se trouve explicitement abordée par le
Discours de la Méthode, VI (76, 6, 8, 22) : la supposition rend intelligible
(« explique », 76, 20) les phénomènes, qu'elle insère dans une chaîne de
raisons, mais se trouve « prouvée » (76, 21) par l'événement effectif des
conséquences qui s'en déduisent. Avant d'y reconnaître, bien évidemment,
le raisonnement hypothético-déductif, on remarque que celui-ci n'apparaît lui-même qu'une fois éliminée la *natura*. Toute la *Dioptrique* se
dispense de connaître la nature de la lumière, parce que, précisément,
au degré d'abstraction où elle se déploie, elle n'en éprouve nul besoin.
De même que *Le Monde*, le *Discours* déploie une théorie de la cohésion et de la formation de l'Univers, qui le dispense de considérer la
pesanteur comme telle : « Encore que j'eusse expressément *supposé*
que Dieu n'avait mis aucune pesanteur en la matière dont elle (sc. la
Terre) était composée, toutes ses parties ne laisseraient de tendre exactement vers son centre » (*DM* 44, 2-6). Dans tous les cas, la *supposition*
ne déclenche l'enchaînement hypothético-déductif qu'après avoir, nomi-
nalistement, fait abstraction de la *nature* : « Pour moi, je crains de me
tromper si j'y suppose quelque chose *de plus* que ce que je vois nécessairement y devoir être [3]. »

Ce mode de discours, Descartes le justifie en recourant, pour le
rendre banal parmi d'autres, à deux démarches épistémologiques. Premièrement, en comparant la *supposition* (qui abstrait l'objet de la *natura*)
au raisonnement mathématique où, communément, « vous faites sur la
quantité quelques suppositions, qui n'infirment par aucune raison la
force des démonstrations, bien que vous ayez en Physique un tout autre
sentiment sur leur nature » (412, 11-13) ; or, pour Aristote, la distinction
entre le mathématique et le physique consiste entièrement dans la
« matière » (et donc l'*eidos*) qu'abstrait l'une, quand l'autre y reconnaît le

1. *Dioptrique I*, AT VI, 83, 14-16 ; 22-24 et 83 *passim ;* Voir *II*, 95, 31, mais également
Règle VIII, 394, 17, *Règle XII*, 413, 9.
    2. *Météores I*, AT VI, 233, 5-8, 10 ; voir 238, 28 sq.
    3. *Le Monde*, AT XI, 7, 16-18.

seul « fundamentum reale » (*Règle XIV*, 448, 22) ; sans doute jamais l'exactitude mathématique ne se dément par la « force des démonstrations » (412, 12), mais justement, la question ne concerne en rien l'exactitude ; ou plutôt, l'exactitude, en croissant, trahit par là même l'abstraction qui, à la fois, la qualifie comme mathématique et la disqualifie comme « réelle » (voir § 5). — Deuxièmement, en assimilant la supposition au raisonnement astronomique, et plus précisément à « ces cercles imaginables, grâce auxquels les Astronomes ont coutume de décrire leurs phénomènes » (417, 24-25). Qu'en est-il de leur statut aristotélicien ? Au contraire des sciences mathématiques qui ne portent sur aucune substance, l'astronomie garde une ambiguïté, puisqu'elle porte sur des substances astrales, et donc éternellement animées d'un mouvement régulier et circulairement parfait : elle constitue donc « la plus appropriée de toutes les sciences mathématiques à la philosophie » (au contraire de l'arithmétique, ou de la géométrie, beaucoup plus abstraites). Cependant l'astronomie reste fondamentalement une science mathématique, même si elle relève des « plus physiques d'entre les sciences mathématiques » ; en effet, le principe de son intelligibilité, comme science, appartient toujours à la géométrie (science architectonique, du *dioti*), et le caractère « physique » de son matériau (*to oti*) reste parfaitement étranger à sa scientificité ; à la limite, il la contredirait, si ce matériau ne se distinguait par l'exceptionnelle « netteté » de sa « matière » (*hylè topikè, hylè kinetè*) ; malgré cela, l'astronomie ne reste intelligible qu'au prix de la compréhension quasi géométrique de phénomènes quasi non-géométriques. Ainsi les « cercles » visent-ils seulement, à force de combinaisons, à « rendre compte des phénomènes », sans assurer que chaque cercle correspond à un mouvement réel ; les cercles doivent seulement se combiner (déférent, épicycle, point et cercle équants, etc.), afin de parvenir à une résultante, raison mathématique composée d'un phénomène physique simple. Le nombre et les mouvements des cercles supposés restent donc parfaitement indifférents, pourvu que leur résultante concorde avec les phénomènes ; d'où l'indifférence finale d'Aristote : « Que le nombre de sphères (= *circuli* cartésiens) soit aussi grand que celui des substances et principes immobiles, il est convenable de l'admettre (car pour ce qui est de le déterminer nécessairement, c'est à laisser à de plus forts que nous)[4] » ; indifférence moins ironiquement modeste, qu'épistémologiquement fondée : le physicien n'entre pas dans une question de sciences mathématiques. — Ainsi les deux références coïncident-elles en un seul énoncé de l'abstraction mathématique, nécessaire-

---

4. Respectivement, *Métaphysique* Λ, 8, 1073 b 4-5 ; *Physique II*, 2, 194 a 7-8 ; *Métaphysique*, 1074, a 1 et 1074 a 14-17. — La supposition astronomique, mais non physique, se trouve thématisée, entre autres, dans la *Lettre à Morin* du 13 juillet 1638 : « … Vous commencez par mes suppositions, et vous dites " que l'apparence des mouvements célestes se tire aussi certainement de la supposition de la stabilité de la terre, que de celle de sa mobilité ", ce que j'accorde très volontiers. » (AT II, 197, 10 sq.) ; ainsi, Descartes admet parfaitement, d'un tenant de l'ancienne astronomie, non seulement le principe de l'équivalence des hypothèses, mais la distinction du mathématique et du physique qui la commande, et donc le statut hypothétique de l'Astronomie.

ment hypothétique, puisque ne connaissant que des objets hypothéqués sur les choses mêmes [5].

Le modèle mathématique du savoir, parce qu'abstracteur, n'atteint jamais l'*ousia* singulière comme telle, et, immédiatement, inverse son universelle impertinence en universelle validité — parce que ne connaissant jamais rien, il vaut pour tout. Les vérités mathématiques peuvent aussi bien être dites ne jamais connaître (sc. une *ousia*), que connaître universellement (sc. des rapports abstraits). Descartes reprend absolument l'analyse aristotélicienne, pour conclure du caractère hypothétiquement nécessaire des mathématiques au caractère nécessairement hypothétique de leur confusion et application à la physique. — Seulement, la même conclusion peut s'entendre inversement. L'exactitude mathématique, et son universalité, exigent l'abstraction et l'ignorance de l'*ousia* : Aristote en conclut à l'insuffisance de la connaissance mathématique, et en restreint le domaine ; Descartes redouble cette abstraction même, pour étendre universellement l'uniforme certitude — en excluant, bien sûr, la connaissance de l'*ousia*, rançon de la certitude, car l'hypothèse seule permet la certitude. Et donc le modèle méthodique (plus que mathématique, puisque redoublant celle-ci) conquiert toute l'étendue ouverte au savoir, sans exception : non seulement il subjugue la relation épistémique (domaine opératoire de la méthode), mais il déborde sur ses éléments constitutifs (*res/nos*). Le statut hypothétique, en devenant universellement valide, cesse d'être provisoire, pour s'emparer finalement des éléments constitutifs et antérieurs à la relation épistémique ; en un mot, l'âme autant que l'essence des choses doivent subir une reconstitution hypothétique, qui les rendra épistémologiquement homogènes au système copernicien, à la loi des *sinus*, ou à la circulation sanguine, également « matières de philosophie ». Peut-être n'est-il pas exagéré de lire ici l'origine, toujours présente dans ce qu'elle engendre obscurément, des psychologies objectives et expérimentales, et des matérialismes confondant « matière » et matériau informé. Les *Regulae* donc, ici, inscrivent parmi les domaines hypothéqués au profit de l'hypothèse les éléments constitutifs et antérieurs à la relation épistémique : ce n'est plus la connaissance qui s'inscrit dans le monde, mais le monde qui s'étale uniformément devant et sous la connaissance. Celle-ci ne reconnaît rien qui échappe à la mise en évidence ordonnée, à quoi, donc, ne s'impose l'abstraction méthodique.

L'ensemble de la *Règle XII*, même — surtout — quand Descartes y reprend des thèses antérieures, ne devient lisible et décisif que si l'on y décèle les écarts, déplacements ou corrections qu'impose la *Mathesis universalis*, procédant en territoire nouvellement conquis.

§ 19. *EIDOS* ET *IDEA* : LA SENSATION

La reprise évidente du traité *De l'Ame* (412, 14 - 417, 15) par la *Règle XII* suscite quelques difficultés. On insiste souvent sur le carac-

---

5. « Les (objets obtenus par) abstraction », voir *Métaphysique K*, 3, 1061 a 29 ; *An. Post. I*, 18, 81 b 3 ; *De l'Ame I*, 1, 403 b 15 ; *III*, 4, 429 b 18 ; *Du Ciel III*, 1, 299 a 16 ; etc

tère traditionnel, et même scolaire, du décalque de ce qu'il est convenu d'appeler « psychologie aristotélicienne » ; on constate que ces thèmes disparaîtront rapidement (en *DM* déjà) de la pensée cartésienne ; on conclut ainsi à l'inintérêt de ces pages, du moins pour le philosophe, historien de la pensée cartésienne [6]. Peut-être la question ne se pose-t-elle pas en ces termes. Il s'agirait bien plutôt, une fois reconnue et authentifiée la constante référence aux thèses aristotéliciennes, non plus d'y minimiser une survivance précartésienne chez Descartes même, mais d'y mesurer les aménagements qui traduisent par des significations (apparemment) aristotéliciennes des sens déjà strictement cartésiens. En un mot, l'apparent conformisme permet de dégager d'autant mieux l'innovation effective.

Le premier développement (412, 14 - 413, 20 « primo... ») élabore la théorie de la sensation ; ainsi le *sensus* (412, 14) reprend exactement l'*aisthesis*, par laquelle s'ouvre le parcours des étapes de la connaissance dans le traité *De l'Ame* [7]. La similitude de deux autres thèmes confirme le premier rapprochement.

a) *Figura* (412, 18, 27 ; 413, 2, 7, 15, 17, 18 ; 414, 1, etc.) doit s'entendre aussi bien comme *idea*, soit explicitement — « ces mêmes figures ou idées » (414, 17) [8] —, soit par la mise en équivalence obvie des termes (*Règle XII*, 415, 17-21 = 416, 2-10 ; *Règle XIV*, 439, 11-15, etc.) —, soit par substitution d'*idea* à *figura*, dans les emplois propres à cette dernière (*Règle XII*, 412, 23 - 413, 2 = *DM*, 55, 4-17). Ainsi, la *figura*, par quoi Descartes pense l'*idea* en sa première saisie, correspond-elle à l'*eidos*, qui se manifeste, elle aussi, premièrement dans la sensation [9].

b) D'ailleurs la métaphore du sceau marquant la cire (412, 18-22) provient du même développement d'Aristote : « De même que la cire reçoit la marque de l'anneau (portant le sceau) sans recevoir le fer ou l'or, ou plutôt prend bien la marque d'or ou de bronze, mais non en tant que bronze ou or, de même la sensation... ».

---

6. Si l'on doit reconnaître que la psychologie de la *Règle XII* renvoie à « la métaphysique classique de l'époque » (F. ALQUIÉ, *Découverte métaphysique de l'homme chez Descartes*, Paris, 1950[1], 1966[2], p. 72), il n'en faut que plus mesurer les écarts, divergences, et modifications que cette ressemblance thématique rend possibles.

7. Et plus précisément, *De l'Ame II*, 12 : « Universellement à propos de *toute* la sensation, il faut comprendre que... » (424 a 17) que reprennent « *omnes sensus* » (412, 14). et que traduira strictement *Dioptrique IV* : « Mais il faut que je vous die maintenant quelque chose de la nature des sens *en général*... » (AT VI, 109, 3-4). *Dioptrique IV* et *Le Monde I* constituent d'ailleurs les meilleurs parallèles à la première section d'un traité *De l'Ame* cartésien, esquissé par la *Règle XII*.

8. Et aussi *Le Monde*, *XVIII* : « Or, entre ces figures, ce ne sont pas celles qui s'impriment dans les organes des sens extérieurs, ou dans la superfice intérieure du cerveau, mais seulement celles qui se tracent dans les esprits sur la superficie de la glande (...) qui doivent être prises pour des *idées* » (AT XI, 26-31) ; et : « Ces figures..., en sorte que par leur moyen les *idées*... s'y peuvent former derechef... » (178, 8-11). Ce qui commente d'ailleurs la *Règle XIV* : « Pour ce qui touche aux figures, on a montré plus haut comment c'est par elles seules qu'on peut forger les idées de toutes les choses » (450, 10-12). Et enfin *Entretien avec Burman* « ... ideam seu potius figuram » (AT V, 162, 18).

9. *De l'Ame, II*, 12, 424 a 18 : « *eidos* sensible » ; 424 b 2 : « *eidos* du sensible ».

c) Et encore l'interprétation générale de la sensation comme passivité (412, 17-18) : « ... subir avec la matière [10]. »

Cette triple rencontre permet d'admettre, non seulement que Descartes traite de la sensation comme il l'annonce, mais reprend et critique *De l'Ame*, *II*, 12.

Cette apparente concordance offre le terrain des plus grands écarts. *Figura*, tel paraît le concept véritablement opératoire, qui donne un contenu cartésien à *idea* donc *eidos* ; reste à préciser ce que *figura* recouvre, et ce que suppose son équivalence avec *idea*. Alors son écart apparaîtra avec l'*eidos*. — La *figura* fonde son privilège en deux moments, bien distincts ; premièrement, la sensation se précise immédiatement en étendue, c'est-à-dire en *figuration* (*figuratum* 412, 12 ; 413, 10, 18), où la chaleur, le froid, le coloré, le suave ou l'amer, voire le senti, etc., reconnaissent leur premier et immédiat support (413, 5-10) ; mais ici la figure ne devient « conception... commune et simple » (« communis et simplex conceptus » 413, 7-8) qu'au prix d'une évidente et violente réduction, l'abstraction simple réduisant à la mesure tout objet sensible, et la considérant comme non sensible « nous y faisons abstraction de toute autre chose, que sa nature de figure » (413, 14-15). Mais l'essentiel reste encore à dire ; car la simple considération de toute sensation comme réductible à l'étendue, à titre de figure, reste dans le domaine, déjà fort piétiné, de la « critique des qualités sensibles ». Or, le résidu non étendu de l'abstraction, que la *figura* ne peut consigner en elle, Descartes ne peut que le reconnaître comme tel (« sans nier pourtant rien de ce que les autres ont pu décider de la couleur » 413, 13-14) ; mais précisément, ce résidu proprement non étendu peut se traiter, aussi bien, en termes d'étendue ; en effet, à condition de ne plus la concevoir par ressemblance à un substrat réel (le coloré, en tant que *corps* coloré, reste effectivement étendu, donc figuratif), la figure permet non plus seulement une abstraction, mais une transcription, où chaque particularité sensible (en tant que non figurative, c'est-à-dire non abstraite) peut *se coder* ; figurer vient à chiffrer le message sensible. Soit le blanc, bleu, rouge, c'est-à-dire des couleurs en tant que telles (non en tant que corps étendus colorés), et donc irréductibles à l'abstraction (qui vient, précisément de les renvoyer à leur insignifiance sensible) ; soit un *code*, arbitraire (ici parallèles verticales : blanc, puis redoublées d'horizontales et d'obliques) comme la mise en ordre qu'il permet (voir § 12) ; alors les couleurs, comme telles, se résumeront aux figures (413, 17) où le code les transcrit. Ce deuxième emploi de *figura* (transcription, non abstraction mesurante) seul est décisif : la figure tient sa primauté non seulement de l'extension élémentaire du sensible, mais surtout de la reconstitution, codée en termes d'étendue, du résidu de la première figuration. Ce n'est donc plus seulement le figurable qui fait de la figuration, mais le non-figurable lui-même est contraint de faire, comme on dit, bonne figure. Et d'ailleurs, Descartes distingue parfaitement la *superficie* (figure par abstraction) de la figure comme universelle « conception... commune et simple » (= 439, 15-16) : « Et notez

---

10. *De l'Ame*, *II*, 12, 424 a 19-21 et 424 b 3.

que, par ces *figures*, je n'entends pas seulement ici les choses qui *représentent en quelque sorte la position* des lignes et des *superficies* des objets, mais aussi toutes celles qui (...) pourront *donner occasion à l'âme de sentir* le mouvement, la grandeur, la distance, les couleurs, les sens, les odeurs, et autres telles *qualités ;* et mêmes celles qui lui pourront faire sentir le chatouillement, la douleur, la faim, la soif, la joie, la tristesse, et autres telles passions [11]. » Par quoi l'on retrouve, après l'abstraction redoublée de la *Mathesis Universalis*, et la mise en ordre sans *ousia*, le droit fil des *Regulae* : la figure, distinguée du figuré constaté ou obtenu par abstraction, s'étend à la reconstitution infiniment (« ... multitude infinie des figures » 413, 19) codée de l'univers ; lequel peut devenir, déjà, système de signes dont les transcriptions supportent l'absence du référent, à moins qu'elles ne l'exigent.

Comment comprendre, dès lors, l'équivalence de *figura* avec *idea* ? Cette équivalence suppose, en fait, un glissement de signification très considérable : tantôt, il s'agit de l'allure, de la forme du corps senti, qu'Aristote nomme l'*eidos* sensible (412, 20), tantôt, de la figure tracée à force de lignes (413, 17, qui introduit les premiers graphismes géométriques des *Regulae*). Ambiguïté ? A moins que l'interprétation de l'*idea* comme *figura*, et donc la confusion des deux acceptions de celle-ci, ne conduise à une véritable confrontation avec l'*eidos ;* si *figura* recouvre *idea*, et si, comme de bien entendu, *idea* paraît « traduire » *eidos*, on doit nécessairement demander : la substitution de *figura* à *eidos* introduit-elle une modification, dans l'analyse aristotélicienne, et apparemment cartésienne, de la sensation, et laquelle ? — Deux écarts peuvent se déceler ; premièrement, Aristote comprend la sensation comme la saisie non matérielle d'un événement lui-même composé de « matière », c'est-à-dire comme l'opération où l'esprit voit la « figure », l'allure, la silhouette, si l'on peut dire, de la chose, sans en assimiler, bien sûr, la « matière » ; il s'agit donc d'une interprétation éidétique de l'événement sensible, interprétation qui délivre l'*eidos*, c'est-à-dire la chose prise non comme composée, mais comme résorbée dans son essence, « en tant que qualifiée, et selon le *logos* [12] ». Au contraire, Descartes invoque très exactement l'abstraction de la matière (413, 14) pour rendre intelligible la réduction de toute sensation, quelque diverse et bariolée qu'elle se présente, à la figure étendue ; au *en tant que* (*hê*) éidétique elle substitue un *en tant*

11. *Le Monde, XVIII* (AT XI, 176, 9-18). Ce qui commente la conclusion décisive de la *Règle XIV* : « ... il ne faut pas là moins abstraire les propositions des *figures mêmes, dont traitent les Géomètres*, si la question porte sur elles, que de toute autre manière qu'on voudra ; il ne faut à cet usage rien retenir, hormis des surfaces rectilignes et rectangulaires, soit des lignes droites, *que nous appelons aussi des figures*, parce que par elles nous n'imaginons pas moins un sujet vraiment étendu que par des surfaces, comme on l'a dit plus haut » (452, 14-21).

12. *De l'Ame, II* 12, 424 a 24 ; la traduction de *logos* soulève quelques difficultés (voir Ross, ad. loc. p. 264-265), et admet au moins deux solutions : soit qu'on entende le rapport de convenance entre le senti et l'organe sentant, conformément à l'un des sens possibles pour 424 a 27-28 ; soit qu'on entende la définition essentielle (et non « matérielle »), en référence à *Métaphysique Z*. Mais, justement il n'est pas sûr qu'il faille choisir. — Sensation définie par le *logos*, 426 a 29, 426 b 3, 414 a 13, etc.

que (*ut*, 412, 24) mathématiquement abstracteur [13], qui élimine la
« matière », au lieu de la saisir, malgré son flou, dans le contour éidétique. — Confirmant cette divergence, une seconde permet de constater un
antagonisme absolument radical ; pour Descartes, puisque la sensation
consiste toute en une interaction de forces (activité - passivité), il suffit
qu'une pression s'exerce, pour que mécaniquement naisse l'impression
(412, 27) ; la netteté de l'une dépend de la puissance de l'autre, selon
l'égalité, quantitativement définissable, de l'action et de la réaction. En
stricte contradiction, Aristote pose que « l'organe sensitif peut bien être
une grandeur, au contraire la chose sentie ni la sensation ne sont une
grandeur, mais un certain rapport (*logos*) et la possibilité de celui-ci »,
étant bien entendu que la grandeur doit souvent s'entendre en rapport
avec la figure elle-même (*skhema*) [14] ; penser la sensation comme rapport
mécanique de forces, c'est la manquer, alors que, pour Descartes, c'est
précisément l'atteindre, en la consignant dans la figure quantifiable.
Un tel affrontement ne se produirait sans doute pas, s'il s'agissait de la
même « sensation ». Qu'entend ici Aristote en refusant la « grandeur » au
profit du *logos* ? Les lignes suivantes le précisent : la quantification de
la sensation méconnaît qu'en cas de trop grande excitation, la sensation
n'augmente pas d'autant son intensité, mais se dissout par l'excès même
d'intensité ; c'est-à-dire, pour faire simple, qu'au paramètre quantitatif
et mécanique doit s'en adjoindre un second, qualitatif et musical ; musical, puisqu'Aristote se réfère à une lyre, où la tension trop considérable
des cordes, au lieu de varier l'échelle des octaves, interdit le toucher,
et donc la « symphonie » des notes accordées ; la sensation doit se
mesurer dans l'empan et la portée limitée des organes humains, où
toute excitation doit s'inscrire, à moins de détruire la symphonie. Que
Descartes exclue consciemment de la sensation le rapport symphonique,
nous en avons une preuve ; non seulement il ne le mentionne pas dans
la théorie du *sensus* ; mais surtout il en transpose tous les éléments en
l'esthétique musicale, au sens étroit, dans le *Compendium Musicae* :
« Tous les sens sont capables de quelque plaisir. Pour ce plaisir est
requise *une certaine proportion* de l'objet avec le sens lui-même. D'où
il vient, par exemple, que le bruit des soufflets ou des coups de ton-
nerre ne paraît pas adapté à la Musique : parce qu'en effet il blesserait
les oreilles, comme blesse les yeux la splendeur excessive du soleil
vu de face [15]. » En un mot, les termes de l'analyse aristotélicienne
n'échappent aucunement à Descartes, qui n'en ignore rien (« proportion »
= *logos* ; *sphodra* = « *excessive* ») ; mais il renonce à les tenir assemblés
en une contemplation, *esthétique* précisément, de l'*eidos* sensiblement

13. Voir explicitement *Meditationes*, « quatenus sunt objectum purae Matheseos »,
AT VII, 71, 14-15 ; « quatenus est tantum (sc. corpus) res extensa » 78, 18 ; *Principia
Philosophiae* I, § 69 : « corpus ...quatenus apparet figuratum... », AT VIII-1, 34, 5-6.
14. *De l'Ame* II, 12, 424 a 27-28 ; voir *III*, 4, 429 a 11-12 ; figure et grandeur, *III*, 1,
425 a 16.
15. *Compendium Musicae*, AT, X, 91, 3-9 ; *ratio*, 91, 15, 23 ; *proportio*, 91, 28 ; 92, 9, 25.
On remarque que ces considérations sont explicitement distinguées par Descartes des
recherches des *Physici* (89, 13), sans jamais, bien sûr, qu'il ne demande si pareille
séparation des domaines ne trahit pas, plutôt, une confusion de l'unique *aisthesis*.

présent ; il abandonne donc l'*eidos* sensible comme tel, pour le scinder en une *figura* radicalement abstraite du sensible (et qui, sans « matière » reste aussi bien sans « forme »), et un sensible réduit au seul « plaisir esthétique », lui-même aussi insignifiant théoriquement, que la *figura* reste inopérante physiquement. Dès le premier échelon de la connaissance, disparaît le centre de gravité de l'épistémologie aristotélicienne, l'*eidos*, que manque et remplace la *figura*. On remarquera seulement qu'ici, à pousser en avant l'abstraction (redoublée, en ordre, etc.), Descartes ne va pas assez loin pour atteindre à l'*eidos*, mais s'en éloigne d'autant plus qu'il abstrait, là précisément où Aristote opère une concentration (de la « matière » à la « forme », du quantitatif au qualitatif, de l'interaction et de l'harmonie), et renonce à tenir le centre d'un réseau saturé de sens, pour opérer, comme à distance, le relevé de paramètres disjoints.

L'identification d'*idea* et de *figura* permet, en toute rigueur, de prétendre épuiser l'*eidos* sitôt la chose même codée en certaines figures (lignes, etc., 413, 17 sq.) ; comme par définition il s'agit d'un codage, où la notion même de ressemblance, ou plutôt de semblance, perd toute signification, les mêmes éléments (graphiques ou autres) peuvent toujours épuiser de nouveaux paramètres, qui entrent ainsi dans le savoir sans que leur nouveauté n'apparaisse dans le code lui-même — polyvalence des mêmes courbes, etc. Au sens strict, la sensation comme figure, c'est ce qui permet de ne jamais connaître rien de nouveau, mais toujours le code indéfiniment varié et connu d'un inconnu dissous en lui ; la sensation, parce que fermée à tout « être nouveau » (*novum ens* 413, 12 = 438, 14-15 ; 439, 11-12), fonde la connaissance sur l'impossibilité de toute admiration. — Pareillement, la réduction à la *figura* permet de reconnaître, sous l'équivalence de surface entre la sensation par action locale (*per actionem* 412, 16 ; *per motum* 17) et la sensation par *kinesis* [16], une profonde opposition. Descartes entend évidemment par tel mouvement, le seul qu'il admette jamais comme réel, le déplacement, « savoir par un mouvement local » (412, 17) ; et la passion à quoi se résume la sensation, dépend d'un mouvement imposé par certaines particules matérielles, à d'autres. Au contraire, si Aristote parle de mouvement, il ne s'agit pas du local, mais de l'altération, car « il y a une altération et une augmentation quant à l'âme ; en effet, la sensation semble bien être une certaine altération [17] ». La substitution d'un mouvement à l'autre interdit immédiatement de concevoir la sensation à l'intérieur du processus universel de résorption de la « matière », comme potentialité indéfinie, dans l'*eidos*, comme achèvement définissant et définitif (*energia*) ; or c'est précisément le but de la démarche épistémologique d'Aristote que d'y élever le procès de la connaissance, dès la sensation : « L'*energia*

---

16. *De l'Ame II*, 12, 424 a 30.
17. *De l'Ame II*, 4, 415 b 23-24 ; voir 416 b 33-35 (renvoyant à ce premier texte) ; *Métaphysique* Γ, 5, 1009 b 13 ; *Physique VIII*, 2, 244 b 10 - 245 a 11, fondamental. — Si le mouvement local concerne par ailleurs l'âme, ce n'est pas dans la soumission au processus de la sensation, mais dans la direction de la procession autonome (propre du vivant, *Physique II*, 1, 192 b 13 - 14 = *De l'Ame, III*, 3, 427 a 18).

du senti et du sentant est unique [18] » ; et donc la sensation, comprise cartésiennement, atteint à sa perfection *avant* même que le processus de connaissance ne la transforme en intellection ; plus pauvre que l'*eidos* sensible, elle atteint plus rapidement à un statut définitif — un code ne peut passer à, ni se dépasser en, une *energeia* d'intellection. Pure information, hors de toute forme, la sensation (dé)figurée vaut en elle-même, mais ne vaut pas plus qu'elle seule. En ce sens aussi, la *figura* n'atteint aucun « être nouveau ».

La *figura*, qui livre la doctrine cartésienne de la sensation, censure l'*eidos*. Il reste à suivre et mesurer cette censure.

§ 20. *EIDOS* ET *IDEA* : SENS COMMUN ET IMAGINATION

Seconde faculté de l'âme (« secundo... » 413, 21 - 414, 15), suivant d'ailleurs la topique aristotélicienne, « le sens commun où ces idées sont reçues » (*DM*, 55, 20-21). Question : les résultats de la précédente analyse s'y peuvent-ils confirmer ?

Le texte de la *Règle XII* ne donne pas de définition du sens commun, mais immédiatement en décrit les opérations, aussi faut-il la préciser, en recourant à d'autres textes. Il se définit premièrement comme un lieu, « la glande, où est le siège de l'imagination et du sens commun [19] », sens intérieur par opposition aux sens externes, sis dans le cerveau [20] ; deuxièmement, ce siège n'est ainsi disposé que pour achever et terminer un certain transport des impressions reçues des objets : les termes « parviennent... ; viennent ; passent vers le sens commun... [21] » corroborrent « ... est transportée vers une certaine partie du corps, qu'on appelle sens commun » (414, 1-3). L'interprétation rigoureusement spatiale du sens commun en fait un *lieu*, où *convergent* les impressions reçues des sens externes, c'est-à-dire les figures. En fait, la *Règle XII*, passant sous silence cet acquis, entreprend immédiatement de rendre moins naïf et plus économique ce transport : non plus transport matériel d'« images qui soient envoyées par les objets jusques au cerveau, ainsi que font communément nos Philosophes » (414, 3-4) [22], mais transmis-

---

18. *De l'Ame III*, 2, 425 b 26-27 ; 426 a 15-16 ; voir 429 a 27-29 ; 430 a 20 ; 431 a 1 ; *De la Sensation et des sensibles* 3, 439 a 13-16, etc.

19. *Le Monde*, AT XI, 176, 30. Voir *Dioptrique V*, AT VI, 129, 20-22 ; « Une petite glande (...) est proprement le siège du sens commun. »

20. La localisation aristotélicienne la situe en principe dans le cœur (*Du Sommeil et de la veille*, 456 a 6 sq.), mais suggère parfois aussi le cerveau (*De la Sensation et des sensibles* 438 b 8-10). Voir *Dioptrique IV*, AT VI, 109, 10-14, 21.

21. Respectivement *Dioptrique*, AT VI, 109, 20 ; 141, 16-17 ; voir *Le Monde*, AT XI, 177, 8, etc.

22. *Dioptrique IV*, AT VI, 112, 7-9. Voir la critique des espèces intentionnelles, en 85, 24-27 ; 130, 3 sq. — Il faut remarquer que la critique quasi physiologique de la doctrine des espèces intentionnelles :

a) Suppose celles-ci purement matérielles, et donc déjà le moyen d'un simple transport, en fait déjà comparable à la transmission d'information qu'y substitue Descartes (112, 5-11, etc.) ;

b) Déploie sa critique contre la ressemblance entre l'origine du message et le message lui-même ; sans s'interroger sur cette ressemblance même (ce que fera Berkeley). Descartes distingue du moins nettement que l'*eidos* y disparaît : « ... rien de

sion instantanée d'une information ; le modèle mécanique peut varier
(mouvement de la plume, ici ; mouvement du bâton, *Dioptrique ;* mouvement de la corde, *DM*, etc.), son effet reste le même : le contact sans
solution de continuité des parties permet de transmettre « au même
instant » (414, 3, 5) l'information initiale ; la cohésion (*connexio* 414, 12-13)
se monnaye en immédiateté, et l'immédiateté résulte de la cohésion d'une
figura. Mais, précise Descartes, la transmission, immédiate parce qu'opérant sur des *figurae*, ne se conçoit que codée : aucune ressemblance ne
se transmet, puisqu'aussi bien et la transmission use de la cohérence
d'une figure, et le message lui-même est déjà codé (414, 11 = *Dioptrique IV*). Le sens commun se développe donc en parfaite homogénéité
avec l'interprétation préalable de la sensation comme jeu de *figurae*.

Quel rapport avec le sens commun strictement aristotélicien, la *koinè
aisthesis ?* Celle-ci ne reçoit ni ne favorise aucun transport, ou transmission, mais répond à la question : par quel sens composons-nous entre
elles les sensations particulières ? Elle opère, comme telle, la synthèse
« esthétique » (*sunaisthesis*, dit Alexandre d'Aphrodise), en sorte que « des
sensibles communs nous ayions, mais non accidentellement, une sensation [23] ». En effet les sensibles communs, « mouvement, repos, figure,
grandeur, nombre » (et donc les *figurae* cartésiennes) ne se peuvent
connaître immédiatement, puisque nous ne les saisissons, en fait, qu'au
terme d'une confrontation des sens propres entre eux (vue, toucher,
pour toute spatialité, etc.) ; ces sensibles doivent s'entendre comme des
« conséquences... accompagnant » les sensibles propres [24]. En d'autres
termes, rien n'est moins donné dans la sensation que le schéma, ou si
l'on veut la figure, qui doit au contraire longuement se constituer par
le sens commun — le seul qui ait le sens de la communauté. — Quand
donc Descartes pose d'emblée la *figura*, quand aussi bien il passe entièrement sous silence la fonction synthétique du sens commun, deux conclusions s'imposent. Premièrement, Descartes inverse l'ordre d'apparition,
en proposant la *figura* dans (voire avant) la sensation, au lieu qu'en
principe seul le sens commun peut l'élaborer ; en quoi il renouvelle
à sa manière l'erreur, déjà stigmatisée par Aristote, des anciens atomistes
qui réduisaient tous les sensibles au toucher : « ils en usent avec les
sensibles communs à toutes les sensations comme avec des sensibles
propres : en effet, grandeur, figure, la rudesse, le lissé, l'aigu et l'obtus
(dans les masses) sont des termes communs des sensations, du moins
de la vue et du toucher [25] » ; dans ce cas, on manque la distinction
fondamentale entre l'*eidos*, qui s'impose, et le sensible commun, qu'on
construit ; ce qui témoigne assez de l'aveuglement éidétique déjà pré-

---

semblable aux idées » (85, 23 ; 131, 7-10 ; *Le Monde I, passim,* dont AT XI, 3, 4, 9 ;
4, 27 ; 5, 9-10, etc.).

23. Respectivement ALEXANDRE, *Alexandri Aphrodisiensis, praeter Commentaria scripta
De Anima Liber,* éd. I. Bruns, Berlin, 1879, S. 65, 5 et 130, 23, etc. ; puis ARISTOTE, *De
l'Ame, III,* 1, 425 a 27-28.

24. Voir *ta akolouthounta,* 425 b 5 = *Du Sommeil et de la Veille,* 455 a 16 et 428 b 22,
ta epomena.

25. *De la Sensation et des Sensibles* 442 b 4-7. Allusion sans doute à Démocrite (*in*
THÉOPHRASTE, *Des Sensations,* 49-83 = D.K. II, Démocrite A, § 135, S. 114-123).

supposé dans la lecture figurative de la sensation, lecture que rend possible la substitution des sensibles communs aux sensibles propres. Deuxièmement, on comprend assez bien qu'une fois les sensibles communs supposés d'emblée dans la sensation primitive, le rôle synthétique du sens commun doive disparaître ; il ne reste donc plus (conformément d'ailleurs aux exigences de la *figura*) qu'à lui attribuer une autre fonction, la simple transmission des informations, et leur stockage. — Fondamentalement, Descartes interprète le sens commun en fonction de la *figura*, au détriment de l'*eidos*.

L'apparition de l'imagination (« Tertio... phantasiam... Quarto concipiendum... » 414, 16 - 415, 12) confirme l'origine explicitement aristotélicienne du développement, comme le montrent encore plusieurs considérations. Premièrement, *imaginatio* se dit aussi bien *phantasia*[26] conservant ainsi, non traduit ni réduit au latin, le terme grec, *phantasia*, et la lumière (*phaos*) qui le suscite. — Deuxièmement, la conjonction d'imagination et sens commun (414, 16-19 ; 415, 17-18, 28, etc. ; *Le Monde*, 176, 30-31) convient exactement avec la définition aristotélicienne : « ce qu'on imagine est une affection du sens commun[27] » ; de même, la mise en relation de la mémoire avec la *phantasia*, « et c'est alors la même [sc. faculté] qu'on appelle mémoire... » (414, 23-24), « cette mémoire... ne se distingue du tout de l'imagination » (416, 21-23 ; voir *Règle VIII*, 396, 1 = 398, 27-28), correspond à « quant à savoir de quoi dans l'âme relève la mémoire, c'est bien évidemment de la *phantasia* », et à « la réminiscence est une recherche de l'image (phantasme)[28] ». — Troisièmement, la relation de la sensation à l'imagination paraît identique dans les deux cas : l'imagination joue elle aussi le rôle d'une cire, que viennent informer les sensations (figures) (414, 16-17), comme la sensation « fait (*empoiei*) » l'imagination, pour Aristote[29]. — Ces convergences soulignent d'autant une première divergence. S'il y a bien action entre sensation et imagination, ce ne peut être qu'au moyen d'une chaîne d'actions et de réactions qui passe par le sens commun ; ainsi Descartes ne mentionne-t-il jamais le rapport de l'imagination à la sensation sans y joindre aussitôt le sens commun, organe de transmission et de la localisation (415, 20-21 ; 27-28 ; 414, 16-19), le seul qu'affectent immédiatement les figures sensibles (414, 27-28) ; en un mot l'interprétation générale de la sensation comme transmission mécanique d'informations codées impose de médiatiser le rapport entre sensation et imagination par le sens commun. Ainsi contredit-on l'imagination aristotélicienne, définie « un mouvement dû à la sensation en *energeia*[30] », c'est-à-dire une visualisation de l'*eidos* de la chose qui, ainsi, ne repose pas tant en celle-ci que dans l'âme elle-même ; il s'agit ici d'un nouveau pas dans la constitution éidétique : après la saisie des sensibles propres et la composition

---

26. Voir *Règle XII*, 414, 18-19 ; 415, 18-19 ; 415, 17-18 = 415, 27-28 ; *Règle XIV*, 443, 5 ; 444, 21 = 25 ; *Règle VIII*, 396, 3 = 398, 28, etc.

27. *De la Mémoire et de la Réminiscence*, 450 a 10-11.

28. Respectivement *De la Mémoire et de la Réminiscence*, 450 a 23 sq. et 453 a 14 sq.

29. Voir *Métaphysique* Δ, 29, 1025 a 5, 1024 b 24 ; *De l'Ame*, *III*, 3, 429 a 1-4.

30. *De l'Ame*, *III*, 3, 429 a 1-2, et tout le développement de 428 b 10-18, ainsi que 415 b 24-25.

des sensibles communs, intervient la re-constitution (indépendante de la chose même, jusqu'à la mémoire) de l'*eidos*; les trois moments se succèdent sans doute, mais en se récapitulant, sans se juxtaposer, dans une transmission locale. — Transmission locale, qui suppose une localisation; or Descartes définit explicitement (414, 20) l'imagination comme « une vraie partie du corps », affectée d'une certaine grandeur, lui permettant de revêtir diverses *figurae* étendues; comme le sens commun, défini un lieu (et une transmission), l'imagination devient un lieu corporel (qui dure temporellement : mémoire), puisqu'étendu. Par quoi Descartes rompt avec Aristote qui ne parle que de « parties de l'âme », et non du corps [31], et ne conçoit d'ailleurs pas les facultés comme parcelles spatiales, mais comme « un quelque chose, *tis* » de l'âme [32]. La localisation cartésienne ne constitue que l'épiphénomène d'une fondamentale et constante spatialisation (mécanique) des facultés, autant que de ce qu'elles élaborent. Ou plutôt, elles élaborent moins qu'elles ne transmettent, conservent, reçoivent les *figurae* immédiatement achevées, dès la sensation.

Son écart avec l'imagination aristotélicienne permet à l'imagination cartésienne d'offrir le lieu d'une nouvelle fonction (« Quarto... » 414, 25 - 415, 12). L'interprétation spatiale (*vera pars* 414, 20, = 441, 11-13 ; *realiter* 412, 21 ; et la seconde occurrence de la métaphore du cachet, en 414, 18-20) permet de comprendre l'imagination de manière purement mécanique ; soit un *exemplum* (414, 29), c'est-à-dire une des *comparaisons* par lesquelles Descartes désigne les modèles d'intelligibilité mécanique ; ici, la plume qui, dans le mouvement d'écrire, transmet plusieurs mouvements :

a) Les nerfs sont mus par les « figures », que conserve en elle l'imagination, comme la partie inférieure de la plume, par le mouvement qu'y inspire la main.

b) Mais aussi bien, d'autres mouvements peuvent se produire sans plus de ressemblance avec une quelconque intention ou figure préexistante, que les mouvements que transmet, et par là même inverse, la partie inférieure à la supérieure. Ainsi les mouvements que suscite la seule imagination reproduisent-ils, en sens inverse, la transmission sans « ressemblance » : de même que la sensation transmet par le sens commun des *figurae* codées à l'imagination, de même celle-ci transmet mécaniquement, comme cause productrice, (415, 1) une quantité redoublée (chaque mouvement se dédouble par rapport au centre de symétrie, la main) du « mouvement », c'est-à-dire d'informations insignifiantes (« sans le moindre concours de la raison » 415, 12) parce que mécaniques (« une fantaisie purement corporelle » 415, 9-10). La non-ressemblance caracté-

---

31. *De l'Ame*, 402 b 10 sq. ; 413 b 27-28 ; 429 a 10 ; 413 b 27 non partie du corps ; 408 a 10 (disqualification d'une théorie de l'harmonie) ; 412 b 10 sq. (critique de toute confusion du « matériel » et non « matériel »), etc.

32. Ainsi « De quoi, entre les choses de l'âme, relève la mémoire ? » *De la Mémoire et de la Réminiscence*, 1, 450 a 23 ; « une certaine puissance, et commune aussi, qui accompagne toutes les sensations », *Du sommeil et de la veille*, 2, 455 a 15-16 ; « puisque nous distinguons le blanc, le sucré et chacun des sensibles entre eux, c'est par un certain quelque chose (*tini*) que nous en ressentons la différence », *De l'Ame* III, 2, 426 b 12-14.

rise aussi bien les mouvements causés par l'imagination (415, 4-8), que les *figurae* construites par la sensation[33] ; l'interprétation mécanique de la sensation impose rigoureusement la dissemblance des informations ou des ordres transmis avec la chose même — puisque d'emblée celle-ci fut codée comme *figura*. Spatialisation et dé-figuration s'impliquent mutuellement.

Cartésiennement, la connaissance procède de lieu en lieu, y transmettant une information d'emblée achevée parce qu'immédiatement codée. Cependant Aristote, étranger à pareille spatialisation, admet cependant bien l'âme comme « lieu des idées » ; non certes « toute l'âme, mais seulement la noétique[34] ». La question doit donc porter sur son nouveau lieu, le *nous*.

§ 21. *EIDOS* ET *IDEA* : *NÔUS* ET *INTELLECTUS*

L'ultime section (« Quinto denique... » 415, 13 - 417, 15) doit, en étudiant le moment suprême de l'intellection, décider de toute l'interprétation cartésienne des facultés de connaissance — Mais il faut d'abord démontrer que la « force par laquelle nous connaissons proprement les choses » (415, 13-14) correspond bien à ce qu'Aristote définit comme *nous*[35]. Plusieurs remarques dont, premièrement, que cette faculté « est purement spirituelle et... distincte du corps entier » (415, 14-15), c'est-à-dire la première à n'être point « une vraie partie du corps », comme toutes les précédentes ; ce qui assez bien correspond au *nous khoristos*, séparé et sans mélange avec le corps[36], sans préjuger bien sûr de ce que séparation signifie en chaque cas. — Deuxièmement, en établissant la connaissance comme une force (*vis*, 415, 13, 23), Descartes semble s'inscrire à la suite de l'activité du « *nous* actif », qui « fait » les connaissances achevées ; loin de contredire à ce rapprochement, la séquence « tantôt pâtit, tantôt agit » (415, 23-24), semble l'approfondir plutôt, en renvoyant strictement à l'ambivalence aristotélicienne du *nous*,

---

33. En effet, « un mouvement tout différent et contraire » (415, 6-7) correspond à « ... leur perfection dépend de ce qu'elles (images) ne leur (objets) ressemblent pas tant qu'elles pourraient faire » (*Dioptrique*, AT VI, 113, 5-8).

34. *De l'Ame*, III, 4, 429 a 28, « noétique » indique bien, comme le montre à l'évidence le contexte, le *nous* pris strictement, et non l'âme connaissante, par opposition à la nutritive, locomotrice, etc.

35. Comme le laisse aussi bien supposer Gilson qui met en équivalence 415, 13 - 416, 16 avec « intellectus agens et possibilis » (*Index*, au n° 160). — On notera que la mention des « images expresses » (415, 2-3) laisse supposer la présence, à demi-dissimulée, du couple des *species impressae* et des *species expressae*, qui suggère à son tour celui des deux entendements (voir GILSON, *Index* § 79). — Il n'est d'ailleurs pas indifférent que Descartes ne mentionne que les *species expressae*, c'est-à-dire celles qui s'offrent à la parfaite intelligibilité de l'entendement agent ; tout se passe comme s'il ne se trouvait plus aucun lieu pour la *species impressa*, c'est-à-dire subie et reçue par l'entendement passif. La montée de l'*eidos*, à partir d'une moindre intelligibilité vers une parfaite transparence, disparaît au profit de l'alternance d'activité et passivité d'un seul et même entendement.

36. *De l'Ame*, III, 4, 429 b 4-5 : « Il n'y a pas de faculté sensitive sans le corps mais lui (sc. *nous*) est séparé » ; *III*, 5, 430 a 17-18 : « ... et celui-ci est le *nous* séparé, impassible, non mélangé » ; a 22-25, etc.

défini à la fois comme agent et comme patient [37], et en supposant atteint le point décisif de cette ambivalence. — Troisièmement, Descartes souligne que le modèle (mécanique) du sceau inscrit sur la cire ne peut s'entendre ici que « seulement par analogie » (415, 25), au contraire de sa validité non métaphorique pour les autres facultés (« il ne faut point penser qu'on dit cela par analogie » 412, 19), au sens où Aristote précise que « l'impassibilité du sensible et de l'intelligible n'est pas la même » ; en effet le *nous* ne constitue pas un « organe », comme les autres facultés sensibles, et ne fait pas nombre avec elles [38]. Entre cette faculté et les autres, une différence de statut et de fonction intervient pour Descartes comme pour Aristote. On conclut donc au *nous*, comme le pendant aristotélicien de la *vis cognoscens* (415, 23).

Reste à savoir comment Descartes lui-même comprend le jeu du *nous*, maintenant reconnu. Ce jeu multiplié démultiplie la *vis cognoscens* en plusieurs fonctions (*functiones* 416, 6), c'est-à-dire suivant l'aptitude à certaines « opérations » (416, 11 = *actiones* 368, 9) ; celles-ci, conformément à l'apparence d'ambivalence du *nous*, se répartissent suivant l'activité ou la passivité. — Pratiquement, la *vis cognoscens* :

a) Reçoit les figures fournies par le sens commun (*accipit* 415, 17, 21 = 414, 9).

b) S'applique aux figures que conserve (*réserve, Le Monde*, 174, 10 = 415, 18) la mémoire (*se applicat ad* 415, 19, 28 où mémoire = sens commun), ou l'imagination (*incumbit* 416, 9-10) ; activement, au contraire, elle s'identifie ainsi à l'*ingenium* (416, 8).

c) Elle forme de nouvelles idées dans une imagination saturée ou inerte (*format* 415, 19 ; 416, 9 ; 417, 1 ; *fingit* 416, 3 ; *concipere* 416, 3-4, etc.) et s'identifie alors à l'*ingenium*.

d) Elle transmet, à titre de cause, des messages à l'imagination, qui met ainsi en branle la « force motrice » (*vis motrix* 416, 18-19) [39].

e) Enfin, elle agit, mais seule (*sola agat* 416, 4) ; plus qu'*ingenium*, elle devient *intellectus purus* (416, 7 ; voir 23-25) [40].

Ainsi les fonctions de la *vis cognoscens* s'organisent-elles suivant le seul critère de l'activité/passivité ; la sensation est toujours passive, ainsi que le sens commun ; l'imagination, ambivalente, tantôt comme réceptacle d'idées adventices et origine du mouvement mécanique, tantôt comme

---

37. Respectivement, *De l'Ame, III*, 5, 430 a 12 ; a 16 ; 430 a 14-15 ; a 18.

38. Respectivement, *De l'Ame, III*, 4, 429 a 29-30 et a 25-27 : « Il n'est pas convenable qu'il soit mêlé au corps ; car alors quelle qualité prendrait-il ? Serait-il froid, ou chaud, aurait-il, comme le sensible, un organe ? En fait, il n'en a absolument pas » = « Il ne se trouve parmi les choses corporelles rien absolument qui lui soit semblable » (415, 26-27), « l'entendement agit sur des choses, qui n'ont rien de corporel ou qui y ressemble » (416, 24-25).

39. *Le Monde*, AT XI, 174, 11 : « ... comment elles (sc. les idées) causent le mouvement de tous les membres ». Remarquons que la « force motrice » (414, 25 ; 415, 21 ; 416, 19), commandée par l'âme, pour la locomotion volontaire du corps (par l'intermédiaire de l'imagination) correspond à la fonction motrice de l'âme pour Aristote (*De l'Ame, II*, 2, 414, a 32, et, bien sûr, *III*, 10 où *arkhè*, en 433 a 19, éclaire la « cause »).

40. Celui qu'Aristote qualifie d'*amigès, De l'Ame, III*, 5, 430 a 18 ; *III*, 4, 429 a 18 = *I*, 2, 405 a 17, etc.

lieu de production d'idées adventices, et du mouvement volontaire ; enfin, entendement pur, seul actif absolument. Plus que de discerner en cette plurivalence polymorphe l'amorce des multiples propriétés de la *mens* (dans les *Méditations*), il importe de souligner que le modèle mécanique joue, malgré son éviction explicite, un rôle décisif. Pourquoi peut-on inverser la passivité d'une faculté en activité ? En renversant un rapport de forces (« ... ou au contraire agir sur elle » 416, 18, 20 ; voir 26, etc.) ; et donc l'utilisation des facultés exige leur maniement tactique, soit par retrait des sens au domaine d'entendement (415, 26-27), soit par blocage des sens pour laisser libre l'activité de l'entendement (416, 23-26), soit au contraire par adjonction d'une force auxiliaire qui préserve l'activité (417, 4 *juvare ; adjuvari*, 416, 26 = 398, 28 ; *cavere*, 417, 11 ; *non sufficiat*, 415, 20 ; *instrumenta*, 395, 27). En d'autres termes, la machine corporelle des facultés inférieures, joue certes sans aucune dépendance avec l'« entendement pur » (415, 10-12 ; 416, 23-26) ; mais précisément celui-ci n'utilise celle-ci qu'en respectant la machinerie d'action et de réaction, pour lui-même, tantôt la subir, tantôt la diriger ; c'est pourquoi si lui-même ne se développe qu'activement, il ne peut, dans des objets non purement intelligibles, que se déployer au rythme des facultés auxiliaires, c'est-à-dire en jouant alternativement de passivité et d'activité.

Pareille interprétation de l'entendement s'éloigne, jusqu'à la perdre de vue, de la pensée aristotélicienne. Descartes suppose que la même faculté, suivant ses points d'application et le rapport des forces, alternativement tantôt pâtit, tantôt agit ». Aristote pose au contraire qu'« il n'y a pas un moment où il (le *nous*) connaît, et un autre où il ne connaît pas » ; en effet, « *toujours* l'agent est plus considérable que le patient, et le principe, que la matière... », et le *nous* séparé reste toujours lui-même en possession de lui-même comme de son terme ; il peut d'autant moins en déchoir, que c'est « par son *ousia* qu'il est en *energeia* » [41]. Si donc le *nous* dit « agent » se trouve définitivement en pleine possession de lui-même, il faut comprendre que le *nous* dit « patient » s'en distingue réellement (et non par sa fonction temporaire) ; si doit néanmoins intervenir un rapport temporel, il sera d'une succession, non d'une intermittence : « Ce qu'on appelle le *nous* de l'âme... n'est en *energeia* aucun des étants, *avant* de connaître [42]. » Comment donc s'établit le passage d'un *nous* à l'autre, et, puisqu'il faut admettre une dualité réelle et non fonctionnelle seulement, quel rapport soutiennent-ils l'un avec l'autre ? Un rapport de *dynamis* à *energeia* où l'entendement passif possède, déjà élaborées comme entités intelligibles, des idées cependant non encore parvenues à la lumière absolue de l'intelligibilité, c'est-à-dire ne parvient pas à entrer en possession de leur intelligibilité, ni de lui-même. Situation que ne domine aucun jeu de force, puisqu'il ne s'agit pas de force, mais qu'une intelligibilité achevée peut seule venir éclairer ; en d'autres termes, l'achèvement de l'intelligibilité — donc de la coïncidence du connu et du connaissant — exige que cette intelligibilité provienne d'une intelligence toujours déjà là, qui seule pourra la susciter. Le point de

---

41. Respectivement *De l'Ame*, *III*, 5, 430 a 22 ; a 18-19 ; et a 18.
42. *De l'Ame*, *III*, 4, 429 a 24 ; voir 429 b 31.

fuite, où connaissable et connaissant se peuvent conjoindre, doit, parce qu'il ouvre l'horizon de leur rencontre, les précéder, et les attirer ; ainsi doit-on comprendre le *nous* actif, dont l'unique activité consiste, de par sa seule présence, à laisser les choses se faire — catalyseur présupposé d'une synthèse qui s'achève en lui. Ce rapport à peine entrevu, l'impossibilité d'une intermittence de passivité/activité paraît à l'évidence ; mais aussi bien, on voit qu'une transition doit résorber à la fin toute in-intelligibilité passive dans l'entendement achevé ; donc que le rapport des deux entendements sera « dynamique », puisqu'il donne le plus haut exemple d'une transition de la *dynamis* à l'*energeia* [43].

Déterminer le rapport des deux entendements par une telle transition implique encore que l'*energeia* du connaissant soit aussi bien celle du connu. Mais alors une seconde opposition, la plus décisive peut-être, surgit avec Descartes ; il ne s'agit plus, en effet, pour « le pur entendement », d'agir, c'est-à-dire de forger des idées, ou même sans recours à l'imagination, de comprendre des figures déjà achevées, et décidément objets de l'*intuitus*, mais de laisser advenir à leur pure intelligibilité des *eidê*, qui ne cessent de se dégager de toute « matière », jusqu'à ce que leur advenue à eux-mêmes coïncide — comme deux ondes en phase — avec celle de l'esprit à lui-même, en une seule *energeia*. Ce qui présuppose que l'*eidos* ne soit pas donné d'emblée dès la sensation, qui le délimite une première fois, mais, qu'il progresse, au fur et à mesure des facultés, vers sa propre transparence ; et aussi bien que l'entendement ne se soustraie pas au jeu de son propre avènement éidétique, c'est-à-dire ne se constitue pas comme *force* constante, quoique différemment appliquée, mais admette, pour le franchir, l'écart qui le sépare pour ainsi dire (*pôs*) de lui-même. Ce double étirement de la genèse éidétique et de l'intelligibilité de l'esprit offre le lieu où, hors de tout rapport de force, la relation devient possible entre la « puissance » et ce en quoi elle s'achève [44]. Or, là même où il semble littéralement en suivre les moments, Descartes, on l'a vu, lui oppose une double contradiction : aucun écart ne distend la *figura/idea*, intelligible dès le début, puisque construite d'emblée au profit d'une intelligibilité entièrement abstraite de la chose même (thème cartésien de la non-ressemblance) ; aucun progrès n'est plus possible, dès lors que ce n'est plus la chose même qui

---

43. *De l'Ame, III* 4 et 5 *passim :* « l'entendement en puissance n'est (identique aux) choses que d'une certaine manière, mais il n'en est pas ainsi en *entelekheia* » (429 b 30 ; voir 431 b 21 = 417 b 23, et surtout, *Métaphysique H,* 6, 1045 b 21) ; « la science en *energeia,* c'est la chose même » (*De l'Ame* 430 a 20 = 431 a 1-2, 426 a 15-16, 425 b 26-27). L'adverbe *pôs* qualifie strictement la potentialité de la chose même (429 b 8), par l'écart thématisé entre l'agent et le patient (*De la Génération et de la Corruption,* 324 a 3), entre la chose et son essence (*Physique,* 192 a 6, 193 b 20 ; — *Métaphysique Z,* 4 1030 a 23 ; *An. Post.,* I, 8, 75 b 24-26 ; etc.). Ecart dû finalement à la « matière » (*Métaphysique, Z,* 11, 1037 a 26, etc.). Franchir cet écart, telle est la tâche propre de l'unique *energeia.*

44. Voir J. BEAUFRET, « Energeia et Actus », *in Dialogue avec Heidegger,* * dont : « Tandis que l'énergie évoque la détente d'un ressort, l'*energeia,* loin de pousser quoi que ce soit, éveille dans ce qui lui est autre, une aptitude latente, qui n'en attendait pas plus pour se manifester au premier plan, répondant ainsi à ce qui l'éveille » (p. 222). C'est d'ailleurs pourquoi nous ne nous risquons pas à « traduire » (en quoi, d'ailleurs ?) ce terme, et quelques autres, ici laissé, à une transcription près, en grec.

doit éidétiquement advenir à l'intelligibilité, et que l'idée, abstraite de la chose même, y substitue une intelligibilité figurative construite tout exprès ; l'idée devient représentation non représentative, uniformément valide, mais sans histoire, objet pétrifié sous le regard de l'esprit. *Idea*, ou l'absence de l'*eidos*. — Aucun écart n'éloigne non plus le « pur entendement » (416, 7) de sa propre intelligibilité à lui-même : immédiatement il s'éprouve dans son évidente primauté épistémologique [45] ; parce que les idées qu'il rencontre lui restent simple contenu, uniforme matériau, inerte donné psycho-somatique (et non *eidê*), aucune nécessité ne lui impose de s'y perdre et immerger, pour peu à peu revenir à sa propre intelligibilité en assurant à ces « choses » la leur — qui n'est autre que la sienne ; si le « pur entendement » varie, et devient parfois *ingenium*, la modification demeure fonctionnelle, et n'affecte aucunement sa structure interne d'invariable *vis cognoscens*. *Intellectus*, ou la disparition du *nous*. — Mais la dissolution de cet écart des deux termes avec eux-mêmes modifie aussi le rapport de l'un à l'autre. Les deux écarts aristotéliciens se franchissent par deux parcours distincts, dont cependant l'ultime pas est unique — une seule *energeia* du connu et du connaissant ; les deux écarts ne se justifient eux-mêmes qu'en atteignant à cette justesse dernière et commune ; les deux progrès procèdent, à la fin, en harmonie d'onde, qui efface toute distinction où le même ne connaîtrait pas le même. Comme, au contraire, Descartes n'admet aucun écart interne à chacun des termes figé d'emblée en lui-même, nul procès n'en peut conjoindre les franchissements respectifs en un seul aboutissement ; deux immobilités satisfaites restent donc en présence, sans que ce nouvel écart ne puisse jamais s'abolir, puisqu'aucun des termes n'est animé, pour son compte, du moindre élan ; et donc l'absence d'écarts (provisoires) internes impose un écart (définitif) externe ; cet écart, Descartes le thématise, définitivement pour la métaphysique moderne, comme rapport de l'esprit à son objet.

La *Règle XII*, en parvenant à ce résultat, ne répète aucunement ce que les précédentes avaient longuement développé ; elle assure plutôt ce qu'elles présupposaient : que la structure des facultés épistémiques convient avec la relation épistémologique ; pour y parvenir, il ne faut rien moins que la patiente et précise réinterprétation de tout le traité *De l'Ame*, c'est-à-dire faire éclater le centre de la méditation épistémologique d'Aristote — l'unicité d'*energeia* pour le connu et le connaissant. Cet éclatement libère (au sens où le prennent les artificiers : laisse dangereusement s'éparpiller en éclats) l'esprit et son objet. Il reste à la

---

45. On a pu montrer que les nombreuses anticipations du *cogito* dans les *Regulae* (*Règle III*, 368, 22 ; *VIII*, 395, 23-24 ; *XII*, 421, 19-23 ; 29 - 422, 6 ; *XIII*, 432, 24 - 27 ; etc.) n'atteignent absolument pas à la rigueur métaphysique qui institue le *fondamentum inconcussum* des *Méditations* (voir F. ALQUIÉ, *La Découverte métaphysique de l'homme chez Descartes*, p. 132-133, 144 sqq.). Ce que ne contredit aucunement l'élaboration de l'ego épistémologique (particulièrement *Règle VIII*, 395, 17 - 396, 10, et 397, 27 - 398, 25), ni la constitution universelle des choses en ses objets ; en effet, la démarche métaphysique ne dégage l'*ego* substantiel qu'en le retranchant de ses objets, et suppose donc, d'autant, la relation épistémologique fondamentale qu'élabore, entre l'*ego* et le monde, les *Regulae*.

Règle XII à reprendre la même démarche, mais à partir de la chose et de son essence. — On remarquera que la dénivellation des facultés, en facultés auxiliaires et esprit, outre la tactique qu'on a dite, prépare certains développements adjacents (quoiqu'utilitairement considérables) ; ainsi l'emploi de l'imagination (416, 26 - 417, 5) commande la théorie de l'étendue développée tout au long dans la *Règle XIV* ; et encore, l'emploi de la mémoire et les moyens de remédier à ses possibles défaillances (417, 5-15) annoncent les *Règles XV* et *XVI* (dont le titre même, 454, 11-12, est repris de 417, 10-13, comme aussi 453, 2-4 de 417, 1-3 ; 9-10). Ces utilisations conditionnelles des facultés supposent leur interprétation utilitariste, c'est-à-dire instrumentale (*Règle VIII*, 395, 27) : non éidétique. Par là se trouve également justifié le surprenant jeu de réduction de la déduction à l'*intuitus* : l'instrumentalité des facultés permet tout maniement utilitariste des opérations de l'esprit. — Ainsi Descartes s'acquitte-t-il de la première tâche rendue urgente par le succès des *Règles* précédentes : définir le soubassement psychologique compatible avec, et ordonné à la relation épistémologique déjà opératoire.

§ 22. LES NATURES SIMPLES : SIMPLIFICATION

La recherche d'éléments ontiques, requis pour construire les objets de l'*intuitus*, procède en trois moments : théorie de la simplicité comme simplification (« Dicimus primo... » 418, 1 - 419, 5), recension des natures simples (« Dicimus secondo..., tertia... » 419, 6 - 421, 2), composition des natures simples et reconstitution d'objets (« Dicimus quarto... octavo... » 421, 3 - 428, 20). Cet ensemble comme l'analyse des facultés, se déploie sur un mode hypothétique (417, 16-27), ou plutôt développe un discours où la « facilité » épistémologique tient lieu du fondement ontique (voir § 18).

Mais le premier développement (« Dicimus igitur primo... » 418, 1) donne à cette assomption de la supposition un prolongement remarquable. En effet, le concept de simplicité subit un dédoublement assez semblable à celui des phénomènes astronomiques en mouvements physiques et cercles mathématiques : la simplicité peut s'entendre en un double sens (418, 1-13). Premièrement, elle peut s'envisager *a parte rei* (418, 5 = 399, 19-20) comme l'unicité d'« un et simple » terme (418, 5-6), que délimite l'autonomie stricte de son existence réelle (*revera* 418, 3) ; en fait, il s'agit là des « natures solitaires ». (*Règle VI*, 381, 19 ; voir 391, 1 *separatim* = 418, 11), qui posent d'elles-mêmes leur identité, parce qu'elles reposent sur leur essentielle singularité — le *tode ti*, que Descartes mentionne comme *illud... quid* et comme *subjectum* (418, 12). — Deuxièmement, la simplicité peut se comprendre par référence non à la chose même, mais aux choses « ordonnées à notre connaissance » (418, 1-2), « au respect de notre entendement » (418, 9 = 419, 6), « en tant que nous les entendons » (420, 4-5), c'est-à-dire par référence à l'*ego* épistémique. Inversion qui reprend et suppose toute l'analyse de la réciprocité des relations (voir § 13), telle que l'établit la *Règle VI*. La simplicité, qui permettra les natures simples, apparaît comme un cas particulier — quoiqu'extrêmement développé — de la destruction de l'*ousia*, par soumission à l'*ego* de tout terme comme corrélat de quelqu'autre, dans le réseau des relations (dé-)construites à loisir. La possibilité même du retournement ici proposé, qui réduit *un* corps à l'extension, la corporéité et la figure, suppose en effet tous les résultats de la *Règle VI* : que corps ne soit pas ici plus essentiel à la chose même que figure et extension (*absolutum* = relatifs 3), donc qu'indifféremment l'une ou l'autre peuvent se substituer au *subjectum* (interversion des corrélats, relation 2), les deux opérations supposant le *respectus* fondamental à l'*ego* (relation 1). Mais la *Règle XII* lève l'ambiguïté que pouvait laisser subsister la *Règle VI* : le réaménagement ne concerne aucunement les seuls concepts (ce qui n'était déjà en fait plus le cas dans la *Règle VI*), mais porte bien sur les *res* (418, 1, 5, 13, 22 ; 419, 1, 2, 6, etc. = 417, 17, 26 ; 411, 4 = 399, 5 ; 398, 24). Sans doute s'agit-il encore de connaître les choses, et donc de les organiser en tant que connaissables ; mais précisément la scission d'une connaissance organisatrice avec le *kosmos* des étants révèle que la connaissance ne devient possible qu'au prix d'une telle schozocosmie — d'où une ontologie duelle, où la connaissance dédouble le monde, pour s'en organiser une image docile.

D'où plusieurs dédoublements conceptuels. *Natura* ne désigne plus seulement la *physis* de telle chose individuelle (*Règle VI*, 381, 19 ; 383, 3, 4, 11 = 422, 16 ; 427, 11, 25 ; voir *Règle VIII*, 393, 18, 19 ; 394, 27 ? ; 395, 7 ? 3 ; etc.) mais des éléments logiques, auxquels elle se réduit, en application du schéma corrélatif : *natura* simple permettant la recomposition. *Res* désigne, autant que la chose irréductiblement donnée l'élément que l'*ego* se choisit et construit comme son objet privilégié ; c'est autant que la « chose » constatée, l'objet reconstitué (voir § 24) [46]. *Simplex*, enfin, prend une signification radicalement nouvelle : non pas la simplicité que délimite la « nature solitaire », qui se laisse définir par l'essence où elle se résorbe, mais le résultat d'un processus de simplification. En effet, (418, 13 - 419, 5), la simplicité des choses à connaître ne suppose absolument aucun élément préexistant, parce qu'elle s'obtient au terme d'une réduction, qui ne progresse qu'en élaborant simultanément les termes de sa simplicité ; simplicité par simplification, qui ne reconnaît pas, mais produit les éléments simples, et donc les *nomme* comme tels : « ce sont les mêmes ... que *nous appelons* les plus simples » (*Règle VI*, 383, 15-17), « toutes les choses... *peuvent être dites*, soit absolues, soit relatives » (381, 18-21), « *je nomme* aussi ce premier terme " le plus simple " » (381, 26), « *nous n'appelons* simples que les choses seulement, dont la connaissance est si transparente et distincte, que l'*esprit* ne pourra les diviser en plusieurs autres qui lui soient connues plus distinctement » (*Règle XII*, 418, 14-17, voir 5-6). La simplicité dépend si peu de la chose même, qu'elle doit s'adjoindre à celle-ci comme de l'extérieur, par l'injonction et la reconnaissance que dispense un jugement de l'esprit ; la simplicité sanctionne, mais aussi

---

46. C'est-à-dire respectivement a) *natura* simple permettant la recomposition : *Règle* VI, 381, 22 ; 382, 3, 22 ; 383, 11 ; *Règle VIII*, 399, 7, 17 ; *Règle XII*, 413, 15 ; 417, 4 ; 418, 7, 10 ; 420, 3, 10, 14, 24 ; 421, 23 ; 422, 8, 16 23 ; 425, 13, 20 ; 427, 18 ; 428, 1 ; etc. ; b) la *res* comme « physiquement » irréductible : *Règle XII*, 411, 3, 4 = 398, 24, 399, 5 ; 411, 11, 20, 23 ; 412, 5, 7, 9 ; 413, 19 ; 415, 26 ; 417, 2, 9, 26 ; 418, 1, 3, 5, 13 ; 419, 1, 21 ; 423, 6, 18, 23,27 ; 424, 26 ; 428, 5 ; etc.) ; c) la *res* comme l'objet privilégié que se donne l'*ego* : 419, 6 ; 420, 17 = nature simple ; 421, 3 ; 423, 3, 20, 28 ; 424, 3, 19 ; 426, 24 ? ; 427, 27 ; 428, 1, etc.

bien met un terme à un processus de distinction (418, 16 deux occurrences), au double sens de la division réelle et de la délimitation épistémologique, qui délivre au jour certains éléments simplifiés (*distincta*),
plus encore que simples. Il faut entendre l'analyse du corps étendu en
trois natures, figure, corporéité et étendue (418, 3-13), comme la stricte
dissolution de la chose, concrètement donnée et effectivement simple
(individuée comme un *tode ti*), en trois termes ni préexistants, ni subsis-
tants « réellement », ni même « physiquement » séparables, mais distincts
pour les besoins de l'intellection, et requis pour l'interprétation en
experientia certaine, en un mot pour l'abstraction (418, 21) de cette chose
en un objet certifié. Mais, si la simplification constitue le fond de la
simplicité, peut-elle jamais cesser de diviser ? Car Descartes montre bien
qu'une distinction peut, si elle poursuit sans fin son abstraction (ainsi le
corps, décomposé en figure, figure décomposée en *terminum rei extensae*)
nuire à l'intelligibilité (*terminus* renvoyant à plusieurs autres natures,
comme l'extension, la durée, le mouvement, 418, 19 - 420, 5). Comprendre
en effet la simplicité comme simplification, la distinction comme division
(réelle), bref comme des opérations sur les choses à transformer en
objets, soulève immédiatement une difficulté : comme la nature solitaire ne définit plus la simplicité, quelle instance peut déterminer (et
arrêter) la division, puisque, de l'aveu même de Descartes, l'intellection
impose parfois de stopper cette division ?

Descartes rejoint ici l'interrogation aristotélicienne qui cherche comment, et où peut s'arrêter la division platonicienne, dont les dichotomies
n'assurent l'intelligibilité qu'en l'éparpillant à l'infini. Peut-il se trouver un
terme, qui, précisément, termine en lui la division, en se donnant comme
indivisible ? Oui, « car ce qui est indivisible, c'est l'*eidos* ». Il ne faut pas
confondre en effet la multiplicité numérique que la « matière » impose
à l'*eidos*, avec la singularité que celui-ci achève : la première introduit
un « jeu » numérique, en démultipliant un unique *logos* éidétique par le
flou qu'y introduit la « matière » : « Certains termes sont uns numériquement, d'autres, éidétiquement (...), numériquement ceux dont la " matière "
est une, éidétiquement, ceux dont le *logos* est un » ; « les termes numériquement nombreux comportent de la " matière ", un *logos* est un et le
même pour plusieurs, comme celui d'homme, mais Socrate est unique ».
Sans doute peut-on parler d'individuation par la matière, à condition
toutefois de bien comprendre que la « matière » interdit plus de saisir
une unité signifiante, qu'elle ne présente positivement tel ou tel individu ; en effet, elle décèle bien l'écart entre Callias, ou Socrate, et
l'« homme », en laissant ceux-là déborder, ou estomper celui-ci ; mais
elle n'assure pour autant aucune connaissance de Socrate comme tel.
Comment le pourrait-elle ? Car toute « socratéité » relèverait encore de
la définition éidétique, puisque « c'est par *eidos* que nous connaissons
tout (ce que nous connaissons) », au contraire de l'inconnaissable
« matière »[47]. La singularité (et non la démultiplication) ne se livre
et ne s'inscrit que dans l'*eidos*, en tant qu'il offre le lieu d'indivision

47. Respectivement *Métaphysique* Z, 8, 1034 a 8 ; Δ, 6, 1016 b 32 ; Λ, 8, 1074 a 33 sq., et
Γ, 5, 1010 a 25.

dernière : « les contrariétés qui se trouvent dans le *logos* font une différence éidétique, celles qui se trouvent dans la " matière " n'en font aucune (...) ; la " matière " ne produit aucune différence ; et les hommes ne sont point des espèces différentes d'homme de cela seul que les chairs et les os sont différents, qui composent tel ou tel homme ; mais si le composé diffère, éidétiquement il n'y a aucune différence, parce qu'aucune contrariété ne se trouve dans le *logos* : lequel est le dernier indivisible ». Au-delà de la démultiplication inintelligible de la « matière », apparaît la singularité connaissable et distinguée de l'*eidos* ; celui-ci constitue donc le point où l'intellection peut avancer le plus avant vers la singularité, au-delà des substances secondes en direction des premiè-res [48]. Si la singularité peut se conformer ainsi avec l'*eidos*, pour y trouver sa visibilité intelligible, c'est d'abord parce qu'elle en provient ; ce qui œuvre la singularité (en la délimitant d'avec l'éparpillement de la démultiplication matérielle), c'est le même *eidos* qui résorbe en son essence la « matière » de la chose ; en effet, « ce dont la substance est une, et le *to ti hen einai* un, ces choses-là sont unes », « généralement, ce dont la connaissance est indivisible, et connaît le *to ti hen einai*, et ne peut se diviser ni par le temps, ni le lieu, ni le *logos*, ces choses sont par excellence unes, et parmi elles, celles (surtout ?) qui sont substances », « sont dites au premier chef unes, les choses dont la substance est une [49] » ; l'ultime fondement de l'unité de la chose, qui la transforme en atome indivisible, reste l'essence même de la chose (plus que la cohésion spatiale, l'unicité numérique ou la permanence temporelle) ; l'*eidos* n'est atome, que parce qu'il s'approprie à la chose, « *eidos* indivisible et approprié [50] » ; c'est bien pourquoi tout l'effort d'Aristote pour approprier les termes universaux aux choses disposées dans la démultiplication peut, aussi bien, se comprendre comme effort pour stopper la course vide de la division platonicienne (*Métaphysique Z*, 12-13). La simplicité, comprise comme l'unité de la chose avec elle-même, se fonde sur l'essence, comprise comme coïncidence de la chose avec son être, parce que finalement « l'un se dit en mêmes manières que l'être [51] ».

Cette voie, Descartes l'a refusée absolument, en renonçant à comprendre la *res* elle-même *a parte rei* (*Règles VI* et *XII*), et en refusant d'en considérer l'essence comme telle, sinon pour la réduire à des éléments d'intelligibilité ; rien de la chose même ne pourra donc, comme un atome, arrêter la division distinguante. Sur quelle simplicité peut s'arrêter la distinction, depuis que la simplicité dépend de la connaissance distincte (418, 15) ? Sur la connaissance distincte elle-même : puisque la chose même ne peut assurer l'*atomon eidos*, il revient à la

48. Respectivement, *Métaphysique I*, 9, 1058 b 1-10 ; et *ibid. K*, 1, 1059 b 36, *An. Post.*, II, 13, 96 b 16 ; *II*, 18, 99 b 7.
49. Respectivement *Métaphysique Z*, 13, 1038 b 14-15 ; Δ, 6, 1016 b 8-9. Et Δ, 6 passim.
50. *De l'Ame II*, 3, 414 b 27.
51. *Métaphysique Z*, 4, 1030 b 10. Voir *H*, 6, 1045 b 20 ; *I*, 2, 1053 b 25 ; *K*, 1, 1059 b 28 ; Γ, 2, 1003 b 23 ; etc.

connaissance d'y substituer « un atome d'évidence [52] » ; ce qu'on doit entendre strictement : l'arrêt à la division distinguante provient de l'évidence qui, à un certain moment, diminuerait si persistait la division. La même évidence qui commande de décomposer distinctement « corps » en figure, corporéité et étendue, interdit aussi de diviser « figure » en terme et étendue, puisqu'alors le « terme » renvoie encore à une infinité d'autres concepts (durée, étendue, mouvement, etc.), qui entachent la distinction d'une obscurité composée (418, 21 - 419, 5) ; pareillement, ne faut-il pas décomposer « triangle » en lignes, angles, nombre ternaire, figure ni extension, puisque lui-même se peut connaître même sans eux (en soi « plus connues » pourtant 422, 17) ; en effet, l'évidence saisit d'abord « triangle », avant d'en avoir dégagé les éléments, et aussi les innombrables propriétés (422, 11-22) ; dans certains cas, la « connaissance distincte » peut mettre un terme à la distinction. Pourquoi ? Parce que son tout ne consiste aucunement à mettre au jour les composants élémentaires de la chose en son essence, mais à construire le modèle le plus distinct (non le plus essentiel) des phénomènes ; la connaissance distincte reconnaissant comme norme l'*experientia* certifiante et évidente, distingue aussi longtemps que cette distinction accroît l'évidence et renonce à distinguer sitôt que *la même* distinction offusque l'évidence : « ... nous n'appelons simples que celles seulement, dont la connaissance est si transparente et si distincte, que l'esprit ne pourrait les diviser en plusieurs autres qui lui seraient connues plus distinctement » (418, 14-17) ; aucun arrêt de la distinction, mais seulement de la distinction divisante ; en un mot, la distinction, qui provoque la division, peut, pour cela même, la stopper, en ce point d'équilibre d'un maximum d'évidence ; parce que la distinction vise l'évidence, on ne distingue qu'aussi longtemps que la distinction travaille à l'évidence ; évidence qui, norme flottante (non confondue avec une *res*), décide de la progression ou de la station de la distinction, sans recours à l'*eidos*. D'ailleurs la simplicité se trouve toujours ordonnée à la connaissance : « le regard, plus certain que la déduction elle-même, parce que plus simple » (*Règle III*, 368, 19 ; voir 365, 16 ; 394, 11-14), « natures très simples et connues par soi » (*Règle VIII*, 399, 17 ; voir *VI*, 383, 11-14 ; *XII*, 422, 7-8 ; 425, 20-23 ; *XIII*, 433, 20-21), « ouverte et toute simple » (*Règle XIV*, 440, 10-11), « les (sc. démonstrations) les plus simples et les plus aisées à connaître » (*DM*, 19, 19-20, etc.), « quelques autres choses, qui sont les plus communes de toutes et les plus simples, et par conséquent les plus aisées... à connaître » (*DM* 64, 11-13, etc.). Simplicité signifie donc, dans *natura simplicissima*, le calibrage de la chose par et pour l'évidence, qui n'en laisse subsister que la *natura* intelligible (selon la nouvelle signification du terme).

Certains débats sur les natures simples gagneraient, peut-être, à tenir compte de cette remise en situation aristotélicienne. — En particulier, ne faut-il surtout pas imaginer avec G. Bachelard que « Descartes croit à l'existence d'éléments absolus dans le monde objectif (...) et pense que ces

---

52. O. HAMELIN, *Le Système de Descartes*, p. 85, qui ajoute : Elles sont indivisibles, non pas en soi, mais en tant que choses connues » (p. 86).

éléments absolus sont connus dans leur totalité et directement [53] ». En effet, on a remarqué :

a) Que les natures simples ne constituent pas des éléments du monde objectif, mais les termes les plus simples (= intelligibles) pour la construction d'un modèle intelligible — et aucunement « réel » — du monde phénoménal.

b) Que les natures simples ne méritent d'être prises comme des *absoluta*, qu'à l'intérieur d'une relation 2, qui les peut intervertir avec des relatifs, laissant ainsi la corrélation réciproque servir à la seule intelligibilité (voir § 14, et n. 51).

c) Qu'au contraire, les natures simples illustrent parfaitement le type de simplicité qu'on leur oppose, à savoir que « la méthode de la preuve expérimentale ne voit dans le simple que le résultat d'une simplification, qu'un choix... » ; en règle générale, d'ailleurs, toute l'« épistémologie non cartésienne » offre un commentaire, d'une exactitude parfois littérale, des *Regulae*, que pourtant elle ignore entièrement, en une rencontre somnambulique et proprement philosophique. — Pareillement, tenir les natures simples définies en 418, 1 - 419, 5 pour « purement conventionnelles, et donc dans une large mesure, provisoires », pour « provisoires et conjecturales », implique un grave contresens : les natures simples, tout en n'énonçant pas l'*ousia*, demeurent définitivement établies, puisque, par cette rupture même avec la chose, elles assurent d'autant plus à l'expérience certifiante des objets appropriés ; et encore opposer la distinction en 418, 14-18 à l'arrêt de cette même distinction en 412, 6-8, revient à manquer entièrement l'essence profonde du processus de simplification, soumis et ordonné à l'évidence ; toutes ces contradictions supposées témoignent seulement d'une interprétation qui divise le texte, faute d'en découvrir l'intention unificatrice [54]. — Reste enfin le débat fondamental, qui oppose les tenants de l'« idéalisme » des natures simples (appuyés sur 418, 1 - 419, 5, la simplification), aux partisans de leur « réalisme » (fondés sur la composition, 421, 3 sqq.). Mais il ne faut aborder la composition qu'après la recension de ces mêmes natures simples. Recension qui en précise définitivement le statut.

§ 23. LES NATURES SIMPLES : RECENSION

Du processus de production des natures simples, Descartes en vient à leur recension ; d'où plusieurs classements et énumérations (principalement en 419, 6 - 420, 13 : « Dicimus secundo... ») qui livrent aussi maintes indications sur le statut, tant cartésien que comparé, de ces notions. En

---

53. G. BACHELARD, *Le Nouvel Esprit Scientifique*, chap. VI : « L'épistémologie non cartésienne », p. 146, puis p. 149.

54. J.-P. WEBER, *La Constitution*, p. 126, puis p. 124, etc. L'ensemble de l'interprétation de la *Règle XII*, ne sera pas reprise ici, parce que réclamant une fastidieuse critique de critique ; remarquons seulement que les prétendues contradictions du texte suppléent par l'atomisation des références à quelque inattention tant à la lettre (au latin, passé sous silence), qu'aux intentions mêmes de Descartes (de quoi parle-t-il, et que prouve-t-il ?).

fait, leur triple rubrique recouvre quatre différents types de concepts, dont les résonances aristotéliciennes permettent une approche rigoureuse.

Premièrement, les natures simples purement spirituelles (419, 13-15 ; 421, 19-23 ; 399, 9), comme sont connaissance, doute, ignorance, action de la volonté, etc. ; on note encore que Descartes accorde un rang primordial à ce qu'Aristote tenait pour un à-côté (*parergon*) de la connaissance, à savoir la connaissance de la connaissance et ses modalités (négatives : doute, ignorance ; positive : l'affirmation) [55], renversement qu'impose l'entreprise méthodique tout entière. Ensuite, on s'étonne que ces premières « choses » (419, 6, etc. ; voir § 22) ne comptent précisément pas au rang des choses, puisqu'au contraire elles s'en distinguent, en s'y objectant comme à des objets. Mais on comprend aussi que le retrait de l'esprit, comme pur pouvoir d'un regard parfaitement neutre, omnivalent et indifférent, puisse constituer comme ses objets les conditions même de l'objectivité ; en effet la conscience, double du monde, peut encore elle-même se dédoubler (*Règle III*, 368, 21-22, 25) ; mais ce sera à condition de procéder sans adjuvant corporel (419, 10 = 416, 23-26 ; 417, 3-5) et donc en abandonnant à la « force cognitive » le soin non seulement de connaître, mais encore de produire des objets à connaître. Ce qui manifeste radicalement combien la connaissance ne se soumet pas à la chose même : l'*intuitus* ne connaît pas seulement les choses comme ses objets, mais produit encore ses objets comme un monde.

Deuxièmement, les natures simples dites purement matérielles (419, 18-20 ; 420, 7-8, 13 ; 421, 8-11 ; 399, 9), qui livrent la recension suivante : figure, mouvement, étendue, instant, repos, durée (420, 8 ?), etc. Quel statut leur reconnaître ? Très exactement celui des sensibles communs, qu'Aristote énumère comme « le mouvement, le repos, le nombre, la figure, la grandeur », ailleurs encore « mouvement, demeurer, figure, grandeur, nombre [56] ». Or les sensibles communs n'apparaissent, par définition, qu'au prix d'un retrait hors des sensibles propres, c'est-à-dire au prix de ce qui, en sciences mathématiques, peut devenir une abstraction ; en un mot, et confirmant ainsi la disparition des sensibles propres (§ 19), l'*ego* ne connaît immédiatement et primordialement du monde « physique » que ce qui y apparaît en second, comme « accompagnement et suite » (§ 19, n. 24) ; ainsi, en partant de la chose même obtient-on le même résultat qu'en partant des processus de connaissance : la lumière incolore de l'*intuitus* comprend d'autant mieux la chose qu'elle ne la voit pas ; ou plutôt l'*intuitus* ne voit pas dans la chose cette chose comme telle (sensibles propres), mais en transgresse l'apparition jusque dans les sensibles communs — qui, outrepassant la chose particulière, la disqualifie comme apparence d'eux seuls. La rencontre de la chose sensible ne

55. Voir l'analyse du § 7, et les textes aristotéliciens commentés, référence en notes 56, 57.

56. *De l'Ame II*, 6, 418 a 17-18 ; et *III*, 1, 425 a 16. Voir *III*, 3, 428 b 22 ; *De la Sensation et des sensibles 1*, 437 a 9 ; *4*, 442 b 5-7 ; *Des Rêves*, *1*, 458 b 4-6 ; *De la Mémoire et de la réminiscence* 452 b 7-14, qui cite le temps (= *duratio* ?) ; 450 a 9-10, qui cite le temps aussi avec le mouvement, etc. Mais *duratio* semble concerner plutôt les *res communes* (419, 22 ; 420, 8).

livre donc un objet à l'*intuitus* que si l'expérience « physique » devient *experientia* certifiante, que si donc la singularité du sensible se laisse dissoudre dans la commune validité de certains sensibles sur les choses singulières. Ici donc, en fondant explicitement la compréhension des « choses purement matérielles » hors d'elles-mêmes, mais immédiatement dans l'indifférence des sensibles communs, Descartes confirme et achève toute l'abstraction éidétique qui, depuis leur début, commandait l'épistémologie des *Regulae*.

Troisièmement, les « choses communes » 419, 20 - 420, 2 ; 399, 10), qui rassemblent, grâce à un superficiel jeu de mots, certaines notions ambivalentes (pour les deux précédents domaines) et les notions communes, au sens strict. — Et d'abord, les « choses communes » (419, 20-22), qui s'appliquent aux sensibles comme aux spirituelles ; ce sont : l'existence, l'unité, la durée et encore leurs négations : le rien, l'instant et le repos (420, 6-7) ; on remarque d'abord la présence de l'Etre et de l'Un, transcendentaux qui se convertissent l'un en l'autre (§ 22, n. 51), qui précisément valent pour toutes les « choses » quelles qu'elles soient : « l'Etre est commun à tous (les étants) [57] » ; la présence redoublée du temps comme durée permettrait, en considérant la réduction cartésienne de la durée à l'existence [58], d'assurer que Descartes s'inscrit dans l'unique méditation de l'Etre comme présence, qui occupe la métaphysique occidentale ; on pourrait se risquer à voir en cette alliance de l'Etre et du Temps ce par quoi Descartes reste fondamentalement porté par, et porteur de la question de l'Etre, et des termes où les Grecs l'ont éprouvée. Il serait dangereux, d'ailleurs, d'occulter en un traité d'épistémologie l'enjeu ontologique (et pas seulement de déconstruction critique) qu'encourent les *Regulae* (voir §§ 11, 14, 31) en élaborant leur épistémologie. On notera au moins que, dans la ligne d'une ontologie univociste, Descartes substitue à l'*on* l'*existentia* (= 382, 24), ce qui révèle, peut-être, assez bien la variation, mais aussi la permanence de la question. — Ensuite, les notions communes (419, 22 - 420, 2) ; ici Descartes reprend ostensiblement les *koinai doxai* [59], tant parce qu'il en retrouve les fonctions — « dont l'évidence soutient tout ce que nous concluons en raisonnant » (419, 25-26) correspond au *arkhai ex ôn...* [60] —, que parce que concordent les exemples : « deux quantités égales à une même troisième sont égales entre elles » (419, 26-27) correspond en quelque manière à « si l'on ôte une quantité égale à des quantités égales, les restes sont égaux ». Mais précisément cette correspondance n'est pas parfaite, ni pour ce premier exemple, ni pour le suivant [61]. Surtout les deux exemples cartésiens se

---

57. *Métaphysique* Γ, 2, 1004 b 20 ; Γ, 3, 1005 a 27-28 ; etc.

58. *Principia Philosophiae, I,* § 55 : « Putemus durationem rei ejusque esse tantum modum, sub quo concipimus rem istam, quatenus esse perseverat » (AT VIII - 1, 26, 13-15). Voir SPINOZA, *Ethique I*, def. 8, explic. ; *II,* def. 5 : « Duratio est indefinita existendi continuatio », etc.

59. *Métaphysique B*, 2, 996 b 28 ; *An. Post., I*, 32, 88 a 36 sq.

60. Voir *Métaphysique, B* 2, 996 b 28 ; *An. Post. I*, 10, 76 b 14 ; *I*, 11, 77 a 27 ; *I*, 32, 88 a 37 = *hothen* de *Métaphysique* Δ, 1, 1013 a 14.

61. *An. Post. I*, 10, 76 a 41 ; voir *Métaphysique K*, 4, 1061 b 19-21. Du second exemple cartésien, nous n'avons trouvé aucun correspondant ; l'emploi de *referri* (419, 28),

cantonnent strictement dans le domaine de la quantité (le premier) et de la relation (le second), c'est-à-dire d'*ordo et mensura* ; aussi passent-ils entièrement sous silence les notions communes aristotéliciennes (principe d'identité, principe du tiers-exclu, principe de non-contradiction), définies strictement comme principes certains de l'Etre : « Quant à nous, nous avons reconnu qu'il est impossible à un étant d'être et de n'être pas, en même temps, et par là nous avons montré que ce principe est le plus assuré de tous [62] » ; en fait, ici encore, les notions communes d'ordre et de mesure se substituent, avec une apparente banalité, à celles qui gouvernent l'être de la chose même ; ce qui signifie aussi qu'elles tiennent le rôle des *arkhai*, et qu'elles énoncent, à leur place et donc aussi avec leur dignité, les principes mis au fondement des choses en tant qu'objets. — En fait, les deux types de « choses communes » manifestent maintenant la véritable raison de leur rapprochement (au-delà de l'homonymie) : elles valent pour toute chose proposée, comme futur objet = x, à la connaissance, puisqu'elles déterminent les transcendantaux (unité, Etre), et établissent comme notions principielles du raisonnement l'ordre et la mesure ; ainsi le réseau épistémologique (condition de possibilité de toute connaissance) devient-il, avec l'*ego* lui-même, et les sensibles communs, objet de primordiale appréhension.

La théorie de l'erreur, ou plutôt de l'impossibilité d'une erreur dans le champ des natures simples (« Dicimus tertio... », 420, 14 - 421, 2), confirme, par un biais détourné, les identifications et situations aristotéliciennes présentées plus haut. — Tout d'abord, les natures simples bénéficient toutes (*omnes*, 420, 14) du privilège caractéristique des notions communes, être connu par soi (420 15, = 387, 16 ; 399, 17, annonçant 425, 20-23 ; 433, 20-21 ; etc.) ; ainsi les notions communes tendent-elles à se confondre, sous le rapport de l'évidence première, avec l'ensemble de toutes les natures simples ; mais principalement avec celles dont l'évidence se trouve théorisée immédiatement après la leur. — Deuxièmement, en effet, se déploie l'analyse de l'impossibilité stricte de l'erreur dans l'appréhension des natures simples (affirmation conforme à 399, 13-16 ; 423, 1-2 ; 432, 18-19 ; etc.) : l'erreur provient d'une imparfaite connaissance, où s'occulte une partie de l'objet, et que l'entendement ou bien laisse affirmer comme totale et vraie par la volonté, ou bien que, conscient de cette imperfection, il renonce à reconnaître par une véritable connaissance ; mais la fausseté, ainsi pensée comme connaissance partielle, devient rigoureusement impossible dans le cas d'une nature simple : ou bien, il manque effectivement un élément à la connaissance pour épuiser la chose ; mais, dans ce cas, la chose à épuiser comme objet du savoir se révèle nécessairement composée (de ce qu'on en connaît, et « de cela qu'on soupçonne nous être caché » 420, 21-22), et l'erreur ne concerne pas l'épistémologie des natures simples ; ou bien, il s'agit d'atteindre la simplicité, mais dès lors la moindre touche d'évidence suffit à épuiser la chose entière (*res tota*, 420, 28), puisque tout ajout composerait cette

qui mobilise toute la théorie de la relation pour l'établir, marque sans doute le motif théorique de cette absence.

62. *Métaphysique* Γ, 4, 1006 a 3-5.

simplicité, et qu'inversement l'appréhension pointilliste épuise l'atome d'évidence. L'erreur suppose une composition de connu et d'inconnu ; or la nature simple exclut toute composition, donc la simple atteinte l'appréhende comme vraie parce qu'entière — vraiment entière, entièrement vraie. Ce que retrouve la doctrine aristotélicienne de l'appréhension des termes simples ; non seulement verbalement : *attingere* (420, 21 ; 26) renvoie à *thigein* (§ 7, n. 48 et 49) ; mais surtout parce que conceptuellement « la fausseté se trouve toujours dans une composition », et donc que « l'intellection des indivisibles porte sur des termes où il n'y a pas de fausseté » ; en effet, si les termes ne se divisent pas (et donc si leur vérité ne suppose aucune recomposition), « le vrai, ou le faux, c'est — l'un, le vrai, de saisir et d'énoncer (mais énoncer et prédiquer ne reviennent pas au même), — l'autre, ignorer, de ne pas saisir (car on ne peut se tromper sur l'essence d'une chose, sinon par accident ; pareillement ne peut-on pas se tromper sur les substances non composées) [63] ». Cette similitude des concepts entraîne une dissimilitude profonde, quoiqu'attendue, de leurs emplois respectifs. En effet, Descartes applique à l'ensemble des natures simples ce qu'Aristote déduit de la science du seul indivisible, le *ti estin*, l'essence de la chose : tout comme le seul atome est l'*eidos*, le seul indivisible sera le *ti estin* ; cartésiennement, la disparition de ces deux termes permet l'extension d'un mode de connaissance qui ne les privilégie plus. D'où l'équivalence des natures simples, hétérogènes d'origines, mais épistémologiquement homogènes : en tant que simples et simplifiées, la même appréhension exhaustive y opère une *experientia* certaine. — Troisièmement, on peut ainsi expliquer un évident renversement ; pour Aristote, au contraire des sensibles propres et premiers, c'est à propos des sensibles communs, qu'« il y a par excellence risque d'erreur en fait de sensation [64] » ; et ceci parce qu'ils résultent d'une composition, et non d'une appréhension simple, comme les sensibles propres. Pour Descartes, inversement, la mise entre parenthèses de la chose même et de son *eidos*, place au premier rang de l'appréhension les sensibles seconds : immédiatement appréhendés parce que médiatisant la présence de la chose, ils deviennent premiers à partir, non plus de l'*eidos*, mais de l'*idea* représentative ; d'où leur inscription au nombre des natures simples ; puisque simplicité équivaut à l'évidence (§ 22), et que leur caractère de sensibles communs, donc abstraits, produit l'évidence, ils deviennent les premiers sensibles où la simplification d'évidence puisse introduire l'*experientia* certifiante. Ce qui confirme absolument l'analyse antérieure (§ 20) du sens commun, qui n'a plus à former ni comparer les sensibles communs, mais seulement à les transmettre, puisqu'ils sont intervenus, dès la sensation, aux lieu et place des sensibles propres. Ce qui manifeste surtout que l'éparpillement des concepts d'origine des natures simples (419, 6 - 420, 2 : quatre différentes rubriques) ne trouve son unité (*omnes*, 420, 14) que dans la production de certitude, portée à l'achèvement du « connu par soi ». La nature simple,

63. Respectivement *De l'Ame III*, 6, 430 b 1-2 ; 430 a 26-27 ; et *Métaphysique* Θ, 10, 1051 b 23-27.
64. *De l'Ame*, III, 3, 428 b 24-25.

prise comme telle, ne consiste qu'en l'évidence qu'elle offre à produire, et peut se constituer de toute chose, pourvu qu'elle la réduise à un objet parfaitement intelligible (§ 23), en suite de quoi elle pourra constituer des évidences composées qui, à la fin, reconstitueront, en évidences, le monde « physique » (§ 24).

La recension des natures simples en souligne d'autant mieux le statut d'intermédiaires entre la chose même, et l'esprit connaissant. En effet, elles esquivent (ou dissimulent) la chose même, qui ne transperce jamais parmi elles : conscience de la connaissance, sensibles communs, transcendantaux interprétés univoquement, principes d'*ordo et mensura* ; jamais la chose même (tel étant) ne paraît au premier rang de la connaissance ; ou plutôt, ce que la connaissance connaît et reconnaît comme son objet, ce n'est jamais la chose même, mais le substitut qu'en construisent les natures simples. — Dès lors, le débat traditionnel, qui impose l'alternative de les penser soit comme « entités spirituelles » (êtres de raison, représentation), soit comme « entités non spirituelles » (« existences réelles », éléments ontiques, etc.) [65] perd une bonne part de son enjeu. En effet, toute la démarche cartésienne entreprend de donner aux concepts seconds, premiers produits épistémiques, le statut d'objets véritables de la connaissance (interprétation « réaliste » des natures simples), et, *par là même*, de les substituer à l'*eidos* sensible, puis intelligible de la chose (interprétation « idéaliste »). Ainsi les natures simples deviennent-elles d'autant plus aisément objets du savoir qu'elles évincent la chose première, mais aussi d'autant plus efficacement qu'elles s'investissent de la charge « physique » de celle-ci ; en bref, Descartes n'élabore la théorie des natures simples que pour *n'avoir pas* à choisir entre l'intelligibilité parfaite et la réalité irréductible ; bien plus, les natures simples se définissent tout entières par la seule conjonction de ces deux exigences : intelligibilité et réalité, dont la rencontre se produit alentour, en marge de la chose, dans les sensibles communs et les conditions de l'intellection (conscience, principes, transcendantaux) ; la réalité première se situe dans le premier intelligible, puisque précisé-

---

65. S.V. Keeling, « Le réalisme de Descartes et le rôle des natures simples », *in Revue de Métaphysique et de Morale*, 1937, p. 63-99, suppose que la « subjectivité du processus de réduction n'entraîne aucunement la subjectivité de ce qui est révélé » (p. 77), comme si justement ce qui était révélé ne portait la marque du processus qui, subjectivement, l'institue comme objet du savoir. — Même indécision chez Beck, *The Method of Descartes* (p. 71-73), chez J.-P. Weber, *La Constitution* (p. 124-125), NS fictives, et d'autres effectives), chez W. Röd (« Entre l'ordre des raisons et l'ordre des choses il y a différence, mais non opposition », *Descartes's Erste Philosophie*, p. 78 ; NS seulement « provisoires », p. 140, comme le « subjectivisme » qu'elles supposeraient), etc. ; quant à H. Heimsoeth, (« Sur quelques rapports entre les *Règles* de Descartes et les *Méditations* », *in Revue de Métaphysique et de Morale*, 1913, p. 526-536) il esquive élégamment la difficulté en comprenant les natures simples à partir des idées innées, ce qui donne seulement un autre nom à la même difficulté. Plus récemment J.-P. Weber, « La méthode de Descartes d'après les *Regulae* », *in Archives de Philosophie*, 1972, 35/1, p. 51-60, et B. O'Neil, « Cartesian Simple Natures », *in Journal of history of Philosophy*, 1972/2, p. 161-180 ; voir nos discussions « Bulletin Cartésien III », *in Archives de Philosophie*, 1974, 37/3, respectivement p. 487-9 et 485-486.
— On consultera avec profit, comme nous l'avons nous-même fait, l'excellente analyse par D. Mahnke, *Der Aufbau des philosophischen Denken nach Descartes, IV*, des NS comme « structures de l'entendement » (s. 66, 78 etc.).

ment la (chose) fut d'emblée pensée par rapport à l'entendement ; réciproquement, l'intelligible premier s'inscrit dans la première réalité, puisque l'évidence décide de la réalité du monde. Située à, et définie comme la rencontre de ces deux mouvements, la nature simple sera d'autant plus réelle (« objet » du savoir) qu'elle paraîtra intelligible, d'autant plus intelligible qu'elle délivrera le « réel » (*res* prise selon l'ordre et la mesure, comme objet d'évidence). Il faut même dire que toute l'entreprise, qui s'achève ici, d'étendre universellement les conditions d'une *experientia* certifiante, impose formellement cette double caractéristique. Il ne doit pas y avoir d'au-delà de l'intelligibilité, puisque l'intelligibilité l'ignore, ou le délimite, ou le comprend asymptotiquement ; la nature simple épuise donc tout le « réel », parce qu'elle puise dans les choses tout ce qui peut devenir objet d'intelligibilité — jusqu'à épuisement.

§ 24. LES NATURES SIMPLES : COMPOSITION

Si une certaine confusion marque la troisième et dernière partie de la *Règle XII*, elle n'affecte pas, en fait, son propos substantiel, tout de récapitulation. Trois sections, d'inégal intérêt, l'occupent : 421, 3 - 425, 6 (« Dicimus quarto ..., quinto..., sexto..., septimo... ») systématise la théorie de la composition des natures simples, et l'unifie avec celle de la déduction (*Règles III, VI, XI*) ; 425, 7 - 428, 16 (l'ensemble des quatre *colligitur*) esquisse, en y adjoignant quelques exemples, une théorie de la reconstitution d'une chose ignorée, en n'usant que de natures simples déjà connues ; enfin 428, 17 - 430, 5 justifie le plan des *Livres* projetés, en utilisant les relations entre natures simples (428, 17-19) pour résoudre toutes les questions possibles

Il faut lire les quatre alinéas, qui formulent la théorie de la composition/déduction, comme un ensemble, où des permutations restent possibles. — Et d'abord la connaissance n'a pour objet que des natures simples isolées (§ 23), ou certaines de leurs compositions (« certain mélange qui les compose entre elles », 422, 8-9) ; mais cette composition elle-même (422, 9-22 = § 22) peut se développer en deux directions, soit comme nécessaire, soit comme contingente (421, 3-5). Remarquons aussitôt que la composition contingente se trouve traitée fort rapidement (421, 23-26), et surtout qu'elle ne rassemble entre eux que des termes qui n'appartiennent précisément pas aux natures simples ; il s'agit en effet de termes substantiels : substances secondes et premières (homme, corps), et accidents (être vêtu, être animé) ; se trouvent donc exclus de la liaison nécessaire les termes indissociables de la contingence « physique » (mentionnée ici clairement : 421, 3, 23, 27 ; 422, 3 ; 424, 26), c'est-à-dire les substances mêmes ; ce qui laisse supposer que leur essence ne permet pas une liaison nécessaire (comme l'insinue l'absence de toute mention des attributs par soi). Inversement, la composition nécessaire ne mobilise que des natures simples : matérielles, triangle, étendue, etc. (421, 8-17 = 419, 18-20, etc.), ou intellectuelles : doute, compréhension, etc. (421, 18-23 = 419, 8-17). On conclura spontanément que seules les natures simples permettent une liaison nécessaire entre elles, au contraire des termes substantiels ; mais une difficulté surgit aussitôt : ce qui permet à certaines natures simples de se conjoindre nécessairement en un jugement synthétique *a priori* (anachronisme que souffre $4 + 3 = 7$, en 421, 11-15), ou en une analyse de notion (triangle 421, 5-11 ; 418 *passim*), loin de se donner évidemment à comprendre, ne livre que « quelque raison confuse » (*confusa quaedam ratio*, 421, 6, 14). Le paradoxe apparaît que, dans le domaine de l'intelligibilité par excellence (natures simples, et non termes substantiels ; composition nécessaire, et non contingente), n'intervient, en fait de liaison, qu'une raison confuse. Paradoxe qui se renforce, quand on en aperçoit le parallèle aristotélicien : « Nous disons donc généralement qu'il n'y aura aucun syllogisme d'un terme selon/à un autre, tant qu'on n'aura pas trouvé un moyen, qui se rapporte à chacun des extrêmes par des prédications [66] » ; or ce moyen terme, Aristote ne le tient pas pour confuse raison, mais bien pour un *logos* et une *aitia* : « Ce qu'on demande (*aition*), c'est le moyen, et en toutes choses, c'est lui qu'on recherche... La cause, en effet, d'être non tel ou tel, mais absolument selon la substance, comme aussi d'être non absolument, mais selon un des attributs essentiels ou par accident, c'est le moyen terme » ; et « la cause demandée, c'est le *to ti hen einai* » ; ce qui donc permet la conclusion syllogistique, c'est d'abord l'inclusion des propriétés dans l'essence de la chose (prise au niveau du genre) ; d'où la précision achevée du lieu, puisqu'il s'agit de la définition de l'essence, ou plus exactement de la définition tout court : « il n'est de *to ti hen einai* que des choses dont le *logos* est défini/définition [67] » ; essence de la chose même, le moyen terme ne peut qu'être défini parfaitement ; et il ne permettrait d'ailleurs aucun syllogisme, s'il ne l'était pas. — Comme Descartes a révoqué l'essence, sous toutes ses formes, de la chose même, pour y substituer des objets construits à volonté d'évidence, il ne peut :

a) que manquer les relations nécessaires entre substances (et attributs essentiels) ;

b) que se priver aussi bien de l'essence comme moyen terme de composition/déduction ; non seulement Descartes ne peut invoquer l'essence, mais il ne peut rien lui substituer : les natures simples, construites en vue et au nom de la transparence, ne recèlent aucune autre ressource, que leur évidence, qui justifierait, en sus, une conjonction féconde d'évidences. En un mot, leur parfaite évidence ne fait des natures simples que des atomes, leur interdit de produire leur propres conjonctions, et les contraint donc à s'en remettre à une « confuse raison ». C'est-à-dire, à une raison que l'évidence a confondue et offusquée, et dont, dès lors, elle éprouve la clarté comme obscure. Sans doute, cette confusion paraît provisoire (selon 422, 11-22 du moins) ; mais elle demeure surtout l'étrange témoin de la situation aristotélicienne des *Regulae* :

---

66. *An. Pr.* I, 23, 41 a 2-4 ; voir I, 13, 32 b 18 sq. ; II, 19, 66 a 27-29 ; « ... il faut désigner le moyen terme comme indice, car, admet-on, l'indice est ce qui fait connaître, et le moyen terme principalement est tel », II, 27, 70 b 1-2.

67. Respectivement *An. Post.* II, 2, 90 a 6-7, 9-11 ; *Métaphysique* Z, 17, 1041 a 28 ; Z, 4, 1030 a 6 (voir Z, 5, 1031 a 1, « De la substance seule il y a définition » ; 1031 a 10 ; etc.) = *Topiques* I, 5, 102 a 1.

l'essence de la chose, éliminée au profit des natures simples, peut, seule peut-être, assurer une conjonction nécessaire, hors du domaine mathématique du moins (métaphysiquement, en 421, 26 - 422, 6, Descartes devra réintroduire, ensuite, des essences de l'homme et de Dieu). *Confusa quaedam ratio*, ombre de la présence de l'*ousia*, qu'on croyait absente, parmi l'évidence des natures simples.

Le couple de la composition contingente nécessaire, ne recouvre pas celui de la composition avec ou sans *experientia* (422, 23 - 423, 30) ; en effet, l'*experientia* ne qualifie pas seulement, comme un rappel des *Règles II, III* et *IV*, l'origine des natures simples, qui entrent dans la composition, mais aussi la composition elle-même ; ce qui revient à définir une composition sans *experientia*, due à « nous-mêmes » (422, 25 ; 423, 20, 29)[68], parallèlement à une appréhension sans *experientia*, due aussi à « nous-mêmes » (*Règle III*, 366, 12 ; 368, 3). Remarquons que le cas où une *experientia* est possible, n'exclut pas la composition par nous, mais signifie seulement que cette composition *nous* paraîtrait nécessaire ; inversement la simple absence d'*experientia* ne suffit pas à conclure à une contingence de la composition : en effet, la déduction peut devenir nécessaire (425, 3, 12, 15), sans que jamais elle ne s'appuie sur une *experientia* ; l'exemple négatif ici donné (423, 23-27) n'épuise pas le thème, mais l'illustre seulement, sous l'influence de l'analyse préalable de l'erreur (423, 1-20) ; ce que confirme la conclusion (423, 28-30), qui reste parfaitement neutre. Le rapport en 422, 23 - 423, 30 (« Dicimus sexto... ») et 424, 1 - 425, 6 (« Dicimus septimo... ») s'articule d'ailleurs sur cette constatation. Certaines compositions interviennent avec *experientia* : sauf erreur (423, 1-20), elles se fondent nécessairement ; d'autres, sans *experientia*, mais elles permettent toujours une intellection des natures simples ; qu'en est-il de leur contingence ou de leur nécessité ? A cette interrogation latente répond explicitement la section suivante, en dressant une nomenclature des substituts à l'*experientia*, et des types de composition qu'ils permettent. Successivement, on recense :

a) L'impulsion, qui procède sans « raison », mais respectivement sous l'influence d'une « puissance » supérieure, sans aucune tromperie donc (= *Règle III*, 370, 19-22) ; ou de la liberté propre, la plupart du temps trompeuse (= *licentia*, *Règle II*, 365, 26) ; ou enfin de l'imagination toujours trompeuse (= *Règle III*, 368, 14-15) ; les deux dernières sont éliminées, tandis que la première s'exclut d'elle-même du domaine épistémologique des *Regulae*.

b) La conjecture, qui rejoint le raisonnement probable en général (424, 16 = *Règle II*, 364, 17-18 ; 428, 3-5), et en partage la disqualification.

c) Enfin, la déduction qui, seule, permet une composition sans *experientia*, qui soit néanmoins certaine : « Il ne nous reste que la déduction seule, par laquelle nous puissions tellement composer les choses, que nous soyons certains de leur vérité » (424, 19-20 = 389, 11-14), et ainsi la déduction devient-elle une des formes possibles de la composition, la seule où l'absence d'*experientia* n'interdise cependant pas l'évi-

---

68. Voir *Règle III*, 367, 24 - 368, 7 (§ 6).

dence certaine d'une nécessité ; mais encore, comme cette nécessité ne
se fixe que par *intuitus* (« à moins qu'un regard ne nous ait assurés que
la conjonction de l'une avec l'autre est absolument nécessaire », 425, 3),
et qu'elle seule assure la vérité de la déduction, il faut conclure que la
déduction elle-même dépend de l'*intuitus*, qu'en tant que telle, elle relève
de la composition par *experientia* seulement, et exclut toute contingence.
La résorption de la réduction dans l'*intuitus* correspond ainsi à la réduction de la composition des natures simples à la nécessité. — La composition n'est certifiée, que si seule la déduction certaine l'effectue. Et donc
les natures simples ne peuvent reconstituer le monde à force, et en vue
d'objets, qu'en excluant d'abord la contingence, puisque précisément
l'erreur apparaît « chaque fois que nous jugeons pouvoir déduire d'une
chose particulière ou contingente quelque terme général et nécessaire »
(424, 25-27) ; ainsi la composition des natures simples achève-telle onti-
quement ce que commence l'exclusion épistémologique du contingent :
ce n'est pas l'essence (universelle mais aussi bien particulière)[69] qui
assure la déduction ou la synthèse, mais l'universalité abstraite de
l'ordre et de la mesure ; parce que la composition ne compose que des
natures simples, comme seuls objets, elle ignore la chose même, son
essence et sa contingence « physique » : le monde composé sera nécessaire, ou ne sera pas composé ni compris. La « matière » (en rapport à
l'*eidos*) interdisait la rigueur scientifique ; on a vu qu'au lieu de borner
celle-ci (comme le fait Aristote), Descartes supprime la « matière » pour
construire universellement une rigueur abstraite (§ 5, 7, 9-10) ; de même
exactement, la composition ne se réduit à l'*intuitus* que comme déduction
nécessaire ; mais le jeu de la particulière et contingente essence « physique » en limite l'emploi ; donc, au lieu de reconnaître cette part irréductible à la nécessité (comme le fait Aristote), Descartes élimine l'essence
et la chose particulière pour en reconstruire un modèle purement intelligible à partir seulement de natures simples, composant et déduisant,
à la place de la chose même, un objet, « quelque terme général et
nécessaire ». L'obscure raison, sans profondeur, des natures simples,
compose l'objet, et non plus l'essence qui déduit de la chose même ses
attributs essentiels, au risque d'y devoir reconnaître l'accident contingent.
La déduction compose bien nécessairement, mais ce n'est plus la chose
qu'elle compose avec elle-même — c'en est le modèle intelligible, substitué
comme objet[70].

D'où l'on déduit encore trois conclusions (« Colligitur..., secundo...,
tertio..., quarto ») qui commentent toutes la composition pensée comme
déduction nécessaire des natures simples. Successivement :

a) Les natures simples restent toujours telles, donc distinctes et séparables (simplifiées, 425, 20-24), sans jamais que la complexité du composé
ne rejaillisse sur elles.

b) Et donc, tout ce qui n'est pas nature simple, n'est que *composé*
par elles (427, 3-6), sans que la simultanéité du concours ne provoque jamais

---

69. Voir *An. Post. I*, 4, 73 a 34-36 ; b 25 - 74 a 3 : *katholou* comme *kath'olou* et *kath'auto*.
70. L'opération psychologique, qui confond à la fois déduction et *intuitus* dans une
même nécessité, doit se penser à partir des *Règles IX, X, XI* (voir § 27).

ni ne rencontre aucune unité autonome (c'est-à-dire éidétique) [voir n. 45-50] ; ainsi toute ignorance d'un composé ne peut-elle, *a priori*, que se résumer (et reconstituer) en certaines natures simples déjà connues ; jamais une transparente composition de natures simples connues par soi ne ménage le lieu où « quelque nouveau genre d'être encore inconnu » (427, 9-10) pourrait se dissimuler : l'ignorance n'est jamais antérieure, puisque le composé = x, se résout de droit à des éléments antérieurs « déjà connus » (439, 11) ; par définition, l'obscurité ne se trouve pas dans l'origine, mais dans une composition déduite, qui s'y réduit pour s'y éclairer.

c) En conséquence, puisqu'elles se résument en compositions également évidentes de termes également connus, toutes connaissances deviennent strictement homogènes les unes aux autres, « toutes de même nature » (428, 1) ; la vérité s'entend de manière parfaitement univoque, parce que l'Etre (des choses pensées comme objets) est d'abord pensé univoquement. En ce sens, l'inconnu ne pourra jamais que confirmer le connu, sans jamais y adjoindre la moindre nouveauté ; ou plutôt la nouveauté reste provisoire, puisqu'elle ne joue que dans le registre épistémologique (non-encore-connu/déjà-connu) ; aucune nouveauté, permanente du moins, ne peut s'introduire, une fois admises les natures simples évidentes [71]. D'où l'exclusion des questions irréductibles à, et indécomposables en natures simples, comme dépourvues de sens et mal construites ; par exemple, la définition aristotélicienne du mouvement (426, 16-22).

Le choix de Descartes est parfaitement remarquable, par sa précision (426, 19-20 = *Physique III*, 1, 201 *b* 4-5), et surtout par sa pertinence. En effet, Descartes reproche à Aristote de « chercher des nœuds sur un roseau », en ne comprenant pas que le mouvement, loin d'exiger une définition, doit se prendre comme une nature simple et première : « qui ignore ce qu'est le mouvement ? » (426, 21 = 419, 19), comme un d'entre les « êtres déjà connus » (439, 11) ; et donc, le mouvement devient clairement évident sitôt qu'on l'interprète « bien entendu comme un mouvement local » (412, 16-17), translation uniforme entre deux points géométriquement définis, mais interchangeables, dans la neutralité d'un même modèle mécanique ; ce mouvement, sensible second, ne devient premier qu'au détriment de la chose sensible elle-même, qu'il offusque par définition : « au moment où le sens externe est mû par un objet, la figure qu'il reçoit est transportée vers une certaine autre partie du corps..., sans qu'*aucun être réel* (*ens reale*) ne passe d'un point à un autre » (*Règle XII*, 413, 21 - 414, 4), « toutes les variations de mouvements sont décrites aussi dans l'air par la partie supérieure (sc. de la plume), quoique je ne conçoive *rien de réel* qui traverse d'une extrémité jusqu'à l'autre » (414, 9-12), « d'après quoi il est loisible d'entendre, comment se peuvent faire tous les mouvements des autres animaux, encore qu'on admette en eux aucune

---

71. Il resterait à étudier la possibilité d'introduire de nouvelles natures simples, possibilité que semble admettre l'incomplétude de leurs listes (*et similia* : 419, 15, 22 ; *etc.* : 419, 20, 29). Mais là encore, il s'agit d'une nouveauté homogène aux natures simples déjà connues, et à leurs compositions encore à connaître.

connaissance des *choses* » (415, 7-9). Le mouvement local ne peut se théma-
tiser, qu'abstraction faite de la chose ; ou plutôt, le mouvement ne se
réduit au mouvement local, puis celui-ci à la translation, qu'une fois
méconnu ce qui fonde la chose, l'*eidos*[72]. Seuls ces réaménagements du
concept de *metabolè* peuvent ramener le mouvement à l'évidence d'une
nature simple. Qu'adviendrait-il si le mouvement était pensé à partir de la
chose même ? — Il adviendrait la définition aristotélicienne. Mais on
remarque que son étrangeté ne surprend pas moins Aristote que Descartes ; en effet, Aristote doit y admettre, bien plus que des « paroles magi-
ques » (426, 17) seulement obscures et inutiles, deux contractions conceptuelles au regard de sa propre thématique ; premièrement, le concept
d'*energeia atelès*, comme si une *energeia* n'entrait précisément pas en possession de son terme ; deuxièmement, la définition même du mouvement
comme « entéléchie de l'étant, en potentialité, en tant qu'il est en potentialité », « ... l'entéléchie de l'étant en potentialité, quand, étant en entéléchie, il n'"agit" pas comme tel, mais comme en mouvement[73] », suppose
un achèvement du mouvement en soi, c'est-à-dire indépendamment du
terme où il s'achève ; définir le mouvement comme tel, parce que ce
mouvement constitue l'entre-deux de deux achèvements éidétiques, impose
de le définir sans mentions de sa fin, de le définir en tant même qu'irréductiblement indéfini (*aoriston*)[74] ; d'où la tentative, contradictoire parce que
rigoureuse, de penser l'*energeia* de ce qui n'en a pas, en tant précisément
qu'il n'en a pas, en sorte que n'en avoir jamais constitue très exactement
le sien propre. C'est ainsi qu'Aristote éprouve, après tous les Grecs, l'extrême difficulté où nous expose (*khalepon*)[75] pareille question ; l'étrangeté
de la réponse à laquelle parvient Aristote ne le frappe pas moins qu'elle
ne surprend Descartes ; il faut donc moins demander pourquoi Descartes
trouve vaine la formulation qu'Aristote estime décisive, mais pour quoi
Aristote assure un risque difficile, alors que Descartes n'en voit aucune
justification. — Il s'agit ici, en fait, du même et unique débat ; comme
Aristote pense le mouvement à partir de l'*eidos* (terminal), et donc de la
chose dans l'irréductible de son essence, il admet un débordement de la
parfaite intelligibilité par les exigences de la chose même (ainsi le mouvement, la « matière », les accidents, etc.), et se contraint à penser l'impensable, si l'impensable appartient à la chose même. Inversement, Descartes pense le mouvement selon l'uniformité abstraite des termes d'un

---

72. *Physique III*, 1, 200 b 32-33 : « Il n'y a pas de mouvement à part des choses
mêmes ». — Certes, le mouvement local « appartient plutôt à ceux (sc. des animaux) qui
sont plus pleinement entrés en possession de leur nature, ce mouvement doit être le premier de tous selon l'essence, (...) le mouvement où la chose mûe s'écarte le moins de son
essence, c'est le transport » (*Physique VIII*, 7, 261 a 18-21) ; mais cette primauté toute
négative (moindre altération de l'essence) présuppose surtout que le mouvement local, de
tous, est celui qui reste le plus étranger et indifférent à l'*ousia*.

73. Respectivement *Physique III*, 2, 201 b 31-32 ; puis 201 b 4-5, et 201 a 27-29 (voir *III*,
2, 202 a 7-8 ; *III*, 1, 201 a 10-11 ; etc.).

74. *Physique III*, 2, 201 b 28, b 24. Le mouvement échappe comme tel à la définition
pour la même raison que la matière. — Le « jeu » matériel lui-même.

75. *Physique, III*, 2, 201 b 33, 202 a 2. Descartes, depuis la *Règle IX* (401, 11-12) a signifié
définitivement que, pour lui, les choses difficiles ne sont précisément pas les plus belles.

déplacement nu, et donc géométriquement intelligible ; ce qui suppose la disparition de la *res* (comme lieu et terme du mouvement, comme substrat éidétique de l'intelligibilité mathématique), devant des exigences épistémologiques inéluctables ; ainsi disparaît ce dont la reconstitution contredit à l'évidence des natures simples, et à la nécessité de leur composition.

La brièveté de la conclusion de la *Règle XII* (428, 17-20) ne doit pas le faire négliger. Et d'abord parce qu'elle scande, curieusement, le début du *Second Livre*, dont la *Règle XIII* dégage le terrain (433, 1-3 ; 434, 5-6) [76]. Ensuite parce que les relations ainsi proposées rappellent celles dont la *Règle VI* donne la théorie : *causa/effectus* (381, 24 ; 382, 5-8 = 428, 18), *partes/totum* (428, 19-20 = 382, 8) ; en sorte que les relations 2 s'appliquent à la composition des natures simples, et gouvernent la reconstitution par elles des choses ; ainsi les concepts opératoires de la première partie du *Livre premier* des *Regulae* s'appliquent-ils maintenant aux seuls objets conformes à leurs opérations, les natures simples (objets constitués aux lieu et place des choses). Enfin, la reconstitution des choses par la composition de natures simples trouve ici des principes heuristiques ; totalité et causalité (respectivement mesure et ordre) permettent non seulement de composer les natures simples, mais de les dégager là même où — dans une chose — elles ne se livrent évidemment pas comme un objet à la mesure de l'*intuitus*. — Par quoi non seulement se conjoignent les deux versants de la *Règle XII*, et du *Livre Premier*, mais aussi s'annoncent les deux seconds, attachés aux *quaestiones* (428, 23 ; 429, 4 sq.). Et précisément, rien de plus conforme à la marche des *Regulae* que de déterminer les principes heuristiques, et de recenser les types de questions, avant la rencontre des choses mêmes ; ainsi deviennent-elles, dès avant leur apparition dans le champ épistémologique, objets, que (dé-)composeront les natures simples.

76. *La Logique de Port-Royal* développe d'ailleurs longuement ce thème : *IV*, 2 ; 300, 15-21 = « ex effectibus causas » ; p. 300, 22-33 : = « vel ex causis effectus » ; p. 300, 34 - 301, 6 = « vel ex partibus totum ».

CHAPITRE IV

THÈMES CARTÉSIENS, CONTREPOINTS ARISTOTÉLICIENS
(§ 25-29)

§. 25. Limites certaines de l'incertitude

La *Règle VIII* doit s'entendre comme une récapitulation, puis une transition ; si, comme la *Règle IV*, elle se compose d'un doublet d'elle-même, elle ne tient cependant pas un rôle aussi décisif. A moins que la détermination des bornes de l'esprit humain ne s'impose, une fois la méthode élaborée, comme une tâche inévitable.

La composition dédoublée de la *Règle VIII* [1] peut se résumer comme suit :

a) 393, 3-21 = 396, 26 - 397, 26, la méthode, renvoyant à l'ensemble des *Règles I - VII*, qui y trouvent une première conclusion ;

b) 393, 22 - 395, 16 : exemple de l'anaclastique, sans correspondant (sinon 397, 19-21 ; mais, dans ce cas, pourquoi la négation ?) ;

c) 395, 17 - 396, 25 = 397, 27 - 398, 25, et 399, 22 - 400, 11 ; la théorie de l'*ego* et de l'ignorance y constitue « l'exemple le plus excellent de tous », en même temps que l'originalité de la *Règle VIII* ;

d) 398, 26 - 399, 4 ; 399, 5-16 et 399, 16-22, annonçant respectivement les facultés, les natures simples, et le plan des livres à venir des *Regulae*, renvoient à *Règle XII*, 412, 14 - 417, 15 ; 417, 16 - 428, 20, et enfin 428, 21 - 430, 5.

Le thème de la méthode a déjà été abordé ; celui de l'anaclastique n'a pas de lieu aristotélicien ; les anticipations sur la *Règle XII* ont été traitées à l'occasion de celle-ci (§ 19-21 ; 22-24) ; reste donc la théorie de l'*ego* et de l'ignorance, seul apport original de la *Règle VIII*, pour notre propos du moins.

La constitution méthodique du savoir suppose, on l'a vu, l'universelle référence à l'*ego* ; avant même d'avoir déterminé la chose même à connaître, il est acquis que sa connaissance dépend de la primor-

---

1. Voir J.-P. Weber, *La Constitution*, p. 81-108, qui inspire peut-être (avec l'ordre que propose H) le renvoi par H. Springmeyer, en appendice, de 393, 22 - 396, 26 (éd. *Regulae*, S. 88, et *Zum lateinischen Text*, p. xix) ; ces auteurs reprennent seulement le relevé par AT (AT X, 485-486) des doublets, trop précis pour n'être pas insignifiants.

diale relation qu'elle entretient, comme objet avec l'*ego* (relation 1, § 13-14). Ici même la relation 1 commande tout objet en tant qu'objet à connaître : « si quelqu'un se propose pour question, d'examiner toutes les vérités, à la connaissance desquelles suffit la raison humaine, (...) celui-là donc, suivant les règles que nous avons données, trouvera, qu'on ne peut rien connaître avant l'entendement, puisque de lui dépend la connaissance de toutes les choses et non le contraire » (395, 17-24). Cette première relation, constitutive des deux autres[2], permet une double réduction : du multiple indéfini des objets possibles à l'unité du point unique de référence (*toutes/de lui*), mais aussi de la chose à l'intellect. En effet, la thèse cartésienne que « la vérité et la fausseté ne peuvent proprement être que dans le seul entendement » (396, 3-4 = relation 1) reprend sans doute l'avis aristotélicien que « le faux et le vrai ne se trouvent pas dans les choses mêmes, (...) mais dans la pensée[3] » ; mais en un sens radicalement différent. Pour Aristote, la vérité ne se trouve dans l'esprit, que parce que les conditions de cette vérité se trouvent dans les choses mêmes : ce que traduit le rapport de « similitude » — « les discours vrais (se produisent), semblablement aux choses » ; aussi l'expression « ... l'esprit, dans l'âme » doit-elle s'entendre au sens où « l'âme, en quelque manière, est toutes choses » (voir § 20), c'est-à-dire où le *nous* s'identifie, peu à peu, aux termes devenus noétiques, dans un unique achèvement. Quand donc Aristote situe la vérité dans l'esprit plus que dans les choses, comme d'ailleurs précisément toute l'odyssée épistémique (§ 18-20) consiste à les identifier, et non à réduire les unes à l'autre, il peut aussi bien, sans contradiction, qualifier comme « être par excellence, le vrai et le faux, ce qui, dans les choses, consiste à rassembler ou diviser[4] ». Vrai et faux se manifestent dans l'esprit, parce qu'ils y manifestent d'abord l'ordonnance des choses avec elles-mêmes ; nulle subjectivité ne devient creuset et lieu privilégié de la vérité, puisque l'esprit n'atteint cette vérité qu'en cernant, pour mieux l'admettre, le privilège unique de la chose — son essence. — Au contraire, Descartes entend la formule aristotélicienne dans le seul sens qu'admette la méthode certifiante : il ne s'agit plus de penser l'âme comme lieu, en potentialité, de toutes essences, mais comme agent qui opère la vérité ; Descartes substitue au simple « ... dans l'esprit », une précision décisive : « que dans le seul entendement » (396, 4) ; non tant qu'il faille démontrer que sans l'esprit aucune vérité n'apparaîtrait jamais (ce qu'Aristote eût, bien sûr, admis), mais bien qu'aucune vérité n'apparaît jamais, que lui seul, sans recours ultime qu'à soi, n'ait produite. L'*intellectus* seul produit la vérité, et donc aucune vérité ne se conçoit jamais, qu'il ne l'ait, finalement, pro-

---

2. Relation 2 en 392, 16-20 ; 395, 3-4 : « ... in tota hâc serie maxime absolutum » ; 394, 4, 23, 25 : « dépendre de » ; 397, 2-3 ; 398, 17-20. Relation 3 en 394, 11-12 ; 399, 8 ; etc.

3. *Métaphysique E*, 4, 1027 b 25-28 (à rapprocher, peut-être, de *De l'Interprétation*, 16 a 6-11 ; 23 a 32 ; 24 b 1-4). La (dis-) similitude des textes est commentée par M. HEIDEGGER, in *Wegmarken*, S. 138-139, trad. française : « La doctrine de Platon sur la vérité », in *Questions II*, p. 155-156.

4. Respectivement *De l'Interprétation*, 19 a 33 ; *De l'Ame*, *III*, 8, 431 b 21 ; *Métaphysique* ⊖, 10, 1051 b 1-3.

duite à lui seul ; les autres facultés, et donc la sensation, n'offrent ici que des adjuvents, et non des substituts. Qu'il faille bien entendre en ce sens strictement méthodique la sentence apparemment aristotélicienne, c'est ce que confirme le texte parallèle ; en effet, la seconde section (397, 27 - 398, 25) livre explicitement la thèse qui soutenait la formule précédente : la soumission absolue du monde des choses au réseau des seules pensées qu'en peut construire l'esprit humain : « ... ce n'est pas une tâche immense, de vouloir embrasser par la réflexion toutes les choses contenues dans notre univers, afin de reconnaître, en quelle façon chacune d'elles est sujette à l'examen qu'en fait notre esprit (*mentis nostrae examini subjectae*) » (398, 14-17) ; ce qui justifie en effet l'universelle soumission des choses, par pensées interposées, à l'*ego*, c'est l'universelle mise en ordre : « car il ne peut rien se trouver qui soit si simple ou si divers, qu'il ne se puisse... disposer en un petit nombre de chapitres » (398, 17-20). *Intellectus* s'entend moins comme l'instance potentielle que suscite toute essence, que comme la référence ultime, dont l'examen seul (397, 22 ; 398, 16-17, etc.) décide du vrai et du faux. Ce « tribunal de la raison » définit la vérité de par son seul jugement, parce qu'il l'appréhende d'abord comme jugement — supposant donc la chose à connaître comme accusée, ou du moins soumise à jugement. D'où le visage étonnant de la sémantique d'*hypokeimenon*, qui ne désigne plus « ce rapport à quoi toutes autres (attributions) sont dites, sans que lui-même soit jamais dit d'autre chose [5] », puisque cette définition s'applique mot à mot à l'*ego* cartésien (relation 1) ; il ne peut que se destituer de tout substrat auto-suffisant (-*keimenon*), puisque la connaissance ne procède qu'en en faisant complète abstraction ; il ne reste, outre cette impossible demeurance, que la soumission (*hypo*-), mais dont la direction s'inverse : non plus présence, ou substrat, d'un quelque chose irréductible (et peut-être irréductiblement inconnaissable), mais mise à la disposition d'une instance supérieure ; *sujet*, de substrat, en vient à désigner une sujétion [6]. Cette variation sémantique précise l'équivalence des deux formules comparées : comme la vérité ne peut se produire que par l'*intellectus*, toutes choses ne peuvent accéder à leur vérité essentielle qu'en se soumettant aux conditions de l'*intellectus* — la méthode elle-même. C'est pourquoi, en réponse à l'unité de la science, il faut poser la finitude du monde : non du monde comme univers physique (*res*, 398, 14), mais du monde comme ensemble des objets soumis aux conditions de l'intellection : « embrasser par la réflexion », « chacune d'elles est sujette à l'examen qu'en fait notre esprit, *subjectae* ». Le monde indéfini des choses devient fini, parce qu'il doit en venir à l'entendement fini ; mais par sa propre finitude, l'entendement impose une infinie sujétion. Dès lors, la théorie de la vérité permet une théorie de l'ignorance, par simple conversion.

En effet, puisque le centre de gravité de la relation épistémique (relation 1) se situe dans l'entendement, et que toute recherche procède de

5. *Métaphysique* Z, 3, 1028 b 36-37, etc.

6. Même analyse *in DM* ; voir J.-L. MARION : « A propos d'une sémantique de la méthode », *in Revue internationale de Philosophie*, n. 103, 1973/1, p. 43-44.

l'entendement parfaitement unique et connu vers les questions multiples et non encore connues, deux types d'ignorance peuvent en entraver le progrès. Soit l'ignorance provisoire de qui ne peut dé-, et re-composer la chose par les natures simples, soit l'ignorance définitive de qui découvre les limites (398, 12, 19 ?) de « la condition humaine » (393, 18 = captum, 396, 22 et 400, 8 ; « raison humaine », 398, 10). Comment peut-on jamais prétendre parvenir à une certitude de l'ignorance, strictement définitive parce que désignant les *fines* ultimes de la connaissance ? Sans doute y aurait-il impossibilité, si la connaissance se démultipliait au rythme des choses ; mais sitôt qu'elle se déploie à partir de l'entendement humain, de même que toute connaissance dépend génétiquement d'« un petit nombre de chapitres » (398, 20), que recense le dénombrement (398, 19-20 = 396, 7 ; voir § 17), et qui met en ordre toute matière qui voudra se constituer scientifiquement, sans que le dénombrement ne devienne exhaustif (parce que la proximité de l'origine limite le nombre des *capita*, et les investit d'une extension d'autant plus grande)[7] ; de même, parce que ces divisions « ne sont pas en effet si nombreuses, qu'on ne puisse les trouver toutes aisément et par un dénombrement entier » (396, 9-10), si une question n'y laisse pas réduire ses termes, alors l'ignorance relève de la constitution première des *capita*, c'est-à-dire, finalement, de la condition même de l'entendement. Il faut bien noter que l'ignorance se trouve d'autant plus certainement connue (comme limite) que la méthode certifiante l'élimine (comme modalité du discours : doute, erreur, etc.) ; en effet, à déployer à partir de l'origine la production de certitude, la méthode recense tous les instruments du savoir, c'est-à-dire, en fait, l'entendement seul ; la même et unique instauration, parce qu'elle consigne toute vérité à l'entendement et son évidence, exclut nécessairement du champ scientifique tout ce dont les éléments ne peuvent se réduire à l'entendement (et ses *capita*). La connaissance certaine, parce qu'elle déploie sa rigueur à partir du seul entendement, construit une ignorance par exclusion, et donc aussi certaine qu'elle-même. Ou encore : parce que la connaissance méthodique n'admet aucune dégradation — ou plutôt aucun dégradé de la certitude, elle doit se fixer elle-même les principes génétiques de son évidence égale (la méthode comme mise en ordre, abstraction, etc.) ; donc elle pose les bornes où commence, par rupture brute, l'ignorance. Une telle certitude de l'ignorance, revers strict de la certitude méthodique, comme elle n'a rien d'une ignorance résiduelle (manque absolu d'*experientia*, 394, 6-10 ; 400, 4-7 ; 427, 3-26 ; etc.), devient immédiatement science certaine des limites de l'incertain ; la limite du savoir, et du non-savoir, parce qu'elle se déduit rigoureusement du savoir, en fait encore partie : « Et cette connaissance n'est pas une moindre science, que celle qui fait voir la nature de la chose même » (393, 18-2), « ... cela seul, de savoir que nul ne peut connaître la difficulté recherchée, s'il est d'âme égale, suffira bien assez à sa curiosité » (396, 23-25), « ... ou enfin, il démontrera que la chose

---

7. Réduction de toute question à une composition décomposable de natures simples : *Règle VIII*, 393, 22 - 395, 16 ; 399, 16-21 ; *Règle IX*, 402, 9-28 ; *Règle XIII*, 430, 23 - 431, 27 ; *Règle XIV*, 439, 1-10, particulièrement net ; etc.

cherchée outrepasse toute la prise de l'esprit humain, et ainsi il ne se jugera pas plus ignorant, puisque ce n'est pas une moindre science que de connaître cela même plutôt que tout ce qu'on voudra d'autre » (400, 7-11).

Détermination certaine des limites qui ne contredit aucunement l'extension de la *capacitas* humaine, puisqu'elles deux tirent leur commune origine de l'entendement érigé en terme ultime de référence.

Cette théorie de l'ignorance permet encore une confrontation aristotélicienne, et double. — Premièrement, les deux ignorances reconnues par Descartes (résiduelle, et frontalière) résultent de l'éclatement de l'unique ignorance admise par Aristote, celle que provoque la *hylè* ; laquelle suscite l'ignorance (changement, accidents) en estompant l'*eidos*, parce qu'elle-même reste totalement étrangère à l'*eidos* et donc totalement inconnue[8] ; cette ignorance hylémorphique s'accroît en proportion directe de la potentialité et la multiplicité sans forme ; en sorte qu'entre l'ignorance de telle détermination d'un mouvement céleste, et celle, absolue, des conditions du hasard informel et sublunaire, aucune solution de continuité n'intervient : le même facteur produit la même ignorance, à la fois résiduelle (parce que la *hylè* introduit toujours un résidu) et illimitée (parce que seul l'*eidos* peut délimiter). En un mot, la question moderne des limites de la connaissance suppose toujours qu'une limite doive se reculer (et non se resserrer autour de la chose même), c'est-à-dire que la limite s'étende à partir, et au profit d'un entendement qui, donc, ne connaît que le terrain qu'il occupe avec « ses propres armes » (*Règle X*, 404, 6). — Deuxièmement, la double nature de l'ignorance n'interdit pas de la réduire à l'*ego* seul ; résiduelle, elle trahit provisoirement une « faute de l'esprit » (393, 17 = 400, 6), un « défaut de l'esprit » (396, 16 ; 400, 2) ; donc renvoie au seul esprit ; frontalière, elle marque les « limites de l'esprit ». Penser l'ignorance à partir de l'*ego*, c'est inverser les déterminations de l'*aporia*, qui marque toujours ce chemin que n'offre pas la chose même. Ainsi peut-on strictement opposer les caractéristiques de l'une et de l'autre.

a) L'aporie commence la recherche : « ... il faut en arriver à l'étude du temps : et il convient d'abord de déployer les apories (*diaporesai*) à son propos » ; « Nécessairement en vue de la science recherchée, il nous faut d'abord en arriver aux apories développées (*diaporesai*) », « le principe inaugural (*arkhè*) de l'enquête, vient nécessairement d'abord du parcours des apories (*diaporesai*) que suscitent ces questions[9] » ; ainsi l'aporie commande-t-elle toute recherche, parce qu'elle seule lui assure un but. Au contraire, Descartes ne découvre l'ignorance qu'au terme d'une progression jusqu'alors sans faille (393, 10-21 ; etc.), parce qu'au début (*priores*, 393, 13, *prius*, 395, 23 ; *post*, 395, 26 ; etc.) se trouve l'intellect, et la science qu'il prend de lui-même ; l'ignorance clôt la recherche, en fondant ses limites, ou disparaît dans son progrès.

8. Voir *Métaphysique E*, 2, 1027 a 13-15 ; etc., puis *Z*, 10, 1036 a 9 ; *Z*, 11, 1037 a 1-2 ; etc.
9. Respectivement *Physique IV*, 10, 217 b 29-30 ; *Métaphysique B*, 1, 995 a 24-25 ; *De la longévité et brièveté de la vie*, 464 b 21 ; etc.

b) Descartes définit l'ignorance par référence (relation 1 inversée) soit aux *viae* (396, 7 ; 399, 22), soit aux facultés (398, 27), soit aux *reguiae* même (393, 10 ; 395, 22 ; 398, 1) ; sans doute parle-t-il en marge du « défaut de l'esprit », de « la nature même de la difficulté » (393, 17-18), mais précisément, loin de désigner l'irréductibilité d'une chose non objectivée, elle renvoie aux degrés différents d'une équation, ou aux types divers de problèmes sur les moyennes proportionnelles (§ 15) [10] ; quant à la référence de l'ignorance aux *res*, on sait, premièrement, qu'elles ne s'entendent « qu'autant que l'entendement y touche » (399, 6 = *Règle XII*, 418, 1-3 ; 13-15 ; 419, 6-7), et non en soi ; deuxièmement, que, pour cela même, elles se composent et décomposent en natures simples (§ 22-24), entièrement ordonnées à l'évidence d'intellection. Et donc, on peut bien conclure que Descartes ne pense l'ignorance qu'à partir de l'*ego*. En quoi il inverse rigoureusement l'*aporia*, qui se définit par la chose qui la comporte, ou, comme dit Aristote, la « tient » en soi ; car les choses ne présenteraient aucune impossibilité si elles ne « tenaient » en elles, et donc si d'abord il n'y avait « à propos de chaque entreprise sur une chose des apories appropriées (à celle-ci) [11] » ; l'impossible accès à la chose suppose que la chose barre elle-même le chemin, et donc, mystérieusement, baigne de sa présence sa dissimulation même.

c) Aristote ne sépare pas l'aporie de sa « solution », parce qu'en un sens, seul le suffixe se modifie, c'est-à-dire que la chose laisse deviner le chemin d'accès au moment même où elle le dissimule à l'apparence : « Pour ceux qui font enquête sur l'âme, il est nécessaire (...) de déployer les apories à propos desquelles il leur faudra trouver un chemin convenable (*euporein*) » ; en sorte que le parcours patient de l'aporie devienne condition première de la découverte d'un chemin : « Pour ceux qui entendent trouver un chemin convenable vers la chose (*euporesai*), il est expédient de bien déployer les apories ; en effet, le chemin convenable n'est que la solution postérieure des apories antérieures, et défaire n'est pas possible, pour qui ignore le lien ; et justement l'aporie de la pensée montre que ce lien se trouve dans la chose même ; en tant qu'elle est dans l'aporie, elle ressemble à un homme pris dans des liens [12] » ; l'ignorance n'appartient à la chose même, que parce qu'y réside aussi la seule connaissance possible ; l'unique *ousia* commande à ce jeu alterné, et en fonde la permanente rigueur. — Pour Descartes, au contraire, l'ignorance terminale, loin de susciter une nouvelle approche, l'exclut ; plus, cette exclusion étant elle-même rigoureusement démontrée, elle interdit que la question puisse, encore, être légitimement posée (« travail superflu », 392, 13 ; « ne

10. Synonyme de « genre de la difficulté », 385, 17-18 ; 386, 1-2 ; repris en *Géométrie* pour désigner, entre autres, le degré de l'opération d'une courbe (AT VI, 442, 16 ; 444, 5, 9 ; etc.).

11. *Ekhein aporian*, par exemple, *De l'Ame*, 408 a 24 ; 409 b 22 ; 410 a 27 ; 413 b 16 ; 417 a 2 ; puis *Ethique à Eudème*, I, 3, 1215 a 3.

12. Respectivement *De l'Ame*, I, 2, 403 b 20-21 ; et *Métaphysique B*, 1, 995 a 27-32. Voir aussi *A*, 10, 993 a 25-27, où le renversement d'*aporia / euporia* éclate jusqu'au paradoxe : « Quant aux apories que quelqu'un pourrait trouver en ces matières, nous y reviendrons ; car, peut-être en tirerons-nous un chemin (plus) aisé en vue des autres apories à venir ». — Conversion réciproque venant de PLATON, *Ménon*, 84 a - b.

semblerait pas d'un esprit sain », 393, 20 ; etc.). La chose même soit se
réduit en l'uniforme évidence des natures simples, soit doit renoncer même
à la présence silencieuse d'une question toujours posée, et d'un inconnu
au moins reconnu.

L'ensemble de la *Règle VIII* esquisse une théorie des limites de la
méthode certifiante, qui inverse la théorie de la méthode certifiante
elle-même. Mais surtout, elle s'oppose rigoureusement à la saisie aristotélicienne de la vérité dans l'aporie. D'où une confirmation, par l'antagonisme de la thèse sur l'ignorance, du parallélisme des théories du savoir.

§ 26. Exercice de la méthode : perspicacité et *ACKHINOIA*, sagacité et *EUBOULIA*

Les *Règles IX*, *X* et *XI* forment un ensemble strictement défini et
homogène : toutes trois, au lieu de considérer l'articulation des opérations
épistémologiques et d'en établir le statut rigoureux, s'attachent, ce travail
une fois achevé, à définir les conditions subjectives d'exercice de ces opérations. Cette pratique de la théorie peut aisément se repérer grâce aux
occurrences de « s'exercer » (*exercere* 403, 8 ; 404, 15 ; 405, 14, *Règle X*),
« s'accoutumer » (*assuescere* 401, 27 ; 400, 15, *Règle IX* ; et *usum acquirere*,
409, 13, *Règle XI*), et du syntagme « se rendre plus propre à... » (*aptiores
reddi ad* 400, 20 ; 402, 3-4, *Règle IX* ; 405, 22, *Règle X* ; 408, 20, *Règle XI*).
A la recension des facultés doit succéder la mise en œuvre des opérations
(400, 16 ; 408, 14) subjectivement, c'est-à-dire le développement de l'*industria* (403, 14) et de son savoir-faire. Ainsi, la *Règle IX* reprend-elle l'*intuitus*
pour l'exercer comme perspicacité — « la perspicacité, en regardant
(*intueri*) distinctement chaque chose en particulier » (400, 21-22), « regarder la vérité avec distinction et une parfaite visibilité » (400, 15), « la
neuvième (sc. Règle) a traité du regard et de l'esprit seulement » (408,
12-13). De même, la *Règle X* exerce-t-elle la déduction/induction comme
une pratique de la sagacité : « la sagacité, en déduisant les choses les unes
des autres avec artifice » (400, 22-23, voir 403, 8 = 405, 1-2), « scruter fort
sagacement tous les objets qu'on voudra » (*Règle XII*, 428, 26), « la dixième
(sc. Règle) a traité du dénombrement seul » (408, 13). Enfin, la *Règle XI*
entreprend de rassembler ces deux facultés en un seul exercice, car « elle
explique, par quel moyen ces deux opérations se soutiennent et s'achèvent
mutuellement, jusqu'à sembler croître de pair en une seule » (408, 14-15). —
Par cette reprise pratique d'une théorie épistémologique, Descartes ne fait,
formellement, qu'imiter la distinction qu'établit Aristote entre la théorie
du syllogisme et son exercice pratique : « Comment se produit tout syllogisme, par combien de termes et de prémisses, et comment celles-ci se
disposent entre elles, et aussi de quelle nature est le problème traité en
chaque figure, et de quelle nature celui qui en requiert un nombre plus
ou moins grand, cela est évident de ce qu'on vient de dire. Quant à savoir
comment nous-mêmes allons toujours trouver des syllogismes en nombre
suffisant pour la question proposée, et par quelle sorte de chemin nous
atteindrons les principes concernant chacune d'elles, c'est maintenant ce
qu'il faut dire : car peut-être ne faut-il pas seulement théoriser la production
des syllogismes (*theorein*) ; mais encore avoir la puissance de les cons-

truire (*poiein*) de fait [13]. » En effet, les chapitres précédents définissaient les termes du syllogisme (*I*, 1), en recensait les trois figures (*I*, 4, 5, 6), établissaient les conversions de propriétés (*I*, 2, 3), analysaient les syllogismes modaux (*I*, 8 à 23), s'assuraient de la réduction à la première figure (*I*, 23), et établissaient la quantification des prémisses (*I*, 24-26) ; au contraire, les suivants tenteront de repérer le moyen terme, positivement (*I*, 28-30), ou d'en prévenir une incorrecte recherche (*I*, 31, 35, 36-37, etc.). Ainsi s'agit-il bien d'une semblable reprise.

L'exercice de l'*intuitus* suppose la saisie, comme objets privilégiés, de termes suffisamment simples pour s'offrir en toute facilité, et sans opacité résiduelle, à la prise d'un regard : simples et donc « extrêmement faciles » (400, 13 ; 401, 9 ; 402, 7 ; 408, 4-5 ; voir § 22) ; à cette condition seulement l'*intuitus* pourra en épuiser le contenu singulier ou multiple (*simul*, voir § 28) sans outrepasser les propres limites de sa *capacitas* (401, 5). L'opération, de ne considérer que des natures simples et leurs compositions, disqualifie toute question irréductible à pareille simplicité ; donc particulièrement toutes les questions « difficiles », c'est-à-dire qui exigent, au moins à titre de possibilité, un être nouveau. Ce que thématise explicitement Descartes, en dénonçant, comme un vice commun aux hommes (401, 11 sq.), l'équivalence entre les « plus belles » choses et les plus difficiles ; au contraire, la difficulté ne recèle jamais la plus haute vérité, puisque précisément elle la cèle ; elle ne laisse supposer de haute vérité, potentielle, qu'en interdisant d'abord la moindre vérité effectivement connue. Ainsi Descartes affronte-t-il l'équivalence platonicienne *entre ta kala* et *ta khalepa*, qu'Aristote cautionnait ainsi : « Il paraît que c'est une chose grande et difficile, que de saisir le lieu... [14] ». En effet, la difficulté dénonce, dans un cas, l'absence de vérité (la relation épistémologique dépendant de l'*ego*), dans l'autre, annonce la dissimulation — et donc encore la présence — de l'*eidos*, dissimulation qui résulte aussi bien que de l'indéfinition éidétique de la chose même, de l'insuffisance noétique et ontique de l'esprit connaissant. Sitôt que l'*ingenium* n'est plus pensé comme norme du vrai, la difficulté, au lieu de s'identifier au douteux et donc au faux, peut laisser supposer le surcroît de vérité ; pour Descartes au contraire, comme l'*ingenium* produit seul le vrai (§ 25), toute raison lui reste immédiatement disponible, et parfaitement sous la main, en sorte que tout raisonnement qui vient d'un peu loin (« certaines raisons sublimes que les philosophes vont chercher fort loin », 401, 15) paraisse simple illusion. On a vu que le monde des *Regulae* élimine toute profondeur ontique des choses ; ici encore, la critique de l'admiration (401, 15 : *admirare* = *thaumazein*) confirme celle de la difficulté (= *khalepon*). « C'est à cause de l'étonnement que les hommes, maintenant comme autrefois, commencèrent à philosopher [15] » ; c'est, pourrait-on risquer, à cause du non-étonnement que les hommes cessèrent un jour de philosopher

---

13. *An. Pr.*, *I*, 26-27. — « Construire le syllogisme (*poiein*) » ; *I*, 8, 30 a 10 ; *I*, 15, 34 b 9 ; *I*, 25, 42 a 22 ; *I*, 28, 44 b 26 ; etc.

14. *Physique*, *IV*, 4, 212 a 6, conformément à PLATON, *République*, 435 a.

15. *Métaphysique* A, 2, 982 b 12-13. Voir *Théétète*, 155 d. — La critique de l'étonnement constitue une caractéristique constante de la pensée cartésienne, des *Regulae* aux *Passions de l'Ame* (§ 75-78), en passant par les *Météores* (AT VI, 231, 15-20 ; 366, 25-28).

comme ils l'avaient fait auparavant. L'*eidos* ne concentrant plus sur lui la relation épistémologique, il n'investit plus de sa silencieuse autorité la difficulté, ni de sa stupéfiante étrangeté, l'étonnement ; lesquels, au lieu de fixer ses limites extrêmes aux modalités de présence d'une chose, s'évanouissent en purs et simples rebuts de la représentation. Dès lors, la connaissance ne doit viser qu'à modérer les variations de certitude qu'inspireraient les choses mêmes, pour garder une parfaite équivalence avec elle-même, aussi variés qu'en puissent être les objets : « ceux, qui savent vraiment, distinguent aussi aisément (*aequa facilitate*) la vérité, qu'ils l'aient tirée d'un sujet simple ou d'un obscur : car ils comprennent toute vérité d'un acte semblable, unique et distinct, une fois qu'ils y sont parvenus une bonne fois » (401, 19-23 ; voir 405, 18) ; ce qui correspond, psychologiquement, dans la pratique des facultés, à l'indifférence de la *Mathesis Universalis* à toute manière (374, 9 ; 378, 3 ; voir § 11).

L'*intuitus* rejoint les natures simples, pour autant qu'il sait atteindre les éléments distincts et simples ; il s'agit là d'un exercice, développant une habitude, dont la mise en œuvre reste parfaitement irrationnelle. Ce qui paraît suggérer un rapprochement avec l'*ackhinoia*, et pour plusieurs raisons.

a) Cette proximité (*ackhi-*) de l'esprit (*nous*) correspond assez bien à la vision (*-spectare*, *per-spicacitas*) transperçante (*perspicacitas*) du regard de l'esprit (*intuitus*) — même coup d'œil.

b) Ce coup d'œil se définit comme un « coup au but », « le coup d'œil de l'esprit diffère de la délibération juste, car il est une sorte d'*eustokhia*, d'habileté à toucher au but », laquelle se produit aussi bien « sans raisonnement et rapidement [16] », comme la sagacité des artisans (401, 3 sq.).

c) Que vise ce coup d'œil au but ? « Le coup d'œil de l'esprit est un certain coup au but en un instant (temps imperceptible) sur le moyen terme [17]. » En effet, parce que toute science repose sur lui, aucune démonstration scientifique ne livre le moyen terme, pas même le *nous* (qui porte sur les principes) ; dans une question donnée, avant même l'induction (qui construit déjà un certain syllogisme, donc médiatise son appréhension immédiate), il faut recourir au coup d'œil ; en vertu même de son caractère préscientifique (sans raisonnement), il livre au raisonnement scientifique sa première assise. Toute la difficulté du syllogisme scientifi-

---

16. *Ethique à Nicomaque*, VI, 10, 1142 b 1-6 : « La délibération juste est une certaine délibération, car celui qui délibère cherche et raisonne ; mais ce n'est pas l'habileté à toucher au but ; car celle-ci se déploie sans raisonnement et rapidement, tandis qu'à qui délibère, il faut beaucoup de temps ; et l'on dit bien qu'il faut faire vite ce qu'on a délibéré, c'est donc que délibérer est lent. Et encore, le coup d'œil de l'esprit diffère de la délibération juste, car il est une sorte d'habileté à toucher le but. » Sur l'*eustokhia*, voir aussi *Topiques*, VI, 14, 151 b 18-20 ; *Parties des Animaux*, I, 1, 139 a 6 (*eustokhia* opposée à la science rigoureuse, comme un savoir d'instinct et de culture).

Sur l'*ackhinoia* « appartenant principalement aux jeunes, parfois aussi aux anciens », voir *Problèmes*, XXX, 1, 954 b 36 (confirmé par *Ethique à Nicomaque*, VI, 8, qui réserve la *phronesis* aux seuls anciens, 1142 a 14-17).

17. *An. Post.*, I, 34, 89 b 10-11. — On remarque que, au contraire de l'*eustokhia*, l'*ackhinoia* ne connaît que peu d'occurrences aristotéliciennes (hors la présente, et *EN*, VI, 10 cité note précédente) ; sans doute n'est-ce point un hasard : tout se passe comme si ce terme désignait l'*eustokhia* en tant précisément qu'elle vise le moyen terme, et lui seul.

que consiste en effet à identifier le moyen, c'est-à-dire l'essence générique qui, comprenant certain individu, lui attribuera ses propres attributs ; mais quel est le genre ? « Il est difficile (*khalepon*) de reconnaître si on sait, ou si on ne sait pas : c'est qu'il est difficile de savoir si nous connaissons ou non à partir des principes de chaque chose, ce qui est précisément connaître. Nous croyons que posséder un syllogisme constitué à partir de certaines prémisses vraies et premières, c'est avoir la science ; ce n'est pas le cas, car il faut que les conclusions soient de même genre que les premières prémisses [18]. » La difficulté, qui laisse désarmé et s'en remet à l'*ackhinoia*, c'est celle que suscite le genre : la saisie du moyen terme. — Ce qui, suivant une rigoureuse antinomie, rejoint la démarche cartésienne : découvrir et cerner les premiers concepts (natures simples) qui fondent tout raisonnement revient à la perspicacité. Avec l'unique et considérable différence qu'ici encore, la nature simple tient lieu du moyen terme (et donc du genre) : non plus le long tâtonnement qui cerne peu à peu les attributs pour, d'un coup, y discerner enfin le genre, mais l'analyse simplifiante qui décide de la chose selon la capacité du regard. Par quoi on comprend qu'il faille disqualifier *ta khalepa*, si précisément le *khalepon* par excellence, c'est le genre, que toute recherche s'expose à manquer du tout au tout, et sans recours, puisqu'il précède et fonde tout raisonnement. — Ainsi, deux opérations semblables [19] visent-elles à deux buts strictement opposés, et d'autant plus symétriques.

Second moment de la même reprise, la sagacité qui exerce la déduction. En effet, une fois admis l'ordre comme mise en ordre, et surtout que l'ordre ainsi établi porte aussi bien sur une construction de pensée (404, 25) que sur la chose même (404, 24), il paraît évidemment que l'ordre doit se rechercher, sans pouvoir s'imposer. D'où la légitime succession des développements : 403, 12 - 404, 4 présente moins une autobiographie, que l'assomption que toute « nouvelle découverte » (403, 16) peut, en droit, se réduire à quelque terme semblable (403, 18) déjà connu ; ce qui exige la mise au point d'un ordre reliant (comme une courbe à calculer, telle qu'elle joigne plusieurs points donnés) l'inconnu au connu : c'est-à-dire l'exercice de la sagacité (403, 19). — Mais cette sagacité ne doit pas rester innée seulement « par une sagacité mise en moi par la nature » (403, 19), mais peut systématiquement se développer par exercice (404, 15) ; ce qui permet le recours (section 404, 5-21), comme paradigme, à certains procédés mécaniques des artisans (tissage, broderie : ordre réticulaire de la trame et de la chaîne, coordination parfaite de toutes les rencontres) ; ainsi apparaissent une infinité de mises en ordre possibles, réservées, pourrait-on dire, à telle ou telle mise en ordre réclamée dans un tel problème. — D'où (section 404, 22 - 405, 20) la concentration de toute la difficulté d'une déduction (mise en ordre) sur le développement de la sagacité,

---

18. *An. Post.*, *I*, 9, 76 a 26-31.

19. La mention de « nous attarder assez longtemps » (400, 14) ne contredit pas, il semble, la rapidité du coup d'œil (voir *An. Post.*, *I*, 34, 89 b 12, *tachu* = *EN VI*, 10, 1142 b 3) ; en effet, le retard que Descartes mentionne ne s'applique aucunement à la perspicacité, mais à son absence, et donc au temps où il faut attendre qu'elle se manifeste (« jusqu'à... », 400, 14) ; il s'agit donc seulement du temps de l'habitude, et non d'une contradictoire perspicacité durant plus d'un instant. — On ne commentera pas ici la section 402, 29 - 403, 6, puisque, comme exemple, elle échappe, au moins directement, à toute situation aristotélicienne.

qui ne doit viser ni trop simple (405, 2-9), ni trop subtil (405, 9-13 = 401, 11 sqq.), mais progressivement passer de mises en ordre élémentaires à d'autres plus « embarrassées » (405, 13-20). Sagacité : l'art lui-même non ordonné, de mettre en ordre une multiplicité de termes inordonnés, à partir d'un terme simple précédemment donné par la perspicacité.

Cet office pourrait correspondre à celui de l'*euboulia* aristotélicienne, pour les raisons suivantes.

a) Elle appartient au même type de faculté que l'*ackhinoia*, tout en s'en distinguant par la durée de son opération, exactement comme la sagacité complète la perspicacité, en en développant médiatement l'immédiate saisie.

b) L'*euboulia* concerne la mise en ordre (en vue de choisir le meilleur) de termes en eux-mêmes inordonnés, mais fondant le devenir : « ... à propos des choses humaines, et à propos de ce dont on peut délibérer [20] ». Elle rejoint ainsi l'artificiel d'un ordre tiré à force de pensée, puis imposé aux choses désordonnées.

c) Surtout, de même que la sagacité construit l'ordre à partir d'une nature simple (404, 9 : *simplicissimae*) fournie par la perspicacité, de même l'*euboulia* tend à organiser une liaison entre termes contingents à partir du moyen terme (d'un syllogisme pratique) que lui fournit l'*ackhinoia*, au risque, certes, de le perdre : « il est possible d'atteindre même le bien par un faux syllogisme, et d'atteindre à ce que nous devons faire, sans pourtant l'atteindre par quoi il faut, le moyen terme pouvant au contraire être faux [21] » : ainsi faut-il à la fois définir un but juste, et l'atteindre suivant un moyen, c'est-à-dire suivant un moyen terme aussi juste ; la fin ne justifie pas le moyen terme ; et inversement seul le moyen terme correct permet à l'action morale un syllogisme (et donc une fin) rigoureusement juste. Retrouvant entre les deux opérations aristotéliciennes, un lien intrinsèque semblable à la liaison des deux cartésiennes, nous trouvons confirmation de leurs correspondances respectives deux à deux ; et inversement. D'où le schéma :

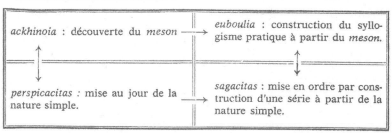

ackhinoia : découverte du *meson* ⟶	*euboulia* : construction du syllogisme pratique à partir du *meson*.
perspicacitas : mise au jour de la nature simple. ⟶	*sagacitas* : mise en ordre par construction d'une série à partir de la nature simple.

20. *Ethique à Nicomaque*, VI, 8, 1141 b 9. Voir le développement de la notion de « délibération » (*Ibid.*, III, 6-7). Voir « Personne ne délibère sur ce qui ne comporte pas de se comporter autrement » (*Ibid.*, VI, 2, 1139 a 13-14). « A propos des choses éternelles, nul ne délibère (...) ; ni à propos des choses en mouvement (...) ; ni à propos des événements du hasard (...) ; ni même à propos de toutes les affaires humaines (...) ; nous délibérons (en fait seulement) de ce qui dépend de nous, et d'une action » (*Ibid.*, III, 5, 1112 a 18-31).

21. *Ethique à Nicomaque*, VI, 10, 1142 b 22-24. Il s'agit bien ici du *meson* au sens du moyen terme syllogistique (et non du moyen entre deux excès, comme partout ailleurs dans l'*Ethique*). Voir le classement de BONITZ, 457 a 42.

Remarquons que deux opérations épistémologiques cartésiennes ne trouvent leur lien et correspondants que dans deux opérations pratiques pour Aristote. Peut-être cette rencontre ne doit-elle rien au hasard ; ou plutôt, le hasard donne ici à penser. En effet, comme on l'a vu plus haut (§ 3), Descartes organise le champ du savoir en y transposant la connexion, strictement éthique, des vertus ; en sorte que joue dans l'établissement du système des sciences (nécessité), la connexion initiatrice de l'homme moral (contingence des choses morales) ; ainsi l'établissement de la nécessité dépend-il d'une décision de l'homme. Ce que continuent les présentes opérations : la mise en ordre, précédemment comprise comme structure épistémologique fondamentale se met en œuvre par mobilisation d'opérations éthiques qui, seules, correspondent à l'extension immense de la liberté de l'ego dans le domaine épistémologique (et non plus éthique) ; la réforme des structures épistémologiques provoque un élargissement tel de l'ego (au sens judiciaire du terme), que des opérations appropriées à la contingence éthique peuvent seules y convenir ; la prudence devient vertu intellectuelle par excellence, parce que l'intelligence, d'abord, est devenue décision, prévision, réalisation-production.

Qu'il faille comprendre la situation aristotélicienne des *Règles IX et X* par référence au *meson*, la conclusion de cette dernière le confirme assez (405, 21 - 406, 26). La déduction cartésienne s'oppose au syllogisme (406, 17 ; voir § 16) apparemment sur la question de la vertu de la forme (*vis formae* 406, 2 = 406, 20) : elle ne reconnaît que l'évidence immédiate, infère néanmoins d'un terme à l'autre (*illatio evidens*, 406, 1), et disqualifie donc les « formes » (*formae* 406, 11). *Forma* renvoie, bien sûr, aux *sckemata* du syllogisme ; outre les trois figures du syllogisme à proprement parler, Descartes semble y adjoindre le syllogisme modal et le syllogisme dialectique. La disqualification de ces figures repose sur une unique critique : le syllogisme suppose déjà connus, comme contenu vrai (*materia*, 406, 18) avant toute mise en forme (*formare*, 406, 17), un résultat dont précisément il n'assure que la mise en forme, sans en permettre l'invention, invention obtenue par une tout autre voie, l'inférence ; on a vu comment l'*epagogè* devient définitive, et non provisoire seulement, éliminant ainsi le syllogisme (voir § 16). Mais il faut encore remarquer ici que la promotion de l'*epagogè* suppose déjà la méconnaissance du fondement du syllogisme. En effet, Descartes commence par tenir pour équivalentes toutes les figures du syllogisme (405, 23-24 ; 406, 17), ce qui contredit absolument à la supériorité de la première figure, sur toutes les autres ; ensuite, il tient le syllogisme pour l'ensemble des « formes du discours » (405, 25), ce qui, avant toute critique, manque l'essentiel, et les transfère d'emblée à la Rhétorique (406, 25). Ces deux méconnaissances, en fait, se confondent : la première figure manifeste le plus évidemment le fondement des autres (ou leur déficience), le moyen terme lui-même ; ou plutôt le moyen terme, pris au sens d'un terme logique « situé entre » deux autres, y coïncide parfaitement avec le *dioti* (le *pourquoi* scientifique), qui coïncide à son tour avec le *ti estin* (l'essence du genre, ontologiquement fondée) : « Car soit généralement, soit dans la plupart des cas ou dans leur majorité, le syllogisme du " pourquoi " procède de cette figure ; en sorte que par cela elle est la plus scientifique ; car voir le " pourquoi ", c'est l'excellence du savoir. Et encore, la science de l'essence générique ne peut s'atteindre que par cette seule figure : dans la seconde, ne se produit aucun syllogisme catégorique ; or la science de l'essence générique relève de l'affirmation ; il se produit bien dans la dernière, mais sans être universel, alors que l'essence générique relève des termes universels [22]. » Le syllogisme ne trouve son intérêt ni comme méthode d'invention, ni même de démonstration, mais de monstration des attributs de la chose dans, et à partir de son essence (identique à celle du genre) ; le moyen doit s'entendre comme l'essence ; et la forme du raisonnement (*sckema*) repose donc sur la forme comme *eidos*. Sitôt manquée la situation ontologique propre au seul syllogisme de la première figure (en laquelle toutes les autres peuvent se convertir), et disparu le moyen comme essence, le syllogisme immédiatement se réduit à une exposition formelle du résultat déjà obtenu. La critique du syllogisme relève, plus que d'une réflexion logique, d'une réforme ontologique — celle du *meson* en nature simple.

L'ensemble des *Règles IX* et *X* ajoute donc, à la cohérence d'opérations exerçant des facultés, la cohésion beaucoup plus intime d'une même déviation de ces opérations ; la sagacité, le syllogisme, la perspicacité ne reprennent l'*euboulia*, le syllogisme et l'*ackhinoia*, qu'en les déplaçant du *meson* à la nature simple, de l'essence à l'évidence. Ce qui confirme pleinement, dans le registre psychologique de l'exercice des opérations, la critique des catégories, que suppose, au long des *Règles V, VI* et *VII*, la mise en ordre.

§ 27. EXERCICE DE LA MÉTHODE :
SIMULTANÉITÉ (*hama*) D'INTUITUS ET DE DÉDUCTION

Depuis la *Règle III* où deux fonctions de l'esprit furent délimitées et retenues, *intuitus* et déduction, reste en suspens la difficile question d'en déterminer les rapports précis. La *Règle XI* s'y emploie, en construisant la théorie de leur interaction, c'est-à-dire en montrant comment leurs actions respectives permettent, finalement, à toutes deux de « croître de pair en une seule » (408, 15). Mais, par là même, Descartes doit encore entrer en contradiction avec Aristote.

Il faut bien remarquer, ici comme plus haut (§ 16) qu'aux deux fonctions correspondent non pas deux, mais trois opérations, le décalage ne pouvant justement recevoir un traitement adéquat que dans l'exercice de la méthode, non dans une définition théorique quelconque. — La tripartition que propose 407, 8 - 408, 13 ne fait que reprendre celle qu'une lecture attentive dégageait de la *Règle III* :

---

22. *An. Post.*, *I*, 14, 79 a 21-28. — Sur l'identification ici supposée du *meson* (logique) et de l'*eidos* (ontologique), il faut néanmoins mentionner les réserves et remarques de G. PATZIG, *Die Aristotelische Syllogistik*, Göttingen, 1959, § 12, S. 52 fg. ; S. 198.

Règle III [1ʳᵉ nomenclature]		
Intuitus	X	Déduction
		« Tout ce qui est nécessairement conclu de certaines autres choses connues avec certitude », 369, 20-22.
	« pourvu que nous les parcourrions tous successivement, et que nous nous souvenions que chacun... tient au plus proche », 370, 2-4.	« pourvu seulement qu'elles soient déduites de principes vrais et connus... quand bien même nous ne contemplerions pas d'un seul et même regard des yeux tous les anneaux intermédiaires », 369, 23 - 370, 2.
« les premiers principes », 370, 13 ; voir 369, 24, 21.	« on peut dire... selon la manière différente de les considérer, qu'elles sont connues tantôt par le regard, tantôt par déduction », 370, 10-13.	« les conclusions éloignées », 370, 14.

La *Règle XI* reprend cette tripartition, en y incluant celle de la *Règle VII*. Elle en modifie donc la nomenclature.

Règle XI (+ Règle VII) [2ᵉ nomenclature]		
Intuitus	Déduction	Dénombrement (*enumeratio*)
« le regard simple », 389, 11.	« La déduction simple d'une chose à partir d'une autre se fait par le regard », 407, 13-14.	« inférence rassemblée à partir de nombreuses choses disjointes », 407, 12-13.
	« toutes les propositions que nous avons déduites immédiatement les unes des autres, pourvu que l'inférence ait été évidente, ont déjà de cela même été réduites au regard vrai », 389, 15-17.	« ...à partir de nombreux termes disjoints, inférer un terme unique », 389, 17-18.

Comment Descartes justifie-t-il ce réaménagement, où la déduction de la *Règle III*, s'achevant en l'*enumeratio* de la *Règle VII*, laisse une certaine simplicité et immédiateté discursive la remplacer, qui se réduit à l'*intuitus* ? Deux critères interviennent pour définir l'*intuitus*, et donc ce qui pourra jamais bénéficier de son indubitable *experientia* : la clarté et distinction, d'une part, la simultanéité du regard, de l'autre.

Si la déduction se trouve envisagée comme encore à faire (*de illa facienda*, 407, 18 = *hoc ita faciendum*, 369, 22 ?) elle ne se résume pas (encore) à la simultanéité de l'*intuitus*, et donc s'oppose à lui, comme déduction en général (qu'elle déduise des termes simples, ou non, indistinctement), d'où l'ambiguïté du terme, dans la *Règle III* ; au contraire, vue comme déjà faite (*jam facta*, 407, 22 = *dedux*imus... *jam sunt* reducta », 389, 15, 17), seul le résultat entre en considération : dès lors, la distinction devient possible entre la simultanéité (qui a permis cette déduction immédiate), et la complexité (qui impose une conclusion médiate). — La simultanéité devient donc le propre de l'*intuitus*, mais aussi de certaine déduction, au contraire du dénombrement qui impose une liaison définitivement médiate, parce que sa longueur outrepasse la capacité d'un seul *intuitus* (369, 28 = 389, 21 ; 408, 6-7). Le domaine de la déduction se déplace du dénombrement médiat et disjonctif, à la saisie simple et immédiate par *intuitus*, à la mesure exacte où il se laisse reprendre, par un seul coup d'*intuitus*, comme simple ; c'est-à-dire, pour autant qu'une certaine simultanéité en conjoint les éléments habituellement disjoints (et irrémédiablement, pour l'*enumeratio*), dans un ensemble, que puisse recevoir, d'un coup, la capacité de l'esprit, sans recours à la mémoire. La question d'une distinction entre déduction et dénombrement ne se pose pas comme théorique (opérations de l'esprit) ; mais elle dépend de la pratique (exercice, etc.) de la simultanéité : quels ensembles discursifs peuvent se contenir dans la capacité de l'esprit, en sorte qu'un seul *intuitus* suffise à les réduire à la simplicité ?

Remarquons aussitôt que capacité et simultanéité traduisent, localement ou temporellement, la même portée de l'esprit, sa puissance d'intégration des informations, puis de réduction à l'*intuitus*. — En conséquence, la simultanéité ne vaut que si elle augmente cette puissance, au lieu de la confondre ; au contraire, il est une confusion qui caricature la simultanéité ici visée : « celui qui veut apercevoir ensemble (*simul*) plusieurs objets d'un même regard, n'en voit aucun distinctement, et pareillement, celui qui a coutume de prêter attention (*simul*) en même temps à plusieurs choses par un acte unique de la pensée a l'esprit confus » (400, 25 - 401, 3). En effet, elle précède toute distinction des termes à déduire, et, au lieu de tenter une saisie simultanée de termes distingués, elle les confond avant de les distinguer [23]. Au contraire, il s'agit de progresser

---

23. La *Règle IX* montre comment distinguer les premiers termes de l'*intuitus*, à l'exemple des « Artisans, qui ont la pratique des ouvrages minutieux... qui ne dispersent jamais leur pensée en même temps (*simul*) sur des objets variés » (401, 3-8) ; il faut donc mesurer la portée de ce que peut rassembler la simultanéité à la simplicité des termes ainsi rassemblés, « ... que tous s'accoutument, à embrasser *en même temps* dans la réflexion des objets si peu nombreux et *si simples*, qu'ils ne pensent ne jamais savoir rien, dont ils n'aient un regard aussi distinct, que ce qu'ils connaissent le plus distinctement de tout » (401, 27 -

dans la simultanéité en gardant intacte la distinction des natures simples préalablement délimitées ; la simultanéité demeure celle d'une déduction (non d'une confusion), parce qu'elle tente de sauvegarder les termes simplifiés qui permettent seuls une déduction : « ... après avoir inspecté distinctement chacune d'elles (sc. choses) suivant la neuvième Règle, nous puissions, suivant la onzième, toutes les parcourir suivant un mouvement très rapide de l'esprit, et en regarder ensemble le plus grand nombre qu'on pourra (*quamplurima simul intueri*) » (*Règle XVI*, 455, 4-7). Ce texte, extraordinairement précis, établit nettement la différence entre confusion simultanée, et simultanéité déductive ; laquelle suppose la série construite, à partir de termes certifiés par l'évidence de leur simplicité, mais entreprend d'en déduire la diversité autant que faire se peut — c'est-à-dire autant que la capacité d'esprit le permet. La simultanéité, loin d'abolir la distinction sérielle des termes, entend l'élever à la simplicité de l'*intuitus* : elle achève, dans la mesure de la capacité d'esprit, la simplification des termes initiaux et leur constitution sérielle, par la compréhension de la série elle-même comme un terme simple. La série, parce qu'évidente et lieu de mise en évidence, tend asymptotiquement, par sa compréhension simultanée en l'esprit, à l'évidence de l'*intuitus*.

Seconde difficulté : la mémoire. Quel statut reconnaître exactement à la mémoire, dans la tripartition indécise des opérations ? — Premièrement, on constate qu'elle caractérise la certitude médiate du dénombrement (déduction au sens de la *Règle III*) ; ce qui ne se résorbe pas en l'évidence instantanée et unifiée d'un seul *intuitus*, doit emprunter son évidence à une collection d'évidences, à laquelle seule la mémoire peut assurer une manière de simultanéité : « ... elle emprunte plutôt d'une certaine façon sa certitude à la mémoire » (370, 8-9), « passer si vite de l'un à l'autre, que, n'en abandonnant presque aucune partie à la mémoire, il me semble voir la chose entière toute ensemble (*simul*) » (388, 4-7 et sq.), « la mémoire, dont on dit que dépend la certitude des conclusions, qui embrassent plus de termes que nous n'en pouvons saisir par un seul regard » (408, 21-23). Mais, comme *intuitus* et *dénombrement* admettent un terme intermédiaire, l'absence et le recours à la seule mémoire admettent aussi une tierce situation. La mémoire, en effet, se distingue en deux domaines ; l'un, définitivement médiat, dont l'extension ne peut que se dénombrer, mais jamais résorber en l'*intuitus*, pour lequel Descartes recourt aux *notae* écrites (*Règle IV*, 379, 11 ; *Règle XVI*, 454, 10-13, 25, *passim*, dont 458, 9-20) ; si dans l'autre, au contraire, se manifeste une faiblesse de mémoire (*labilis*, 408, 23 ; 454, 22), le remède s'en trouve dans l'*intuitus* lui-même qui entreprend de couvrir l'étendue déductive à la place de la mémoire, et mieux qu'elle : « Il faut venir en aide à l'infirmité de notre mémoire par un certain mouvement de la pensée » (387, 20-22), « la mémoire... comme elle est instable et fragile, doit être rappelée et affermie par ce mouvement continu et répété de la pensée » (408, 21-25). Comment comprendre que

---

402, 1). — La distinction des termes précède toujours la simultanéité tangentielle de la série parcourue, et lui évite ainsi de sombrer en confusion. Voir *Règle XII*, 417, 5, selon la leçon de *H*. (*Cr*. 44) ; *Règle XIV*, 452, 11-13 ; *Règle XV*, 453, 15-17 ; etc.

l'*intuitus* puisse reprendre à son compte une part de la mémoire ? Parce que d'abord il utilise, en tant que « force cognitive » toutes les facultés annexes, et y agit aussi librement que possible (*Règle XII*, 415, 13 - 416, 16), et ensuite parce qu'il réduit ainsi la temporalité de la mémoire à la simple présence de l'imagination (fondement de la mémoire, § 20) : « ... mais, parce qu'elle est sujette à faillir souvent, et afin de n'être pas contraints de consacrer une partie de notre attention à la renouveler, tandis que nous nous adonnons à l'autres pensées, l'art a encore fort proprement inventé l'usage de l'écriture ; assurés de son secours, nous ne confierons ici rien en sus à la mémoire, mais abandonnant notre fantaisie libre et entière aux *idées présentes*, nous tracerons sur du papier toutes les choses qu'il faudra retenir ; et ceci par des signes très brefs... » (*Règle XVI*, 454, 22 - 455, 4) ; assurer la mémoire par des signes, c'est aussi bien restaurer l'imagination présente en sa liberté ; c'est donc, plus qu'éliminer la mémoire, consacrer à une partie de ses figures l'attention *présente* de l'*intuitus* (usant de l'imagination libérée du passé dénombré) : « Ainsi pour qu'il (sc. l'entendement) déduise de plusieurs choses rassemblées ensemble une seule (autre), ce qu'on doit souvent faire, il faut rejeter des idées des choses tout ce qui ne requiert point la *présence de l'attention* (*praesentem attentionem*), en sorte que la mémoire puisse fort aisément retenir tout le reste » (*Règle XII*, 417, 5-8). Équivalence de la mémoire avec le présent de l'attention et mise à part de cette mémoire de tout ce qui ne révèle pas de la présente attention (recours aux *notae*, reconnaissance de conclusions définitivement médiates) : ainsi s'agit-il moins d'opposer la mémoire déductrice à l'*intuitus* présent, que de remarquer comment une partie de la mémoire déductrice, distinguée du dénombrement consigné par l'écrit, entre en commerce avec la présence d'*intuitus* ; non destruction, mais assomption partielle de la mémoire (déductrice) par l'*intuitus*.

La coalescence des deux fonctions (*intuitus*, *enumeratio*) en une troisième opération répond donc à la difficulté suivante : comment ne pas tomber dans un savoir définitivement médiat sitôt que la mémoire reçoit « plus de termes, que nous n'en pouvons saisir par un seul regard » (408, 23), c'est-à-dire comment connaître évidemment et immédiatement, là même où la capacité d'*intuitus* ne suffit plus ? Le surplus appartient toujours à une série (voir 409, 8-10 = *Règle VI*, 384, 9 - 387, 1), la mémoire de ce surplus se consigne en *notae*, ou se résorbe en *phantasia* présente ; ce qui fournit une section donnée de la série, à penser tout entière au présent. Pour ce faire, l'opération consiste à parcourir cette section suffisamment vite pour que les évidences successives ne se dispersent pas dans *un champ* plus « vaste » (selon l'espace-temps intellectuel de l'imagination) que la capacité de l'*intuitus* ; ou encore, à augmenter la capacité de l'*intuitus* en le changeant d'azimut le plus possible en un temps donné ; substitution à une capacité au repos, d'une capacité en mouvement, qui couvre, avec le même éclair, plus de champ. Ce mouvement (*motus cogitationis* [24] ; *transire*, 409, 6 ; *percurrere*, 409, 5 ; 15,

---

24. Voir *Règle III*, 369, 24-26, « par un mouvement continu et nulle part interrompu de la pensée qui regarde de part en part chaque chose séparée » ; 370, 5-6 ; *Règle VII*, 387,

etc.) parcourt d'autant plus le domaine de la mémoire, et donc l'absorbe d'autant plus dans l'*intuitus*, qu'il s'accomplit rapidement (409, 5) ; ainsi, un même regard, d'une capacité donnée, peut-il, suivant la vitesse de son mouvement, recouvrir un domaine beaucoup plus étendu qu'elle ; simultanéité des termes perçus, parce que quasi-simultanéité des azimuts successifs de l'*intuitus* et de sa capacité : l'*intuitus* est à la fois (*simul*) ici et ailleurs, « un certain mouvement de la réflexion, qui regarde attentivement chaque chose et tout ensemble passe aux autres (*intuentis simul et ad alia transeuntis*) » (408, 16-17 ; voir 417, 5 ; 429, 23-27 ; 449, 23-25, etc.) comme l'origine d'une circonférence peut se trouver, en tous ses points, sans jamais se fixer en un. D'où la production d'une simultanéité [25], qui réduit une part de la série à l'immédiate *experientia* d'*intuitus* ; ce qui permet ainsi l'ajustement de plusieurs topiques ternaires :

Intuitus	Déduction	Dénombrement (*enumeratio*)
<............. attention présente ....> par évidence		
	<............... mémoire ....> (présente) (faible)	
	<.... composition des natures simples ....>	
	<...... série (vérité de la déduction) ......>	
<........ appréhension simultanée ....> < .... statique... *intuitus*.. en mouvement .. >		

Surtout, elle justifie rétrospectivement, et opératoirement, l'élargissement du champ de l'*intuitus*, supposé dès les *Règles III* et *VII*, et théoriquement établi par la *Règle XI*. Une opération est trouvée qui autorise deux fonctions de l'esprit à biaiser entre elles, pour parvenir à outrepasser les bornes de l'*experientia* immédiate, en y incluant toute déduction médiate, pourvu que la rassemble une simultanéité.

Reste à dégager ce que présuppose, comme sa condition de possibilité, une telle simultanéité. Or il se trouve qu'Aristote interroge, lui aussi, à propos d'une certaine simultanéité dans la sensation : « ... les

11-12, 21 ; 388, 2-4 : « un certain mouvement continu de la pensée, qui voit chaque terme singulier d'un seul regard et qui tout ensemble passe à d'autres » ; *Règle XI*, 407, 4, 20 ; 408, 2, 16-17, 24-25 ; *Règle XVI*, 455, 6-7 ; *Règle XVIII*, 467, 13-14.

25. *Simul, Règle VII*, 388, 3, 6 ; *Règle XI*, 407, 17, 19 ; 408, 6 ; 409, 7, 21 ; 410, 2, 4, 8 ; *Règle XII*, 417, 5 ; *Règle XIII*, 433, 3 ; *Règle XVI*, 455, 7, 24. Rappelons qu'en *Règle IX*, 400, 26 ; 401, 2, 7, 27, *simul* désigne la confusion, non la simultanéité.

couleurs semblent être unes, de cela seul qu'elles apparaissent simultanément (hama)[26] ». — Premièrement, il demande : est-il possible de percevoir plusieurs sensibles en même temps ? Pour plusieurs raisons, on montre que deux termes s'annuleraient, s'affaibliraient, ou se confondraient ; mais si précisément une même sensation ne peut accepter simultanément (hama) deux sensations contraires, ou mêlées, c'est que plus radicalement, « selon une seule potentialité et un seul temps indivisible, il doit nécessairement se trouver une unique energeia ; car en un seul instant, un seul mouvement et usage, et ainsi une seule potentialité. Il n'est donc pas possible de sentir deux choses simultanément (hama) par un seul sens ». En d'autres termes, ce qui interdit une simultanéité des sensations, c'est le concept même de connaissance — « le connu et le connaissant ont une seule et unique energeia » (voir références données au § 20, n. 18) — puisqu'on y vise l'eidos et non le repérage figuratif ; la même raison qui assure la vérité à la sensation singulière (appréhension directe de l'eidos sensible), interdit la simultanéité de sensations. Comme seul l'eidos assure l'unité, a fortiori les termes groupés en sustoikhia ne peuvent-ils susciter une unique sensation : « Si donc les choses qui sont dites suivant une même série, mais qui appartiennent à un genre différent, diffèrent encore plus [entre elles] que les choses dites suivant le même genre (par exemple le doux et le blanc, comme dans une série, mais non de même genre), ... il sera encore moins possible de les sentir simultanément (hama), que celles du même genre[27]. » La simultanéité cartésienne se trouve ici disqualifiée, pour la même raison qui disqualifiait la série, dont elle achève la pratique : la mise en ordre sérielle, comme le parcours simultané, suppose une unité indifférente à l'eidos (et au genre). La simultanéité traduit dynamiquement ce qu'établit statiquement la série, l'élimination de l'ousia comme fondement et terme du savoir. — Et si Aristote admet jamais une simultanéité de la sensation, c'est en référence au sens commun, dont on a vu le statut éidétique : « Il faut supposer qu'en l'âme ce qui perçoit toutes les sensations est numériquement un et le même ; mais pourtant, par sa manière d'être, il reste autre pour des termes génériquement autres, autre pour des termes éidétiquement autres. En sorte que l'âme percevrait bien des choses simultanément (hama) et par une même faculté, mais dans un rapport non identique[28]. » La seule exception à l'impossibilité d'une quelconque simultanéité, le sens commun, restaure précisément la multiplicité éidétique ou générique ; elle s'oppose donc radicalement aux conditions de possibilité de la simultanéité cartésienne, sérielle et a-éidétique. Cette remarquable confirmation des analyses précédentes (§ 13-14) demande un complément : si au simul cartésien répond, et négativement, le hama aristotélicien, la notion d'un mouvement de la pensée trouve-t-elle un répondant ?

La réminiscence naît du passage d'un souvenir à un autre, de celui-ci

---

26. De la sensation et des sensibles, 440 a 23.
27. Ibid., respectivement 447 b 17-21, et 448 a 13-18.
28. Ibid., 449 a 16-20 ; voir De l'Ame, III, 2, 427 a 1-5, qui étudie aussi l'hama (426 b 18, 28, 29 ; 427 a 8, 12, 13).

à un troisième, etc., jusqu'à que ce passage s'engendre lui-même comme un mouvement : « ... la réminiscence a lieu quand le mouvement (sc. à trouver pour se souvenir) se produit après un autre » ; or ces mouvements suivent les règles d'association suivantes :

a) Une certaine similitude (terme commun ou simultanéité, *hama*, ressemblance, *suggenus*)[29].

b) La rapidité, « Quand on voudra faire réminiscence, ... on cherchera d'abord à remonter au principe du mouvement, d'après lequel se produit le mouvement cherché ; aussi les réminiscences sont-elles très rapides et avantageuses, qui remontent au principe[30] ».

c) Enfin, ces deux premières règles se confondent dans la troisième, la disposition ; « Ce qui comporte une certaine disposition (*taxis*), comme les termes mathématiques, est facile à retenir, mais ce qui est négligé, l'est difficilement » ; et Aristote de donner l'exemple d'une série ordonnée A, B, Δ, Γ, E, Z, H, etc., semblable à la proportion invoquées par Descartes (408, 25 - 409, 7)[31]. Nous retrouvons donc le « mouvement de la pensée », à deux reprises près ; premièrement, Aristote développe ce mouvement non comme une connaissance, mais comme une reconnaissance, au passé, non au présent ; distinction fondamentale, puisqu'elle substitue à une enquête scientifique la pure reconstitution psychologique de faits de conscience ; ainsi Aristote peut-il, sans incohérence, user du principe d'association (simultanéité), puisqu'aucune considération éidétique n'intervient dans la réminiscence, mais seulement le libre jeu des images du passé. Au contraire, Descartes prétend appliquer la loi d'association, que constitue la simultanéité d'*intuitus*, aux objets même de la science se construisant ; simultanéité constitutive, « mouvement de la pensée » présente. — Deuxièmement, Aristote n'invoque l'ordre mathématique, qu'en vertu de la logique quasi onirique de la réminiscence ; en effet, l'abstraction mathématique trouve un terrain également éloigné de la logique éidétique dans l'univers passé et reconstitué librement du psychisme. C'est bien pourquoi il s'agit d'un *éthos*, dont les variations ne recouvrent point celles de la *physis*. — Quand, au contraire, Descartes lie strictement le « mouvement de la pensée » à la série, celle-ci, à l'encontre de la mathématique selon Aristote, porte sur l'essence présente des choses, parce qu'elle la supplante ; la série, et donc le mouvement qu'elle ébranle, reste en prise sur ses objets, jusque dans l'exercice de la simultanéité. Non seulement Descartes entend au présent le mouvement qu'Aristote entend au passé, mais surtout il l'entend comme à la fois réellement constitutif du savoir et définitivement fondé sur la série an-ontologique.

La *Règle XI* achève la séquence que Descartes consacre à l'exercice pratique des fonctions de l'esprit définies dans la *Règle III* ; surtout, il lui appartient de réunir en une seule opération *intuitus* et déduction,

---

29. *De la Mémoire et de la Réminiscence*, respectivement 451 b 21 (*hama*), b 26 (*suggenus*). Voir 452 a 10-12 : « Faire réminiscence, c'est posséder en soi, à titre de potentialité, cette faculté motrice, et ceci, en sorte de se mouvoir à partir de soi-même et des mouvements que l'on a ».

30. *Ibid.*, 451 b 30 - 452 a 1 ; voir 452 a 13-14 ; 452 a 28.

31. *Ibid.*, respectivement 452 a 2-4 et 452 a 19-26.

permettant ainsi d'étendre l'*experientia* directe et immédiate à une part de la déduction, précédemment pensée comme certaine, mais indirecte et médiate ; ce qui consolide toutes les tentatives antérieures, restées en suspens, de résorption (*Règles III, VII* et *XII*), et assure un contenu rigoureux à l'extension, souvent annoncée, de la capacité de l'esprit. — Plus encore, elle confirme des correspondances aristotéliciennes déjà rencontrées : *series - sustoikhia*, méconnaissance de l'unité éidétique (*hama - simul*), *ordo - taxis*, etc. Ce renforcement des analyses précédentes inscrit ainsi en son lieu une doctrine cartésienne, apparemment sans généalogie ; sa seule originalité lui vient, en fait, des déplacements, par quoi elle se dérobe à son origine.

§ 28. CENSURE CARTÉSIENNE DE THÈSES EXPLICITEMENT INVOQUÉES COMME ARISTOTÉLICIENNES

Dispersés dans les *Regulae*, ou suscités par elles en général, il reste à recenser, ne serait-ce que sommairement, nombre de souvenirs aristotéliciens. Comme tels, ils ne permettraient aucune conclusion ; mais, au terme du précédent parcours, ils trouvent leur situation, et permettent plusieurs confirmations.

Rares ou insignifiantes paraissent les allusions explicites à Aristote (*Règle III*, 367, 20, *hapax*) ; on a remarqué pourtant plusieurs citations, présentées comme aristotéliciennes et critiquées comme telles ; ainsi la définition du mouvement (*Règle XII*, 426, 16-25) dont on a étudié plus haut la réfutation cartésienne (§ 24). Ainsi, parallèlement, la définition du lieu (*Règle XII*, 426, 9-16 = *Règle XIII*, 433, 14 - 434, 1). Le lieu appartient pour Descartes, au nombre des « choses connues par soi » (426, 7 = 433, 20-21), et non des *khalepa* [32], parce qu'on peut l'inclure dans, et le comprendre comme l'ensemble des relations qu'un corps entretient avec les parties de l'espace (433, 22-23) ; la dissolution eidétique de ce corps le résout en une somme de relations ; donc les relations spatiales qui la construisent, la précèdent et, en quelque manière, en doublent de leur étendue abstraite l'extension « physique » (étendue aussi bien réelle que géométrique, thématisera Descartes plus tard) [33]. — La condition éidétique de la chose suscite une toute autre difficulté pour Aristote : à la fois, le lieu « n'est rien de la chose même », peut s'en séparer, ou être abandonné, mais aussi, « le lieu de chaque chose est égal à chacune d'elles », c'est-à-dire n'y retranche rien, n'y ajoute rien non plus [34] ; en effet, si le lieu ne se confond point avec l'*ousia*, il constitue plus qu'une relation extrinsèque, puisqu'il « comporte certaine potentialité, car chaque chose se transporte vers son propre lieu, pourvu que rien ne l'en empêche, l'une vers le haut, l'autre vers le bas ; telles sont les parties et espèces du lieu, haut, bas, et les restantes des six dimensions » ; celles-ci ne se distinguent pas seulement par leur opposition, et par rapport à nous (*thesin/êmin*), mais aussi bien « dans leur nature », et « par la potentialité » ;

---

32. *Physique IV*, 2, 209 b 18 ; 4, 212 a 8 ; etc.
33. *Principia II*, § 64, 1, 10-11, etc.
34. Respectivement, *Physique IV*, 4, 211 a 1 sqq., et 211 a 27-29.

par quoi le lieu échappe à la topologie mathématique où les déterminations dépendent de la position des termes, donc de leur relation à nous [35]. Nous retrouvons la ligne de partage habituelle : soit la mathématisation qui, supposant l'élimination de l'*eidos*, offre un matériau homogène, parce qu'abstrait, à la série (relations) ; soit l'*eidos* irréductible, qui organise l'espace par rapport à lui, au risque d'imposer l'impensable, ici le lieu : ni matière (indéfinie par définition), ni *eidos* (parce que la chose demeure indépendante du lieu), ni intervalle (enveloppe de l'enveloppé) qui constituerait un double du corps, encore à localiser, le lieu ne pourra se définir que comme l'envers de l'*eidos*, limite non de la chose même, mais de ce qui la contient. Les objections soulevées par Descartes à cette définition ne portent d'ailleurs que sur deux des fausses solutions ; le contenant ne peut changer sans que le contenu change 426, 13-14), que si le lieu est pris comme « matière » permanente dans tout changement ; au contraire, que change la localisation sans que change le rapport du contenu au contenant (426, 14-16), cela n'est possible qu'en pensant le lieu précisément comme intervalle permanent (et rapport) du contenu au contenant (*eadem*, non réductible au lieu, changeant) [36]. Mais, sitôt évacué l'*eidos*, sombrent en une égale insignifiance toutes les définitions possibles examinées par Aristote, au profit de la réduction du lieu à un ensemble (extrinsèque à la chose, puisque la dissolvant) de relations spatiales. Ce qui renvoie de l'*eidos* à la théorie de l'équation des courbes.

Autre allusion, moins explicite, mais également précise, le mouvement instantané (*Règle IX*, 402, 9-28). Le mouvement peut s'effectuer, selon Descartes, en un instant, puisqu'il s'agit de la transmission d'une « puissance nue » (*potentia nuda* 402, 22, 26, élan, information, etc.), aucunement du parcours effectif, par une chose, d'un espace ; l'espace ne se doit pas nécessairement parcourir, puisque : premièrement Descartes ne lui reconnaît aucune portée éidétique (espace neutre au lieu du trajet vers l'*energeia*) ; donc deuxièmement, il le pense moins comme transport que comme transmission — transmission qu'un *impetus* accomplit mieux qu'un corps « physique ». Au prix de ces réinterprétations, un mouvement instantané devient possible, contre Aristote ; lequel, pour montrer la contradiction d'un mouvement instantané, assume la notion même de mouvement, et sa propriété de plus ou moins grande vitesse, puis souligne que dans le même moment (*nun*) plusieurs mouvements se dérouleraient, également instantanés, mais inégalement rapides ; d'où la contradiction d'une nécessaire division du *nun*, proportionnelle aux différentes vitesses [37]. Ce faisant, Aristote suppose le mouvement définitivement cerné, pour ensuite en déduire l'impossibilité dans l'instant, alors qu'inversement Descartes réforme le concept de mouvement (en celui de transmission) à partir du concept, lui-même non critiqué, d'instantanéité. Les deux analyses ne modifient leurs concepts respectifs,

35. *Physique IV*, 1, 208 b 10-14 ; puis 208 b 15-25.
36. Voir *Physique IV*, 4, 211 b 29-31, etc. ; puis 211 b 14-29.
37. Voir *Physique VI*, 3, 234 a 24 sqq. « Rien ne se meut dans l'instant » ; mais aussi 237 a 14, 239 b 1-2, 241 a 24.

qu'en commençant par en intervertir les centres de gravité : du mouvement (comme *processus* éidétique, voir § 20-21) à la critique du mouvement instantané, de l'instant au mouvement instantané (où mouvement se résume à la transmission). Ici encore, il s'agit moins de déterminer qui, de Descartes ou d'Aristote, « a raison » en regard des résultats ultérieurs de la physique mathématique, que de discerner, au-delà de la formulation obvie, les réaménagements conceptuels qui y correspondent sans s'y limiter ; peut-être en effet le débat sur un mouvement instantané (ou une vitesse infinie) ne devient-il possible qu'une fois admis le mouvement comme transmission éidétiquement neutre ; c'est bien pourquoi seule la postérité de Descartes peut le réfuter, et ne peut jamais confirmer (ni, *a fortiori*, infirmer) Aristote.

§ 29. REPÈRES POUR UNE SITUATION ARISTOTÉLICIENNE DU SECOND LIVRE DES *REGULAE : TOPIQUES*

Si les *Regulae* dérobent dans l'inachèvement leur effective réalisation, du moins leur programme se présente-t-il, à deux reprises, parfaitement déterminé (339, 13-21 ; 428, 21 - 430, 5). La *Règle VIII* laisserait cependant quelque ambiguïté, si ne la corrigeait la *Règle XII*. En effet, les concepts de simplicité et de composition ne permettent pas une suffisante distinction en trois *Livres* des *Regulae* ; on encourt le risque d'opposer, en termes de dé/composition, seulement deux domaines hétérogènes : composition des natures simples (*Règle XII*, et théorie de la déduction en général), et composition, dans le *Second Livre,* à partir des mêmes natures simples, de termes inconnus (théorie de l'équation). Mais, précisément, la *Règle VIII* ne fait pas intervenir l'inconnu comme terme de la composition, et sépare ainsi fort mal les deux premiers *Livres.* Quant au troisième, son statut se précise aisément : les termes mis au principe de la recherche présupposent encore eux-mêmes une composition (399, 19-20). Cette imprécision, la *Règle XII* la corrige en rassemblant tout le *Livre I,* qu'elle achève, sous le titre des propositions simples (et aussi de leur première composition : 428, 23 - 429, 4), et en comparant les suivants sous la rubrique des « questions » elles-mêmes subdivisées en questions dont les termes sont parfaitement intelligibles (429, 4-7 : le *Livre II*), et en questions dont les termes ne le sont pas (429, 7-8 = 399, 19-20 : le *Livre III*). Les trois livres se distinguent donc selon le rôle qu'y joue l'inconnu dans la composition, en trois possibilités.

a) Termes connus (natures simples), composition elle-même évidente (déduction nécessaire), en vue d'un composé connu : *Livre I, Règles I* à *XIII,* en fait, *V* à *XII*[38].

---

38. On ne s'étonnera pas que Descartes, ici, rassemble le *premier Livre* sous la rubrique des seules « propositions simples » (428, 23-4) : il ne s'agit pas de *naturae simplicissimae* seulement, mais de « propositions », dont la simplicité consiste toute à se réduire immédiatement (à une déduction près) à celle des *naturae simplicissimae.* La simplicité des propositions implique justement la déduction (*Règle VI*, 383, 17-25 ; 387, 3-8 ; *Règle X*, 405, 17-20 ; *Règle XI*, 408, 2-10, 16 ; etc.). La *Règle XII* ne mentionne ni composition ni déduction dans sa définition du *Livre I* ; au contraire de la *Règle VIII* (qui tendrait par là à laisser confondre les deux premiers *Livres*) ; mais le concept de « proposition » suppose cette déduction, tout en évitant les ambiguïtés, que l'intervention du concept de *quaestio* achèvera de lever pour les *Livres II* et *III.*

b) Termes connus (natures simples), composition évidente, en vue d'un composé inconnu (l'inconnue, précisément) : *Livre II*, théorie de l'équation.

c) Termes partiellement inconnus, composition évidente (?), en vue d'un composé encore inconnu : *Livre III*. — Les deux derniers *Livres* s'opposant au premier, moins par la composition en général que par cette composition qui vise l'inconnu, c'est-à-dire par la *quaestio* (428, 23 ; 429, 4 ; etc.), toute l'articulation des *Livres I et II* repose sur ce concept. Que signifie *quaestio* ?

Que ce concept soit décisif, nous n'en voulons pour preuve que la succession des deux définitions, qui respectivement achève la *Règle XII* (429, 12 - 430, 2) et ouvre la *Règle XIII* (430, 17-22). Si les *Livres* se déterminent par le jeu en eux du connu et de l'inconnu, c'est en effet qu'ils reposent sur la *quaestio* qui, d'abord et fondamentalement, organise ce jeu, et en dispose les termes : « nous entendons d'ailleurs par questions, tout ce dans quoi se trouve le vrai et le faux » (432, 13-15) ; la conjonction non exclusive du vrai et (ou) du faux oppose donc strictement la *quaestio* au champ clos, quoique indéfini, de l'*experientia* certaine ; à moins qu'elle ne le prolonge, au prix d'une dévaluation méthodologique. Cette définition appelle du moins une première et décisive remarque : la *quaestio* soutient avec la proposition certaine et évidente de la science, le même rapport que le syllogisme scientifique avec le syllogisme dialectique ; Aristote en thématise l'opposition en termes parallèles : « Il (sc. le syllogisme) est une démonstration, lorsque les points de départ du syllogisme sont des termes premiers et vrais, ou du moins des termes dont la connaissance a saisi le principe par l'intermédiaire de certains autres premiers et vrais ; au contraire, il est dialectique, s'il raisonne à partir de termes reçus par l'opinion [39] » ; la prémisse dialectique mêle — et brouille — le vrai et le faux dans l'équivalence universelle du probable, tout en construisant ainsi un raisonnement formellement rigoureux. Cette ambiguïté se déploie parallèlement chez Aristote et Descartes. — Ce qui définit le syllogisme dialectique, c'est la prémisse qui donne un principe « matériel » à la rigueur formelle. Or cette prémisse se définit : « ... une demande conforme à l'opinion, pour tous, pour la plupart, ou pour les sages — et pour ceux-ci, pour tous, pour la plupart, ou les plus connus ; qui ne soit pas un paradoxe [40] » ; c'est-à-dire une prémisse située à mi-chemin entre l'évidence reçue de tous, et le paradoxe rejeté de tous, sans aucune assise dans la chose même (à titre d'énoncé vrai ou faux). La demande dialectique entreprend de construire sur l'indécision épistémique du probable un discours formellement (éristiquement) rigoureux ; or, puisque la probabilité de la prémisse reproduit parfois la contingence irréductible de son prétexte (§ 4), ce discours trouve un statut strict, comme discours formellement rigoureux sur les choses

---

39. *Topiques I*, 1, 100 a 27-30.
40. *Ibid.*, *I*, 10, 104 a 8-11. Voir aussi *I*, 11, 104 b 1-5 : « Un problème dialectique est un thème (?, *theorema*)... au sujet duquel soit il n'existe pas d'opinion dans un sens ou dans un autre, soit celle de la foule s'oppose à celle des sages, soit l'inverse, soit une partie de chacun à l'autre. » Voir également *I*, 14, 105 a 34, b 3, etc.

rigoureusement indécidables (ou du moins, de fait, indécidées). La dialectique conjugue donc l'indécision antécédente et indépassable de la « demande », avec la rigueur conséquente du raisonnement. Comment comprendre dès lors le rapport de la *quaestio* et de l'*erôtesis* [41], puisque Descartes récuse toute irréductibilité du contingent ?

Il suffit de reprendre avec précision les conditions nécessaires à l'apparition d'une *quaestio* ; elles sont au nombre de trois :

a) « ... en toute question il doit nécessairement se trouver quelque point qu'on ignore » (430, 18) pour au moins « entendre distinctement, ce qu'on y cherche » (434, 15-16, 25-26) ; mais cet inconnu quoique premier, doit immédiatement admettre l'antériorité épistémologique de ce qui le détermine par avance.

b) C'est-à-dire qu'il doit être « tellement désigné par des conditions certaines que nous soyons déterminés à rechercher une chose plutôt qu'une autre » (434, 27 - 435, 2 = 430, 19-21 ; 429, 15-17) [42]. L'inconnu n'apparaît dans une *quaestio* que sur un fond de connu, à la manière où, dans la « série des choses recherchées », le relatif 3 se trouve toujours déjà déterminé par l'absolu (384, 11).

c) Entre connu et inconnu s'instaure un rapport sériel, qui fonctionne comme une déduction : « ... par quelque autre connu » (430, 22), « ce à partir de quoi nous devons le (sc. l'inconnu) déduire » (429, 17, voir 18-19, 399, 19-21).

La déduction sérielle vaut d'un livre à l'autre, invariablement et indépendamment de l'introduction de l'inconnu comme matière de la mise en évidence. Ce qui revient à dire : au contraire de la dialectique qui, pour Aristote, déploie un raisonnement rigoureux sur la base d'un inconnu primordial et définitif (la demande, comme assomption initiale du probable), l'entreprise cartésienne assume l'inconnu comme l'un des termes de la série, comme un relatif 3 possible parmi d'autres et pour ainsi dire indifférent, puisqu'enserré dans la déduction sérielle, et serré de près par l'évidence du connu (absolu, natures simples, etc.) — l'inconnu n'a de fonction qu'heuristique (non plus éristique). L'inconnu résiduel, mais irrémédiable, de l'*erôtesis*, de la demande, devient une inconnue provisoire et réductible. Comme le centre de gravité de la série résidait en l'absolu (connu), et que s'y réduisaient déductivement les relatifs, l'inclusion au nombre de ceux-ci de termes inconnus ne présente aucune difficulté nouvelle, pourvu du moins que la déduction sérielle réduise (déduise) rigoureusement le relatif 3 (inconnu) à l'absolu (connu) : « les questions parfaitement déterminées ne contiennent quasiment aucune

---

41. Sur l'*erôtesis* caractéristique de la dialectique, voir « celles d'entre les questions, qui sont dialectiques », *Topiques*, *VIII*, 2, 158 a 18, et la définition de la prémisse dialectique comme « demande d'une réponse », *De l'Interprétation*, 11, 20 b 22 sq. = *An. Pr.*, *I*, 1, 24 a 25. — La correspondante topique de la *quaestio* et de l'*erotesis* ne suppose aucune tentative d'assimilation de l'une à l'autre (conceptuellement ou philologiquement), mais seulement comparaison de leurs rôles conceptuels respectifs dans les deux topiques.

42. Ce que connote aussi la « question à déterminer » : 435, 9 ; voir 435, 1 ; 436, 22, 8 ; 437, 10 ; 441, 21-22 ; 449, 28 - 450, 1 ; 461, 1, etc. — Aucune question ne doit être abordée, où l'inconnu ne soit déterminé, c'est-à-dire qu'en un sens la variable est toujours liée. « Question déterminée » apparaît d'ailleurs dans la théorie de la série (*Règle VI*, 384, 11).

difficulté » (441, 21-22). La *quaestio* transpose l'inconnu, à titre de relatif, dans la série : le *Livre II* reprend tout le *Livre I* — la série — à un relatif 3 (l'inconnu) près.

La triple condition de validité de la *quaestio* permet encore une stricte reconstitution de l'organisation interne du *Livre II*. —. Premièrement, délimiter exactement quel est l'inconnu demandé : ce que la *Règle XIII* entreprend de faciliter, en critiquant les questions mal posées (énigmes, 433, 4-14 ; 435, 11-26 ; définitions supposées vicieuses, 430, 24 - 431, 27 ; 432, 1-17 ; 433, 14 - 434, 4 ; problèmes déplacés, 435, 26 - 436, 20 ; 436, 21 - 437, 10 ; etc.). — Deuxièmement, déterminer ce qui reste connu en toutes circonstances entourant l'inconnu ; l'abstraction (437, 13 = 441, 9) permet la résorption de tout inconnu dans l'étendue, comme lieu des intelligibles, et surtout comme lieu d'homogénéité du connu et de l'inconnu (équivalence du réel et de l'idéal, 448, 13-15 = *Règle VI*, 391, 13 ; *Règle X*, 404, 22-27) et la métaphorisation universelle à l'étendue, en vue de rendre homogènes connu et inconnu, qu'accomplit la *Règle XIV*. Reste à consigner les termes déjà connus, pour laisser l'entendement se consacrer entièrement à y résorber les inconnus : la théorie des signes consignant le connu occupe les *Règles XV et XVI*; elle permet ainsi de parcourir la série, en vue d'une simultanéité d'évidence (*simul*, 455, 7, 24), d'autant plus aisément que la mémoire ne freine pas, de ses charges et limites, le « mouvement de la pensée »; ces deux *Règles* reprennent d'ailleurs explicitement (455, 1-7), mais dans le domaine propre à la *Règle XIV*, l'exercice de la méthode certifiante (*Règles IX à XI* § 27) et donc de la série. Une césure explicite (459, 1-4) avertit que l'ensemble des *Règles XIII à XIV* vaut aussi pour le *Troisième Livre*; on ne saurait trouver meilleure confirmation de notre lecture : il s'agit en fait de la définition des conditions en général de toute *quaestio*; mais comme il s'agira là de « questions imparfaites » (431, 16 = 429, 7), on comprend qu'il faudra, dans un autre développement (le *Livre III*) y revenir « plus au long » (431, 17, voir 459, 2-4).

Troisièmement, le rapport sériel du connu et de l'inconnu, qui réduit à l'étendue (comme unité, dimension et figure), se formule en termes d'égalité mathématique entre l'inconnu et le connu ; la théorie de l'équation, amorcée par les *Règles XVII* (principe de l'équation) et *XVIII-XXI* (pratique des opérations, réductions, etc.), correspond à l'exercice de la série (§ 15) : entre le connu et l'inconnu intervient la même relation 2 qu'entre l'absolu et le relatif (*habitudo* 459, 15, 462, 11 ; *catenatio*, 460, 5-6 ; *connexio*, 460, 14 ; *relatio*, 462, 11, 16 ; 463, 26 ; 464, 11 ; 467, 4); la série, qui investit la définition de la *quaestio* en général, commande aussi la solution particulière qu'en propose la théorie de l'équation (pensée comme série, 462, 16 ; 459, 8 ; 469, 8). Ainsi les conditions de définition de la *quaestio* en général commandent-elles la composition du *Livre II*, qui apparaît comme la projection de la série — méthode certifiante — dans l'inconnu ; ou plutôt la résorption de l'heuristique dans la méthode elle-même, monnayée comme théorie de l'équation.

Si ce dernier mouvement du *Livre II* reste trop proprement cartésien pour admettre la moindre correspondance aristotélicienne, il paraît possible d'en déceler une pour les deux premiers — dans le champ précisément de la dialectique. — La *Règle XIII* entreprend de préciser exactement ce qu'on recherche ; elle doit ainsi éliminer une difficulté qui « [ne] consiste [que] dans l'obscurité du discours » (433, 4-5) ; d'où les analyses de questions mal posées, faux problèmes, solutions déportées, etc. ; mais ainsi, Descartes retrouve, en l'inversant, un des offices de la dialectique ; celle-ci se donne une multitude de sujets et concepts (au commencement comme au cours de son dialogue) par quatre procédés : « Le premier consiste à poser des prémisses ; le second à savoir dissocier en combien de sens différents chacun se dit ; le troisième, à découvrir des différences ; le quatrième est la perception du semblable. » L'examen, sans doute, « vise à la clarté », mais en démultipliant les significations possibles, plutôt qu'en opérant une abstraction réductrice (« ... l'abstraire de toute conception superflue, la réduire à une [autre] très simple », 430, 7-9 ; *Règle XIV*, *passim*) ; en effet, le discours dialectique, ne visant pas au vrai, admet parfaitement de surnager, pour ainsi dire, sur une infinie polysémie, qu'il ne prétend pas maîtriser, mais seulement utiliser, précisément, à tel moment d'un discours polymorphe, éviter paralogisme, confusions de définitions, etc., pour mieux poursuivre le jeu insignifiant. Descartes entreprend la même élucidation, mais pour réduire chaque *quaestio* à une série de termes aussi simples que possible, parce qu'il s'agit non seulement d'éviter les obscurités verbales, mais surtout de construire une série en n'y incluant que des natures simples. La même visée, « s'assurer que les raisonnements porteront sur la chose même, et non sur son nom [43] », recouvre deux intentions opposées : la chose même échappera au raisonnement dialectique qui la survole par les mots ; ou : le mot doit d'autant plus s'effacer devant la chose, qu'il faut encore réduire celle-ci à certaines natures simples et à leurs compositions diverses.

Le second mouvement, qui vise à rendre l'inconnu homogène au connu (le troisième seul précisant cette homogénéité en égalité), admet aussi une correspondance aristotélicienne — les *topoi* de la dialectique. L'entreprise fondamentale de la *Règle XIV* consiste en une métaphorisation [44]

---

43. *Topiques*, I, 13, 105 a 21-25 ; puis I, 18, 108 a 19 et 108 a 19-20.

44. Il n'est peut-être pas entièrement illégitime de parler de *métaphore* à propos de la réduction des termes à l'étendue. Premièrement parce que le transfert (*transferre*) [438, 9 ; 439, 16] renvoie à la référence (*referre*, 378, 2 = 441, 1-3 ; 451, 6-8, etc.) qui constitue, en fait, des objets pour la *Mathesis Universalis* ; cette « science de référence » opère précisément une référence de ce qui, des choses, peut lui devenir objet ; cette référence transporte la chose hors d'elle-même, pour l'instituer en référence à un absolu auquel elle cesse de prétendre (382, 5) ; cette « métaphore », qui transporte la chose à l'ordre et la mesure, résume en fait tout le dessein des *Regulae*. Or, il se trouve, deuxièmement, qu'Aristote définit la métaphore : « le transport d'un nom étranger, soit du genre à l'espèce, soit de l'espèce au genre, soit de l'espèce à l'espèce, soit selon une analogie » (*Poétique*, 1457 b 6 sq.). Des écarts qu'ici parcourt la métaphore, sans doute aucun ne correspond à ce qu'on a risqué sous le nom de « métaphore » cartésienne ; pourtant, on remarque que la détermination s'en trouve donnée en termes proprement ontologiques (*genos*, *eidos*) et que l'« analogie » évoquée permet d'accroître l'écart franchi comme à loisir ; surtout, nombreux sont les textes qui donnent un statut philosophiquement (et non « rhétoriquement ») rigoureux à la métaphore, comme prise en vue du semblable (*Poétique*, 1459 a 8 ; *Rhétorique*, 1412 a 11 sq. ; *Topiques*, etc.). Si donc le fondement de la métaphore aristotélicienne ne réside pas dans la rhétorique, ou plutôt si la rhétorique elle-même doit s'entendre à partir des sens de l'être, alors devient

de toutes les grandeurs à la seule grandeur étendue (441, 4-10) ; toute chose peut finalement s'entendre au sens d'une étendue, et cette étendue suffit à rendre compte de toutes les propositions, pourvu seulement qu'elles s'exposent selon la dimension, l'unité et la figure. Or cette double réduction à l'étendue, puis à ses paramètres, s'opère sans considération de l'*ousia* de chaque chose singulière, « il ne faut pas moins abstraire les propositions des figures mêmes, dont traitent les Géomètres, si la question porte sur elles, que de toute autre manière qu'on voudra » (452, 14-17, voir 447, 16-17) ; et ceci en achèvement de ce qu'entreprenait la *Règle IV* (374, 9 = 378, 3), avec cette différence pourtant que la *Règle IV* énonce cette abstraction comme une thèse sur la science et son fondement, tandis que la *Règle XIV* énonce une opération préparatoire, sur les éléments de l'équation sérielle à construire ; il ne s'agit plus d'une thèse sur la science, ni déjà de la résolution ponctuelle d'un problème donné, mais seulement de la mise en place des éléments à traiter. Double indifférence à la chose même : par l'abstraction, par le statut purement propédeutique de celle-ci. — Or la dialectique aristotélicienne use des *topoi*, selon semblables caractéristiques. En effet, les lieux se définissent par leur généralité, parfaitement étrangère aux principes propres des choses ; « ces lieux sont en commun aux choses de la justice, de la nature, de la politique et à maintes autres qui diffèrent pourtant selon l'*eidos ;* ainsi le lieu du plus et du moins. (...) Mais ils ne font aucun profit en aucun genre, car ils ne portent sur aucun substrat (*hypokeimenon*). (...) J'appelle *lieux* ceux qui sont communs semblablement à toutes choses [45] ». A un sujet quelconque, le dialecticien peut toujours et uniformément, appliquer un des lieux ; soit le lieu du probable (probabilité du passé selon la réalité du présent) ; soit le lieu du plus et du moins (panégyrique, etc.) ; or il se trouve que de tous les lieux, qui pourtant s'appliquent, et par définition, à tous sujets, abstraction faite de la singularité, « il faut prendre de la façon la plus universelle les lieux du *plus* et du *plus grand ;* et pris ainsi, ils seraient utiles pour un plus grand nombre de sujets [45] ». Le lieu le plus utile, c'est-à-dire le plus indifférent à ses sujets d'application, et le plus propre à les transposer uniformément sur son registre de variations, c'est le lieu du plus ou du moins. Ainsi les *topoi* procèdent-ils par universelle abstraction, ou plutôt ignorance, de l'*hypokeimenon* ; ainsi enfin le plus universel et formel d'entre eux concerne-t-il le plus et le moins ; la grandeur en général, à laquelle toutes autres se rapportent, est l'étendue : « Nous n'aurons pas peu de profit, si nous transportons (*transferamus*) ce, que nous entendons pouvoir être dit des grandeurs en général, à cette espèce de grandeur, qui sera la plus facilement et la plus distinctement de toutes dépeinte dans notre imagination... l'étendue réelle du corps abstraite de toutes choses, sauf de ce qu'elle est figurée. » Ne constituerait-elle pas le correspondant cartésien du lieu dialectique du *plus / moins*, pour Aristote. Il ne s'agit, en fait, que de noter l'intérêt fondamental qu'il y aurait à traiter

moins déplacé le rapport qu'on peut en suggérer, problématique, avec la « référence » cartésienne. Ce point devrait être repris et développé en discussion avec J. DERRIDA, « La mythologie blanche », *Marges de la Philosophie*, Paris, 1972, p. 247-324.

45. *Rhétorique, I*, 2, 1358 a 12 sq. — Voir *Topiques, VII*, 4, 154 a 2 ; *III*, 6, 119 a 36-38.

les opérations préparatoires à la mise en équation de l'inconnu — à la transformation de l'inconnu en inconnue —, en termes d'opérations dialectiques : discours opératoire et pratique (*praxis*, 464, 15), familier de l'inconnu(e) et rusant avec lui, universel par oubli de l'*hypokeimenon*, quantificateur enfin par simplification.

Ainsi pourrait-on demander si tout le *Livre II* des *Regulae* ne doit pas recevoir le statut d'un exercice dialectique, voire de la dialectique. Et si la théorie de l'opération, par sa systématique, consciente, mais irréfléchie, mise en équivalence du connu et de l'inconnu, ne se comprend que comme discours dialectique par excellence, le rapport de Descartes à la dialectique se complique assez pour perdre de son oiseuse évidence polémique. Surtout, commencerait à devenir pensable, ou du moins abordable, le curieux paradoxe, par quoi le traitement mathématiques des « matières de Philosophie » produit — par quelle étrange nécessité ? — non la connaissance rigoureuse de ce monde, mais la reconstitution d'un autre phénomène bien fondé — au mieux.

CONCLUSIONS
(§ 30-31)

§ 30. Conclusion : le statut des *REGULAE* dans l'œuvre de Descartes

Il faut donc conclure de l'analyse d'ensemble des *Regulae* à une modification, et considérable, de la thématisation habituelle des rapports de Descartes avec la pensée antérieure. Non seulement, comme Gilson, Hertling et d'autres l'ont déjà montré, il faut lire les concepts proprement cartésiens à partir du champ originellement scolastique, au réaménagement critique duquel ils procèdent ; mais surtout, il faut admettre un rapport, immédiat et trans-historique (par là même, historial, d'autant plus), aux concepts et aux textes aristotéliciens. Ce qui revient à dire : l'innovation, par laquelle Descartes pense la modernité de la métaphysique, ne devient précisément intelligible, qu'au sein d'un *continuum*, où la topique et la thématique conceptuelles doivent demeurer constantes, pour que ses bouleversements, inversions et critiques deviennent visibles. Ce serait certes à la fois caricaturer, et rendre impensable l'instauration radicale à laquelle procèdent les *Regulae*, que de l'interpréter comme un commencement absolu dans l'histoire de la pensée ; car la pensée n'admet d'histoire qu'autant que, par-delà ces influences immédiates, et les sources prochaines, lui demeure au fondement la reprise, sans cesse à l'œuvre chez les plus grands, qui en maintient les déploiements dans la même topique et la même question. Descartes ne s'oppose à Aristote, et ne le « dépasse », que parce qu'il lui demeure, plus profondément, radicalement accordé.

Ainsi s'explique-t-on plus aisément l'étrangeté de certains développements des *Regulae*, qui n'auront plus jamais d'écho dans la pensée cartésienne ultérieure. C'est qu'en effet, la prise de position systématique par rapport aux thèmes aristotéliciens oblige Descartes à déporter son propre discours, hors de sa conceptualisation propre ; et aussi bien, à forger des concepts de circonstance, construits dans l'unique dessein de permettre l'examen critique de tel ou tel concept aristotélicien. Par exemple, l'*humana (universalissima) sapientia* (*Règle I*) intervient pour inverser la distinction générique des sciences, mais restera, ensuite, voilée. La *Mathesis Universalis*, que seule connaît la *Règle IV-B* dans tout le *corpus* cartésien, vise seulement à donner une réponse, en l'exhaussant à sa vérité, à la « mathématique commune » d'Aristote, Jamblique et Proclus. *Inductio*, *dénombrement* ne s'ajoutent, pour le commenter, à la *series* (concept proprement cartésien), que pour permettre à celle-ci d'éliminer le syllogisme, et d'en remplir l'office. Les analyses des facultés de l'âme (*Règle XII-1*) ne constituent pas le fossile d'un état de la pensée cartésienne provisoire et incertain, mais la récupération critique, au profit de l'*idea* (représentation, fait de conscience), de ce qui permettait, selon Aristote, à l'âme d'entrer en conférence avec l'*eidos* (comme visibilité de la chose en son essence); cette confrontation assure seule les conditions de sa disparition postérieure : la *mens* pourra, plus tard, ne pas dépendre de la topique aristotélicienne de la *psyche*, parce que, préalablement, celle-ci, comprise au profit de l'*idea*, et non de l'*eidos*, aura perdu toute contraignante convenance, pour ne sembler plus qu'inutile complication. Le « mouvement de la pensée » (*motus cogitationis*) n'apparaît guère que dans les *Regulae*, puisque celles-ci seules assument la tâche de construire, face au rapport *nous/dianoia*, un couple qui réunisse pensée « intuitive » et pensée discursive. Dans tous ces cas, et plusieurs autres, des concepts de circonstance apparaissent au fur et à mesure des confrontations aristotéliciennes qui les suscitent. Mais, comme ces confrontations décident en fait de toute la pensée cartésienne, leurs verdicts demeurent au fondement de celle-ci, même si disparaissent ou s'estompent certains concepts correspondants. Ainsi ceux d'*intuitus*, de nature simple, de *series* qui, décisifs dans les *Regulae*, mais fort discrets ensuite, n'en demeurent pas moins, voire plus, architectoniques pour la pensée cartésienne en son ensemble. *Conclusion I : La singularité de leurs concepts vient donc aux « Regulae » de leur rapport critique à la topique des thèmes aristotéliciens.*

Ce rapport ambigu, et, pour ainsi dire, déporté, les *Regulae* le dissimulent pourtant, en ce qu'elles passent sous silence leur propre statut. En effet, si « les *Regulae* ne contiennent... aucune trace de métaphysique » (Alquié) [1], c'est d'abord parce qu'elles n'envisagent même pas explicitement que leur lecture d'Aristote puisse, d'emblée et du fait même, les inscrire dans une situation métaphysique. Il est en effet remarquable que Descartes n'oppose pas thèse métaphysique à thèse métaphysique. Il se contente de substituer des procédés *épistémologiquement* plus efficaces à des thèmes métaphysiques dont la validité intrinsèque, ni la légitimité propre ne sont, de front, contestées : substitution d'une épistémologie utile et opératoire, à un discours métaphysique « vrai », mais inopérant. Ainsi, l'ordre épistémologique ·— institué à dessein —, ne critique pas tant l'ordre des choses, qu'il ne le double « même entre [les objets] qui ne se précèdent point naturellement » les uns les autres. Ainsi, les termes institués comme absolus sériels (épistémologiquement) se voient toujours reconnaître (métaphysiquement) que « leur nature est véritablement, *vere*, relative » (383, 4). Ainsi distingue-t-on les natures simples par une simplification, qui ne nie pas qu'en soi (métaphysiquement), des choses qui « existent réellement » suivent une *autre* délimitation (418, 3, *revera*). Ainsi l'universelle réduction aux « dimensions » d'intelligibilité ne se dissimule pas l'écart, qu'elle couvre précisément de son équivalence épistémologique, entre la dimension fictive (modèle épistémologique) et celle qui repose sur un « fondement réel » (voir 404, 24-25 ;

1. F. Alquié, *La découverte métaphysique de l'homme...*, p. 78.

etc.). Plus généralement, les *Regu'ae* ne critiquent pas tant des thèmes métaphysiques, par d'autres qui s'y substitueraient, qu'elles ne les doublent par des « suppositions », ou des « comparaisons ». Celles-ci (voir § 18) ne visent pas à mettre au jour la nature de la chose (412, 13, 7 ; etc.), mais s'en dispensent pour, d'autant mieux, en connaître les propriétés effectives, par la construction d'un, ou plusieurs modèles convenables. *Conclusion II : L'écart des « Regulae » avec la pensée aristotélicienne tient donc, plus encore qu'à une « critique » des thèmes métaphysiques, à leur redoublement et effacement par une construction de modèles épistémologiques.* L'absence de métaphysique devient, plus radicalement, mise à l'écart de l'enquête sur la nature de la chose, au profit d'une préoccupation de pure intelligibilité.

Une notable instabilité affecte donc les *Regulae* : elles ne reprennent qu'épistémologiquement des thèmes métaphysiques, qu'elles modifient en outre conformément à cette nouvelle manière de penser. Elles ignorent donc, là aussi, leur propre statut. En effet, la déréalisation de la chose en un objet, qu'on a vu s'y déployer, permet sans doute un savoir construit ; mais, par là, le centre de gravité du savoir passe de la chose à l'*ego*. Or les *Regulae* n'élaborent aucunement le statut de cet *ego*. Bien plus, elles ne le peuvent ; il n'y joue, en fait, son rôle que sous des noms d'emprunt : « sagesse humaine » (360, 8), « entendement » (368, 9 ; 396, 4 ; 418, 9, 14 ; 419, 6-7 ; etc.), « esprit » (*mens*, 360, 19 ; 398, 16 ; 448, 15 ; etc.). L'*ego* n'apparaît d'ailleurs jamais sous son propre nom. Et ceci pour un motif rigoureux : dans le jeu purement épistémologique des *Regulae*, l'*ego* se dissimule à lui-même sa propre dignité ; comme terme ultime et unique de référence (378, 1-2, sous le nom de *Mathesis*), il rend possible la science ; mais en assurant le fondement de la science, il doit lui-même la précéder et s'y soustraire. Il lui reste, en fait, à se découvrir la dignité métaphysique de fondement et raison suffisante de la science. Les *Regulae*, fascinées par leur jeu épistémologique, ne mesurent clairement ni leur situation métaphysique, ni donc leur site dans l'*Ego*. *Conclusion III : Le principe fonctionne comme « ego » épistémologique, sans se comprendre lui-même comme « Ego » métaphysique : les « Regulae » ignorent leur fondement, et reposent sur son absence.* — C'est pourquoi leur rapport aux *Méditations* devient, du fait même de cette absence, capital.

Ce rapport donne lieu à des malentendus. Car si, sans aucun doute, « en examinant les rapports de la méthode et de la métaphysique, on voit combien étroitement les deux disciplines sont liées, et qu'elles ont leur commune racine dans le *cogito* » (Hamelin), il ne faut surtout pas les confondre, en supposant dans les *Regulae* « de la métaphysique en abondance », sous le prétexte qu'on y repère « une foule de notions métaphysiques [2] ». Car la présence matérielle de thèmes métaphysiques ne suffit aucunement à attester une méditation métaphysique suivie. En effet, les thèmes des *Méditations*, quand ils s'y présentent, restent juxtaposés, sans cette connexion intime qui fait, justement, toute l'intelligibilité sérielle [3]. Ainsi :

2. HAMELIN (O.). *Le Système de Descartes*, respectivement p. 106 et p. 95-96.
3. Voir § 15, et AT X, 204, 6-13 (traduit § 1, p. 22).

a) La mention du *cogito* et de l'existence (*Règle III*, 368, 22) les juxtapose, sans y introduire aucune liaison logique, dans une simple énumération.

b) « Je suis, donc Dieu est » (*Règle XII*, 421, 29) n'apparaît que comme cas particulier de la preuve thomiste de l'existence de Dieu à partir de la contingence du créé (ou de la liaison causale) : l'idée d'infini et d'(im)perfection manque en effet totalement.

c) Le doute de Socrate, qui présuppose quelque certitude (*Règle XII*, 421, 19 = *Règle XIII*, 432, 24-27), ne se concentre pas sur l'*ego*, mais livre seulement comme certain « quelque chose » (*hoc*, 421, 20 et 432, 27) en général. — Remarquablement, aucune liaison nécessaire ne lie des termes pourtant matériellement répertoriés, et qui restent parfaitement disjoints [4]. Les thèmes matériellement métaphysiques ne se conjoignent pas encore dans une série d'intelligibilité. — Inversement, et curieusement, les *Regulae* ne resteront pas absentes des *Méditations* : si les thèmes et thèses métaphysiques de celles-ci outrepassent radicalement celles-là, cependant, il reste possible d'y lire, comme en filigrane, la structure d'une *series* (comme le mentionne explicitement la *Préface*) [5] ; plus, il paraît licite de faire correspondre leurs moments respectifs entre eux, à une différence près — le passage à la rigueur métaphysique elle-même ; ainsi :

a) *Méditation I*, et *Règle II* : la mise à l'écart du probable, devient la mise en doute, à une hyperbole métaphysique près ;

b) *Méditation II*, et *Règle III* : la découverte du lieu et des moyens de l'*experientia* certaine, devient la découverte du fondement inébranlable (*inconcussum quid*), celui-ci se révélant métaphysiquement comme l'*Ego* ;

c) *Méditation III*, et *Règle IV* : l'extension universelle du savoir évident, devient le garant universel de l'évidence, en se révélant métaphysiquement comme l'infini de Dieu ;

d) *Méditation IV*, et *Règles VIII, XII-2* : la fausseté se trouve dans la composition, la vérité dans l'entendement simplement appréhensif, l'erreur vient donc des limites de l'entendement, comprises ici métaphysiquement comme finitude humaine dans l'infini de la volonté univoque ;

e) *Méditations V et VI*, et *Règles XIV, XII-1* : le traitement du monde physique en termes d'étendue, la question de la légitimité de l'abstraction (existence des essences mathématiques des étants physiques) n'est métaphysiquement posée, que dans le deuxième cas. Il ne s'agit pas d'une identité, ni même d'une similitude, qu'une plus ou moins grande élaboration aurait dédoublée ; au contraire, les rapprochements thématiques et topiques entre *Regulae* et *Meditationes* soulignent d'autant mieux le déplacement de l'interrogation : elle passe de la validité épistémologique à la poursuite métaphysique du fondement. Chacun des moments de la théorie de la science se trouve exhaussé à l'infini, ou plutôt pris à l'infini

4, Voir la discussion de ce point capital par F. ALQUIÉ, *La découverte métaphysique de l'homme...*, p. 76-78 ; G. RODIS-LEWIS, *L'Œuvre...*, t. I, p. 96-97.

5. « *Series* et nexus mearum rationum », AT VII, 9, 29-30.

dans son propre jeu, et renvoyé à son fondement, ou à son absence de fondement. Les *Regulae* se caractérisent donc par l'impuissance à se comprendre elles-mêmes ; autant en ne mesurant pas la métaphysique qu'elles redoublent épistémologiquement (Aristote), qu'en ne découvrant pas la question du fondement, silencieusement présente à chaque temps de leur marche (*Méditations*). *Conclusion IV : Les « Regulae » restent, inconsciemment, sises entre deux discours explicitement métaphysiques, et se dissimulent à elles-mêmes la dignité, la portée et le risque métaphysique de leur épistémologie* (voir § 31)[6].

L'entre-deux, où se situe la méthode, oblige les *Regulae* à basculer hors d'elles-mêmes. La méthode, en effet, « n'est pas à comprendre « méthodologiquement » comme manière de la recherche et de la poursuite, mais bien métaphysiquement comme chemin vers une détermination essentielle de la vérité, qui puisse se fonder exclusivement par le pouvoir de l'homme[7] ». Plus nécessaire à la vérité des choses, que les choses mêmes (comme le laisserait penser le titre de la *Règle IV*, 371, 2-3), la méthode assure à l'esprit l'universelle mise en évidence ; ou plutôt, l'esprit humain se l'assure par la méthode. Or si la méthode devient opératoire dès les *Regulae*, et va s'accroissant de ses réussites jusqu'aux *Essais de la Méthode*, reste impensé l'esprit pour qui la méthode met en évidence, et sur lequel elle repose, comme en son fondement. La suffisance de l'objet, en se manifestant, souligne d'autant l'insuffisance de l'esprit humain qui ne se pense pas encore comme sujet de tous les objets — parce qu'il ne se réfléchit pas encore comme *Ego*. La faille de la science ne réside donc pas dans l'erreur, ni dans l'impuissance à conquérir l'objet, mais dans la défaillance de tout fondement à ce succès même. La mise en cause de l'objet s'origine dans la certitude même du savoir, — certitude, discernement, mise en ordre qu'opère, hors du cercle de lumière crue qui fait des choses ses objets, un acteur qui ne s'est pas encore vu lui-même. — Dire que les vérités éternelles dépendent d'une création divine, ce n'est pas, d'abord, ni essentiellement, ouvrir un débat sur leur contingence, ou leur nécessité, comme trop de discussions le laissent penser. Descartes pose, par là, que les vérités qui permettent la construction des objets du savoir ne sauraient s'imposer, comme du dehors, à l'entendement divin, puisque d'abord elles ne s'imposent pas au nôtre ; en effet, les vérités mathématiques offrent les premiers objets, et permettent l'intelligibilité d'autres objets de notre savoir ; loin de fonder, elles requièrent un fondement, comme tout objet, dans un sujet du savoir. Leur création, puisqu'en Dieu coïncident entendement et volonté, matérialise, pour ainsi dire, leur statut d'objet, face à un sujet absolu auquel elles ne sont pas « nécessairement conjointes ». Création des vérités éternelles : les vérités restent des objets ; pour l'entendement divin, les vérités éternelles, et pour le nôtre, au moins, les vérités dérivées. Et donc, le fondement ne réside pas dans les objets, dont le monde reste fabuleux, s'il ne trouve, en deçà

---

6. « Descartes ne semble pas avoir échappé à la règle commune des savants, inconscients de la métaphysique que leur science présuppose ». F. ALQUIÉ, *La découverte métaphysique...*, p. 70-71.

7. M. HEIDEGGER, *Nietzsche*, II, S. 133 ; trad. fr., t. II, p. 108-109.

des objets, l'*Ego* présupposé. La doctrine de la création des vérités éternelles, loin de surgir provisoirement et extérieurement, s'inscrit comme un moment obligé dans la méditation de l'être de l'objet, qu'amorcent les *Regulae*. Ainsi commencent-elles à basculer vers les six *Méditations*, en quête de leur fondement. — La crise du doute constitue l'épreuve qui dégage l'objet comme tel : comme ce qui dépend si totalement d'un fondement extérieur, que celui-ci peut toujours l'annihiler. Manifestation indépassable de l'objet dans son mode d'être (et non curiosité maniaque d'un rêveur, comme Spinoza, Malebranche et Leibniz s'accorderont à le penser), le doute manifeste aussi que l'objet ne se fonde qu'en cette absence même du fondement, ou mieux dans l'extériorité du fondement, dans l'*Ego* comme sujet. Et donc, la crise des fondements de la science cartésienne ne trouve sa décision qu'en s'outrepassant elle-même, en passant au fondement métaphysique. Par là, une structure épistémologique, la relation 1 (§ 13, 14, 22, etc.), se découvre, dans le néant de tout terme relatif à l'« entendement », comme terme absolument absolu, lui-même antérieur et indépendant, *Ego* toujours à l'œuvre dans la réflexion objectivante, fondement inébranlable. *Conclusion V : Les « Regulae » n'entretiennent avec les « Méditations » aucun rapport d'annonce, ni d'anticipation, mais, comme pensée de l'objet, elles y tendent, comme vers la pensée du fondement de l'objet.*

La détermination de ce rapport aux *Méditations* permettrait de risquer une hypothèse. Les « cartésiens » sous-estiment les *Regulae*, et, s'attachant à la métaphysique explicite de Descartes, ils abandonnent, en partie du moins, la méditation sur ce qu'est l'objet. Qu'est-ce qu'un objet pour le savoir ? Cette question, on l'a remarqué [8], ne se trouvera reprise comme telle qu'avec Kant, et ceux qu'il a engendrés. On gagnerait peut-être une meilleure perspective en regroupant d'une part les *Méditations* et les « cartésiens », dans une méconnaissance ou un oubli assez grand des *Regulae* et de leur question. Et d'autre part, les *Regulae*, qui pensent l'Etre de l'objet comme ordre et mesure, la pensée kantienne de l'objectivité comme position et comme synthèse transcendantale, la pensée de Fichte, Schelling, Hegel, où le sujet résorbe en lui l'objet en se réfléchissant dans l'objectivité même, la pensée marxienne de la production de l'objet comme valeur par le sujet travailleur, et enfin de la pensée nietzschéenne du monde éternellement voulu par la volonté humaine qui le pose en prononçant le grand « Amen ! ». Non que cette perspective nous paraisse s'imposer pour interpréter la lettre du texte cartésien, ni même pour le déployer en toute rigueur ; seulement, elle indique que l'effet de perspective qui, à partir d'Aristote, a lié les *Regulae* à l'histoire de la métaphysique, peut se prolonger, avec une cohérence peut-être égale, jusqu'à notre situation.

8. ALQUIÉ (F.), *La découverte métaphysique...*, p. 106 ; HAMELIN, *Le Système de Descartes*, p. 97 ; K.LÖWITH, *Das Verhältnis von Gott, Mensch und Welt in der Metaphysik von Descartes und Kant*, Heidelberg, 1964. Dans sa remarquable étude, W. Röd réduit cependant la pensée métaphysique de Descartes à l'épistémologie inconsciemment métaphysicienne des *Regulae*, en excluant de son analyse la question transcendante des *Méditations*. Ainsi une censure néo-kantienne offusque-t-elle la recherche des fondements cartésiens de la métaphysique « formelle », mais non « matérielle » de Descartes. Voir notre discussion dans « Bulletin cartésien II », *in Archives de Philosophie*, 1973, 36/3, p. 463-469.

§ 31. CONCLUSION : L'ONTOLOGIE GRISE

La proximité de notre situation aux *Regulae* tient peut-être, au-delà de tous les intérêts historiques, à leur situation d'entre-deux métaphysiques. On a vu comment les *Regulae* ne subvertissent pas la pensée aristotélicienne en lui substituant une autre pensée métaphysique — ce que les *Méditations* seules entreprendront —, mais en esquivant la question du fondement lui-même. D'une part, elles ôtent à la chose son fondement propre, pour reconstruire à sa place un objet mesuré par l'intelligibilité ; d'autre part, elles n'entreprennent pas encore de trouver le fondement de l'*Ego*. Exposer et penser le passage d'un moment à l'autre, voilà qui dépasse, par définition, l'analyse des *Regulae*. Préciser le statut de l'objet sans fondement intrinsèque, voilà, par contre, qui relève du dessein profond des *Regulae*.

Et d'abord, si elles se refusent à tout discours métaphysique, leur discours ne peut pas dissimuler ses prétentions à esquisser, sinon à formuler, une ontologie — celle de l'objet. Les *Regulae*, du fait même de leur rapport à la pensée aristotélicienne, énoncent les thèses fondamentales d'une ontologie premièrement négative. Ou mieux, négatrice des quatre sens de l'Etre. L'Etre qui se dit selon les figures de la catégorie se trouve abordé, et donc inversé, dans la théorie de l'ordre et de la relation (*Règles V, VI, VII*) ; l'Etre comme substance et accident paraît éliminé par la critique de la contingence physique (*Règles II et III*) et de la liaison contingente des propriétés (*Règle XII-2*) ; l'Etre comme acte et puissance perd toute justification, dès lors que, par exemple, toute *idea* sensible trouve d'emblée sa perfection, à titre d'information codée (*figura Règle XII-1*) ; reste l'Etre « par excellence », l'Etre comme vrai, que la *Règle VIII* (396, 3-4) soumet explicitement à l'entendement. Il s'agit donc bien, dans une topique inversée, d'une ontologie par dénégation. — Pourtant, cette dénégation topique s'accompagne, topiquement aussi, d'une reprise des « lieux » de l'ontologie. Premièrement, on a vu que la constitution d'une *Mathesis* de portée universelle repose sur l'universelle possibilité de lire le monde en tant qu'ordre et mesure (*Règle IV-B*, 378, 1 sq., § 11). Il se trouve là plus d'un écho à l'*on hê on* ; une science sans limitation générique, dans les deux cas, se déploie sur tout le donné ontique, pour le penser, non en tant qu'individu ou espèce, mais sous un rapport (ou regard) qui en livre le fond. — Deuxièmement, on a remarqué que ce fond, Aristote le trouve dans l'*ousia* (qui dispense ainsi la chose d'un fondement autre qu'elle seule) ; l'*ousia* constitue comme point de référence, une science par référence qui comprend toutes les autres déterminations de la chose comme des déterminations ontologiques ; l'*ousia* construit donc son champ d'intelligibilité par une structure de référence (*pros hen*) ; on a pu remarquer (§ 3) que la sagesse humaine ne se pose en sagesse universelle qu'en rétablissant (et transposant de l'ontologie à l'épistémologie) cette structure de référence (*finis generalis*, 360, 25). — Troisièmement, la réversibilité onto-théologique de l'étant en tant qu'Etre avec l'étant suprême se trouve maintenue (quoique transposée épistémologiquement) dans la double caractéristique de la *Mathesis*, à la fois universelle et première. — Enfin, l'énonciation prédicative de l'être et de l'étant, à partir de la pré-

sence d'un quelque chose mis face au regard, demeure au sein même de
la subversion de l'*ousia*, et des catégories : la primauté absolue reconnue
à la relation renforce, en effet, la disponibilité de l'objet, étant présent
(*nun huparkhein*) pour une connaissance, loin de la diminuer ; car l'objet
fournit un meilleur étant plus docilement présent à la connaissance, que
l'*ousia*[9]. — Ces remarques permettent peut-être de conclure *à une dénégation de l'ontologie aristotélicienne, mais aussi à une reprise transposée
de ses thèmes* ; il faut envisager de préciser ce qui pourrait bien apparaître
comme une ontologie implicitement substituée — sans élaboration métaphysique — à une autre : l'ontologie à demi-teintes, l'ontologie grise.

Ontologie grise, parce qu'elle ne se déclare point, et se dissimule dans
un discours épistémologique. Mais surtout, parce qu'elle porte sur la chose,
en tant qu'elle se laisse départir de son *ousia* irréductible, pour prendre
le visage d'un objet, étant soumis entièrement aux exigences du savoir.
De la chose à l'objet : la chose peut se définir comme ce qui, fondamentalement, fait question, soutient donc aussi sa propre cause à partir
d'elle-même (la *Sache* le dit tout à la fois en allemand) ; comme ce qui
mérite qu'on « s'en occupe », apprenant de lui ce qu'elle convient d'en
faire, et d'y faire, parce qu'elle offre en elle-même une irréductible « valeur » (au contraire de notre moderne valeur qui s'impose du dehors à la
chose) et donc suscite l'attention (ainsi que le *pragma* le suggère en grec).
L'indétermination même dont le français entoure la « chose », par quoi
elle devient litote égrillarde (s'intéresser à la « chose »), ignorance angois-
sée (« il se passe des choses »), étonnement demi-muet (de « grandes choses »), etc., n'indique aucun caractère douteux, fantomatique ou indécis ;
au contraire, l'indétermination résulte d'une irréductible altérité, présence
devinée mais jamais forcée, d'autant plus obsédante qu'elle ne s'abandonne
pas à l'évidence. « Il est bien clair que les choses (*pragmata*) comportent
elles-mêmes une certaine *ousia* à elles, qu'elles sont indépendamment de
nous, et qu'elles ne sont pas tiraillées en haut ou en bas par notre imagination, mais qu'elles se comportent selon ce qu'elles sont de par la *physis*,
d'elles-mêmes, en vue de leur *ousia*[10] » : la chose demeure, parce qu'elle
se fonde sur son *ousia*, son fonds, comme sur le bien foncier sur lequel
elle peut faire fond. Ainsi la chose reçoit de la *physis* de comprendre
« en elle-même » le principe de son demeurer, comme de son changement.
Elle se suffit à elle-même, en ce qu'elle reste sa propre *ousia*. Son irréductible quant-à-soi observe, avec des regards familiers, le regard de
l'homme posé sur elle. La chose ne devient familière à l'homme qu'en
lui restant assez étrangère, pour devenir familière à elle-même. — Descartes, et par lui la pensée moderne, n'aborde la chose qu'en y « regardant
précisément la chose qui lui est obje(c)t(ée), *rem sibi objectam* » (423, 2-3),
la chose en tant qu'objet. L'objet se résume en ce que le regard de l'esprit
admet dans le domaine de son évidence ; et donc il ne recouvre de la
chose initiale que ce que le jeu composé des natures simples en saisit,

9. Par ces caractéristiques, Descartes, y compris dans les *Regulae*, s'inscrit, sinon
explicitement, du moins topiquement, dans la métaphysique comme onto-théologie de l'Etre
comme présence, et référence à un terme posé comme « fondement ». Voir M. HEIDEGGER,
Zeit und Sein (1962), publié, et traduit par F. FÉDIER, in *L'Endurance de la Pensée, Pour
saluer Jean Beaufret*, Paris, 1968, p. 12-71.

10. PLATON, *Cratyle*, 386 e. Puis ARISTOTE, *Physique, II*, 1, 192 b 13-14.

et en propose au regard. L'ampleur, ou la profondeur de ce qui se rassemble sous son nom titre dépend d'abord de l'emprise du regard de l'esprit, de sa portée et de son empan ; aucunement de l'*ousia* d'une chose quelconque. Ou si l'on préfère, de la chose à l'objet, la différence n'est pas tant de « contenu », que justement d'un « contenu » appréhendé et construit par l'esprit, avec un étant qui se donne essentiellement à voir à partir de lui-même. L'objet ne comporte pas en soi son *arkhe*, puisque le gouverne de part en part l'évidence, donc l'esprit. A supposer qu'un objet puisse rassembler en lui « tout » ce que comporte la chose par devers soi, leur irréductible différence demeurerait d'autant plus visible : l'objet ne rassemblerait ce que comporte en soi la chose qu'au nom de l'esprit, et proclamerait le principe qui le régit de l'extérieur. Dès lors, l'objet apparaît dans sa vérité, comme *chose aliénée*. Cette aliénation, par quoi l'*ego* devient principe extérieur d'une chose sans autodétermination, les *Regulae* la produisent systématiquement. D'abord :

a) Par la *translation* du centre de gravité de la relation épistémique (relation 1), qui se déplace systématiquement de la chose même à connaître au sujet connaissant (ainsi pour l'unité de la science, l'homogénéité du vrai, l'abstraction universelle) [Chapitre I] ; la connaissance peut donc dépendre fondamentalement de l'*ego* épistémologique, se déployer à sa mesure et à son profit ; ensuite,

b) Par l'*extase* de la chose hors de son *ousia* [11], parce que la relation épistémique décentre la chose hors d'elle-même, et la rencontre vers l'*Ego* ; en sorte que l'*ousia* devient moins le fondement de la chose que l'obstacle à la connaissance ; mieux, elle fait d'autant plus obstacle à la connaissance qu'elle demeure au fondement de la chose (puisqu'en effet la connaissance se déporte dans l'*Ego* [chapitre II]. Ce mouvement parallèle et continu, que mettent en branle toutes les *Regulae*, permet de comprendre pourquoi il faut parler encore d'ontologie. L'Etre de l'étant se trouve toujours pensé, mais à partir de l'*ego* qui connaît, non de l'*ousia* qui apparaît. Et donc, *c'est en tant même que l'épistémologie occupe l'avant-scène que le discours reste ontologique* [Conclusions II et IV], puisqu'il devient ainsi manifeste que la théorie de la connaissance s'appuie sur, et vise à, une ontologie de l'étant en tant qu'objet. Mais justement, rapporté à l'*ego*, l'objet qui se laisse ainsi référer à la *Mathesis* (378, 1-2), ne se précise que comme « chose déplacée » (au sens des « personnes déplacées ») au profit et en vue de l'*ego*. L'ontologie grise, parce qu'elle maintient la chose dans la grisaille de l'objet, témoigne donc de la griserie (de l'*hybris* ?) de l'*ego* « maître et possesseur » du monde réduit à l'évidence. Que doit devenir l'esprit humain pour *être* sous la figure de l'*ego* ?

L'*ego* joue un rôle double : en apparence, il demeure l'esprit qui connaît, un terme de la relation binaire avec le monde donné à connaître, sans prééminence. Mais cette calme situation épistémologique recouvre en fait un rapport ontologique tout autre ; l'*ego* reconstruit en fait un objet conforme aux conditions d'exercice du savoir, objet dont le prin-

---

11. Nous entendons cette extase au sens où Aristote définit le changement comme « extatique » (*Physique*, IV, 13, 222 b 16 ; voir b 21 ; 221 b 3 ; etc.), et « hors de l'*ousia* » (*De l'Ame*, I, 3, 406 b 14).

cipe passe de l'*ousia* à l'*ego*. Si donc l'*ousia* n'assume plus le fondement
à titre d'*hypokeimenon*, l'*ego* devient ultime fondement de l'objet. Ou plutôt,
ce qui avait tenu jusqu'alors le rôle d'*hypokeimenon*, de *subjectum*, le cède
maintenant à l'*ego*. La « subjectivité », entendue au sens banalement psychologique, ne constitue aucunement le propre de la pensée moderne ;
son propre serait plus exactement de confier à la « subjectivité », bien
connue dès avant elle, le rôle et le statut d'un *subjectum*. Il ne s'agit pas
de « subjectivisation » du savoir, mais d'institution de la « subjectivité »
comme le sujet (*hypokeimenon*) sur quoi repose l'objet du savoir. Cette
institution, nous la nommons, suivant Heidegger, la subjectité de la subjectivité[12]. Dès les *Regulae*, et d'autant plus à découvert que Descartes n'en
perçoit pas encore le statut métaphysique, les conditions qu'impose l'*ego*
deviennent les conditions auxquelles se dispose l'objet. Et donc l'*ego*
devient ce par quoi les étants (objets) entrent en rapport avec leur Etre.

Qu'il s'agisse bien là d'une nouvelle époque de la méditation de l'Etre,
il faudrait le montrer en suivant, chez Leibniz, l'extension de l'*Ego* à tout
étant (puisque l'Etre se dit comme et par l'*Ego*, le dépassement du solip-
sisme exige la généralisation de l'*Ego* en toutes choses : monades, qui ont
« quelque chose répondant à ce qui dit moi ») ; la détermination, chez
Berkeley, de l'existence à partir de l'*Ego* représentatif et perceptif :
« l'existence des choses consiste à être perçues, imaginées, pensées. Toutes
les fois qu'elles sont imaginées ou pensées, elles existent » ; chez Malebranche, le transfert au Verbe divin (conçu comme *Ego*) des idées générales, qui
composent le monde (à la manière des natures simples), « les idées que
Dieu a sont les mêmes que les nôtres, quand elles sont nécessaires » ;
chez Spinoza, l'étrange, mais constant, primat de l'attribut - pensée sur
l'attribut-étendue[13]. En sorte que l'identification kantienne des conditions de possibilité de l'expérience avec celles des objets de l'expérience,
ratifie la soumission des objets aux conditions que leur impose l'*experientia*
certifiante : situation fondamentalement cartésienne de Kant (au-delà de
la critique explicite des *Méditations*). La variation historique et historiale
du discours sur l'Etre — telle que les *Regulae* la laissent percevoir, par
confrontation avec Aristote — substitue ainsi à l'Etre comme fondement
de la chose, l'Etre comme pensée de l'*Ego* qui fonde la chose, à distance
et hors d'elle-même, pourrait-on dire. Hegel ne dit pas autre chose, qui
remarque, quelques lignes avant d'en arriver à Descartes, « héros de la
pensée », que « la métaphysique est une tendance vers la Substance ; une
pensée, une unité seront maintenues contre le dualisme, comme chez les
Anciens, (sc. fut maintenu) l'Etre[14] » ; ce qui tient lieu de l'Etre, dans la
pensée moderne (et Descartes), au sens obvie de l'*ousia* autonome de la

---

12. Voir M. Heidegger, *Nietzsche, II*, p. 450-454, 460, etc. ; trad. fr., t. II, p. 360-363, etc.
Voir notre recension, « Bulletin cartésien, II », *in Archives de Philosophie*, 1973, 36/3, p. 455-
459. Sur *hupokeimenon* et *subjectum*, voir *Nietzsche, II*, p. 429-436, et trad. fr., t. II, p. 344-360,
et J.-L. Marion, « A propos d'une sémantique de la méthode », *in Revue internationale
de Philosophie*, 1973, 103/1, p. 43-44, et « Heidegger et la situation métaphysique de Descartes »,
in « Bulletin cartésien IV », *Archives de Philosophie* 1975, 38/2, p. 253-265.

13. Respectivement, Leibniz, *Système nouveau* (1re rédaction), G. Ph. IV, 473 (voir
Discours de Métaphysique, G. Ph. IV, 459) ; Berkeley, *Common Book*, § 480 ; Malebranche,
A Dortous de Mairan, III, 12 juin 1714 (voir *Méditations chrétiennes*, VI, 6).

14. Hegel (G.W.F.), *Geschichte der Philosophie*, éd. Glockner, Bd. XIX, p. 331.

chose, c'est une pensée ; pensée qui peut seule, entre autres, maintenir l'unité de termes séparables par dualisme (au sens où l'*ousia*, par jeu de puissance et d'*energeia*, assurait l'unité de « matière » et de « forme »). Que la pensée ici fonde la substance, rien de surprenant : le concept moderne de substance se déduit de l'*Ego*, selon le jugement décisif de Nietzsche, « le concept de substance — une conséquence du concept de sujet ; et pas le contraire ! Otons l'âme, « le sujet », et manque aussitôt la condition présupposée pour une « substance » en général. On obtient des degrés de l'étant, mais on perd l'étant [15] ». L'« âme », donc l'*Ego*, devient l'unique condition de possibilité d'une *experientia* en général de l'Etre des étants. Pour autant que l'assurance de l'Etre repose sur lui, l'*Ego* décèle une ontologie. Ontologie de l'étant que l'Etre n'habite pas, mais dont seul l'*Ego* médiatise le rapport à l'Etre ; la seule subsistance possible de l'objet ne lui vient, au contraire de la chose, que par l'intermédiaire de l'*Ego*. En effet, l'*eidos* de la chose devient *idea* (comme *figura*), qui demeure, comme « être de raison » dans l'esprit connaissant. La *hyle*, au lieu d'aspirer à sa définition dans et par l'*eidos*, se réduit à l'homogène malléabilité d'un matériau également propre à mille et un buts. Le *telos* ne désigne plus l'achèvement de la chose elle-même, où elle se résume en son *ousia*, mais le désir de l'*Ego* qui en suscite la production (*utilitas*, dit Descartes) à la convenance non de la chose, mais de lui-même. Quant au « facteur », loin de rester l'instrument d'une advenue à soi-même de la chose, il en devient l'acteur unique, prédominant, qui organise, commande et compose le jeu des trois autres termes requis (*aitiai*) : production — la chose perd ainsi ses droits sur elle-même : chacune de ses « causes » se trouve hypothéquée au profit de l'*Ego* : la chose, perdant la suffisance auto-référentielle, perd toute immédiateté à l'Etre, dans un rapport que médiatise l'*Ego* interposé (étant — *Ego* — *ousia* seulement connue / *Etre*) *. Mais encore, en un autre sens, la chose même se réduit — puisque l'Etre ne l'habite plus comme un étant suprême — à l'instrument neutre et insignifiant qui médiatise le rapport de l'*Ego* à son propre Etre (*Ego* — étant / sans *ousia* autonome — Etre / de l'*Ego* seul) ** ; le monde devient l'ensemble des étants qu'épuise le retrait de l'*ousia*, en sorte qu'aucune de leurs médiations ne présente assez d'« épaisseur » pour ne pas se dissiper, se dissoudre et s'évanouir devant l' *Ego* ; à la fin, le rapport de l'*Ego* à l'Etre tend à l'immédiate identification, par dissipation des étants (puisque l'*ousia* s'en réduit exactement à ce qu'en connaît l'*Ego*) ; inversement, le rapport des étants à l'Etre tend à une médiation infinie, puisqu'y préside l'intermédiaire opaque de l'*Ego* privilégié. Ainsi se disloque le dialogue aristotélicien, où l'Etre médiatise, sans privilégier l'un ni l'autre, le rapport de l'étant en connaissant (étant — Etre / *ousia* — connaissant / mais non sur le mode de l'*Ego*) ***. Demeure, bien entendu, une ontologie, mais telle que la chose extasiée hors de son *ousia*, médiatement rapportée à elle,

---

15. NIETZSCHE (F.), *Wille zur Macht*, § 485. D'ailleurs cité par Heidegger pour commenter, c'est-à-dire mettre en situation historiale, l'*Ego* cartésien, *Nietzsche*, *II*. p. 182 (voir le commentaire de la *Règle IV*, *ibid.*, p. 170 sq.). Ce rapprochement ne surprendra que si l'on ne voit pas à quel point « le rapport de Nietzsche à Descartes est *essentiel* pour la situation métaphysique fondamentale de Nietzsche même » (*Ibid.*, p. 174).

par l'intermédiaire d'un *Ego* lui confisquant immédiatement la décision ontologique, déchoit en objet. Objet, ou la chose aliénée de son *ousia*. D'où le dialogue mené par l'*Ego* avec des objets, ombres des choses, leur double par défaut ; d'où le caractère crépusculaire du monde scientifique, qui n'entre en conférence qu'avec l'univers d'ombres qu'il suscite : « Permettez donc, pour un peu de temps, à votre pensée de sortir hors de ce Monde, pour en venir voir *un autre* tout nouveau, *que je ferai naître* en sa (sc. la pensée) présence dans les espaces imaginaires [16] ». D'où l'ontologie grise où l'*Ego* recèle l'Etre d'objets, grises ombres des choses, parce qu'il a confisqué leur *ousia* aux choses — dévaluées en objets.

Peut-être est-ce encore en ce monde — *autre* parce qu'altéré — que nous sommes.

Paris, avril 1973-mai 1975.

16. *Le Monde, VI,* AT XI, 31, 23-24. Voir DM 42, 17-21.

L'AMBIVALENCE
DE LA MÉTAPHYSIQUE CARTÉSIENNE

1. L'ONTOLOGIE MANQUANTE

Peut-on légitimement parler d'une métaphysique cartésienne ? La réponse positive supposerait qu'on réinvestisse dans l'entreprise cartésienne — et ses textes — une autre question, celle même que, depuis Aristote, et nommément jusqu'aux *Disputationes Metaphysicae* de Suarez, la métaphysique pose à sa manière, sur l'étant dans son être. Descartes reprend-il à son compte une telle question ? Le penseur qui clôt la réponse aux ultimes *Objectiones* faites à ses *Meditationes* par l'assurance que les conclusions n'en furent prouvées « a nemine ante me »[1] semble instaurer une césure, dont la discontinuité rompt avec les thèses antérieures, mais peut-être surtout avec les questions qui les provoquaient. Entre autres, la problématique qui assure une métaphysique se trouve par Descartes rompue.

De fait, Descartes esquive la question métaphysique là où il aurait pu la rencontrer : dans ce qu'au même moment on commence à nommer ontologie, *ontologia*[2]. — Nous avons tenté ailleurs[3] de montrer que les

---

* Ce texte, initialement publié dans *Les Études Philosophiques*, 1976/4 (que nous remercions ici, pour avoir permis cette reprise), développe une conférence donnée à l'Université de Nice, le 18 février 1976, en réponse à l'invitation de la Société Azuréenne de Philosophie.

1. *Objectiones Septimae*, AT VII, 549, 20-21.

2. Voir E. VOLLRATH, article auquel, comme ici, nous ferons souvent allusion, « Die Gliederung der Metaphysik in eine Metaphysica Generalis und eine Metaphysica Specialis », *Zeitschrift für philosophische Forschung* 1962, Bd 16, Heft 2, S. 258-284 ; si, comme on le savait, CLAUBERG est bien le premier à écrire en latin *ontologia* (dans les *Elementa Philosophiae sive Ontosophia*, Gröningen, 1647, p. 3), d'autres auteurs avaient déjà utilisé le terme sous sa forme grecque : Abraham CALOV, *Metaphysica Divina, Pars Generalis Praecognita II*, Rostok, 1636, p. 4 ; J. H. ALSTED, *Cursus Philosophici Encyclopaedia Libri XXVII*, Herborn, 1620, liv. V, I, c. I, p. 149 ; et surtout R. GOGKEL (GOCLENIUS), *Lexicon Philosophicum*, Francfort, 1613 : « ὀντολογία et philosophia de ENTE » (p. 16). Descartes aurait donc pu employer le terme, sans avoir à l'imposer ni l'inventer de lui-même. Qu'il se soit tenu en marge de cette tradition, par manque d'intérêt, autant que par ignorance, mérite la remarque.

3. J.-L. MARION, *Sur l'ontologie grise de Descartes. Savoir aristotélicien et science cartésienne*, Paris, Vrin, 1975.

Regulae se fondent sur des textes aristotéliciens qui, précisément iden-
tifiés, conduisent à poser, entre autres questions, celle de la science
universelle et première — donc la *philosophia prôtè*. Tout l'effort de
Descartes consiste alors à transcrire sur un registre épistémologique
une thématique proprement théiologique. Pareille transcription annihile
finalement l'*ousia* de l'étant, pour y substituer un complexe reconstruit
de natures simples. La transcription de l'ontologie en épistémologie se
redouble d'une extase de la chose hors de son *ousia*, extase qui définit
en propre l'objet. Peut-être peut-on parler à ce propos, au sein même
de l'épistémologie, d'une ontologie de l'objet — mais de quel droit ?
Il reste à l'établir. L' « ontologie grise » n'évoque l'Etre de l'étant que
pour l'offusquer d'autant mieux. — En un autre sens, la même esquisse
se retrouve dans ce qu'on a nommé l' « ontologie négative » des *Meditationes* [4] : l'objet de théorie de la science ne recouvre pas l'*on* pris
dans son Etre, ni même l'*ontôs on*, mais seulement le phénomène bien
(ou mal) fondé — le monde fabulaire, et parfois affabulé que permet de
reconstruire, à force de modèles mécaniques, la méthode en ses *Essais*.
L'objet connu ne coïncide pas avec l' (*ontôs*) *on* ; et l'étant fondé comme
l'*ontôs on* — l'étant métaphysiquement découvert — ne se livre en
aucune représentation : de l'*ego*, de Dieu, nous n'avons d'idées qu'à
condition de renoncer à y lire l'image de l'un et de l'autre : « idea enim
infiniti, ut sit vera, nullo modo debet comprehendi, quoniam ipsa
incomprehensibilitas in ratione formali infiniti continetur » [5]. L'esprit
connu ne délivre aucun étant réel, l'étant réel ne se livre à aucune
connaissance représentative. L'*on* cartésien, s'il est l'*ontôs*, récuserait
tout *logos* qui, adéquatement, l'énoncerait. — Plus encore, si cet *on*
reste muet sur lui-même, c'est qu'il trahit sa *Bodenlosigkeit* fondamentale [6]. En effet, « Avec le *cogito sum*, Descartes prétend établir pour
la philosophie un sol nouveau et assuré. Mais ce qu'il laisse indéterminé
dans ce commencement « radical », c'est la manière-d'être de la *res
cogitans*, plus exactement le sens-d'être du *sum* » [7]. L'assurance ontique
et épistémique conquise sur la *res extensa* s'assure dans l'assurance ontique
de l'*ego cogito*, et repose entièrement en elle. Ainsi la commande
l' « ontologie négative ». Mais l'*ego* lui-même, nouveau sol ontique de
la pensée, reste ontologiquement indéterminé : il s'agit seulement de
montrer qu'il est, sans que passe au premier plan la question — qu'est-ce,
pour lui, qu' « être » ? Ou plutôt, à cette question, Descartes répond
certes, mais par une équivalence répétée — « Ego sum, ego existo » [8] —
et parfaitement manquée ; en effet, puisque « nota est omnibus essentiae

4. F. ALQUIÉ, « Descartes et l'ontologie négative », *Revue internationale de philosophie*,
1950.

5. *Quintae Responsiones*, A.-T., VII, 368, 2-4.

6. M. HEIDEGGER, *Sein und Zeit*, § 64, n. 1, S. 320. — Sur ce point, nous nous permettons
de renvoyer à notre esquisse, « Heidegger et la situation métaphysique de Descartes »
(Bulletin cartésien, IV), *in Archives de philosophie*, 1975. 38/2, pp. 253-265.

7. M. HEIDEGGER loc. cit., § 6, S. 24.

8. *Meditationes II*, A.-T., VII, 25, 12 ; voir 27, 9. *Principia Philosophiae I*, § 7, A.-T. VIII-
1, 7, 7 et 8 et § 10, A.-T. VIII-1, 8, 8-14 ; *Regulae XII*, A.-T., X, 422, 3-6, et peut-être 368, 22.

ab existentia distinctio » [9], l'existence n'appelle aucun commentaire et, ne s'explicitant pas elle-même, ne peut en rien commenter le *sum*. Quand Aristote met l'*ousia* en équivalence avec *to on*, il s'attarde d'autant plus à cerner l'*ousia* même. Quand Descartes déplace le *sum* en un *ex(s)isto*, c'est pour esquiver d'autant mieux ce qu'être veut y dire, en fait de manière d'Etre. Son discours cesse avec le *sum*, alors que la question, loin de s'y clore, s'ouvre à sa véritable dimension : que veut dire l'Etre, qui permet à cet étant le privilège d'une préséance ?

La métaphysique, si elle doit prendre en vue l'étant dans son Etre (*metaphysica communis*), se trouverait comme récusée par l' « ontologie grise », par l' « ontologie négative » et par la « *Bodenlosigkeit* ontologique ». Et pourtant, en conclure à l'absence d'une métaphysique et d'une ontologie chez Descartes serait aussi vite dit, que sommairement pensé.

2. LA TITULATURE DE LA MÉTAPHYSIQUE

Et d'abord, remarquons-le, Descartes mobilise le terme, et le définit : « Metaphysica sive Theologia » [10]. Ensuite, cet emploi, encore à préciser, doit être confronté à celui que Suarez avait, peu auparavant, systématisé. Au privilège théologique du concept cartésien s'oppose l'égalité suarézienne d'un dédoublement de la métaphysique en ce qui deviendra plus tard *Metaphysica specialis* et *Metaphysica generalis* : « Abstrahit enim haec sciencia de sensibilibus, seu materialibus rebus (quae physicae dicantur, quoniam in eis naturalis philosophia versatur) et res divinas et materia separatas, et communes rationes entis quae absque materia existere possunt, contemplatur ; et ideo *metaphysica* dicta est, quasi post physicam, seu ultra physicam constituta », « Dicendum est ergo ens, in quantum ens reale esse objectum adaequatum hujus scientiae (...). Ostensum est enim, objectum adaequatum hujus scientiae debere comprehendere Deum, et alias substantias immateriales, non tamen solas illas », « Eadem ergo scientia, quae de his specialibus objectis tractat (sc. de Deo et intelligentiis), simul considerat omnia praedicta, quae illis sunt cum aliis rebus communia, et haec est tota metaphysica doctrina ; est ergo una scientia » [11]. Méditant à sa façon le rapport qu'établit — ou n'établit

9. *III° Responsiones*, Obj. *XIV*, A.-T., VII, 194, 13. En particulier, l'*existentia* compte au nombre des termes « quae per se satis nota mihi videntur » parce que « simplicissimae rationes », *Principia Philosophiae I*, § 10, A.-T., VIII-1, 8, 4-5 et 14. D'ailleurs, l'*existentia* se trouve recensée comme l'une des natures très simples (*Regulae*, A.-T., X, 419, 22 et 420, 7). — L'intéressant essai de Jean WAHL pour donner « Un exemple d'une règle inconnue, le verbe *être* chez Descartes » (*Cahiers de Royaumont*, n° 2 ; *Descartes*, Paris, 1957, pp. 360-367), après avoir mis en cause l'équivalence entre *esse* et *existere*, tourne court et, curieusement, met beaucoup de pertinacité à ne pas pousser plus avant la question si bien repérée — comme le montre la si étrange discussion qui suit.

10. *A Regius* (janvier 1642), A.-T., III, 505, 10-11.

11. SUAREZ, *Disputationes Metaphysicae I*, respectivement *Disputatio 1, in Opera Omnia*, Paris, Vivès, 1866, t. 25, p. 2 ; puis, S. 1, n. 26, p. 11 ; S. 3, n. 10, p. 25. Voir encore : « Scientia... qua de primis rerum causis et principiis, et de rebus dignissimis considerat », S. 4, n. 2, t. 26, p. 26, et le développement S. 3, n. 9, t. 25, p. 24. — Le double objet de la métaphysique se trouve thématisé semblablement par SAINT THOMAS : *In De Generatione et Corruptione, Proemium*, 2 : « Et inde est quod Philosophus in Metaphysica simul determinat

pas — Aristote entre l'*épistêmê tis hê theôrei to on hê on* (*Métaphysique,* Γ, I) et la *prôté philosophia* comme *philosophia theologikê* (*Métaphysique,* E, I), Suarez renonce à en penser l'unité dans l'énigmatique *katholou outôs oti prôtê*, au profit d'une coexistence, où l'unité paraît d'autant plus digne de question qu'on l'affirme vigoureusement. Du moins se trouve maintenue, et nettement, la double dimension d'une métaphysique. Comme élève de Suarez, consciemment ou non, Descartes ne pouvait ignorer cette requête. Surtout, comme penseur proprement métaphysique, il ne pouvait pas se soustraire à ce qui, peut-être identifié comme telle la métaphysique : sa constitution onto-théologique[12]. La face bi-front de la métaphysique reflète et dénonce le style avec lequel elle aborde la question de l'Etre : comme l'Etre de l'étant ou, ce qui revient au même, comme Etre pris dans sa présence ; ainsi se privilégie inéluctablement, mais insensiblement, l'étant qui, avant même d'émerger à la contemplation comme étant suprême, émergeait à l'attention comme le champ et la manière privilégiée de l'Etre. Ainsi se produit la constitution onto-théologique où la science de l'étant suprême sourd de ce que la science de l'Etre se déploie d'abord en Etre *de l'étant*.

Par Suarez et saint Thomas, Descartes entre en commerce avec la question aristotélicienne de l'unité de deux sciences, théologique et de l'*on hê on*. Par ce débat historique, il entre surtout historialement en conférence avec l'essence de la métaphysique qui, en lui, accède à une nouvelle figure de son déploiement. Mais justement, Descartes ne se hisse à hauteur de son destin de métaphysicien qu'en jouant lui-même de et dans l'onto-théologie. Or l'historien peut-il repérer une onto-théologie cartésienne ?

de ente in communi et de ente primo, quod est a materia separatum », (que *Metaphysica* désigne ici l'ouvrage ou la science, suivant le choix des éditeurs, ne change rien au propos), et *In Metaphysicorum libros XII, Proemium* : « Secundum igitur tria praedicta, ex quibus perfectis hujus scientiae attenditur, sortitur tria nomina. Dicitur enim scientia divina sive *theologia, inquantum* praedictas substantias considerat. *Metaphysica* in quantum ens considerat et ea quae consequuntur ipsum. Haec autem transphysica inveniuntur in via resolutionis, sicut magis communia post minus communia. Dicitur autem *prima philosophia*, in quantum primas rerum causas considerat. » On remarque qu'ici (comme en *In Analyticorum Libros I*, 41 *b*), la métaphysique prend le sens strict d'une *Metaphysica communis*, au contraire donc de ce qu'on devine déjà être l'acception cartésienne. Il reste cependant de nombreuses occurences, où la Métaphysique porte *circa res divinas* (ainsi *Summa Theologica, II a, II ae*, q. 9, a. 2, obj. 2, et *Contra Gentes*, 1, 4).

12. On veillera à ne pas dire, ni surtout comprendre l'*ontotheologische Verfassung* comme une « structure », mais bien comme une constitution. La structure repère le rapport entre deux thèmes identifiables directement, ici le divin en ses noms, là l'*ens commune* en ses figures. La constitution peut jouer entre des pôles plus dissimulés, surprenants, contournés, où, par exemple, le divin ne supporte plus qu'une théiologique, voire ne s'atteste que dans l'absence du divin. Cette précaution nous sera utile plus bas. Sur la constitution ontothéologique, voir, bien sûr, *Identität und Differenz*, Pfullingen, 1954, tr. fr., in *Questions* I, Paris, 1968, pp. 253 sq., mais aussi l'introduction à *Was ist Metaphysik ?* (in *Wegmarken*, Francfort, S. 207 = tr. fr., *ibid.*, 40). HEIDEGGER parle cependant parfois d'une « *structure* ontothéologique de la métaphysique » (*Identität...*, S. 47 = tr. fr., *loc. cit.*, p. 291). En fait, c'est plutôt en exposant le concept traditionnel de la métaphysique que Heidegger analyse ce que, maladroitement, nous tentons d'indiquer par « structure » (*Kant und das Problem der Metaphysik*, Tübingen, 1929, § 1 ; tr. fr., Paris, 1953, pp. 65-70).

On vient de repérer les motifs, multiples et coordonnés, qui semblent interdire toute ontologie (explicite, ou non) dans le discours cartésien. Si l'onto-théologie métaphysique y transparaît pourtant, ce ne pourrait donc être qu'au profit de la thé(i)ologie — « ... Metaphysica sive Theologia ». Et de fait, nombreux sont les emplois qui concentrent la métaphysique sur le champ sinon de l'étant suprême, du moins de la région suprême des étants par opposition à d'autres. « Comme j'ai aussi inséré quelque chose de Métaphysique, de Physique et de Médecine... », « ... demander ma Physique et ma Métaphysique avec insistance », « ... sans avoir auparavant démontré les Principes de la Physique par la Métaphysique »[13]. Science de cet étant suprasensible qui outrepasse les étants dont traitent Physique, Médecine, Morale, etc., la Métaphysique au sens cartésien risquerait de se confondre, au moins partiellement, avec la Théologie révélée. D'où l'insistance des mises en garde : « ... il [sc. H. de Cherbury], témoigne être plus savant que le commun en Métaphysique, qui est une science que presque personne n'entend ; mais pour ce qu'il me semblait ensuite qu'il mêlait la religion avec la philosophie, et que cela est entièrement contre mon sens, je ne l'ai pas lu jusques à la fin »[14]. Cette dénégation n'aurait pas lieu d'intervenir si la métaphysique n'avait partie particulièrement liée au divin. — Si l'on reconnaît un tel privilège à la science théologique sur la science de l'étant dans son Etre, faudrait-il disqualifier la prétendue métaphysique cartésienne pour cause d'incomplétude ? — Lors même que la métaphysique semble se déplacer vers une théologie, celle-ci se trouve interprétée comme philosophie première[15]. Quelle importance ? Peut-être celle-ci :

13. Respectivement, à X... (mars 1637), A.-T., I, 349, 26 (voir 370, 25-27 et 564, 14) ; à Huygens (mars 1638), A.-T., II, 50, 13-14 ; à Mersenne (27 mai 1638), A.-T., II, 141, 25-26. — « Ce sont là tous les Principes dont je me sers touchant les choses immatérielles ou Métaphysiques, desquelles je déduis très clairement ceux des choses corporelles ou Physiques », Principes, Préface, A.-T., IX-2, 10, 11-15.

14. A Mersenne (27 août 1639), A.-T., II, 570, 17-571, 1. H. de CHERBURY avait fait paraître un De veritate en 1624. Le rapprochement peut se faire autrement : « Semper existimavi duas quastiones, de Deo et de Anima, praecipuas esse ex iis quae Philosophiae potius quam Theologiae ope sunt demonstrandae », Meditationes..., A la Sorbonne, A.-T. VII, 1, 7-9.

15. Que signifie pour Descartes prima philosophia ? E. VOLLRATH (loc. cit., S. 267) a redécouvert un texte de Pereirus qui comprend, étrangement et hypothétiquement la prima philosophia comme une science de l'étant dans son Etre : « Necesse est esse duas scientias distinctas inter se ; Unam, quae agat de transcendentalibus, et universalissimis rebus : Alteram, quae de intelligiis. Illa dicetur prima Philosophia et scientia universalis ; haec vocabitur proprie Metaphysica, Theologia, Sapientia, Divina Scientia » (De communis omnium rerum naturalium principiis et affectionibus, Cologne, 1592², p. 23 ; Rome, 1582¹). Si Descartes entendait ainsi ce terme, on comprendrait mal que les Meditationes de prima philosophia déclarent parler de Dieu et de l'immortalité de l'âme. Si, au contraire, comme l'indique E. Vollrath, Pereirus n'eut guère d'influence qu'hors de son ordre, la Compagnie de Jésus, et que dans l'Allemagne protestante (loc. cit., S. 269, 278), c'est la nomenclature de Suarez, plus traditionnelle et moins étrange, que Descartes reprendrait : « ... eíque (sc. Metaphysica) tanquam uni et eidem attribuit (sc. Aristoteles) nomina et attributa, quae partim illi conveniunt, secundum quod versatur circa Deum et intelligentias ; sic enim vocatur theologia, seu scientia divina et prima philosophia ; partim ut versatur circa ens in quantum ens, et prima attributa, et principia ejus, qua ratione dicitur scientia universalis et metaphysica. Sapientia autem vocatur, quatenus haec omnia complectitur, et prima principia, primasque

la théologie ne mérite son privilège dans la métaphysique qu'autant qu'elle permet, non seulement — au sens de la *philosophia prôtê* — de connaître l'étant suprême, mais surtout de fonder les moyens du savoir sur des principes. En un mot, la philosophie première élargit, pour Descartes, la théologie, à laquelle tend pourtant à se réduire la métaphysique. Ce qu'y ajoute la philosophie première, ce sont les principes *du savoir*. Descartes ne comprend pas seulement l'onto-théologie métaphysique en vue de la *théo*-logique, mais comprend indissolublement la *théo-logique* comme science première des premiers principes du savoir : « ... la vraie philosophie, dont la première partie est la Métaphysique, qui contient les principes de la connaissance, entre lesquels est l'explication des principaux attributs de Dieu, de l'immatérialité de nos âmes et de toutes les notions claires et simples qui sont en nous », « j'ai divisé mon livre en quatre parties, dont la première contient les principes de la connaissance qui est ce qu'on peut nommer la première philosophie ou bien la Métaphysique »[16]. La disparition, dans l'intitulé de la Métaphysique, de toute mention d'une science portant sur l'*ens in quantum ens* lève les obstacles à une interprétation de la théologie déportée de l'étant suprême aux premiers objets du savoir, ou aux premiers principes de la connaissance. La grisaille où s'évanouit l'ontologie laisse moins en lumière la science de l'étant suprême, qu'elle ne gauchit celle-ci en science des (premiers) principes de la science. D'où l'interprétation explicitement épistémologique de la *philosophia prôtê* : « J'ai envoyé dès hier ma Métaphysique à M. de Zuylichem pour vous l'adresser (...). Je n'y ai point de titre, mais il me semble que le plus propre sera de mettre *Renati Descartes Meditationes de prima Philosophia* ; car je ne traite point en particulier de Dieu et de l'âme, mais en général de toutes les premières choses qu'on peut connaître en philosophant »[17]. De la métaphysique, Descartes retient, sous le nom de *prima Philosophia*, ce qu'on nommera après lui *metaphysica specialis*, et plus précisément pneumatologie. Il en élimine l'ontologie, apparemment[16]. Enfin, il y intro-

---

rerum causas contemplatur » (*Disputationes Metaphysicae I*, S. 3, n. 9, t. 25, p. 24). Dans ce sens, *prima philosophia* convient avec le titre des *Meditationes*. Et d'ailleurs, la lecture qu'en propose E. Vollrath lui-même, à savoir comme la *metaphysica specialis* de Descartes, ne tient que si *prima philosophia* y signifie bien, *theologica*, contre la nomenclature de Pereirus (E. Vollrath, *loc. cit.*, S. 280).

16. Descartes, *Principes de la philosophie*, Préface, A.-T., IX-2, respectivement 14, 7-12 et 16, 12-16.

17. *A Mersenne* (11 novembre 1640), A.-T., III, 235, 10-18. — On comprendra mieux l'originalité et l'enjeu du titre cartésien en le comparant à celui de Spinoza, *Cogitata Metaphysica, in quibus difficiliores quae in Metaphysicis, tam parte Generali, quam Speciali, circa ens ejusque affectiones, Deumque ejusque Attributa, et mentem humanam occurent, quaestiones breviter explicantur*, Amsterdam, 1663. La métaphysique, ici, se distribue également, en apparence du moins, en ses deux emplois, maintenant un discours « circa ens ejusque affectiones » qu'ignorent les *Meditationes*. E. Vollrath le remarque aussi : « Es kommt hier alles darauf zu sehen, daß in diesem Titel alle Elemente der späteren Metaphysica Specialis unter der Namen einer Ersten Philosophie vereinigt sind » (*loc. cit.*, S. 280).

18. L'interprétation de la *prôtê philosophia* comme une première science, *prima mathesis*, se fait jour, avant Descartes, chez Pereirus, Dasypodius et A. Romanus (textes cités par G. Crapulli, *Mathesis Universalis, genesi di una idea nel XVI secolo*, Rome, ed. dell'Ateno,

duit une généralité, qui semblerait contredire cette spécialisation, si l'on ne remarquait qu'elle porte encore sur des « premières choses ». Lesquelles ? « Toutes », prévient Descartes. Toutes, parce que celles déjà mentionnées, Dieu et l'âme, n'épuisent pas le champ des « premières choses ». Non qu'il faille introduire d'autres esprits dans la pneumatologie. Il faut concevoir, au contraire, les « premières choses » comme des étants « qu'on peut connaître », mieux comme des « notions claires et simples », quelles qu'elles soient, pourvu qu'elles se présentent les premières « en nous », c'est-à-dire à « cuilibet ordine philosophanti »[19]. L'étant suprême n'offusque donc l'*ens in quantum ens* qu'en ce qu'il s'obscurcit lui-même dans l'ambiguïté d'un discours moins *théologique* que théo*logique*. Pourtant, pas plus que dans les *Regulae* le primat de l'épistémologie ne dissimulait la nécessité d'une *metaphysica generalis* (car la science de l'objet y joue le rôle d'une ontologie de la chose, en grisé), dans les *Meditationes* l'insistance portée sur les principes de la connaissance ne censure l'instance d'une *metaphysica specialis*. Seulement, hésitant entre le statut d'une science de l'étant suprême et celui d'une science elle-même primordiale, la philosophie première reste indéterminée : fonction exercée avec succès, mais anonyme, laissée en blanc. Théologie blanche — comme un mariage ou un chèque en blanc —, qui se pourrait attribuer soit au *theion*, soit aux « principes de la connaissance ». Pareille ambivalence de la *prima philosophia* éclate en toute lumière, à bien y regarder, dans la juxtaposition de deux titulaires — *Dei existentia et animae immortalitas* — de l'unique titre[20]. S'agit-il, en fait de *metaphysica specialis*, du discours tenu sur l'étant privilégié (*Deus*), ou du discours tenu par l'étant que privilégie la connaissance (*anima*) ? Le théologique s'attache-t-il au *theion* ou dépend-il du savoir devenu primordial ?

L'ambivalence de la philosophie première reflète ici la modification du rapport entre théologie et ontologie. Mais ce, ou ces rapports ne peuvent devenir rigoureux que si une constitution onto-théologique les inscrit dans un discours métaphysiquement identifié. Il reste donc à demander si, d'après une nomenclature cartésienne de la métaphysique, peut se repérer une métaphysique cartésienne, qui soit organiquement distribuée en une théologie et — quoique obscurément — une ontologie ; et si, dans cette constitution, se confirme une ambivalence.

1968). — De même que les *Regulae* rencontrent, à partir d'une épistémologie générale, la question de la science suprême (et donc de l'étant suprême), les *Meditationes* rencontrent l'étant en général à partir d'une question sur l'étant (et donc la science) suprême. L'ambiguïté entre étant et connaissance, qui apparaît ici, reproduit peut-être celle qui traverse la quasi-métaphysique générale des *Regulae* (voir *Sur l'ontologie grise...*, § 11, que ces pages, en un sens, n'ont pour objet que de préciser).

19. *Principia Philosophiae I*, §§ 7 et 10, A.-T., VIII-1, 7, 9 et 8, 10. Voir § 12, 9, 4-5.

20. La différence souvent commentée entre *in qua...* (éd. 1641) et *in quibus...* (éd. 1642) importe moins, sans doute, que la permanence du couple formé par *Dei existentia* et *animae immortalitas/distinctio*.

3. Une métaphysique de la cause

Si une ontologie s'annonce par un énoncé qui vaille pour tout étant, et donc de l'étant dans son Etre, il faut parler d'une ontologie cartésienne, dont l'énoncé plusieurs fois s'explicite : « Dictat autem profecto lumen naturale nullam rem existere, de qua non liceat petere cur existat, sive in ejus causam efficientem inquirere, aut, si non habet, cur illa non indigeat, postulare », « Nulla res existit de qua non possit quaeri quaenam sit causa cur existat »[21]. Une thèse sur l'Etre de l'étant s'énonce donc bien sous la forme d'un *diktat* : que l'étant soit par sa cause et se donne à voir dans l'Etre pour autant qu'il se cause. Ou, si l'on veut, que l'étant accède à l'Etre par sa cause — telle paraît la cause que Descartes plaide pour l'Etre de l'étant. La cause ici déborde (on le verra plus loin) le système des quatre causes aristotéliciennes ; car, même si elle se dit le plus souvent comme efficiente, la cause renvoie, comme à un fonds commun aux quatre causes, commun et antérieur, à « conceptum quemdam causae efficienti et formali communem », puisque « inter causam efficientem et nullam causam esse quid intermedium »[22]. L'approfondissement de la causalité, au-delà des causes répertoriées, ne suffit pourtant pas à justifier que la cause de Descartes pour l'Etre de l'étant s'énonce dans la cause. Pourquoi adjoindre ici, peut-être arbitrairement, « étant », voire « Etre de l'étant » à ce qu'on pourrait ne comprendre que comme un énoncé du principe de causalité ? Ne s'agit-il pas, en fait, *que* du principe de causalité ? Mais dire cela n'est pas peu dire. Descartes ne pense certes qu'au principe de causalité ; il y pense même si exclusivement qu'il y investit la question même de l'Etre de l'étant, sous la forme qu'il reçoit de Suarez, celle de l'existence. On remarque que les énoncés de la causalité portent tous sur l'existence de la chose — « cur existat ». L'existence et la cause conviennent en effet étroitement, en effet, ou plutôt dans l'effet. L'effet entretient un rapport d'extériorité à la cause, d'autant plus que l'efficience en devient le visage privilégié. L'effet s'extériorise hors et de par la cause. Cette extériorité se juxtapose finalement à l'extériorité que, de son côté, suppose l'existence ; car, « quid est enim aliud existere nisi ex aliquo sistere ? »[23]. En sorte que l'extériorité de l'existence rencontre celle que produit la cause. La cause contrôle l'étant en le faisant son effet, exposé devant elle, à distance respectueuse ; elle lui accorde,

---

21. Respectivement *Iᵒ Responsiones*, A.-T., VII, 108, 18-22, et *IIᵒ Responsiones*, 164, 27-28.
22. *IVᵒ Responsiones*, respectivement A.-T., VII, 238, 24-25 et 239, 16-17.
23. Richard de Saint-Victor, *De Trinitate*, IV, 12 : « Quod autem dicitur existere, subintelligutur non solum quod habeat esse, sed etiam aliunde, hoc est ex aliquo habeat esse. Hoc enim intelligi datur in verbo composito ex adjuncta sibi praepositione. Quid est enim existere, nisi ex aliquo sistere, hoc est substantialiter ex aliquo esse ? In uno itaque hoc verbo existere, vel sub uno nomine existentiae, datur subintelligi, posse, et illam considerationem quae pertinet ad rei qualitatem et illam quod pertinet ad rei originem » (*P. L.*, 196, 237 *d* - 238 *a*). — Ce qui renvoie au sens *ekstasis/existanai* chez Aristote (Physique, *IV*, 12, 221 *b* 3 ; *IV*, 13, 222 *b* 16, 21 ; *VI*, 3, 246 *a* 17 ; *VIII*, 7, 261 *a* 20 ; etc.) où *ekstasis* devrait presque s'entendre, dans le cas de la *metabolê/kinèsis* comme une *défaite*, le mouvement par lequel la chose se défait, et s'annihile.

en matière d'Etre, d'être un étant sur le mode de l'existence — défaite,
où s'extasie l'essence, et où, si l'on veut, à s'exiler hors de soi pour
entrer en travail, l'essence s'aliène. L'existence existe donc *extra causas*[24].
L'extase d'un étant (essence, *ousia*) hors de lui-même et donc d'un autre
étant qui lui devient plus essentiel que sa propre essence peut équiva-
lemment se dire comme « existence » (effet) ou comme « cause ». La
cause apparaît comme le dépositaire de l'existence. Et donc, au moment
même où l'existence devient « omnibus nota », elle devient dépositaire
d'une nouvelle étrangeté. Ou plutôt, c'est la cause elle-même, comme
cause que l'étant doit plaider pour se justifier quant à l'Etre, qui devient
à son tour obscurcie d'une évidence éblouissante et inattaquable, puisque bien connue : « Per se autem notum mihi videtur, omne id quod
est, vel esse a causa, vel a se tanquam a causa »[25]. Les deux foyers —
les deux « points brûlants » —, au lieu d'éclairer, dissimulent leur jeu
ontologique, et se dissimulent dans l'évidence. Par là, l'énoncé ontologique travaille d'autant plus qu'il échappe à toute interrogation. Tout
étant doit donc prendre le visage de l'existence, c'est-à-dire plaider sa
cause. L'Etre vire à la cause, et donc l'étant passe à l'existence. Pourtant, une objection pourrait demeurer : le rapport entre existence et
cause, aussi rigoureux et ontologiquement déterminant qu'il puisse être
chez Descartes, ne lui appartient pas en propre, et d'autres l'ont précédé
sur le chemin (dont Suarez). Pourquoi y voir un énoncé et proprement
cartésien et proprement ontologique ? Sans prétendre trancher historiquement cette question, on peut remarquer que l'énoncé cartésien du
rapport entre existence et cause ne souffre aucune exception, et réclame
explicitement cette rigueur — « ... nullam rem ». La cause n'authentifiera
sa prétention au rôle d'un principe fondateur que si elle satisfait à
cette prétention. Ce qui revient à dire que la cause n'accède au statut
d'un monde d'Etre pour les étants (ontologie, *metaphysica generalis*),
qu'en déployant toute sa portée, jusqu'aux régions extrêmes de l'étant.
Cette épreuve vise à tenter de constituer l'étant suprême (théologie,
metaphysica specialis) conformément à la cause : le contraindre à, lui
aussi, plaider sa cause pour l'Etre. Cette exigence, Descartes la formule
explicitement : « Atqui considerationem causae efficientis esse primum
et praecipium medium, ne dicam unicum, quod habeamus ad existentiam
Dei probandam, puto omnibus esse manifestum. Illud autem accurate
persequi non possumus, nisi licentiam demus animo nostro in rerum
omnium, etiam ipsius Dei, causas, efficientes inquirendi : quo enim jure
Deum inde exciperemus, priusquam illum existere sit probatum ? »[26].

---

24. SUAREZ : « Nam existentia nihil aliud est quam illud esse, quo formaliter et imme-
diate entitas aliqua constituitur extra causas suas, et desinit esse nihil, ac incipit esse
aliquid » (*Disputationes Metaphysicae, XXXI*, S. 4, n. 6 ; t. 26, p. 236 et *passim*). Plus
imagé encore, Eustache de SAINT-PAUL : « Antequam enim res existat dicitur esse potestate,
et quasi latere in causis suis ; tunc autem incipit existere, cum virtute causarum foras prodit »
(*Summa Philosophiae quadripartita...*, Paris, 1609, IV, 37, cité par E. GILSON, *Index scolastico-
cartésien*, Paris, 1918, n° 189).

25. DESCARTES, *I° Responsiones*, 112, 3-5.

26. DESCARTES, *IV° Responsiones*, 238, 11-18. Voir : « Nulla res existit de qua non possit
quaeri quaenam sit causa, cur existat. Hoc enim de ipso Deo quaeri potest. » *II° Respon-*

Pourquoi poser ce principe, en sorte que Dieu même ne fasse pas exception à la mise en cause ? Ce faisant, Descartes s'expose, lui qui dit abhorrer la polémique, à une critique obvie et pertinente : Dieu, étant *a se*, n'a pas de cause, ni n'en réclame. Ce n'est pourtant pas que Descartes ait oublié toute prudence doctrinale ni toute révérence religieuse. C'est que, plus essentiellement, une autre nécessité entre ici en jeu, qui commande un autre respect — métaphysique — auquel le penseur, et lui seul, ne peut pas se soustraire : la cause doit se plaider par tout étant, puisqu'il y va avec elle de l'existence de l'étant — de l'Etre de l'étant. Sitôt la cause arrachée au système quadripartite qui la limitait à une région de l'étant, pour devenir fondement, sitôt l'Etre de l'étant devenu en elle fondement, alors la *causa sui*, loin de se figer en une absurde contradiction, plaide la cause de la cause. « L'Etre de l'étant, au sens du fondement, n'accède fondamentalement à la représentation que comme *causa sui*. Tel est le nom du concept métaphysique de Dieu » [27]. La cause, qui permet une ontologie (*ens quatenus causatum*), n'accède à la plénitude d'une parole métaphysique qu'en éprouvant la courbure de sa portée, en se repliant donc sur sa propre assurance, dans une théologie (*Deus quatenus causa sui, causa/causatum*). La polémique conceptuelle sur la légitimité d'une *causa sui* (distinction entre la cause et l'effet ; simultanéité ou antériorité des termes ; *effectus indignitas*, etc.) importe moins que l'intention métaphysique qui l'a provoquée : inclure l'étant suprême dans la constitution onto-théologique d'une métaphysique de la cause. La cause que plaide Dieu pour se fonder en l'Etre, comme *causa sui*, ne suppose pas le jeu d'une cause efficiente que Dieu exercerait sur lui-même. C'est bien plutôt Dieu qui, en quelque manière, interprète son essence sur le modèle causal. « Sed plane admitto aliquid esse posse, in quo sit tanta et tam inexhausta potentia, ut nullius unquam ope egerit ut existeret, neque etiam nunc egeat ut conservetur, atque adeo sit quodammodo sui causa ; Deum talemque esse intelligo » [28]. Non que Dieu produise une cause dont il devrait aussi fournir l'effet ; mais son essence, parce que infinie, se révèle une telle *inexhausta potentia*, une telle *exuperantia potestatis* [29], qu'elle suffit à plaider la cause de Dieu pour l'Etre, sans pourtant se confondre avec une cause efficiente au sens strict. L'essence ou puissance de Dieu ne récuse la cause que pour mieux manifester la permanence infaillible de la mise en cause. C'est encore le privilège de l'étant suprême que de plaider sa cause sans devenir l'effet extériorisé d'une cause autre. Ce privilège pourtant a un prix : l'essence divine doit se laisser interpréter comme une *potentia*. Le dépassement de la cause par l'étant suprême coïncide donc avec

---

siones, 164, 27-28, et « Quomodo enim ii qui Deum nondum norunt, in causam aliarum rerum efficientem inquirerent, ut hoc pacto ad Dei cognitionem devenirent, nisi putarent cujusque rei causam efficientem posse inquiri ? », *IV⁰ Responsiones*, 244, 21-25.

27. HEIDEGGER, *Identität und Differenz*, *loc. cit.*, S. 51 = tr. fr., in *Questions*, I, p. 306.

28. DESCARTES, *I⁰ Responsiones*, A.-T., VII, 109, 3-7. Voir *ibid.*, 112, 3-11.

29. *Inexhausta potentia*, A.-T., VII, 109, 4 ; 236, 9 ; *immensa potentia*, 56, 4-5 ; 110, 26-27 ; 111, 4 ; 119, 13 ; 237, 8 ; *exuperentia potestatis*, 112, 10 ; d'où l'étonnante et claire équivalence : « immensitas potentiae, sive essentiae » (237, 1).

l'inclusion de Dieu dans la mise en cause. En ce sens, Dieu, à se laisser définir comme *omnipotens*[30], avoue son impuissance : il ne demeure *étant* suprême qu'en se soumettant à la métaphysique de la cause — en plaidant, lui aussi, sa cause pour l'Etre.

4. LA RAISON DE LA CAUSE

Pourquoi, cependant, Dieu peut-il plaider sa cause, sans admettre de cause dont, au sens strict, il soit l'effet ? Parce qu'en un sens la cause dépasse la cause, comme l'indique clairement le principe qui l'impose à Dieu : « ... de quā non liceat petere cur existat, sive in ejus causam efficientem inquirere, aut si non habet, cur illa non indigeat postulare », « ... de ipso Deo quaeri potest... propter quam (causam) nullā causā indige(a)t ad existendum »[31]. Que doit devenir la cause que plaide l'étant pour l'Etre, afin qu'elle puisse outrepasser la cause ? — Avant de répondre trop nettement, remarquons certains indices, où se décèle l'étrangeté du concept cartésien de *causa*.

a) Dans les *Meditationes*, le principe d'égalité entre la cause et l'effet intervient d'autant plus nettement, dès avant l'existence de Dieu, qu'il en rend possible la démonstration ; avant même qu'un seul autre étant que l'*ego*, donc qu'aucun autre effet possible ne soit assuré, la *causa* œuvre comme un principe. En ce sens, aussi curieusement, les idées, quoique dépourvues de toute existence *extra causas*, se trouvent soumises à la *causa* — « etiam de ideis »[32].

b) Dans le même passage, Descartes parle d'une *causa efficiens et totalis*, terme introduit dès la doctrine de la création des vérités éternelles[33]. En toute rigueur, les deux qualificatifs se contredisent : efficiente, la cause ne peut prétendre être totale qu'en raison du champ de l'efficience (ainsi semblait l'entendre Suarez : la cause est totale à l'encontre de toute autre cause *de même type* qu'elle). Pour Descartes, qui réduit les causes finale et formelle à l'efficiente, cette réserve n'a plus de sens. Il faut donc dire que la cause efficiente comme telle est totale au regard de toute causalité : il faut donc que la cause (efficiente) s'élargisse et s'approfondisse en cause totale.

c) La cause à plaider l'emporte surtout sur la relation causale, et donc sur la corrélation tricte entre *causa* et *effectus*. La *Regulae-VI*, si elle mentionne l'*effectus* au nombre des *respectiva*, maintient la *causa*

---

30. Dieu « qui potest omnia », A.-T., VII, 21, 2 ; *omnipotens*, 40, 17 ; voir 45, 9-14 ; 56, 4-5 ; etc.

31. Respectivement *I*° *et II*° *Responsiones*, 108, 20-22 et 165, 1-3.

32. *Meditatio III*, A.-T., VII, 40, 21-26, et 41, 3.

33. *Ibid.*, 40, 22. Voir *Principia I*, § 18, A.-T., VIII-1, 12, 1, et les *Lettres à Mersenne* (27 mai 1630), A.-T., I, 152, 2, ; *à Elizabeth* (6 octobre 1645), A.-T., IV, 314, 25, et *à Mersenne* (31 décembre 1640), A.-T., III, 274, 20-24. DESCARTES reprend, en y ajoutant l'équivalence avec *efficiens*, la définition suarézienne de la *causa totalis* : « ...causa totalis est illa, quae agit tota virtute necessaria in illo ordine ad talem effectum ; ergo repugnat causae totali ut sic, habere consortium alterius causae similis in effectione ejusdem effectus » (*Disputationes Metaphysicae*, XXVI, S. 4, n. 4 ; t. 25, p. 930).

parmi les *absoluta*. Pourquoi ce privilège, puisque la cause et l'effet sont, bien évidemment, en corrélation ? « ... de industria causam et aequale inter absoluta numeravimus, quamvis eorum natura sit vere respectiva : nam apud Philosophos quidem causa et effectus sunt correlativa ; hic vero si quaeramus qualis sit effectus, oportet prius causam cognoscere, et non contra »[34]. Comme facteur physique, la cause demeure *vere* corrélative à l'effet ; mais comme foncteur de connaissance, puisque c'est par son abord seul que la chose se donne à connaître comme un effet (*causatum*), la cause se dit *prius* : antérieure à un effet qu'elle rend intelligible, mais qui ne le lui rend pas. Si la *causa* s'élève au-dessus de sa corrélation avec l'effet, c'est au nom de l'intelligibilité, et non point de l'efficacité. L'excroissance de la *causa* sur l'effet tient à son interprétation épistémique. — Mais celle-ci n'expliquerait encore rien, si la *causa* ainsi interprétée comme foncteur de vérité ne se trouvait investie du rôle de fondement : non seulement rien ne peut être, qui ne soit causé, et rien ne peut être causé, qui ne soit connu par sa cause — mais cette connaissance même livre le *causatum* ainsi connu dans son essence, et le fonde. La *cause* ainsi entendue rend raison de ce qu'elle fonde comme son effet connu.

Causa sive ratio — la formule est cartésienne, et apparaît là précisément où la cause s'impose comme ce que même Dieu doit plaider : « Hoc enim de ipso Deo quaeri potest, non quod indigeat ulla causa ut existat, sed quia ipsa ejus naturae immensitas est causa sive ratio, propter quam nullā causā indiget ad existendum », « ... quod inexhausta Dei potentia sit causa sive ratio propter quam causā non indiget », « ... causam formalem sive rationem ab essentia Dei petitam »[35]. L'impensable

---

34. A.-T., X, 383, 3-8. Voir *Sur l'ontologie...*, § 14, pp. 89-90. — On note que le *Discours de la méthode* présente la même dénivellation entre cause et effet, à ceci près qu'elle se mesure peut-être quantitativement ; en effet, selon l'*index* automatique réalisé par l'équipe Descartes (C.N.R.S., Paris, équipe associée à l'E.R. 56, voir « Bulletin cartésien III », *Archives de philosophie*, 1974, 37/3, pp. 453-458), P. Cahné, *Index du Discours de la Méthode de René Descartes*, Rome, Éd. dell' Ateneo, 1977, le *lemme effet* compte 13 *item*, le *lemme effets*, 5, tandis que le *lemme cause* en compte 16 (dont 24 dans la locution à *cause de*), le *lemme causes*, 10, et le *lemme causer*, 3. Dans les *Regulae*, par contre, on compte 17 *item* du *lemme causa*, pour 14 du *lemme effectus* et 5 du *lemme efficio*, c'est-à-dire des fréquences comparables (selon J.-R. ARMOGATHE, J.-L. MARION, *Index des Regulae ad directionem ingenii de René Descartes, Corpus Cartesianum I*, Rome, Ed. dell' Ateneo, 1976). — Sur le déséquilibre entre la cause et l'effet, voir, en un sens un peu différent, M. GUÉROULT, *Descartes selon l'ordre des raisons*, Paris, 1968[2], t. I, 188, n. 79.

35. Respectivement, *I°* et *IV° Responsiones*, A.-T., VII, 164, 29-165, 3 ; 236, 9-10 ; 236, 21-22. Voir la *causandi ratio* de Dieu créateur des vérités éternelles (*VI° Resp.*, 436, 7). — Au contraire, Y. BELAVAL : « ... la formule *Causa sive Ratio* n'est aucunement cartésienne » (*Leibniz critique de Descartes*, Paris, 1960, p. 448), en accord avec les réserves de E. PUCCIARELLI, qui reproche à Descartes de n'avoir pensé la *ratio* que comme *causa*, et jamais comme raison suffisante, malgré la formule (« La causalidad en Descartes », *in Escritos en honor de Descartes*, La Plata, Argentine, 1938, pp. 196 et 205). La formule (déjà signalée par SCHOPENHAUER, *Über die vierfache Wurzel des Satzes von zureichenden Grunde*, § 7, *Sämmtliche Werke*, Berlin, 1847, Bd. 1, S. 7-8), se trouve commentée par J. WAHL (*Du rôle de l'idée d'instant dans la philosophie de Descartes*, Paris, 1953, p. 22), W. RÖD (*Descartes' Erste Philosophie*, Bonn, 1971, S. 109) et S. BRETON (« Origine et principe de raison », *in Revue des sciences philosophiques et théologiques*, Paris, 1975, 52, « ... première formulation moderne du principe de raison... », p. 45). On doit en rapprocher une équivalence plus cartésienne,

concept commun, ou intermédiaire que tente d'élaborer Descartes sous la pression de Caterus et d'Arnauld, pour y soumettre Dieu, ne vise pas tant à soumettre Dieu à la causalité, que plutôt à la *ratio* qui, même quand disparaît toute cause identifiable, doit être plaidée, par tout étant, comme sa cause pour l'Etre. Seul l'étant suprême contraint le discours cartésien à libérer le nom ultime de la *causa* — à savoir, *ratio*. Non qu'une telle raison dépasse et abandonne la cause : au contraire, elle manifeste que le fonds de la *causa*, fonds qui en fait un fondement, ne ressortit pas, lui-même, à la causalité, mais à la *ratio*. L'intervention de la *ratio* révèle donc que la cause ne suffit plus à l'assurance d'une métaphysique ; ou, ce qui revient au même, n'y suffit qu'en rendant raison, comme fondement, de l'étant qui la plaide ; c'est-à-dire en l' « ajustant au niveau de la raison »[36]. La raison devient ce qui, dans la cause, fonde comme un principe. L'intelligibilité de la *ratio* met seule la chose en intelligence avec son principe, que celui-ci soit de fait cause ou seulement *tanquam a causa*. Et donc le discours qui énonçait l'étant dans son Etre, comme aussi l'étant suprême, à partir de la cause n'atteignait peut-être pas à sa propre profondeur — il lui restait à comprendre la cause comme raison. Plaider une cause revient à rendre raison, parce que la cause ne devient fondement qu'en se présupposant *ratio*.

Si ce transfert du point obscur de la métaphysique cartésienne semble — sous bénéfice de confirmation — admissible, il n'y va pas seulement d'une reprise des thèmes (ontologie et théologie). Il y va de l'identification même de l'intelligibilité devenue ici fondement. La cause pouvait sembler renvoyer d'un étant à un autre étant (au nom de la corrélation « naturelle ») ; la *ratio* anticipe, de son intelligibilité, sur tout étant, ne se situant, elle, en aucun étant. Ou plutôt, cette anticipation la rend indifférente à l'étant qui, quasi accidentellement, la gère comme son dépositaire. La *ratio* laisse en blanc l'espace où, d'une signature, tel ou tel étant pourra venir en prendre possession. En esquissant la constitution d'une « métaphysique de la connaissance »[37], il faut aborder deux questions ; non seulement demander quels réaménagements la *ratio* impose (ou n'impose pas) à la métaphysique de la cause, mais aussi quel étant suprême s'approprie cette *ratio* comme son intelligibilité propre.

5. UNE MÉTAPHYSIQUE DU « COGITATUM/COGITO » : LA THÉOLOGIE BLANCHE

La cause ne devient *ratio* que si la *ratio* reprend la cause au bénéfice de la mise en évidence. En effet, le surcroît de la *causa* sur un effet, que

---

qui joue entre *principe* et *cause* : « ... La recherche de ces premières causes, c'est-à-dire des principes » (A.-T., IX-2, 2, 17-18), « la cause ou principe » (8, 10 ; voir 4, 23 ; 5, 21-24 ; et *Discours de la méthode*, A.-T., VI, 64, 1). Sur la distinction entre cause et principe, voir SUAREZ, *Disp. Met. XII*, S. 1, n. 25 ; t. 25, 385.

36. *Discours de la méthode*, A.-T., VI, 14, 1.

37. HEIDEGGER, à condition de l'entendre comme « métaphysique de l'ob-jet (*Gegenstand*), c'est-à-dire de l'étant comme ob-jet, objet (*Objekt*) pour un sujet », *Überwindung der Metaphysik*, V ; tr. fr. *Essais et conférences*, Paris, 1958, p. 86 ; et E. PRZYWARA, *Analogia Entis* (in *Schriften III*, Einsiedeln, Johannes Verlag, 1962, S. 445 : « ... bei Descartes, immente Metaphysik der Erkenntnis »).

la *Regula VI* dégage, ressortit à une hiérarchie des relations (relation 3 : *respectivum*, par exemple l'effet ; relation 2 : entre l'absolu et le *respectivum* ; relation 1 : de tout objet « respectu intellectus nostri »)[38], que domine et organise la relation fondamentale de la chose au savoir. La *causa* n'outrepasse son effet qu'en ce qu'elle travaille à l'intelligibilité. Plus fondamentale à la chose qu'elle-même, et que son *ousia*, lui devient sa référence à la *Mathesis Universalis* qui, par mesure et surtout mise en ordre, en assure la mise en évidence. Que cette mise en évidence par mise en ordre soit déjà l'œuvre d'une *cogitatio*, la *Regula VIII* le dit clairement : « Neque immensum est opus, res omnes in hac universitate contentas cogitatione velle complecti, ut, quomodo singulae scientiae nostrae examini subjectae sint, agnoscamus »[39]. La chose se soumet au jugement d'une *mens* qui l'examine par la *cogitatio.* — De chacun des étants, on peut dire qu'il n'accède à l'Etre qu'en passant par la *cogitatio*, donc en devenant un *cogitatum*. Le morceau de cire ne trouve son substrat et son fondement ni dans les qualités sensibles (que le feu modifie toutes), ni même dans ce qui, plus tard, deviendra l'étendue. Car « Quid extensum ? Nunquid etiam ipsa extensio ejus est ignota ? ». L'étendue ici reste inconnue, ou méconnue, puisqu'une variation de température suffit à modifier l'étendue concrète d'un corps, nonobstant l'instabilité des formes. Que reste-t-il donc du morceau de cire, que puisse prendre en sa lumière froide la *cogitatio* ? Rien. Rien du moins que ceci : « Superest igitur ut concedam, me nequidem imaginari quid sit haec cera, sed sola mente percipere », c'est-à-dire que là même où la cire défaille à s'assurer une *ousia*, demeure, fichée en elle, la *solius mentis inspectio*[40]. La *ratio* peu toujours être exigée, même là où nulle cause n'est à plaider parce que nulle chose ne la peut plaider, puisque la *ratio* s'exerce comme *cogitatio*. C'est pourquoi, même si, pour Angelus Silesius, « la rose est sans pourquoi ; elle fleurit parce qu'elle fleurit, / Elle n'a garde d'elle-même, ni ne se demande, si on la regarde », pour Descartes la rose a une cause, comme la tulipe : « Car ce qui fait que le soleil, par exemple, étant la cause universelle de toutes les fleurs, n'est pas cause pour cela que les tulipes différent des roses, c'est que leur production dépend aussi de quelques causes particulières qui ne lui sont point subordonnées »[41]. Et si le soleil ne suffit pas à plaider la cause de la rose, et de sa distinction d'avec la tulipe, il faudra lui venir en aide avec d'autres « causes particulières ». La rose, comme

---

38. Voir *Sur l'ontologie...*, § 13, p. 81 et § 22, *passim*.

39. *Regula VIII*, A.-T., X, 398, 14-17. Auparavant *Regula IV*, 378, 1-2.

40. *Meditatio II*, respectivement A.-T., VII, 31, 10-11 ; 31, 16-18 (voir 19-20), et 31, 25 (voir 32, 5-6 ; 32, 15-16, etc.). Il ne semble pas qu'on puisse ici parler de l'étendue, ne serait-ce que « comme une idée de mon entendement conditionnant la possibilité de ma conscience de l'objet matériel » (M. GUÉROULT, *D.O.R.*, *loc. cit.*, I, 130) : ce qui conditionne ma conscience de l'objet matériel n'est aucunement l'étendue (ici explicitement ignorée), mais ma conscience elle-même, en tant que relation 1, qui inspecte (voir 32, 24-28).

41. *A Elizabeth* (6 octobre 1645), A.-T., IV, 314, 17-22. Sur la distinction entre *weil* et *warum*, où le premier échappe au principe de raison parce qu'il échappe à la représentation, voir M. HEIDEGGER, *Satz vom Grund*, S. 71-73.

tout étant, doit rendre raison de ce qui n'a pas de cause — la rose même. Car la rose, avant même de fleurir, affleure à la *cogitatio.*

Que chaque étant entre en *cogitatio* du fait même de sa soumission à la *causa sive ratio,* cela peut se penser plus précisément, quoique apparemment avec quelque arbitraire. Que veut dire en effet rendre raison, si déjà la raison est le fond de la cause ? La raison supporterait-elle à son tour un pourquoi ? Non pas, pourvu que l'on accentue bien la séquence : *rendre* raison, c'est-à-dire permettre à la raison de se rendre, militairement de se livrer ; la chose rend raison d'elle-même comme on fait rendre gorge à un créancier. Rendre raison pour la chose, c'est mettre sa cause (ou sa non-cause) sur table, c'est-à-dire la donner à voir pour la représentation [42]. Le pas décisif de Leibniz, qui dépasse ainsi le stade cartésien du principe de raison, mais en éclaire d'autant mieux l'intention, consiste peut-être à transformer *causa sive ratio* en *principium* REDDENDAE *rationis* : la *ratio* doit explicitement devenir une représentation. Ce qui veut dire, en termes de Descartes, une *cogitatio.* Le passage de la *causa* dans la *ratio* n'élimine pas la nécessité, pour chaque étant, de plaider sa cause pour l'Etre, mais la redouble d'une autre nécessité — plaider sa cause conformément à la *cogitatio.* L'étant dans son Etre se dit ainsi selon la *causa sive ratio,* c'est-à-dire comme une *ratio reddenda,* donc comme un *cogitatum.* L'ontologie coïncide donc strictement avec l'épistémologie. Non que, néo-kantiennement, l'achèvement de celle-ci manifeste la défaillance supposée de celle-là ; au contraire, l'épistémologie se charge de la tâche d'énoncer l'étant dans son Etre, en le pensant à partir de la raison qui doit en être rendue — c'est-à-dire en le représentant comme un *cogitatum* [43].

A cette ontologie, quelle théologie peut correspondre ? A condition d'y entendre très précisément un savoir qui mette au jour un étant comme l'étant suprême (divin ou non) et non la science qui ne porte sur Dieu qu'en ce qu'elle en provient, la thé(i)ologie concerne l'étant suprême sous le rapport de l'*ens* comme *cogitatum.* Cet étant ne saurait s'énoncer qu'avec l'*ego* du *cogito.* L'*ego* serait-il ici étant suprême, à la place du Dieu dont, par ailleurs, est démontrée l'existence ? Du point de vue de l'*ens* comme *cogitatum,* aucun doute. Ce qu'est Dieu comme *causa sui,* à l'étant qui plaide sa cause, l'*ego,* comme *cogito,* l'est à l'étant comme *cogitatum.* L'*ego* devient étant suprême pour une ontologie de l'étant représenté. Ce rôle de principe, Descartes le reconnaît d'ailleurs explicitement à l'*ego* : « ... j'ai pris l'être ou l'existence de cette pensée (sc. notre âme ou pensée) pour le premier Principe, duquel j'ai déduit

42. On transpose ici, trivialement, l'analyse par M. HEIDEGGER du *reddere* de *rationem reddere* comme « zurückgeben, herbeibringen, zu-stellen ». « Dies sagt : Der Grund ist solcher, was dem vorstellunden, denkenden Menschen zugestellt werden muß » (*loc. cit.,* S. 47).

43. Notre conclusion, dans *L'ontologie grise...* (§ 31), mériterait à la fois confirmation et contestation. Confirmation, parce que l'ontologie des *Regulae* correspond déjà à celle du *cogito/cogitatum,* et donc touche à un statut définitif. Infirmation, parce que les *Meditationes* ne modifient peut-être pas fondamentalement la position métaphysique atteinte dès 1628, même si elles la voilent.

très clairement les suivants : à savoir qu'il y a un Dieu, qui est auteur de tout ce qui est au monde », en lui assurant une primauté sans conteste : « cognitio omnium prima et certissima », « prima quaedam notio »[44]. Si la connaissance représentante se charge de l'Etre de l'étant (pour en faire ainsi un objet), c'est au principe de la connaissance (de la *causa sive ratio*) qu'il revient de présenter l'Etre dans la suprématie d'un étant. Ce qui devient suprêmement étant sert le principe lui-même. Ce qui appelle plusieurs confirmations, en guise de remarques.

L'interprétation du *cogito* comme un principe ontologique, et non seulement comme un terme ontique, a été entreprise par M. Heidegger, sous la forme d'un commentaire de la formule, apparemment non cartésienne, de *cogito me cogitare*[45]. Ce que cogite le *cogito*, c'est d'abord, plus que tout *cogitatum* précis, l'essence même de la *cogitatio* : le principe que tout étant doit, afin de plaider sa cause pour l'Etre, en venir à rendre raison de lui-même comme cogitable. Le *cogito* ne serait qu'une banalité (et ses mille antécédents historiques le prouveraient), si l'opération psychologique qu'il mobilise ne se trouvait investie du rôle d'un principe — déterminant pour l'Etre des autres étants. Le jeu par lequel l'*ego*, comme étant suprême, se cogite comme existant, a pour indissoluble enjeu l'existence, qu'il rend possible, des autres étants comme des *cogitata*. Par le *cogito*, l'*ego* n'établit pas tant son existence, qu'il ne permet aux étants de rendre raison de leur existence en se représentant eux-mêmes à un (re-)présentateur, — savoir l'*ego*.

Qu'un conflit entre deux principes — l'*ego* et Dieu — sous-tende de sa tension les *Meditationes*, l'accord des principaux commentateurs semble le confirmer. Et ceci, quelque différentes que soient les manières de souligner ou de résorber leur écart. Ainsi M. Gueroult établit l'irréductible dualité de deux séries, partiellement juxtaposées : la première va du doute à l'*ego* parfait et qui, dans sa perfection, tient alors lieu du premier principe ; la seconde mène de l'*ego* à Dieu, principe face à l'*ego* alors imparfait. Par juxtaposition des séries et brutal transfert de la ligne du raisonnement, « à l'autosuffisance du moi se substitue celle de Dieu ». Un pareil « schisme entre deux ordres de raisons » manifeste l'écard des principes. Mais, inversement, en soulignant la continuité de

---

44. Respectivement *Principes, Préface*, A.-T., IX-2, 10, 4-8 ; *Principia I*, §§ 7 et 10, A.-T., VIII-1, 7, 8-10 et 8, 9-10, enfin *II° Responsiones*, 140, 19. De même *Meditatio II*, 24, 12-13 ; 25, 23-24 ; *Epistula ad P. Dinet*, 573, 14-16 et 602, 20 q., et *A. Clerselier*, juin-juillet 1646, A.-T., IV, 444, 23-25, complété par 445, 5-8. — Etablir l'*ego* comme premier principe, telle fut l'intention de W. RÖD dans *Descartes' Erste Philosophie* et dans son article « Zum Problem des Premier Principe in Descartes' Metaphysik », *Kantstudien*, 1959-1960, 51. Sur ce point, au moins, il s'accorde avec D. MAHNKE, *Der Aufbau des philosophischen Wissens nach Descartes*, Munich, 1957, S. 136-151. La solution du conflit des principes par la distinction entre ordre des raisons et ordre des matières semble pourtant insuffisante. Plus radicales nous paraissent les interprétations de E. PRZYWARA, *Analogia Entis*, S. 417, 421, et de G. SIEWERTH, *Das Schiksal der Metaphysik von Thomas zu Heidegger*, Einsiedeln, Johannes Verlag, 1959, S. 156-157.

45. Références et présentation de la question dans : « Heidegger et la situation métaphysique de Descartes » (*loc. cit.*, pp. 253-256). — La formule *Cogito me cogitare* se trouve cependant approchée par A.-T., VII, 33, 12-14 et 44, 24, comme par A.-T., V, 149, 7.

l'un à l'autre, en assurant que « la démonstration cartésienne de l'existence de Dieu est le mouvement du *je* approfondissant sa propre existence » (H. Gouhier), d'autres interprètes doivent réinscrire (pour ainsi dire) à l'intime de l'*ego* l'écart qui le sépare de Dieu, et l'y entraîne : « Le *cogito* est idée de Dieu et n'est point autre chose... L'idée de Dieu n'est pas dans la conscience, elle est la conscience » (F. Alquié) [46]. L'*ego* recèle une telle amplitude en lui qu'il peut justement en méconnaître la portée, et qu'il doit méditer l'amplitude de son rapport direct à l'étant divin. — Dans les deux hypothèses, par hétérogénéité ou continuité, l'*ego* revendique le statut d'un premier principe, au nom d'une constitution onto-théologique. Il s'approche ainsi du privilège de Dieu, où la fonction thé(i)ologique ne recouvre pas le droit indéniable qu'à Dieu au rôle d'étant divin et suprême.

Cette ambivalence de l'*ego*, Descartes la mentionne, et souvent. Ainsi la *facultas ampliandi*, qui me permet d'étendre à l'infini les perfections humaines afin de les attribuer à Dieu, s'appuie-t-elle sur la présence en/comme moi de l'idée d'infini, et donc de la *similitudo Dei* qui constitue de part en part l'*ego*. Or cet innéisme suppose, à son tour que « illam similitudinem, in quã Dei idea continetur, a me percipi per eamden facultatem per quam ego ipse a me percipio » [47]. L'*ego*, pour concevoir Dieu (au cas où il reviendrait à Dieu de tenir le rôle théologique) n'a besoin de nulle autre faculté que celle même qui l'assure principiellement et de lui-même et des *cogitata* — à savoir le seul *cogito*. Les deux principes concurrents se fondent dans l'ambivalence d'un unique principe, le *cogito*, qui vaudrait peut-être aussi bien de tel étant (Dieu) que de tel autre (l'*ego*). L'ambivalence de l'*eadem facultas* retrouve, par son anonymat même, ce qui s'annonçait comme une théologie blanche.

Bien plus, remarquons que c'est à propos de l'*ego* lui-même, et non de Dieu, qu'apparaît pour la première fois l'usage *positive* de l'aséité [48]. En sorte que la théologie de la *causa sui* semble quasi passer de la métaphysique de la cause (§ 3) à celle du *cogito*. Mais, puisque l'ontologie de la *causa* (dès lors que la *causa* vaut aussi comme *ratio reddenda*), glisse aussi dans l'ontologie du *cogitatum* (§ 4), c'est toute la métaphysique de la cause qui pourrait jouer aussi bien comme celle de la *cogitatio*. Et pourtant l'unification des deux ne s'achève pas. Pourquoi ? Parce que son enjeu le plus apparent (mais non le plus important) tient en ce seul

46. Respectivement M. GUEROULT, *D.O.R.*, I, 222 et 223 ; H. GOUHIER, *Essais sur Descartes*, Paris, 1949, p. 128 ; F. ALQUIÉ, *La découverte métaphysique de l'homme*, Paris, 1950, p. 236. Voir aussi W. RÖD, D. MAHNKE (cités p. 458, n. 2), et R. V. GRUMPPENBERG, qui croit résoudre la difficulté quand il ne fait que la formuler, et fort bien d'ailleurs : « Wir können also hier eine cartesianische Ego-ontologie versuchen, die uns aber keinesfalls in einer « sekularisierten Methodik » unmittelbar das Sein der Außenwelt erschliesst, sondern uns viel mehr zurückbedeutet in das Absolute selbst » (« Ueber die Seinslehre bei Descartes », in *Salzburger Zeitschrift für Philosophie*, 1968, S. 134). La position très équilibrée, mais peut-être trop conciliatrice, de K. LÖWITH peut encore être consultée (*Das Verhältnis von Gott, Mensch und Welt in der Metaphysik von Descartes und Kant*, Heidelberg, 1964).

47. Voir respectivement *V° Responsiones*, n. 4, A.-T., VII, 365, 9-26 ; n. 9, 370, 13-371, 7 ; puis *Meditationes III*, 51, 20-21 (et *IV*, 57, 15) ; enfin, *ibid.*, III, 51, 21-23.

48. *Meditatio III*, 48, 7-10 : « ... atque ita ipsemet Deus essem ».

dilemme : qui de Dieu (métaphysique de la *causa/causa sui*) ou de l'*ego* (métaphysique du *cogitatum/cogito*) doit tenir le personnage thé(i)ologique ? Ici, comme souvent, Descartes montre sa grandeur à laisser béants les abîmes qui s'ouvrent sous ses pas. Loin de dissoudre cette redoutable interrogation (qui, dans le problème du cercle, menace tout son propos), il la maintient, et, en un sens, la consolide (dans les *Responsiones* et les *Principia*). L'*ego* par son intelligibilité représentante peut-il tenir le rôle thé(i)ologique à la place de Dieu et sa causalité ? Tenter de faire coïncider, par tous les moyens, ces deux termes, fut l'emploi, l'effort et l'échec de ceux qu'on nomme, par antiphrase, les « cartésiens ». Déceler et déployer l'ambivalence onto-théologique de sa, ou de ses métaphysique(s), ce fut sans doute la plus haute contribution de Descartes à la pensée de l'étant dans son Etre.

Paris, janvier 1976.

ADDENDA

P. 5. — E. Boutroux : « Nous donnons au mot *objet* son sens exclusivement cartésien, c'est-à-dire une essence perçue par mon entendement, mais différente d'une chose posée hors de mon entendement (...). Donc chez lui (*sc.* Kant), pour ce qui est de la philosophie spéculative, l'objet est d'une certaine manière la même chose que chez Descartes ». (*Des Vérités éternelles chez Descartes*, Paris, 1927, p. 82, n.).

E. Kant : « Ein transcendentales Princip ist dasjenige, durch welches die allgemeine Bedingung *a priori* vorgestellt wird, unter der allein Dinge Objekte unserer Erkenntnis überhaupt werden können ». (*Kritik der Urteilskraft. Einleitung, V. Kants Werke*, Ak. Ausgabe, Bd. V, S. 181).

M. Heidegger : « Die Beziehung zwischen dem Ich und dem Gegenstand, die oft genannte Subjekt-Objekt-Beziehung, die ich für die allgemeinste hielt, ist offenbar nur eine geschichtliche Abhandlung des Verhältnisses des Menschen zum Ding, insofern die Dinge zu Gegenständen werden können... » (*Gelassenheit*, 3ᵉ éd., Pfullingen, 1959, S. 55).

P. 17, note 10. — G. Schmidt : « Daher sollte man die *Regulae* als einen Kommentar zu der knappen Methodendarstellung des *Discours* ansehen und sie als Ergänzung berücksichtigen » (*Aufklärung und Metaphysik. Die Neubegründung des Wissens durch Descartes*, Tübingen, 1965).

P. 20. — Cette familiarité de Descartes avec l'enseignement scolastique nous est d'ailleurs attestée par Mersenne, qui la lui reconnaît directement : « Vous avez au reste, fait un grand coup dans la réponse à M. Morin de montrer que vous ne méprisez pas ou du moins que vous n'ignorez pas la Philosophie d'Aristote. C'est ce qui a contribué à augmenter l'estime que M. Morin témoigne avoir pour vous. C'est aussi ce dont j'assure toujours ceux qui, trompés par la netteté et la facilité de votre style, que vous savez rabaisser pour le rendre intelligible au vulgaire, croient que vous n'entendez point la Philosophie scolastique : mais je leur fais connaître que vous la savez aussi bien que les maîtres qui l'enseignent, et qui paraissent les plus enflés de leur habileté ». (*A Descartes*, 1ᵉʳ août 1638, AT II, 287, 11-23). Thèse discutée et, pour l'essentiel, acceptée par G. Sebba, « Retroversion and the History of Ideas : J.-L. Marion's Translation of the Regulae of Descartes », *Studia Cartesiana*, La Haye, n. 1, 1979.

P. 61. — Sur le caractère non mathématique de la mathématicité, voir, depuis 1975, deux confirmations après discussion de notre thèse, par E. Martineau, « L'ontologie de l'ordre », *Les Etudes Philosophiques*, 1976/4, et F. Van de Pitte, « Descartes' *Mathesis Universalis* », *Archiv für Geschichte der Philosophie*, 1979.

P. 64. — Malgré l'emploi par P. Aubenque de l'expression « ontologie générale » (*Le Problème de l'Etre chez Aristote*, Paris, 1962, 1ʳᵉ éd., p. 416), nous pensons devoir revenir au couple scolairement consacré de la *metaphysica generalis/ontologia* et de la *metaphysica specialis/theologia*.

P. 141, note 65. — Voir le texte des *Premières Animadversiones sur les* « *Principes* », de Leibniz, au n. 47 : « Ait se enumeraturum simplices omnes notiones ex quibus cogitationes nostrae componuntur. Sed hoc non absolvi, nisi per quoddam ' et caetera ' recte ei Comenius objecit. Nihil enim aliud ait, ubi ad enumerationem veniendum est n. 48, quam : omnia quae percipiantur esse res aut rerum affectiones. Ex iis quae tanquam res considerantur maxime generalia sunt, substantia, duratio, ordo, numerus, et si quae sunt alia ejusmodi » (*in* Y. Belaval, *Etudes Leibniziennes*, Paris, 1976, p. 78, repris de *L'aventure de l'esprit, Mélanges Alexandre Koyré*, Paris, 1964) ; à cette confusion, relevée comme une faiblesse par Leibniz, entre *notiones* et (*tanquam*) *res*, il faudrait peut-être opposer, en réponse, une séquence des *Meditaniones* : « ... atqui Arithmeticam, Geometriam, aliasque hujusmodi, quae nonnisi de simplissimis et maxime generalibus rebus tractant, atque utrum eae sint in rerum natura necne, parum curant, aliquid certi atque indubitati continere » (AT VII, 20, 23-27).

P. 190, note 16. — On songera à deux remarques. D'abord celle de M. Heidegger : « Il est justement de l'essence du mécanisme de ne jamais s'avouer vaincu aussi longtemps qu'il reste quelque chose dont il peut s'emparer — ce qui est toujours le cas —, et d'imaginer de nouveaux procédés qui se laissent toujours et de façon principielle découvrir (...). Avec le principe du mécanisme, on obtient toujours et nécessairement quelque chose, mais c'est précisément pour cette raison que rien ne se laisse établir en sa vérité par ce biais (...). Le fait que la nature laisse advenir avec elle le calcul et la calculabilité témoigne plutôt de ce qu'elle nous trompe et par là nous maintient à l'écart de son essence, bien loin de prouver que nous puissions atteindre par ce biais un savoir effectif » (*Schellings Abhandlung über das Wesen der menschlichen Freiheit (1809)*, Tübingen, 1971, S. 166, 167, tr. fr. *Schelling*, par J.-F. Courtine, Paris, 1977, p. 238-239). — Ensuite celle de S. Mallarmé : « Toute méthode est une fiction, et bonne pour la démonstration. / Le langage lui est apparu l'instrument de la fiction : il suivra la méthode du langage (la déterminer). Le langage se réfléchissant. Enfin la fiction lui semble être le procédé même de l'esprit humain — c'est elle qui met en jeu toute méthode, et l'homme est réduit à la volonté. / Page du *Discours sur* (sic) *la Méthode* (en soulignant). / Nous n'avons pas compris Descartes, l'étranger s'est emparé de lui : mais a suscité les mathématiciens français » (*Notes*, 1869, *in Œuvres Complètes*, éd. H. Mondor, « La Pléiade », Paris, 1965, p. 851).

INDEX DES TEXTES D'ARISTOTE

Les textes suivis d'un astérisque sont cités et traduits

INDEX DES NOMS

N. B. — L'annexe n'est pas ici prise en compte.

TABLE DES MATIERES

DU MÊME AUTEUR

Sur l'ontologie grise de Descartes. Science cartésienne et savoir aristotélicien dans les Regulae, Paris, Vrin, 1975; 4ᵉ édition, 2000 (traductions portugaise, 1997, américaine et espagnole 2008).

Index des Regulae ad Directionem Ingenii *de René Descartes,* en collaboration avec J.-R. Armogathe, Rome, Ed. dell'Ateneo, 1976.

René Descartes. Règles utiles et claires pour la direction de l'esprit en la recherche de la vérité, traduction selon le lexique cartésien et annotation conceptuelle avec des notes mathématiques de P. Costabel, La Haye, Martinus Nijhoff, 1977 (traduction chinoise 2005).

L'idole et la distance. Cinq études, Paris, Grasset, 1977; 3ᵉ édition, Paris, « Poche/Biblio », 1991 (traductions italienne 1979, espagnole, 1999, américaine 2001, roumaine 2008, russe 2009, slovène 2010).

Sur la théologie blanche de Descartes. Analogie, création des vérités éternelles, fondement, Paris, P.U.F., 1981; 2ᵉ édition corrigée et complétée « Quadrige »", 1991; 3ᵉ édition, 2009.

Dieu sans l'être, Paris, Fayard, 1982; P.U.F., « Quadrige », 1991; 4ᵉ édition revue et augmentée 2010 (traductions italienne 1987 et 2008, américaine 1991, 1995 et 2012, polonaise 1996, lithuanienne 1997, espagnole 2009, japonaise 2010).

Sur le prisme métaphysique de Descartes. Constitution et limites de l'onto-théo-logie cartésienne, Paris, P.U.F., 1986; 2004 (traductions italienne 1998, américaine 1999).

Prolégomènes à la charité, Paris, La Différence, 1986; 3ᵉ édition revue et augmentée 2007 (traductions 1993, américaine 2002, seconde édition augmentée, 2008).

Réduction et donation. Recherches sur Husserl, Heidegger et la phénoménologie, Paris, P.U.F., 1989; 2ᵉ édition 2004 (traduction japonaise 1995, américaine 1998 et 2009, chinoise 2010, italienne 2010).

Questions cartésiennes. Méthode et métaphysique, Paris, P.U.F., 1991 (traduction américaine 1999).

La croisée du visible, Paris, La Différence, 1991; P.U.F., 1996; 2007 (traductions roumaine 2000, lithuanienne 2002, américaine 2004, allemande 2005, espagnole 2006, chinoise 2010, russe 2011).

Index des Meditationes de prima Philosophia *de R. Descartes* (en collaboration avec J.-Ph. Massonié, P. Monat, L. Ucciani), Annales littéraires de l'université de Franche-Comté, Besançon, 1996.

Questions cartésiennes II. L'ego et Dieu, Paris, P.U.F., 1996; 2002; 2021 (traductions américaine, 2007, italienne 2010).

Hergé. Tintin le terrible ou l'alphabet des richesses (en collaboration avec A. Bonfand), Paris, Hachette, 1996; 2ᵉ édition 2006.

Etant donné. Essai d'une phénoménologie de la donation, Paris, P.U.F., 1997 ; 1998 éditions corrigée, « Quadrige » ; 3ᵉ édition 2005 (traductions italienne 2002, américaine 2002 et 2012, roumaine 2003, espagnole 2007, polonaise 2007).

De surcroît. Etudes sur les phénomènes saturés, Paris, P.U.F, 2001 ; 2ᵉ édition « Quadrige », 2010 (traductions américaine 2002, roumaine 2003, hébreu 2007).

Le phénomène érotique, Paris, Grasset, 2003 ; « Livre de Poche. Biblio-Essais », 2004 (traductions roumaine 2004, espagnole 2005, américaine 2006, italienne 2006, grecque 2008, partielle en russe 2006, allemande 2011).

Le visible et le révélé, Paris, Cerf, 2005 ; 2016 (traductions italienne et roumaine 2007, américaine 2008, portugaise 2010).

Acerca de la donacion. Una perspectiva fenomenologica, UNSAM, Buenos Aires, 2005.

Dialogo con l'amore, a cura di U. Perone, Turin, Rosenberg & Sellier, 2007.

Au lieu de soi. L'approche de saint Augustin, Paris, P.U.F., 2008 ; 2ᵉ édition 2009.

Certitudes Négatives, Paris, Grasset, 2010.

Le Croire pour le voir. Réflexions diverses sur la rationalité de la révélation et l'irrationalité de quelques croyants, Paris, Paroles et Silence, 2010, (traduction italienne 2012).

Discours de réception à l'Académie française, Paris, Grasset, 2010.

The Reason of the Gift, traduction et présentation par Stephen E. Lewis, Charlottesville, University of Virginia Press, 2011.

Figures de phénoménologie, Paris, Vrin, 2012 ; 2ᵉ édition 2015.

La rigueur des choses. Entretiens avec Dan Arbib, Paris, Flammarion, 2012 ; 2ᵉ édition 2015.

Sur la pensée passive de Descartes, Paris, P.U.F., 2013.

Givenness and Hermeneutics, Milwaukee, Marquette University Press, 2013.

Courbet et la peinture à l'œil, Paris, Flammarion, 2014.

Cours sur la volonté, Louvain, Presses Universitaires de Louvain, 2014.

Ce que nous voyons et ce qui apparaît, ouverture de François Soulages, Bry-sur-Marne, INA, 2015.

Le visible et le révélé, Paris, Cerf, 2016.

Reprise du donné, Paris, P.U.F., 2016.

Givenness and Revelation, Oxford, Oxford University Press, 2016.

Brève apologie pour un moment catholique, Paris, Grasset, 2017.

Das Erscheinen des Unsichtbaren, Fribourg, Herder, 2018.

D'ailleurs, la révélation. Contributions à une histoire critique et à un concept phénoménal de révélation, Paris, Grasset, 2020.

À vrai dire. Une conversation avec Paul-François Paoli, Paris, Cerf, 2021.

Paroles données. Quarante entretiens 1987-2017, Paris, Cerf, 2021.

Questions cartésiennes III. Descartes sous le masque du cartésianisme, Paris, P.U.F., 2021.

Achevé d'imprimer en août 2021
sur les presses de
La Manufacture - Imprimeur – 52200 Langres
Tél. : (33) 325 845 892

N° imprimeur : 210826 - Dépôt légal : janvier 2000
Imprimé en France